项目编号：12JJD710011
教育部人文社会科学重点研究基地重大项目成果

姚大志 / 著

平等
PingDeng

中国社会科学出版社

图书在版编目（CIP）数据

平等/姚大志著.—北京：中国社会科学出版社，2017.12
ISBN 978 – 7 – 5203 – 1674 – 3

Ⅰ.①平… Ⅱ.①姚… Ⅲ.①平等—研究 Ⅳ.①D081

中国版本图书馆 CIP 数据核字（2017）第 297933 号

出 版 人	赵剑英
责任编辑	朱华彬
责任校对	闫 萃
责任印制	张雪娇

出　　版	中国社会科学出版社
社　　址	北京鼓楼西大街甲 158 号
邮　　编	100720
网　　址	http://www.csspw.cn
发 行 部	010 – 84083685
门 市 部	010 – 84029450
经　　销	新华书店及其他书店
印　　刷	北京君升印刷有限公司
装　　订	廊坊市广阳区广增装订厂
版　　次	2017 年 12 月第 1 版
印　　次	2017 年 12 月第 1 次印刷
开　　本	710×1000　1/16
印　　张	27.75
插　　页	2
字　　数	425 千字
定　　价	118.00 元

凡购买中国社会科学出版社图书，如有质量问题请与本社营销中心联系调换
电话：010 – 84083683
版权所有　侵权必究

目　录

导论 ………………………………………………………………… 1

第一部分　什么的平等

第一章　福利平等 ……………………………………………… 17
　　第一节　功利主义的平等 ……………………………………… 17
　　第二节　总功利平等 …………………………………………… 21
　　第三节　边际功利平等 ………………………………………… 25
　　第四节　福利平等的实质 ……………………………………… 28

第二章　基本善的平等 ………………………………………… 32
　　第一节　基本善与正义原则 …………………………………… 32
　　第二节　基本善的问题 ………………………………………… 37
　　第三节　个人责任 ……………………………………………… 46

第三章　资源平等 ……………………………………………… 52
　　第一节　福利与资源 …………………………………………… 53
　　第二节　外在资源与内在资源 ………………………………… 57
　　第三节　运气与责任 …………………………………………… 62

目　　录

第四章　福利机会的平等 ·············· 68
　　第一节　新版的福利主义 ············· 68
　　第二节　福利主义 ················ 72
　　第三节　机会平等 ················ 77
　　第四节　责任 ·················· 81

第五章　能力平等 ················· 85
　　第一节　福利主义与资源主义批判 ········· 85
　　第二节　基本能力还是所有能力？ ········· 89
　　第三节　多元论、二元论还是一元论？ ······· 95
　　第四节　标准还是通货？ ············· 99

第六章　平等主义的谱系 ·············· 103
　　第一节　分配什么？ ··············· 103
　　第二节　如何分配？ ··············· 111

第二部分　平等与正义

第七章　运气平等主义 ··············· 121
　　第一节　内部争论 ················ 122
　　第二节　外部批评 ················ 145

第八章　应得 ·················· 169
　　第一节　应得的正义 ··············· 169
　　第二节　应得的基础 ··············· 182
　　第三节　谁应得什么 ··············· 200

第九章　资格 ·················· 219
　　第一节　右翼极端自由主义 ············ 220

第二节　左翼极端自由主义 ·················· 239

第十章　责任与运气 ························ 256

　　第一节　自由论 ···························· 257
　　第二节　相容论 ···························· 277
　　第三节　强决定论 ························ 292

第三部分　平等的规范性

第十一章　平等主义 ························ 313

　　第一节　否定的论证 ······················ 314
　　第二节　肯定的论证 ······················ 329

第十二章　反对平等主义 ·················· 352

　　第一节　反平等主义 ······················ 352
　　第二节　不平等主义 ······················ 364

第十三章　消极平等主义 ·················· 380

　　第一节　拉平反驳与平等主义 ············ 381
　　第二节　优先论 ·························· 394

附录　分配正义：从弱势群体的观点看 ······ 414

参考文献 ································ 428

后记 ···································· 437

导　论

无论是国内还是西方，当代哲学目前关注的焦点是政治哲学。在当代政治哲学所探讨的各种理论领域中，核心是正义理论。在各种正义理论中，分歧最大、争论最多、讨论最热烈的是分配正义问题。分配正义同一个国家的社会经济制度紧密相关。分配正义的基本问题是如何保障公民的基本利益，以公平的方式来分配资源、机会和财富。在现代的法治国家和市场经济的背景制度下，一个国家的分配是否是正义的，这是由这个国家的社会经济制度决定的。这种社会经济制度大体上包括两个方面：一方面，一个国家的社会经济制度要保证一种公平的机会平等；另一个方面，社会经济制度要保证每个公民享有一定水平的福利。因此，分配正义是社会经济制度的性质，是社会分配基本利益的方式。

一　社会正义和分配正义

正义是一个非常复杂的观念，有各种各样不同的正义。按照所应用的不同对象和不同程度的普遍性，我们可以把正义分为四个层次，即个人正义、共同体的正义、社会正义和全球正义。个人正义是指应用于个人之间的正义，它包括自然义务（如赡养父母）和道德义务（如救助他人）等。共同体的正义是指应用于某些团体的正义，如村庄、学校、企业、学术团体、俱乐部甚至家庭，而这种正义仅仅适用于团体内部成员之间的关系。社会正义是一个国家内部的正义，它涉

导 论

及该国家基本制度的性质以及权利、义务和利益的分配。全球正义应用于国际社会，用来处理国家与国家之间的关系。在这四种正义中，最重要的、我们也最关心的是社会正义。

社会正义是以制度的方式来确认公民的权利和义务，分配由国家支配的资源、机会和财富。因此我们可以把社会正义分为两个部分，一个是制度正义，一个是分配正义。前者主要涉及一个国家的政治法律制度，它们被用来确定公民的权利和义务。后者主要涉及的是社会经济制度，它们被用来分配资源、机会和财富。

为了说明什么是社会正义和分配正义，我们需要先了解正义观念本身。正义观念在本质上是程序性的。说正义是程序性的，这是指正义观念缺乏固有的内容。这不是说正义没有内容，而是说正义的内容是不确定的。在不同的时代和不同的社会，正义所意指的东西是不一样的。比如说，对于三千年前的古代中国社会，"不平等"能够是正义的，而对于当代中国，"平等"一般被认为是正义的。这样，对于不同的时代，正义具有不同的含义。因为正义的内容是不确定的，所以它需要每个时代来加以充填。就形式而言，正义是程序性的；但是就内容而言，正义则是实质性的。我们通常把前者称为程序正义，把后者称为实质正义。正义首先是程序性的，然后才是实质的。

正义是实质的，这是指正义的内容。正义的内容与社会制度的性质是紧密联系在一起的。作为社会制度的性质，正义与制度所体现的政治价值相关。如果某种社会制度体现出了该社会最重要的政治价值，那么我们就可以说这个社会是正义的。在正义、社会制度和政治价值三者的关系中，正义的内容和社会制度的性质是由最重要的政治价值确定的。那么什么是一个社会最重要的政治价值？

对于任何一个现代社会，最重要的政治价值就是自由和平等。现代社会与前现代社会之间存在一个根本区别，即前现代的社会制度都是等级制的（如奴隶制度、农奴制度、封建制度或种姓制度等）。在这些等级制的社会里，除了少数享有特权的贵族之外，大多数人既没有自由，也没有平等。几百年来，全世界无数进步人士为了追求自由和平等，前仆后继，鞠躬尽瘁，推翻旧制度，建立新社会。也就是说，自启蒙时代以来，全世界各国人民一直奋力追求的政治价值就是自由和平等。

如果正义同社会制度所体现的政治价值相关,而对于现代社会来说最重要的政治价值是自由和平等,那么一个国家的制度是正义的,它就应该体现出自由和平等的价值。我们说正义是社会所需要的性质,这意味着,该社会制度的基本性质和主要内容是由自由和平等的价值来规定的。一个现代国家只有以制度的方式实现了自由和平等,它才能被称为正义的。正义与制度的关系包括两个方面:一方面,自由和平等的价值必须以制度的方式体现在一个国家的宪法、法律和各种社会经济制度之中;另一方面,这个国家的宪法、法律和社会经济制度必须被用来保障自由和平等的价值。

在这种意义上,社会正义的实质是自由和平等的制度化。所谓制度化,就是以制度的方式把自由和平等的价值体现出来。这样,我们可以从自由和平等两个方面来考察制度化。自由的制度化体现为保护公民的权利,体现为一个国家的政治法律制度;平等的制度化体现为保障福利,体现为一个国家的社会经济制度。为了保障自由和平等,为了实现实质正义,现代国家还需要形式正义和程序正义。就制度而言,所谓形式正义是指法治,所谓程序正义是指民主。法治意味着法律的统治,即一个国家的所有公民特别是官员都必须服从法律。民主意味着人民的统治,即一个国家的所有公民在做出政治决定的过程中都拥有发言权和参与权。法治的重心是对规则的服从,因此我们把它称为形式正义。民主的实质是一种决策的过程,因此我们把它称为程序正义。

这样,作为社会正义的制度正义包括四个理念,即自由、平等、法治和民主。在这四个制度正义的理念中,自由和平等属于实质正义,法治是形式正义,而民主则属于程序正义。在这种意义上,社会正义也可以分为实质正义、形式正义和程序正义。

如果说制度正义在于确保公民的基本权利并规定与之对应的公民义务,那么分配正义则在于保障公民的基本利益。虽然分配正义需要直接体现为社会经济制度,但是它也需要以一些背景制度为前提。没有这些背景制度,分配正义也无法实现。主要的背景制度有两种,一种是政治的,一种是经济的。

导 论

政治的背景制度是按照正义的宪法建立起来的，而正义的宪法被用来实行法治，保证公民的各种权利。宪法是一个国家的最高法律，其他一切法律和制度必须服从宪法。宪法的基本内容包括两个方面：一方面是规定了公民享有的基本权利和义务，使其免于日常政治的侵犯；另一方面是宪法规定了国家的政治体制，规定了选择政府、制定法律和实施法律的正义程序，例如立法、司法和行政机构共掌权力以及这些部门之间恰当的关系。

经济的背景制度是市场体系。在市场体系中，商品和服务的价格由供求关系来决定，而它们的价格决定了资源的配置。从生产到消费的经济过程是非常复杂的，而市场的存在使这种复杂过程简单化了。市场鼓励竞争，生产者和服务者要在竞争中获胜，就需要以更先进的方式从事生产，或者提供更好的服务。简言之，市场能够提供效率。市场体系的重要优势是效率，它优化了各种资源的配置。几乎所有的现代社会制度都使用市场来配置资本、资源和劳动力，因为任何其他方法从经济上讲都是低效率的。

分配同生产和消费是密切相关的。一个社会能够提供的商品和服务越多，可供分配的商品和服务也就越多，从而人们的消费也越多。一个社会能够提供多少商品和服务，取决于这个社会的生产效率。在理想的条件下，市场制度通过竞争完全能够保证社会生产的效率。但是市场制度也有缺点，它会导致收入和财富的不平等，有时甚至是极端的不平等。更为严重的是，由于财富的持续积累，这种严重的不平等不仅会导致其他方面（如政治）的不平等，而且还可以通过财产的继承变成制度性的不平等。在这种情况下，市场体系虽然是有效率的，但它可能是不公平的。市场体系的不公平应该由国家通过分配正义加以纠正。

在政治的和市场的背景制度下，分配正义是由社会经济制度决定的。这种社会经济制度包括两个方面。一个方面是国家的社会经济制度要保证每一个公民在就学、就业和升职等方面享有平等的机会。为此，政府应该通过各种手段来确保公民拥有平等的受教育机会、平等的经济活动机会以及平等的自由选择职业的机会，例如提供教育补贴，提供培训费用，用法律制度来规范政府机关、公司和私人团体等。另一个方面是国家的社会经济制度要保证每个公民享有一定水平的福利。政府应该建立社会福利体系，提供某种程度的"社会最低保障"，这些社会福利制度体现为每个公民都可享有的教育津贴、医疗保险、养老保险、失业救济以及收入补助等。

分配正义是国家以制度的方式来分配利益。这里需要强调两点：首先，实行分配正义的行为主体是国家；其次，分配正义所涉及的东西属于"再分配"。我们应该特别强调它是一种"再分配"：一方面，这种分配是与人们从市场经济中所直接得到的东西（初次分配）相对而言的；另一方面，分配正义所需要的资金几乎都来自国家的税收。因为分配正义是由国家以制度的方式来实行的利益的"再分配"，所以我们一旦拥有了某种分配正义的观念或原则，那么我们就需要按照这种正义观念或原则来设计制度。在设计制度时，我们需要考虑利益的来源，也需要考虑利益的去向；我们需要考虑分配什么，也需要考虑如何分配。与分配正义相关的制度设计涉及人们生活的很多方面，如税收制度、社会保障制度、住房保障制度、教育制度、医疗卫生制度、城乡建设制度、环境保护制度等。

现在我们的问题是：什么样的分配是正义的？如果一个国家通过社会经济制度来保证分配正义，那么衡量这种分配正义的标准是什么？我们如何能够判断这种社会经济制度本身也是正义的？

二 平等

分配正义需要某种原则来规范资源、机会和财富的分配。只有按照这种分配正义的原则来衡量，我们才能够说某种分配是正义的或者不正义的。在当代社会中，最流行、最重要的分配正义原则是平等，而坚持这种主张的就是平等主义。平等主义主张，平等是我们的道德理想、社会理想和政治理想，从而对分配正义提出了一种规范的要求。作为一种道德理想，平等宣布所有人都具有平等的价值，而基于人的这种平等价值，他们有资格可以相互提出某些要求；作为一种社会理想，平等主张人类社会应该被看作平等者的合作体系，其中每个人都享有平等的地位；作为一种政治理想，平等强调公民们有资格基于自

导　论

己的公民身份相互提出平等的要求，而无须考虑个人的种族、性别、出身、信仰和能力等。

虽然平等主义在当代社会已经深入人心并成为具有支配性的正义观念，平等也被看作是最流行、最重要的分配正义原则，但是这些都不是没有争议的。关于平等的争议既存在于平等主义的内部，也存在于它的外面。内部争议的核心问题是"什么的平等"，即平等主义者所说的平等是指什么？外部争议的核心问题是平等的规范性，即平等主义如何能够得到证明？

1. 什么的平等

在规范性的问题上，平等主义者都支持平等，反对不平等。就此而言，他们是观点一致的。但是，在平等的含义问题上，平等主义者之间存在严重的分歧。虽然平等主义者都把实现平等视为值得追求的道德理想，但是其平等所指的东西实际上却是不同的。也就是说，尽管平等主义者都在谈论平等，但他们实际上可能在说不同的东西。正是在这种情况下，所有平等主义者都需要回答一个关键问题：什么的平等？对此的回答就形成了当代各种不同的平等主义理论，它们当中最重要的有五个，即福利平等、基本善的平等、福利机会的平等、资源平等以及能力平等。

A. 福利平等。在当代的平等主义中，"福利平等"（equality of welfare）是最流行的平等观念。在某种意义上说，其他的平等观念都是在批评福利平等的基础上衍生出来的。所谓"福利"是指利益在人们身上产生的影响，而不是指利益本身。比如说，同样一斤大米用来满足一天的主食需要，有的人足够了，有的人则不够。就此而言，福利平等意味着所有相关的人们都吃饱，而不是所有人都分到同样数量的大米。因此，福利平等的基本主张是，平等主义者最关心的事情是一种利益分配所产生的福利，而不是利益分配本身。福利平等具有一些明显的优点。首先，福利平等关心的东西是人们生活得如何，生活得是否幸福，这具有直觉上的吸引力。其次，福利平等是后果主义的，它按照事情对人们产生的影响来评价其价值。最后，福利平等是平等主义的，尽管它并不主张利益的平等分配。

B. 基本善的平等。在当代社会中，很长时期以来最流行的平等观念是福利平等。但是，福利平等存在三个主要问题：首先，它把福利视为评价平等的唯一因素，而根本不考虑其他的东西（如自由和权利等）；其次，福利一般被视为偏好的满足，而偏好的满足则取决于人们偏好的性质和强度，从而福利平等的观念是主观的；最后，福利平等观念本质上是功利主义的，它追求的东西归根结底是功利的最大化而非平等，因此对它而言，平等不具有内在的价值，而只有工具的价值。一种合理的平等观念应该克服上述缺点，也就是说，它应该是客观的，而不应是主观的；它应该关注各种重要的价值，而不仅仅是人的福利；它的平等应该具有内在的价值，而不应仅仅具有工具的价值。这种客观的平等观念把我们引向广义的"利益平等"（equality of interests），而在这里，所谓"利益"不仅指收入、财富和资源等物质利益，而且也指自由、平等和权利等高阶利益。这种平等观念的主要代表是罗尔斯（John Rawls），而他把我们通常所说的利益称为"基本善"（primary goods）。基本善的平等涉及两种理论，一种是关于善的理论，另一种是关于平等的理论。前者属于价值论，后者属于正义论。

C. 资源平等。"什么的平等"中的"什么"可以有两种所指，一是指平等物，如"福利"或"资源"等；二是指平等的性质，如"结果平等"或"机会平等"。因此，要回答"什么的平等"问题，平等主义者需要在三个层面上确定自己的立场。第一个层面的问题是支持福利主义还是资源主义，前者以广为流行的福利平等为代表，后者则以罗尔斯的基本善平等为代表。第二个层面是在福利主义或资源主义内部分歧的问题上确定立场。如果一个平等主义者支持福利主义，那么他所说的福利是指幸福或快乐，还是指偏好的满足？如果一个平等主义者赞同资源主义，那么他所说的资源是指外在的资源，还是指内在的资源？第三个层面的问题是主张什么性质的平等。无论是作为福利主义者还是资源主义者，一个平等主义者都会面临这样一个问题，即赞同结果平等还是机会平等。在当代的政治哲学家中，德沃金（Ronald Dworkin）以激进的平等主义著称于世。在第一个层面的问题上，他支持罗尔斯的资源主义，反对福利主义。在第二个层面的问题上，他反对罗尔斯的"基本善的平等"，而主张"资源平等"（equality of resources）。在第三个层面的问题上，他主张机会平等，反对结果平等。

D. 福利机会的平等。福利主义与资源主义是对立的，前者试图加以平等化的东西是福利，后者加以平等化的东西则是资源。从直觉来看，福利主义的优点在于它关心的东西是人们生活得怎样，而不是得到了什么；是人们生活得是否幸福，而不是拥有多少资源。与此不同，资源主义的优点在于，虽然它是一种平等主义，但是可以容许分配的不平等。也就是说，它主张的是机会平等，而不是结果平等。从某些福利主义者的观点看，福利平等理论把福利当作平等物，这是正确的，但是它追求结果平等而非机会平等，这是错误的。一种正确的平等理论似乎应该把福利平等与机会平等结合起来，形成一种"福利机会的平等"（equality of opportunity for welfare）。福利机会的平等是一种新版的福利主义，一方面，它坚持福利主义的主观主义路线；另一方面，它针对福利平等观念所受到的批评而进行了一些修正。这样，这种新版福利主义的基本观点可以分为两个层面：在福利主义还是资源主义的问题上，它反对资源主义，而主张福利主义；在结果平等还是机会平等的问题上，它反对结果平等，而主张机会平等。

E. 能力平等。在关于"什么的平等"问题上，有两条基本的对立路线，即福利主义与资源主义。福利主义关心的东西是人们实际上过得如何，生活得是否幸福，这在直觉上似乎非常具有吸引力。但是，所谓福利一般是指偏好的满足，而偏好的满足则取决于人们偏好的性质和强度，这样，以福利为标准来评价人们是否平等，这过于主观了。与其相反，资源主义关心的东西是资源，是一些人们无论拥有什么生活计划都需要的东西。但是，由于人们的天赋是不同的，他们利用资源的能力是不同的，所以平等的资源并不意味着人们具有平等的生活水平，这样，按照人们所拥有的资源来评价平等，这似乎过于客观了。因此，一些平等主义者对福利主义和资源主义都不满意，他们试图在两者之间开辟出一条道路，而这条中间路线既能够避免两者的缺点，又可以保留它们的优点。第三条路线最有影响的代表是森（Amartya Sen）的能力平等理论。

2. 平等的规范性

平等是一个规范性的概念，它表达了一种道德要求。如果平等是一种道德要求，那么它就具有要求人们服从的力量。对此，一些人会产生疑问，会追问平等之规范性的根据。因此，在平等的规范性问题上，无论是平等主义者内部，还是平等主义者与反平等主义者之间，都充满了争论。双方在争论中出示支持平等或反对平等的理由，以反驳对方的观点并且证明自己的主张。无论是赞同还是反对平等主义，就政治哲学而言，它关心的东西是论证。所谓论证，就是给出理由。支持平等，就要给出支持的理由。反对平等，也要给出反对的理由。如果既不赞成平等主义，也不赞同反平等主义，那么就要给出其他的理由。对关于平等观念的各种讨论和争论进行分析，我们可以区分出三种基本的观点，即平等主义、反平等主义和消极平等主义。

A. 平等主义。平等主义不是一种新东西，它的出现已经有几个世纪了，起码自启蒙以来，平等的观念就已经开始深入人心。从直觉上信奉平等主义，这很容易。在理论上证明平等主义，这很困难。传统的平等主义建立在"自然权利"概念上面：在自然状态中，所有人都拥有自然权利，如自由和平等；基于平等的自然权利，所有人都是平等的，应该得到平等的对待。但是，从作为自然权利的平等来证明平等，一方面，这是一种循环论证，难以使人信服；另一方面，自然权利是具有形而上学性质的观念，而当代的政治哲学家已经很少有人相信它们了。在这种意义上，传统的平等主义是一种没有基础的平等主义，它没有为平等提供有说服力的证明。要为平等提供有力的证明，平等主义者必须把平等建立在其他的基础之上。当代的平等主义者为平等提供了四种主要的论证，即基于尊严的论证、程序的论证、公平的论证和契约主义的论证。这些论证各有自己的优势，也有各自的缺陷，目前最为流行的是契约主义论证。

B. 反平等主义。抽象地说，当代社会中真正反对平等的人很少。在这种意义上，我们可以说几乎所有的当代政治哲学家都是平等主义者。但是，平等是一个复杂的观念，它包括法律的、政治的、道德的、社会的和经济的等。我们说反对平等的人很少，这只是说反对法律平

导　论

等和政治平等的人很少。至于经济平等，就不能这样说了。实际上有很多人反对经济平等和再分配，而且当代政治哲学和正义理论中关于平等的争论也主要集中于经济平等的问题上。虽然反对平等的论证主要针对的是经济平等，但是其主张通常也适用于一般意义上的平等。在反对平等主义的论证中，我们可以区分开两种主张，一种是"反平等主义"（anti-egalitarianism），另外一种是"不平等主义"（inegalitarianism）。对于反平等主义者，平等既是不可欲的也是不可行的，但是他们并不一定赞同不平等。对于不平等主义者，他们不仅要提出反对平等的论证，而且也要提出支持不平等的论证。在这种意义上，不平等主义者是立场更强的反平等主义者。

　　C. 消极平等主义。无论是赞同平等主义还是不平等主义，逻辑上都存在两种可能性，即积极的和消极的。所谓积极的，是指平等或不平等本身就是重要的甚至唯一重要的事情，它们具有内在的价值，从而应该当作目标加以追求。所谓消极的，则是指平等或不平等本身不是唯一重要的事情，还有其他一些重要的事情值得我们去追求，但是在追求这些重要的事情时会产生出平等或不平等的后果。虽然逻辑上平等主义与不平等主义都有这两种可能性，但是对于不平等主义，实际上只有一种，即消极的不平等主义。因为当代的不平等主义者之中，他们都反对平等，赞同不平等主义，但是几乎没有人真正把不平等本身当作价值目标加以追求。没有人认为不平等本身具有内在的价值，他们追求的价值目标可能是资格、应得或者功利，而不平等不过是在实现这些价值目标时所产生的结果。然而对于平等主义，则存在积极的与消极的之分。积极的平等主义认为平等本身就具有内在的价值，是我们应该追求的最重要目标。而消极的平等主义者则认为最重要的事情是帮助社会上处境最差的人们，是改善他们的处境，提高他们的福利，而平等是改善他们处境所导致的一种后果。这种理论被称为"优先论"。从理论本身来说，积极的平等主义是一种更传统的平等主义，而自启蒙时代以来，人们通常信奉的就是这种平等主义。但是这种平等主义遇到了很多理论上的困难，特别是很多政治哲学家都认为，它无法克服"拉平反驳"的难题。在某种意义上说，"拉平反驳"使很多人从积极的平等主义转向了消极的平等主义。

三　应得与资格

在分配正义的问题上，当代政治哲学中最流行的主张是平等主义。在当代平等主义中，存在着各种不同的流派，如福利平等主义、资源平等主义和能力平等主义等。虽然这些派别在"分配什么"和"如何分配"的问题上相互争论，但是它们拥有一个共同的观点，即主张平等是分配正义的原则。但是，也有一些不同的政治哲学反对平等主义，反对以平等为分配正义的原则。在这些反对平等主义的政治哲学中，最有影响的有两种，一种是应得理论，另外一种是资格理论。

平等主义、应得理论和资格理论都主张分配应该按照某种原则来进行，但是它们之间的根本分歧在于所赞同的分配正义原则是不同的，即它们分别坚持平等原则、应得原则或资格原则。但是在某些问题上，有可能出现这样的情况，即两种理论的某种观点是相同的，从而反对与之相对立的另外一种理论。比如说，在对待平等主义的问题上，应得理论和资格理论都反对平等理论，都反对以平等为分配正义的原则。在对待应得的问题上，平等理论和资格理论都反对应得原则，都反对在分配正义问题上考虑道德价值。在私人财产权的问题上，平等理论和应得理论都反对资格理论，都不接受对自然资源的排他性私人所有权。

1. 应得

虽然平等主义在当代政治哲学中处于支配地位，但是它也面临对手的挑战。在分配正义的问题上，最重要的对手就是应得。一方面，一些政治哲学家基于应得的观念来批评平等主义，在这种意义上它成为反平等主义的基石；另一方面，一些政治哲学家提出了应得理论，在这种意义上它是一种与平等主义相竞争的分配正义观。关于应得，我们需要讨论三个问题，首先是作为一种分配正义理论的应得，其次是应得的基础问题，最后我们将论证为什么应得不能成为一种分配正义的原则。

A. 作为一种分配正义理论的应得。应得（desert）是一个古老的

导　论

观念，起码自古希腊以来，它在分配正义的问题上就发挥了重要的作用。应得作为一种正义原则的关键在于它与制度的关系：应得到底是前制度的，还是制度的？在这个问题上，应得理论家面临一个两难的处境。从理论的观点看，或者他们主张应得是前制度的，或者他们主张应得是制度的。但是，无论他们主张应得是前制度的，还是制度的，都会遇到一些无法克服的困难，而这些困难则会反过来颠覆他们所倡导的应得理论本身。大多数应得理论家都主张，应得是前制度的。但是，如果应得理论家认为应得不仅仅是一种道德评价，还是一种分配正义的原则，那么应得就不得不是制度的。应得只有是制度的，它才能够在分配正义中发挥作用。这样就会产生两方面的问题：一方面，制度的应得与资格在实际的应用中很难分清；另一方面，应得的功能似乎也都能够被资格所取代。

　　B. 应得的基础。关于应得理论的讨论中，最重要的问题是应得的基础。无论是在应得理论家们之间，还是在应得理论家与反应得理论家之间，关于应得的基础都有大量的分歧和争论。令人惊异的是，无论是对于应得理论的支持者还是反对者，他们都主张应得需要基础。因此，应得需要基础不是问题，问题在于应得的基础是什么，在于应得的基础是否能够得到其支持者的证明。在反应得理论家看来，应得根本就没有基础；因为应得需要基础但根本就没有基础，所以应得理论是错误的。虽然应得理论家都主张应得是有基础的，但是对于应得的基础是什么，他们之间存在严重分歧。有人主张应得的基础是贡献，有人主张是表现，有人主张是努力。但是，无论是哪一种主张，它们自身都存在一些难以克服的困难。

　　C. 谁应得什么。"应得"这个词有各种各样的含义，其中之一被用于分配正义。当应得被用于分配正义的时候，它被看作是一种正义原则，并与其他的正义原则相对立，如平等和资格等。从应得理论家的观点看，或者只有应得的正义原则是正确的，其他都是不正确的，或者应得作为一种正义原则与其他原则（如平等）是相容的，从而产生一种平等主义的应得。从反应得理论家的观点看，应得只能用于道德评价，不能用于分配正义，并且为其反应得提供了论证。所有这样的论证本质上都源于罗尔斯对应得观念的批判：人们之间的收入差别产生于天赋运气或环境运气，而人们对于自己的运气不是应得的。但是，罗尔斯以及其他的反应得理论家没有对这个关键问题提供一种合理的解释：为什么应得只能用于道德评价而不能用于分配正义。我们将提出一种论证，而这种论证一方面证明，应得理论家们的观点是不正确的，应得不能作为一种分配正义的原则；另一方面也表明，迄今为止的反应得理论也存在这样一个缺点，即它们没有从根本上反驳作为一种分配正义原则的应得。

2. 资格

如果应得不能成为分配正义的原则，那么平等主义实际上只剩下了一个对手——资格理论。资格理论（entitlement theory）也被称为"极端自由主义"（libertarianism）。"极端自由主义"或者"资格理论"之最著名、最有影响的代表是诺奇克（Robert Nozick）。资格理论本质上是一种权利理论。在分配正义的问题上，有两种权利非常重要，一种是自我所有权，另一种是对自然资源的财产权。如果一种资格理论对这两种权利都持肯定的观点，那么它通常被称为"右翼极端自由主义"。如果一种资格理论只承认自我所有权，但反对关于自然资源的财产权，那么它则被称为"左翼极端自由主义"。

"左翼"与"右翼"区分的关键在于如何看待平等。对于"右翼"，自由具有至高无上的价值，如果平等与其发生冲突，那么它必须给自由让路。对于"左翼"，自由和平等都是最重要的价值，分配正义必须体现出两者。在这种意义上，右翼极端自由主义是反平等主义的，而左翼极端自由主义是平等主义的。从左翼极端自由主义者的观点看，一种合理的分配正义观必须体现出资格理论与平等主义的和解。也就是说，他们试图用平等主义来矫正诺奇克的极端自由主义。

A. 右翼极端自由主义。自第二次世界大战结束以来，西方各国开始朝福利国家的目标前进。一直到20世纪60年代末，西方各国经历了一段辉煌的社会发展时期。罗尔斯的平等主义的自由主义可以说是这一历史时代的哲学表达。诺奇克于1974年发表了《无政府、国家和乌托邦》，这本著作不仅在理论上是一部政治哲学的经典，而且它也预示了西方政治思想潮流行将发生变化。这种变化表现为两个方面：

导　论

在政治上，随着美国里根总统和英国撒切尔首相的上台，保守主义在西方各国登堂入室；在思想上，随着诺奇克发表他的政治哲学著作，右翼极端自由主义开始在西方社会流行并取得支配地位。这种右翼极端自由主义表现在分配正义问题上就是所谓的"资格理论"。诺奇克的资格理论大体上可以分为两个方面，一方面是对罗尔斯式平等主义的批评，另一方面是阐述他自己的分配正义观。诺奇克的分配正义观作为资格理论由三个基本观念组成，即持有正义的原则、自我所有权观念以及自然资源的所有权观念。

B. 左翼极端自由主义。左翼极端自由主义与右翼极端自由主义的分歧具体地表现在如何对待自然资源的占有问题上。右翼极端自由主义者坚持自然资源的私人占有的合法性，只要这种私人占有符合所提出的限制条款。左翼极端自由主义者认为诺奇克式自然资源的私人占有是不合法的，因为它剥夺了其他人利用自然资源的权利。但是，在如何对待自然资源的问题上，他们内部存在很大争议。大体上左翼极端自由主义有三种主要观点：（1）起点平等的资格理论，它主张，我们应该平等地分配自然资源；（2）平等主义的资格理论，它主张，我们应该按照正义原则来分配自然资源；（3）马克思主义的资格理论，它主张，我们应该对自然资源实行共同所有。

下面我们将分三个部分深入和细致地讨论上述问题。第一部分是"什么的平等"，它包括6章，分别讨论5种当代平等主义理论（福利平等、基本善的平等、资源平等、福利机会的平等和能力平等），最后一章（即平等主义的谱系）对这些讨论加以总结。第二部分是"平等与正义"，它包括4章，分别讨论平等主义的新近潮流（运气平等主义）以及两种与平等主义相竞争的分配正义理论（应得理论和资格理论），并在最后一章探讨一个深层的问题——道德责任（责任与运气）。第三部分是"平等的规范性"，它包括3章，分别探讨平等主义、反对平等主义和消极平等主义。

第一部分　什么的平等

平等是一个规范的概念，它表达了一种道德要求。如果平等是一种道德要求，那么它就具有要求人们服从的力量。对此，一些人会产生疑问，会追问平等之规范性的根据。因此，在平等的规范性问题上，无论是平等主义者内部，还是平等主义者与反平等主义者之间，都充满了争论。双方在争论中出示支持平等或反对平等的理由，以反驳对方的观点并且证明自己的主张。当然，最重要的争议存在于平等主义者与反平等主义者之间。

在规范性的问题上，平等主义者都支持平等，反对不平等。就此而言，他们是观点一致的。但是，在平等的含义问题上，平等主义者之间存在严重的分歧。虽然平等主义者都把实现平等视为值得追求的道德理想，但是其平等所指的东西实际上却是不同的。也就是说，尽管平等主义者都在谈论平等，但他们实际上可能在说不同的东西。正是在这种情况下，阿马蒂亚·森提出了一个所有平等主义者都需要回答的关键问题：什么的平等？[1]

"什么的平等"包含了三个层面的问题。首先，平等主义者试图加以平等化的东西是什么？这个东西是指通常所谓的"平等物"，或者柯亨所说的"通货"。[2] 实际上森在提出"什么的平等"问题时主要是指这个意思。其次，什么是平等的标准？如果我们要解决不平等问题，那么我们应该首先评估不平等，也就是说，我们应该能够对人们的处境进行评价，进行人们之间的比较。这样就需要一种评价人们之

---

[1] Amartya Sen, "Equality of What?", in *The Tanner Lectures on Human Values*, Vol. 1, edited by S. McMurrin, Salt Lake City: University of Utah Press, 1980, pp. 197-220.

[2] G. A. Cohen, "On the Currency of Egalitarian Justice", *Ethics* 99 (1989), pp. 906-944.

间是否平等的标准。在这种意义上,"什么的平等"是指这种评价的标准。最后,如何实现平等?即使我们知道了什么是平等的标准和通货,还存在一个如何实现平等的问题。比如说,我们是直接实现平等的结果,还是提供平等的机会?"什么的平等"也包含"结果平等"还是"机会平等"的问题。

虽然我们可以在概念上把"什么的平等"分为三个层面的问题,但是平等主义者对这些问题实际上通常只给予一个统一的回答。这种统一的回答体现为当代政治哲学中的各种平等主义理论。在这些平等主义理论中,最重要的有五个,它们是福利平等、基本善的平等、福利机会的平等、资源平等和能力平等。

第一章
福利平等

在当代的平等主义中,"福利平等"(equality of welfare)是最流行的平等观念。在某种意义上说,其他的平等观念都是在批评福利平等的基础上衍生出来的。所谓"福利",是指利益在人们身上产生的影响,而不是指利益本身。比如说,同样一斤大米用来满足一天的主食需要,有的人足够了,有的人则不够。就此而言,福利平等意味着所有相关的人们都吃饱,而不是所有人都分到同样数量的大米。因此,福利平等的基本主张是,平等主义者最关心的事情应该是利益分配所产生的福利,而不是利益分配本身。

福利平等具有一些明显的优点。首先,福利平等关心的东西是人们生活得如何,生活得是否幸福,这具有直觉上的吸引力。其次,福利平等是后果主义的,它按照事情对人们产生的影响来评价其价值。最后,福利平等是平等主义的,尽管它并不主张利益的平等分配。从理论上看,福利平等归根结底是功利主义的。

第一节 功利主义的平等

功利主义既是一种道德哲学,也是一种政治哲学。作为道德哲学,功利主义是一种规范伦理学,为道德上的正确行为提供了证明。作为政治哲学,功利主义是一种正义理论,为福利国家的政治制度和分配制度提供了证明。使福利最大化,这既是功利主义道德哲学的最高原则，也是功利主义政治哲学的最高原则。

按照功利主义的原则，一种分配制度只有使福利（总额或人均）达到最大化，它才能够是正义的。这种福利最大化的分配制度一般也拥有最高的效率。因为在其他条件相等的情况下，最高效率的制度能够为社会提供最多的商品和服务，从而导致福利的最大化。在某种意义上说，效率最大化就是福利最大化，只不过经济学家追求的是效率，功利主义者追求的是福利。

虽然功利主义追求福利最大化，但是它无法将平等的要求置之不理。因为现在是平等主义的时代，几乎所有当代政治哲学的派别都是平等主义的。为顺应时代，功利主义不仅要求福利的最大化，而且也应该要求福利的平等化。也就是说，功利主义应该是平等主义的。但是，从直觉来说，福利最大化与福利平等化是矛盾的：福利最大化意味着效率最大化，而福利平等化则可能会降低效率。如果福利的最大化和平等化都是功利主义正义所要求的，那么它能够找到一种调和两者的方法吗？

功利主义理论内部隐含着一个调和这种矛盾的线索。功利主义的目的是追求功利最大化，而要追求功利最大化，就要考虑边际功利的问题。我们知道，无论是金钱还是商品或服务，其边际功利是递减的：一个人花的钱越多，每一元钱带给他的福利就越少。当有了足够的生活必需品之后，人们的支出就用在奢侈品上面了。如果我手里有一元钱要送给别人，那么与送给富人相比，把它送给穷人会产生更大的福利。因此，一种理想的功利最大化分配应该是这样的，即每个人得到的最后一元钱所产生的福利是相同的。也就是说，每个人收入的边际功利是相同的。这样，从功利主义的观点看，考虑到功利最大化之要求和收入的边际功利递减之事实，最好的分配在原则上就是平等主义的。

无论是追求功利的最大化还是平等化，功利主义都面临一个问题：所说的"功利"是指什么？在这个问题上，功利主义者之间存在着争议。早期的功利主义者所说的功利是指"幸福"。按照密尔的解释，功利主义追求的是"最大幸福"，但是它作为指导人们行为的原则，

第一章　福利平等

"并不是行为者本人的最大幸福,而是全体相关人员的最大幸福"。①功利主义要求行为者严格平等地对待自己的幸福与别人的幸福:如果幸福的程度相等,那么没有一个人比另一个人的幸福更为重要。也就是说,功利主义者只考虑幸福数额的大小,而不考虑幸福属于谁。在这种意义上,功利主义是一种平等主义,即所有人的福利都是同等重要的。要做到把别人的幸福看得与自己的一样重要,就需要功利主义者在选择行为时具有"公正"(impartiality)的态度,甚至具有利他主义的动机。

与早期的功利主义者不同,当代的功利主义者通常把功利理解为偏好(preferences)的满足。他们认为,"幸福"过于主观,而"偏好的满足"则是可以加以客观测量的东西。每个人都知道自己喜欢什么,知道自己有什么偏好,也知道这些偏好是否以及在什么程度上得到了满足。在功利主义者看来,我不仅知道自己的偏好,而且也可以知道别人的偏好,假如我处在他的处境的话。那么如何对待我自己的偏好与别人的偏好?比如说,我现在面临两种行为选择 C 和 D,C 比 D 能给我带来更大的福利,但 D 比 C 能给另外一个人带来更大的福利,而且他的更大福利大于我的更大福利,那么我应该如何选择?功利主义者认为,道德的普遍性要求平等待人,应当"对所有人的同样偏好给予平等的重视"。② 如果对所有人的偏好给予平等的重视,那么我就应该选择 D。

无论福利是指幸福还是偏好的满足,功利主义者都可以声称自己是平等主义者,都有理由主张福利的最大化和平等化,都可以坚持平等的分配。但是,假如功利主义者实行平等的分配,那么他们会面临这样几个问题。首先,对于病人和残疾人,相同的金钱收入并不能给他们带来平等的福利。为了达到福利平等,他们比普通人需要更多的金钱。其次,这种平等的分配没有考虑到效率的问题。在蛋糕大小(分配总额)既定的情况下,平等的分配是福利最大化的。但是,如果一种不平等的分配可以使蛋糕变大,那么平等的分配就不是福利最

---

① [美]密尔:《功利主义》,徐大建译,上海人民出版社 2008 年版,第 12 页。
② R. M. Hare, *Moral Thinking*, Oxford, UK: Clarendon Press, 1981, p. 91.

第一部分　什么的平等

大化的了。不平等的分配为人们提供了刺激，以产生更大的效率以及更多的福利。最后，人们所从事的工作是不同的，有的工作艰苦或者单调乏味，有的工作轻松或者有趣，然而都是社会所需要的。也就是说，如果社会需要人们从事艰苦或单调乏味的工作，那么就应该为此提供额外的激励。

当代功利主义者提出了一种分配正义的原则，它既是功利主义的（要求福利最大化），也是平等主义的（要求收入平等），并且考虑了影响分配的上述其他因素，如疾病和物质刺激。这种功利主义的分配原则是这样的："税后的实际收入（基于不同价格水平而调整的金钱收入）应该是平等的，除了（a）满足特殊需要的补助，（b）为提供有力的刺激和有效地配置资源所需要的报酬，以及（c）为达到诸如人口控制这样的社会需要的目标。"[①]

这个原则的具体含义是这样的：首先，平等的实际金钱收入是国家税收机构以"负收入税"（negative income tax）的形式发放的。在不同的地区，维持生活所需的费用是不同的，如大城市比农村要高得多，因此平等的实际收入应该按照不同地区的价格水平加以调节，以保证每个人都具有相同的购买力。其次，残疾人和某些病人比其他人有更多的医疗需要，他们要维持正常生活也比其他人需要更多的费用，因此社会应该给予他们额外的补助。这种额外的补助一般可以通过普遍的医疗保险来提供。再次，一方面，为了提高人们的工作积极性，促使他们努力工作，发挥他们的创造性，就需要给他们更多的收入；另一方面，有些职业是令人不快的、艰苦的甚至危险的，需要给予额外的补偿。这些刺激和补偿就是人们的实际工资收入。最后，社会有时可能发放一些津贴，以达到某些可取的社会目标。例如，如果一个国家的出生率过低，总人口在逐年减少，那么为了增加人口数量，政府就可以对生育更多孩子的家庭提供金钱奖励。

让我们把上述讨论总结一下：首先，功利主义者所说的福利（功利）是指幸福或偏好的满足，早期的功利主义者更倾向于前者，而当

---

① Richard B. Brandt, *A Theory of the Good and the Right*, Oxford, UK: Clarendon Press, 1979, p. 310.

代的功利主义者通常更倾向于后者；其次，功利主义者用来证明平等的东西主要是"边际功利递减"，而他们把它看作一个明确无误的事实；最后，功利主义平等关注的东西不是利益的分配本身，而是利益分配对于个人所产生的福利影响。

第二节　总功利平等

在理论上我们可以把功利主义的平等分为两种，即"总功利平等"（total utility equality）与"边际功利平等"（marginal utility equality）。① 总功利平等与边际功利平等的区别大致如下：首先，两者评价平等的指标是不同的，前者的指标是总功利，后者的指标是边际功利；其次，两者评价事态的标准是不同的，前者参照的标准是处境最差者的福利水平，后者参照的标准是所有人的福利水平；最后，"边际功利平等"是一个反事实的概念，它本质上是功利主义者的理论假设，而"总功利平等"则是可以观察到的事实。我们在本节讨论总功利平等，在下节讨论边际功利平等。

"总功利平等"中的"平等"是简单的，即人们所享有的福利是一样的。但是"总功利"的概念则是复杂的，它包含了各种各样偏好的满足。每个人都有很多的偏好，而每一种偏好的满足对其都具有不同的价值。这些偏好构成了一个偏好体系，其满足就是该人的总功利。因为每个人都有与其他人不同的偏好体系，而总功利平等要求这些不同人的偏好体系的满足应该是平等的。

这样，总功利平等面临三个主要困难：第一，总功利平等以功利的人际比较为前提，但是人际比较是非常困难的；第二，个人拥有各种各样的偏好，但并非其所有偏好都是应该满足的；第三，总功利平等对功利的大小是不敏感的，这样就会与福利最大化发生冲突。

首先是功利的人际比较问题。要知道人们享有的总功利是平等的还是不平等的，要设计相应的制度以使人们享有平等的功利，必然先

---

① Amartya Sen, "Equality of What?", in *The Tanner Lectures on Human Values*, Vol. 1, edited by S. McMurrin, Salt Lake City: University of Utah Press, 1980, p. 205.

第一部分　什么的平等

要进行功利的人际比较。要进行功利的人际之间的比较，必然涉及两个问题：第一，我们需要知道比较的东西是什么；第二，进行比较的东西必须是可量化的。

第一个问题是比较什么。如果功利主义者的主张是福利平等，那么这个问题追问的是"什么东西代表福利"。在这个问题上，功利主义者之间存在争议。一些功利主义者主张代表福利的东西是幸福或快乐，另外一些功利主义者则认为是偏好的满足。如果是偏好的满足，那么总功利是否要把一个人的所有偏好都计算在内？我们知道，一个人的偏好是各种各样的，要把一个人的所有偏好都计算在内，这是不可能的。

第二个问题的实质是如何进行比较。要进行功利的人际比较，有两种基本方法，一种是基数比较，一种是序数比较。如果要进行基数的人际比较，那么人们的偏好必须是可量化的，需要用某种数量单位来衡量不同偏好的功利，以比较功利的大小。但是功利的量化是非常困难的，在某种意义上说，它是不可能的。为了避开量化的困难，功利主义者一般主张采取序数的人际比较："琼斯偏爱结果 J1 而非 J2，史密斯偏爱结果 S2 而非 S1，但是琼斯的偏爱比史密斯的偏爱更强"，从而偏好 J1 比偏好 S2 更强。① 虽然这种人际比较不使用数量单位，也无须计算功利，但是它只在表面上是序数的，实际上从后门偷运了基数的比较，因为它使用了偏爱强度的单位。

另外一种批评认为，功利的人际比较是否可行，这不是反对功利主义的关键所在；即使能够进行人际比较，还存在人际比较的客观基础问题，即我们应该追求什么价值；目前关于人际比较的争议实质上把真正的问题掩盖了，即功利主义的福利最大化本身是不是合理的。② 就我们在这里关心的问题而言，即使功利的人际比较是可能的，也还存在某些偏好是否应该满足的问题。

其次是偏好本身的合理性问题。人是各种各样的，他们有不同的

---

① R. M. Hare, *Moral Thinking*, Oxford, UK: Clarendon Press, 1981, p. 123.
② John Rawls, *A Theory of Justice*, Cambridge, Mass: The Belknap Press of Harvard University Press, 1999, p. 78.

第一章　福利平等

偏好，而按照福利平等的观念，虽然这些偏好是各种各样的，但是它们应该得到同样程度的满足。然而，有两类偏好的满足会产生问题。一类是令人反感的偏好，比如说某个人有虐待狂的偏好，让他最高兴的事情莫过于折磨别人。另一类是奢侈的偏好，有些人的生活离不开昂贵的消费品。后者更为常见，所以我们需要对它进行更深入的分析。让我们假设有两个人，其中王先生喜欢过"粗茶淡饭"的生活，而李先生每天的生活则离不开"山珍海味"。在他们拥有平等资源（同样多的收入）的情况下，王先生拥有"福利剩余"，而李先生拥有"福利赤字"。如果要实现两人之间的福利平等，那么就需要王先生把他的大部分资源转移给李先生。

这种资源的转移能够得到辩护吗？如果它能够得到辩护，那么功利主义者就能够维持其福利平等的观念；如果它不能得到辩护，那么福利平等就很难坚持下去了。从直觉看，这样的资源转移是错误的。但是要从理论上反对福利平等，就需要出示反对的理由。在这个问题上，功利主义的批评者有三种观点。

第一种观点主张，我们应该对李先生的生活进行更深入的考查，以确定他对自己沉溺于"山珍海味"是否负有个人责任。如果李先生的"山珍海味"生活是他自己培养起来的或者是他有意选择的，那么他对自己的"福利赤字"就负有个人责任。如果他的这种生活是他早年的家庭生活造成的（他是富家子弟），那么他对此就没有个人责任。这种观点认为：如果他对自己的奢侈生活负有个人责任，即这种生活是他自己选择的，那么他的"福利赤字"就不应该得到补偿；如果他对这种生活不负有个人责任，即早年富裕的家庭生活培养了他的各种奢侈偏好，那么他的"福利赤字"就应该得到补偿。[①] 这种观点把人理解为自主的道德主体，以个人责任为根据来确定是否补偿"福利赤字"，这在理论上看来似乎是合理的。但是，按照这种观点，如果李先生是"富二代"，那么他就应该得到补偿，因为他一出生就过着奢侈的生活；如果他出身于贫寒家庭，那么他就不应该得到补偿，因为

---

① G. A. Cohen, "Equality of What? On Welfare, Goods and Capabilities", *Recherches Economiques de Louvain* 56（1990）, p. 362.

第一部分　什么的平等

他的奢侈生活习惯是自己培养起来的。这种观点显然没有道理。

第二种观点的出发点与第一种观点是一样的：如果一个人对自己的奢侈生活负有个人责任，那么他的"福利赤字"就不应该得到补偿；如果他对这种生活不负有个人责任，那么他的"福利赤字"就应该得到补偿。不同的地方在于，这种观点认为，一个人对于自己过什么样的生活总是负有某种责任的，因为人作为道德主体具有这样的道德能力，即形成、修改和追求美好生活的能力。这种道德能力意味着，一方面，过着"山珍海味"生活的人能够修改自己的生活计划，以减少"福利赤字"，使之适合自己的收入和财富；另一方面，过着"粗茶淡饭"生活的人也能够根据自己的收入和财富来调整自己清心寡欲的生活，以减少"福利剩余"。① 因此，对于这种观点的拥护者来说，用过清贫生活的王先生节省下来的钱来补贴不知自律的李先生的奢侈生活，以达到福利平等，这是不公平的。

从第三种观点看，前两种观点都是不正确的。第一种观点是不正确的，因为它证明了而不是反驳了福利平等。如果一个人所过的奢侈生活是他早年的家庭生活造成的（即他对此不负有个人责任），从而他应该得到补偿，那么这确实是支持了福利平等。第二种观点也是不正确的，因为它似乎要求人们按照自己的收入和财富来调整自己的生活计划，而如果这样的话，那么拥有相同收入和财富的人们就会过着一样的生活。如果一个社会都是这样的，那么这个社会就会是单调的、沉闷的和缺乏想象力的。第三种观点主张资源平等，即每个人都应该享有平等的资源，这样，无论一个人是否对自己的奢侈生活负有责任，社会都不应该给予他补偿。因为这会减少其他人应该享有的平等份额，这对他们是不公平的。另外，如果这个人知道这些事情，但还是选择过奢侈的生活，那么他就不应该得到补偿，因为他不再是享有平等对待之共同体中的一员。②

---

① John Rawls, "Social Unity and Primary Goods", in *Utilitarianism and beyond*, edited by Amartya Sen and Bernard Williams, Cambridge, UK: Cambridge University Press, 1982, pp. 168 – 169.

② Ronald Dworkin, "What Is Equality? Part 1: Equality of Welfare", *Philosophy and Public Affairs* 10 (1981), p. 237.

最后是相关福利的数量和人数问题。前面我们曾提到总功利平等的一个特征，即它在评价事态的时候，参照的标准是处境最差者的福利水平。假如事态 A 中处境最差者的福利水平比事态 B 中处境最差者的福利水平更高，那么与事态 B 相比，事态 A 更好。但是，由于总功利平等关注的事情只是处境最差者的福利，这样在某些情况下就会忽视其他人的福利要求，特别是其他人的福利要求有时候在数量上更大。这个问题表现在两个方面，即相关功利的数量和相关者的人数。

功利主义者在评价事态的时候，要对相关的各种事态进行排序，而每个事态的功利水平是不同的。让我们考虑四种功利水平，即 a、b、c、d，而它们的功利大小是递减的，比如说 4、3、2、1。现在我们把它们组成两对，a 和 d 为一对，b 和 c 为一对，然后进行功利主义常用的成对比较。对于总功利平等来说，它会主张（b、c）优于（a、d），因为前者（3、2）比后者（4、1）更为平等。但是，如果我们假设 a 所代表的福利现在是 10，总功利平等仍然会主张（3、2）优于（10、1），就像优于（4、1）一样。也就是说，总功利平等无法区别（10、1）和（4、1），尽管 10 所代表的福利比 4 大得多。与无法区别功利的大小相对应，总功利平等也忽视相关者的人数问题。因为它的关注焦点是处境最差者，所以它总是把其福利放在第一位。对于总功利平等，处境最差者的福利永远压倒其他人的福利，无论其他人是一个人，还是 100 万人，或者 10 亿人。[①] 而且，功利的大小与相关者的人数是连在一起的，如果相关者的人数非常多，那么与其相关的福利数量就会非常大，反之亦然。

第三节　边际功利平等

与总功利平等不同，边际功利平等在本质上是假设的，因为它依赖于功利主义的一个假定——边际功利的假定。某种单位的功利是"边际的"，这意味着它是在现有份额之外附加的。而这个单位的功利

[①] Amartya Sen, "Equality of What?", in *The Tanner Lectures on Human Values*, Vol. 1, edited by S. McMurrin, Salt Lake City: University of Utah Press, 1980, pp. 208–209.

第一部分 什么的平等

之所以是"附加的",这是因为它本身产生于某种东西的再分配。这个问题的实质是分配正义问题,即我们应该如何分配资源、机会和财富。边际功利平等是功利主义的,因为它在分配问题上所追求的目标是功利最大化;边际功利平等也是平等主义的,因为边际功利的最大化意味着分配的平等。

功利最大化是一件好事,平等也是一件好事。人们通常认为这两件好事是冲突的,即要实现功利最大化,就难以做到平等;反过来,要实现平等,就无法达到功利最大化。然而,功利主义却把它们合为一体了。功利主义是如何做到的?在这个问题上,功利主义依赖于边际功利递减的假定。

让我们以一个简单的例子来解释边际功利平等的观念:在一个群体里面给每个人分配蛋糕。一个人得到的蛋糕份额越大,他得到的功利也就越多;随着他得到的份额不断增加,他得到的功利也相应增加,但是功利增加的幅度是递减的。① 功利主义的目标是功利总额的最大化,即在同样多蛋糕的不同分配方案中,选择功利总额最大的。由于边际功利是递减的,所以如果每个人的边际功利是平等的(即每个人得到的最后一块蛋糕所产生的功利是相同的),那么功利总额的最大化就达到了。这意味着在某种既定份额资源的分配中,平等的分配就是功利最大化的分配:功利最大化与平等统一了。

总功利平等关注的东西是人们实际生活的状况,特别是处境最差者的状况,与此不同,边际功利平等关注的东西则是人们需要的强度。人们有不同的需要,而且其需要也有不同的强度,边际功利的平等意味着对所有人的需要给予同等程度的满足。在功利主义者看来,这意味着对所有人的利益给予平等的考虑和平等的对待。

问题在于,边际功利本质上是一个功利主义的概念。说它是功利主义的概念,这是指它的实质含义是"最大化"。为了说明它的这种含义,让我们举一个简单的例子:假设有两个人,一个处境很好(其福利为80),一个处境较差(其福利为40)。我现在有100元钱,而

---

① Amartya Sen, "Equality of What?", in *The Tanner Lectures on Human Values*, Vol. 1, edited by S. McMurrin, Salt Lake City: University of Utah Press, 1980, p. 198.

且我想把它给予他们中的一个。基于边际功利递减的假设，如果我把它给予处境较好者，会产生 10 个单位的福利；而如果我把它给予处境较差者，那么则会产生 20 个单位的福利。假如我是一个功利主义者，我会把它给予处境较差者，这是因为如果处境较好者得到了这笔钱，那么两者的福利以及附加的福利加在一起是 130；而如果处境较差者得到了它，那么加在一起的福利总额则是 140。我把这 100 元钱给予处境较差者，其目的是为了使两个人的功利总额达到最大化。但是在功利总额达到最大化的时候，会产生一个附带的平等主义后果：两个人之间原有的福利差距是 40，现在则减少为 20，即他们的福利变得更平等了。

但是，边际功利平等依赖两个假定，而这两个假定都是有问题的。

第一个假定是所有人都具有相同的功利函数。边际功利平等的优点是它体现了功利最大化与平等的一致性。但是，两者的一致性依赖于一个假定，即所有人都具有相同的功利函数。就上面的例子而言，如果这两个人具有相同的功利函数，那么他们之间的福利差距反映了他们之间的收入差距，即处境较好者的收入比处境较差者多一倍。然而，这个假定是有问题的，人们通常并不具有相同的功利函数。因此，他们之间的福利差距所反映的东西也可能不是收入差距，而是两个人具有不同的功利函数。比如说，他们实际上具有相同的收入，但是由于后者是残疾人（具有不同的功利函数），所以他的处境较差。相同功利函数的假设给边际功利平等带来了两个问题。首先，假如人们具有相同的功利函数，当人们的边际功利是平等的时候，他们的总功利也是平等的，即功利最大化与平等是一致的。但是，人们具有相同的功利函数是非常偶然的，从而功利最大化与平等的一致也是偶然的。其次，如果人们的功利函数通常是不同的，那么功利最大化与平等就可能是相互冲突的。在这种情况下，如果总功利平等的观念还是有价值的，那么边际功利平等的观念就没有用了。①

第二个假定是额外的资源用在处境较差者身上会产生更大的功利。

---

① Amartya Sen, "Equality of What?", in *The Tanner Lectures on Human Values*, Vol. 1, edited by S. McMurrin, Salt Lake City: University of Utah Press, 1980, pp. 202-203.

这个假定也是有问题的。假设有两个人：一个是男人，他有3套衣服；另一个是女人，她有30套衣服。假设其他情况相同，那么与这个女人相比，这个男人是处境较差者。假如这两个人中的一个可以从某个功利主义机构那里得到一套衣服，现在的问题是给谁？按照标准的功利主义观点，这套衣服应该给予这个男人，因为他是处境较差者，从而这额外的衣服在他身上会产生更大的边际功利。但是，实际上这个男人认为自己有3套衣服足够了，再多的话它们就成为负担了。相反，虽然这个女人有30套衣服，但是她每一次出门前都悲叹自己没有衣服穿。如果把这额外的衣服给她，那么即使她是处境较好者，但还是会产生更大的边际功利。按照功利主义的观点，这套衣服应该给予这个女人，因为这样做会达到功利最大化。就我们关心的问题来说，在这个例子中，功利最大化与平等是冲突的：要达到功利最大化，就应该把这套额外的衣服给予这个女人，但这样会加大两者之间的不平等；要缩小两者之间的不平等，就应该把这套衣服给予这个男人，但这样没有做到功利最大化。

这两个假定的问题本质上是同一个事情的两面：人们是不同的，拥有不同的欲望，而每一种欲望都具有不同的特性。因为人们拥有不同的欲望，有些人的欲望更多，有些人则更少，所以人们的功利函数是不同的；因为人们的功利函数是不同的，边际功利的平等可能意味着功利总额的巨大不平等。因为欲望具有不同的特性，有些欲望是迫切需要满足的（如治疗疾病），有些则不是迫切需要满足的（如更多的漂亮衣服），而边际功利平等的观念并不能区分开两者。

第四节　福利平等的实质

我们的上述分析表明，福利平等在本质上是功利主义的，而且，无论是作为总功利平等还是作为边际功利平等，它都存在很多问题。现在我们要从更宏观的角度考察福利平等的观念本身。从宏观的角度看，福利平等本身由三个因素构成，即功利主义（utilitarianism）、福利主义（welfarism）和平等主义（egalitarianism）。

所谓功利主义是指，在对事态进行评价时，应该把相关各个选项的功利总和进行排序,而一个选项的功利总额越大,它也就越好。功利主义总是选择功利总额最大的选项,简单地说,功利主义总是追求功利的最大化。就我们关心的福利平等而言,功利主义的要求体现为福利总额的最大化,而这里所说的福利总额是指相关个人福利的加总(aggregation)。为了简便,我们假设一个群体由两个人组成,并且有两种状态。在状态1中,A的福利为7,B的福利为8;在状态2中,A的福利为10,B的福利为6。对于功利主义,状态2比状态1更好,因为在加总后,状态1的福利总额为15,而状态2的福利总额为16,即后者的福利总额更大。

功利主义在这里存在两个问题。首先,功利主义把福利的最大化放在优先的地位,而忽视了其他的价值(如平等)。从功利主义的观点看,状态2比状态1更好,因为它的福利总额比状态1更大。但是,从平等主义的观点看,状态1比状态2更好,因为它比状态2更平等。其次,功利主义的评价依赖于对各个状态的福利总额进行排序,而这里的福利总额是个人福利的加总,这样功利主义关注的东西是加总后的总额,既不是个人的福利状态本身,也不是分配正义。比如说,它关注的是福利总额(16),而不是A的福利(10)和B的福利(6)。而且,在我们所举的例子中,状态2的分配结构与状态1是相反的,即在状态1中,B的福利比A的更好,而在状态2中,A的福利比B的更好。但是功利主义只关心福利总额,它对于分配结构是不敏感的。

所谓福利主义是指,在对事态进行评价时,应该只依据相关个人的福利,而福利或者意味着幸福,或者意味着偏好的满足。说评价的依据只能是个人的福利,这意味着它不能依据个人拥有的资源,尽管福利是由资源的利用产生的;它也不能依据其他的价值(如自由、权利和平等)。让我们举一个例子来说明福利主义:有两个人,A是摩托车手,B是行人;在状态1中,A的福利为10(快乐、有钱、健康和心情愉快),而B的福利为4(乖僻、穷困、有病和心情抑郁);在状态2中,A驾驶摩托出事而摔倒沟里,这样他的福利变成了8,而B

第一部分 什么的平等

看到了这个事故而幸灾乐祸，其福利增加到 7。① 按照福利主义，状态 2 比状态 1 在两个方面都更好，一方面，状态 2 的福利总额（15）比状态 1（14）更大；另一方面，状态 2（8 比 7）比状态 1（10 比 4）更平等。

状态 1 没有发生事故，而状态 2 则发生了事故，这是两个状态之间唯一的区别。说状态 2 比状态 1 更好，意味着有事故比没有事故更好，这显然是荒谬的。这个荒谬的例子揭示福利主义存在两个问题。首先，福利主义在评价事态时只考虑个人的福利，而把其他的东西都排除了。但是，其他的东西（如自由、平等和权利等）也很重要，在评价事态时把它们排除在外是没有道理的，也是不合适的。其次，福利是资源在个人身上所产生的影响，功利主义者通常用幸福或快乐或偏好的满足来代表福利，这样就使福利具有了主观的特征。正如上面例子所表明的那样，B 原来的福利为 4（心情抑郁），但是看到有钱人栽倒沟里，摔得鼻青脸肿，于是变得兴高采烈，这样其福利就增加到 7。如果福利的变化是这样的，那么它就过于主观了。

所谓平等主义是指，当两个事态的功利总额相等时，对于相关个人的福利（无论是总功利还是边际功利）而言，平等比不平等要好；而且，基于边际功利递减的事实，与用于富人相比，同样的资源用于穷人会产生更大的边际功利，这就意味着资源的平等分配会产生更大的功利总额。边际功利递减的观念得到了直觉的支持，比如说，对于 10 元钱，亿万富翁显然不屑一顾，而当你把它放进乞丐的帽子中时，后者则会倍加感激。实际上，用边际功利递减来解释平等主义，这依赖于"加总"的观念：某一份额的资源（比如说金钱）从富人转移到穷人，在后者身上增加的福利（功利）大于前者所减少的福利（功利），即通过资源的再分配，所有人的功利加在一起的总额变大了。

功利主义的平等主义显然建立在边际功利递减的观念上面。但是，如果这种平等主义以边际功利递减为基础，那么它会面临以下问题。首先，功利主义追求的东西是功利最大化，由于边际功利递减，从而

---

① 这个例子来自森（Amartya Sen）："功利主义与福利主义"，见应奇编《后果评价与实践理性》，东方出版社 2006 年版，第 16—17 页。

第一章 福利平等

资源的平等分配会产生更大的功利总额。在这种意义上,平等不具有内在的价值,而只是功利最大化的一个附带后果。其次,功利主义者赞同平等,这是因为在假定边际功利递减的条件下,平等与功利的最大化是一致的。但是,认为两者永远一致,这是没有道理的。在很多情况下,两者是不一致的,而在这些场合,功利主义者会更倾向于追求功利的最大化而非平等。最后,功利主义者从边际功利递减推论出了平等主义的再分配,问题在于,即使我们承认消费品的边际功利是递减的,但是我们不能由此推论收入的边际功利也是递减的。收入的边际功利不是递减的:一方面,收入不仅有用于消费的功能,也有其他方面的功能,比如说某些人把他们的收入看作一种对其工作优异的奖励,看作他们应得之价值的一种象征;另一方面,对大部分人而言,他们并不是把所有收入都用于消费,而是把相当大的一部分用于储蓄,以备不时之需,如患病、失业、事故和养老,等等。[①] 如果收入的边际功利不是递减的,那么福利平等就失去了其最重要的基础。

我们把上述讨论总结一下,会发现福利平等的观念存在三个主要问题。第一,福利平等把福利当作唯一重要的价值,在平等的问题上只关注个人的福利,而不考虑其他的价值,比如说自由、平等和权利等。第二,由于福利本质上是资源在人们身上产生的结果,这种结果取决于资源的性质和数量,也取决于人们的性质。人们的性质是不同的,有些人的生活需要很多资源,有些人的生活则只需要很少的资源。因此,无论福利是指幸福还是偏好的满足,福利平等的观念都过于主观了。第三,同时也是最重要的,由于福利平等的观念本质上是功利主义的,其平等主义建立在边际功利递减的基础之上,所以对它而言,平等不具有内在的价值,而只是功利最大化的附带后果。

[①] William Letwin, "The Case against Equality", in *Against Equality*, edited by William Letwin, London: The Macmillan Press, 1983, pp. 30 – 31.

第二章
基本善的平等

在当代社会中,很长时期以来最流行的平等观念是福利平等。福利平等的观念不仅在理论上占有重要地位,而且在实践中也支配了社会政策的设计和制定。但是,福利平等存在一些难以克服的缺点:它把福利视为评价平等的唯一因素,而根本不考虑其他的东西(如自由和权利等);它把福利视为偏好的满足,因此导致这种平等观念是主观的;福利平等本质上是功利主义的,这样平等就不具有内在的价值,而只有工具的价值。

一种合理的平等观念应该克服上述缺点,也就是说,它应该是客观的,而不应是主观的;它应该关注各种重要的价值,而不仅仅是人的福利;它的平等应该具有内在的价值,而不应仅仅具有工具的价值。这种客观的平等观念把我们引向广义的"利益平等"(equality of interests),而在这里,所谓"利益"不仅指收入、财富和资源等物质利益,而且也指自由、平等和权利等高阶利益。这种平等观念的主要代表是罗尔斯(John Rawls),他把我们通常所说的利益称为"基本善"(primary goods)。

第一节 基本善与正义原则

基本善的平等涉及两种理论,一种是关于善的理论,另一种是关于平等的理论。前者属于价值论,后者属于正义论。我们首先讨论善

第二章 基本善的平等

的理论。

什么是善（goods）？善是好处、利益或优势，是我们追求或者希望拥有的东西。有些善可能是微不足道的，没有它们，我们的生活仍然能够照常进行；有些善则可能是非常重要的，没有它们，我们的生活就是另外一副样子了。这些非常重要的善就是基本善。有些基本善是自然的，可遇而不可求，如天赋、健康和美丽。有些基本善是社会的，其分配是由社会制度来调节，如权利、机会和收入。罗尔斯所说的基本善是社会的，即权利和自由、权力和机会、收入和财富。按照罗尔斯的解释："基本善是每一个理性的人都会想望的东西……无论一个人的合理生活计划是什么，这些善通常都是有用的。"[1]

罗尔斯是当代最重要的平等主义者，而基本善是一个非常独特的观念，它带有深刻的个人印记，因此，我们需要对它加以更深入的解释。而且，"基本善的平等"所针对的东西是"福利平等"，因此我们也应该参照福利观念来解释基本善的观念。

首先，对于功利主义者，所谓福利是指偏好的满足，而对于罗尔斯，"善是合理欲望的满足"。[2] 偏好与欲望之间的差别不大，功利主义者也可以主张福利是欲望的满足，区别在于罗尔斯对欲望进行了限制，在它前面加上了"合理的"一词，即只有欲望是合理的，它才是善的。在罗尔斯看来，权利和自由、权力和机会、收入和财富是合理欲望的对象，从而它们是基本善。而且，在罗尔斯看来，不管一个人具有什么样的生活计划，只要它是合理的，那么对它而言，基本善则是"越多越好"。[3] 人们拥有的基本善越多，就越能够实现自己的生活计划。在这种意义上，如果说功利主义者追求的是福利的最大化，那么罗尔斯追求的则是基本善的最大化。

其次，福利是主观的，而基本善则是客观的。所谓福利通常是指偏好的满足，这意味着功利主义者在评价事态的平等时，依据不是利益、资源或优势本身，而是它们在人们身上产生的影响。相反，罗尔

---

[1] John Rawls, *A Theory of Justice*, Cambridge, Mass: The Belknap Press of Harvard University Press, 1999, p. 54.
[2] Ibid., p. 80.
[3] Ibid., p. 79.

第一部分 什么的平等

斯的基本善则是指这些利益、资源或优势本身，所谓平等，也是指这些客观的利益、资源或优势的平等。在某种意义上说，罗尔斯之所以用"基本善"来取代功利主义的"福利"，最重要的考虑就是客观性。

再次，福利是一元论的，而基本善是多元论的。在评价平等的时候，功利主义只应用一个指标，即个人所享有的福利，其他东西都不在考虑之列。与其相反，罗尔斯在评价平等时，使用了多种指标，即权利和自由、权力和机会、收入和财富。因此，基本善的平等是一种复杂的平等，需要用不同的正义原则来调节。基本善的多元性是一个优点，它能够把各种重要价值都包括在内；但同时也是一个缺点，它给基本善的人际比较带来了很大麻烦。

最后，对于福利平等，最重要的东西是最大化，而对于基本善的平等，最重要的东西是平等本身。归根结底，功利主义者追求的东西是福利的最大化，因此，当福利的最大化与平等是一致时，福利平等能够得到维持，但是当两者不一致的时候，被牺牲的通常是平等。虽然罗尔斯也追求基本善的最大化，但是他主张平等本身就具有内在的价值。当两者发生冲突的时候，对于罗尔斯，平等是不能被牺牲的。

如果基本善是每个人都需要的东西，那么如何分配基本善？按照罗尔斯的观点，基本善的分配是由社会制度调节的。具体来说，基本善是根据正义原则来分配的。这样我们就由罗尔斯的善理论进入到平等主义的正义理论。

罗尔斯的正义理论的核心是两个正义原则：

第一个原则 每一个人都拥有和其他所有人的同样的自由体系相容的、最广泛平等的基本自由体系的平等权利。

第二个原则 社会和经济的不平等，应该这样加以安排，以使它们：

1. 适合于最不利者的最大利益，并与正义的储蓄原则相一致；
2. 在公平的机会平等的条件下，使所有的职务和地位向所有

第二章 基本善的平等

的人开放。①

第一个正义原则一般被称为"平等的自由原则";第二个正义原则分为两个部分,第一个部分被称为"差别原则",第二个部分被称为"公平的机会平等原则"。按照罗尔斯的说法,正义原则的主题是社会基本结构,即决定由社会合作所产生的利益之划分方式。这里的利益是指基本善,即权利和自由、机会和权力、收入和财富。基本善可以分为三组,它们与正义原则之间存在一种对应关系:第一组是自由和权利,对应于第一个正义原则;第二组是机会和权力,对应于第二个正义原则的第二个部分;第三组是收入和财富,对应于第二个正义原则的第一个部分。也就是说,"平等的自由原则"被用来分配自由和平等,"公平的机会平等原则"被用来分配机会和权力,"差别原则"被用来分配收入和财富。

"平等的自由原则"被用来保障所有人都拥有平等的基本自由和权利。哪些自由和权利是基本的?罗尔斯在一些著作和文章中开列了基本自由的清单,这些清单之间稍有差异,尽管主要内容是相同的。一份比较全面的清单是这样的:"思想自由和良心自由;政治自由(例如,政治活动中选举和被选举的权利)、结社自由以及由人的自由和健全(物理的和心理的)所规定的权利和自由;最后,由法治所涵盖的权利和自由。"② 这份清单表现了自由主义的鲜明特点,即对自由和权利的重视。但是仔细分析这份清单,我们发现它既包含了伯林(Isaiah Berlin)所谓的"消极自由"(negative liberty),也包含了所谓的"积极自由"(positive liberty)。自由主义有两个传统:洛克的传统强调"消极自由",如思想自由和良心自由,以及基本的个人权利和财产权利;卢梭的传统强调"积极自由",如政治自由和参与政治生活的平等权利。虽然罗尔斯的清单将两种自由都包含在内,但是他本人更为认同洛克的传统,承认他自己与贡斯当和伯林是一脉相承的。

---

① John Rawls, *A Theory of Justice*, Cambridge, Mass: The Belknap Press of Harvard University Press, 1999, p.266.

② [美]罗尔斯:《作为公平的正义——正义新论》,姚大志译,中国社会科学出版社2011年版,第58页。

第一部分　什么的平等

"公平的机会平等原则"被用来分配机会和权力。机会平等作为一个正义原则，这在当代社会没有什么争议，问题在于这种机会平等是形式的还是实质的。形式的机会平等是一种基于自由市场制度的平等，它取消了封建等级制度的阶级差别和固定地位，将人看作完全自由的个体，而这种自由个体作为劳动力在市场中尽其所能地从事竞争，来获取机会和职位。但是，在这种形式的机会平等中，个人的职业前景（以及权力和机会、收入和财富等）总是受到家庭出身、自然天赋以及幸运与不幸的影响，而从道德的观点看，这些自然的、社会的影响是偶然的和任意的。那些家庭出身较差、天赋能力较低和更为不幸的人们在追求权力和职位时总是处于不利的地位，这样，形式的机会平等就会导致不平等的结果。为了区别于"形式的机会平等"，罗尔斯把第二个正义原则的第二个部分称为"公平的机会平等"。所谓"公平"，就是要消除自然偶然性和社会任意性对人们追求职业前途的影响。为了达到这个目的，就需要通过正义的制度和社会经济安排，通过增加教育机会、实行再分配政策和其他社会改革措施，为所有人提供一种平等的出发点。这样，对于那些具有相同能力和同样愿望的人，他们应当具有同样成功的职业前景，而不论其家庭出身和社会地位是什么。

"差别原则"被用来分配收入和财富。在平等主义者看来，在一个理想社会中，收入和财富的分配应该是完全平等的。但是在目前我们生活的社会中，完全平等的分配既是不可欲的，也是不可行的，因为那些具有创造力的人们需要激励，那些从事艰苦工作的人们需要补偿，那些努力工作的人们需要鼓励。因此，与平等的分配相比，如果一种不平等的分配能够对所有人都有利，那么它就是可允许的；如果这种不平等的分配能够得到所有当事者的同意，那么它就是正义的。在这种意义上，"差别原则"是一种正义的分配原则。按照差别原则的要求，如果一种分配是不平等的，那么这种不平等的分配应该在最大的程度上有利于"最不利者"。所谓"最不利者"是那些处于社会底层的人们，他们拥有最少的机会和权力、收入和财富，社会不平等最强烈地体现在他们身上。通过制度性的社会安排，差别原则被用来改善这些"最不利者"的处境，增加他们的希望，缩小他们与其他人之间的福利差距。这样尽管"差别原则"容许收入和财富的不平等，但是它仍然是平等主义的。

第二节 基本善的问题

就基本善的观念是对福利观念的矫正而言，它具有某些明显的优点。但是，基本善的观念本身也存在一些问题，并且引起了批评者的质疑。下面我们集中讨论三个问题：第一个是基本善的客观性；第二个是基本善的人际比较；第三个是基本善的性质。

让我们首先从基本善的客观性开始。人们反对福利平等，所真正反对的东西不是福利的"平等"，而是平等的"福利"。人们之所以反对平等的福利，除了其他原因之外，一个重要原因在于福利观念是主观的。罗尔斯用"基本善"取代"福利"，有两种基本考虑：首先，基本善是客观的，而福利是主观的；其次，基本善代表了多元的价值，而福利只代表幸福或偏好的满足。

基本善是客观的吗？罗尔斯所说的基本善是指自由和权利、机会和权力、收入和财富，就它们是每个人都可以拥有和享用的东西而言，它们确实是客观的。假如客观性就是指这个意思，那么它只是代表某种事实，并没有什么重要的意义。我们知道，基本善是对于"什么的平等"这个问题的回答，在这种意义上，它们是平等的承载者。如果这样，那么它们的客观性应该另有所指。我们认为，就其作为平等的承载者而言，基本善的客观性应该包括两个方面：一方面，它们应该是普遍的；另一方面，它们对所有人应该是公平的。

我们首先来检验它们的普遍性。按照罗尔斯的观点，基本善是普遍的。因为无论是作为追求个人利益所必需的社会背景条件（如权利、自由和机会），还是作为实现所有目的之一般手段（如收入和财富），基本善不仅是每一个理性的人都会想要的东西，而且它们也是越多越好。[①] 在罗尔斯看来，尽管人们的人生理想和生活计划是各种

---

① John Rawls, *A Theory of Justice*, Cambridge, Mass: The Belknap Press of Harvard University Press, 1999, p. 79.

第一部分　什么的平等

各样的，但是每个人在实现它们的过程中都需要基本善，也都想得到更多的基本善。

我们必须承认，自由和权利、机会和权力、收入和财富不仅是每个人都需要的东西，而且它们对每个人来说也都具有重要的价值。要否定这一点是非常困难的。因此，批评者把批判的焦点放在了罗尔斯所说的"越多越好"上面。一些批评者认为，人们也许都需要基本善，但绝不是越多越好；或者，某些人可能希望基本善越多越好，某些人则可能不是如此；如果这样，那么这说明基本善并不是普遍的。许华兹在各种基本善中挑出"财富"和"自由"为例："虽然所有理性的人都想要某种数量的财富，而有些理性的人可能总是希望财富越多越好，但其他理性的人可能则只想要某种最低数量的财富。同样，虽然所有理性的人都想要某种程度的自由，但在实现其生活计划所需要的自由种类和程度的问题上，理性的个人之间可能是不同的。"①

对于这种批评，罗尔斯可以做出两种回应。第一种回应是坚持自己的观点，即"越多越好"的说法没有问题，并且对上述批评给予反驳。实际上，罗尔斯在《正义论》中就预见到了这样的批评，并且回应说，从原初状态的观点看，"越多越好"的说法是合理的："如果有些人不想要更多的东西，那么没有人会强迫他们接受更多的东西，而且一个人也不会因为拥有更大的自由而受到伤害。"② 第二种回应是坚持自己的基本观点，但是做出某些修正。比如说，罗尔斯可以撤销"越多越好"的说法，但是仍然坚持基本善的普遍性，仍然主张它们可以作为普遍的动机而发挥其作用。《正义论》之后，罗尔斯在很多著述中讨论了基本善问题。但是在这个问题上，罗尔斯的立场仍然是模糊的：在某些著述中（如《作为公平的正义——正义新论》），罗尔斯没有再使用"越多越好"的说法；在某些著述中（如1999年版的《正义论》），他仍旧沿用了这样的说法。

---

① Adina Schwartz, "Moral Neutrality and Primary Goods", in Chandran Kukathas (edited), *John Rawls*, Volume II, London and New York: Routledge, 2003, p. 144.

② John Rawls, *A Theory of Justice*, Cambridge, Mass: The Belknap Press of Harvard University Press, 1971, p. 143. 需要指出的是，或许由于许华兹的下述批评，罗尔斯在1999年版的《正义论》中把最后一句（"而且一个人也不会因为拥有更大的自由而受到伤害"）删去了。

第二章 基本善的平等

鉴于罗尔斯实际上对批评给出的是第一种回应,而这种回应的实质是,即使有些人不想要更多的基本善,但是,既没有人强迫他们接受更多的基本善,他们也不会因拥有更多的基本善而受到伤害。许华兹不满意罗尔斯的这种回应,并对这种回应给予了进一步的反驳。她的反驳包括两个方面,第一个方面所针对的是"越多越好",第二个方面针对的是"不会受到伤害"。

许华兹通过一个假设的社会主义者(这个社会主义者的思想与早年马克思相类似)来反驳罗尔斯:这个人相信,美好生活依赖于个人的自我实现,而个人的自我实现是通过劳动达到的;他在达到自我实现的过程中,确实需要财富和自由这样的善,但不是像罗尔斯所说的那样"越多越好"。因此,针对罗尔斯"越多越好"的说法,这个人会说,他只要能够具有体面的食物、住房和衣服,他所需要的财富就足够了。对此罗尔斯会回答说,即使这个社会主义者的生活计划只需要最低限度的财富就可以维持,但是,假如拥有更多的财富,他也不会因此而受到伤害。于是,这个社会主义者会这样反驳罗尔斯,如果他生活在一个建立在财富"越多越好"之基础上的社会里,那么他确实会受到伤害,因为他会把更多的时间用于挣钱,而不是用在其他更有价值的事情上。由此许华兹得出结论:如果人们没有罗尔斯所说的那种对基本善越多越好的偏爱,那么他们就有理由主张,在一个助长这种偏爱的社会里他们会受到伤害。[①]

当然,我们应该看到,即使许华兹关于"越多越好"和"伤害"的批评是正确的,这也不意味着她的批评对基本善的普遍性构成了决定性的反驳。因为从理论上说,罗尔斯可以做出我们上面所说的第二种回应,即撤销"越多越好"的说法。即使罗尔斯撤销了这种说法,他仍然可以维持基本善的普遍性。

基本善之客观性的第二个方面是公平性。即使我们承认基本善是普遍的,也还存在它们是否公平的问题。这个问题对罗尔斯具有非常重要的意义,因为在近半个世纪的职业生涯中,他一直把自己的正义

---

① Adina Schwartz, "Moral Neutrality and Primary Goods", in Chandran Kukathas (edited), *John Rawls*, Volume II, London and New York: Routledge, 2003, pp. 144 - 146.

第一部分　什么的平等

理论称为"作为公平的正义"。为了公平，罗尔斯提出了原初状态和无知之幕的设置，以保证所有人都处于平等的契约条件之中。由于基本善是由国家来保障和分配的利益，所以存在它们是否对于所有人都公平的问题。比如说，所有中国人都需要主食，但是南方人更喜欢大米，而北方人更喜欢面食；如果由国家为贫困者配给主食并且是大米，那么这对北方人是不公平的。在这个问题上，罗尔斯本人认为："基本善对自由和平等的公民是公平的。"①

公平的问题通常也被看作是中立性的问题：对每个人都有自己特殊的善观念（美好生活的计划）来说，基本善是不是中立的。在罗尔斯看来，基本善是一个人实现其人生计划所需要的东西，而无论一个人的特殊人生计划是什么。在这种意义上，不管人们追求什么样的人生理想和生活目标，基本善在价值上对所有人都是中立的。但是，所有人都需要基本善，并不意味着它们就是中立的：这不意味人们都会同意罗尔斯对基本善的排序，也不意味着基本善在他们的生活中具有罗尔斯所设想的意义。

很多批评者对基本善的公平性和中立性提出了质疑。在一些批评者看来，罗尔斯为了表明自己的基本善具有客观性，一方面，他用基本善取代个人拥有的善观念，把所有特殊的、相互冲突的善都排除出去，从而试图表明它是中立的；另一方面，他提出基本善是所有人都需要的，无论其生活计划是什么，从而试图证明它对所有人都是公平的。但是批评者认为：用基本善取代个人的善观念不是公平的，因为在每个人追求自己的特殊善的过程中，基本善的价值是不一样的；由于不同的人追求不同的善观念，而基本善（自由和权利、机会和权力、收入和财富）只是有利于某些人追求自己的善观念，而不利于另外一些人，这样它们就不是中立的，而是"自由主义的"和"个人主义的"。② 问题的关键在于，基本善是有内容的，即它们是指自由和权利、机会和权力、收入和财富等，而对于持有不同价值理想和生活信

---

① ［美］罗尔斯：《作为公平的正义——正义新论》，姚大志译，中国社会科学出版社2011年版，第77页。
② Thomas Nagel, "Rawls on Justice", in Norman Daniels (edited), *Reading Rawls*, Stanford, CA: Stanford University Press, 1989, pp. 9–10.

念的人，这些东西具有不同的价值和意义。正如一些批评者指出的那样，在罗尔斯设想的正义社会里，一个社群主义者实现自己愿望的机会要比一个个人主义者更少。①

另外，罗尔斯的基本善内部是有排序的，而参照这种排序，基本善的公平性和中立性可能会引起更多的质疑。我们知道，基本善与正义原则具有一种对应关系，即第一个正义原则（平等的自由原则）分配的是自由和权利，第二个正义原则的第二个部分（公平的机会平等原则）分配的是机会和权力，它的第一个部分（差别原则）分配的是收入和财富。按照罗尔斯提出的优先规则，第一个正义原则优先于第二个正义原则，第二个正义原则中的公平的机会平等原则优先于差别原则。这种优先次序实质上反映的是基本善之间的优先次序，即自由和权利优先于机会和权力，机会和权力优先于收入和财富。显然，这种优先次序代表的是自由主义的价值排序。如果基本善的价值排序是自由主义的，那么它们就不能说是中立的，而且其他派别（如社群主义者）会对这样的排序提出质疑和异议。

基本善的第二个问题是人际比较。我们关心的东西是平等，这意味着即使我们同意基本善具有客观性（它们是普遍的和对所有人都是公平的和中立的），也还存在一个问题：我们如何评估人们所享有的基本善是不是平等的？为此，我们需要进行人际比较。而且，在罗尔斯的正义理论中，体现其平等主义的是差别原则。要实行差别原则，必须首先区分出谁是最不利者。谁是最不利者呢？罗尔斯认为，应该根据对基本善所分享的份额来识别谁是最不利者，这也涉及基本善的人际比较。

在讨论平等问题时，人际比较是一个非常麻烦的问题。功利主义的平等观念受到了大量的批评，其中之一就是福利的人际比较。功利主义追求福利的最大化，这样就需要在不同的选项中进行比较。罗尔斯认为，在人际比较的问题上，基本善的平等比功利主义的福利平等更有优势，因为福利平等需要测量功利的总量，需要进行人际的基数

---

① Richard J. Arneson, "Primary Goods Revisited", in Chandran Kukathas (edited), *John Rawls*, Volume II, London and New York: Routledge, 2003, p. 153.

第一部分　什么的平等

比较，而基本善的平等仅仅需要进行序数比较，只要区分开谁是最不利者就可以了，并不需要比较人们之间的福利差距。① 基数比较涉及测算相关者的具体福利数额，而序数比较只需要给相关者的福利进行排序。与基数比较相比，序数比较显然更为简单和容易。因此，罗尔斯认为基本善只需要进行序数比较，从而摆脱了福利平等所面临的人际比较困难。

问题在于，罗尔斯能克服人际比较的麻烦吗？罗尔斯是否只需要进行序数比较，而不需要进行基数比较？如果他只需要进行序数比较，那么他是否能够令人信服地解决这个问题？他是否还需要进行基数比较？如果需要，那么他能够解决吗？要回答这些问题，我们需要分开两者：首先我们讨论序数比较，然后再探讨基数比较。

序数比较就是给相关者所拥有或期望拥有的基本善按照大小进行排序。我们假设这里的相关者有三个人，即张先生、李先生和王先生，而我们的任务是对他们所拥有的基本善进行序数比较，以区分出谁是最不利者。问题在于罗尔斯所说的基本善不是一种"善"，而是多种"善"，具体说是自由和权利、机会和权力、收入和财富。这样，如果我们要对三位先生所拥有的基本善进行排序，那么我们就需要知道每个人所拥有的基本善的"大小"。我们要想知道其"大小"，我们就需要某种东西来衡量每一种基本善（自由、权利、机会、权力、收入和财富）的权重。这就是所谓的"指标"问题。一些批评者认为，只要有一种以上的基本善，要想进行人际比较，就存在指标问题。② 如果我们不能确定这样的指标，那么我们就既无法识别出谁是最不利者，也无法评估相关者在基本善方面是否平等。

罗尔斯意识到了基本善存在指标的难题，但他认为这个困难并不是无法克服的。罗尔斯认为，如果我们规定两个正义原则是有先后次序的，这样指标以及序数比较的问题就变得简单了。罗尔斯提出，第

---

① John Rawls, *A Theory of Justice*, Cambridge, Mass: The Belknap Press of Harvard University Press, 1999, p. 79.

② Kenneth Arrow, "Some Ordinalist – Utilitarian Notes on Rawls's *Theory of Justice*", in Chandran Kukathas (edited), *John Rawls*, Volume I, London and New York: Routledge, 2003, p. 296.

第二章 基本善的平等

一个正义原则优先于第二个正义原则,第二个正义原则中的机会平等原则优先于差别原则。按照第一个正义原则,每个人所拥有的自由和权利都是平等的;按照第二个正义原则中的机会平等原则,每个人也都拥有平等的机会。因此,在确定谁是最不利者时,在基本善的指标中可以把自由、权利和机会排除掉,仅仅考虑权力、收入和财富就可以了。因此,最不利者就是那些拥有最少权力和最少收入的人们。而且,罗尔斯主张,权力和收入是紧密相关的,那些在社会上拥有较多收入和财富的人同时也会拥有较大的权力,反之亦然。因此在确定最不利者群体时只考虑收入和财富就可以了。[1]

我们再看基数比较。与序数比较相比,基数比较是更为困难的事情。它不仅要衡量相关者所享有的基本善的"大小",而且要计算它们的总额。要计算基本善(自由、权利、机会、权力、收入和财富)的总额,确实需要某种"指标"来代表它们各自的权重,正如功利主义者需要"功利函数"一样。在这种意义上进行基本善基数的人际比较,这几乎是不可能的。

一方面,罗尔斯对功利主义和福利经济学非常熟悉,深知进行基数比较的困难;另一方面,他又不得不进行人际比较,以识别出谁是最不利者。因此,他认为对于基本善,只进行序数比较就足够了,无须进行基数比较。以我们上面所举的三个相关者张先生、李先生和王先生为例,如果我们根据某种经验信息(比如说收入和家庭情况)知道张先生的生活最好,李先生次之,而王先生的生活最差,那么我们就能判定王先生是最不利者,而无须知道三者之间的具体福利差距。也就是说,在罗尔斯看来,为了区别出谁是最不利者,序数比较就够用了,而无须进行基数比较。

问题在于,对于罗尔斯,区别出最不利者只是事情的开始,而不是事情的结束。按照他的第二个正义原则(特别是差别原则),我们应该首先识别出谁是最不利者,然后根据差别原则来帮助他们,改善他们的生活状况,提高他们的福利水平,从而缩小他们与其他人之间

---

[1] John Rawls, *A Theory of Justice*, Cambridge, Mass: The Belknap Press of Harvard University Press, 1999, p. 80.

第一部分 什么的平等

的不平等。这意味着在制度的层面，我们应该能够有一套办法来评估各种帮助最不利者的政策选项；在实践层面，我们需要知道通过再分配的方式拨给最不利者多大份额的基本善，才能改善他们的处境。在做这些事情时，我们都需要进行基数比较，从而也都需要基本善的某种指标，因为在提高最不利者群体的地位时需要计算提高到什么程度，以不至于超过在它之上的群体（次最不利者群体）。一些批评者认为，由于基本善是客观的，没有办法找到可以衡量它们的客观的指标，所以罗尔斯根本无法解决人际比较问题；而要解决人际比较问题，只能诉诸主观的指标（福利函数）。[1]

如果罗尔斯的任务是找出谁是最不利者，那么或许他只使用序数比较就可以了。如果罗尔斯的任务不仅是找出最不利者，而且还要评估人们之间在享有基本善的事情上是否平等，还要帮助最不利者，提高他们的基本善水平，那么他就需要使用基数比较。但是，罗尔斯不是没有办法对基本善进行基数的人际比较。正如我们上面讨论过的那样，基于第一个正义原则，人们享有平等的自由和权利，基于第二个正义原则的第二个部分，人们享有平等的机会（以及获得权力的平等机会），这样，要评估人们之间基本善的平等，我们只需要对人们具有的收入和财富进行比较就可以了。如果我们只需要对收入和财富进行比较，那么我们就能够进行基数比较，因为我们能够知道相关者的收入和财富的数额。

基本善的人际比较现在变成了收入和财富的比较，即变成了金钱的比较。因为我们可以知道相关者所拥有的收入和财富，所以只用金钱一个指标来进行人际比较，这不仅能够从事序数比较，而且也能够进行基数比较。但是，只用金钱的指标来衡量人们是否平等，来区分谁是最不利者，这是更有争议的，因为它把基本善的平等简化为收入平等。这样，罗尔斯在这里面临两难的处境：如果使用所有的基本善来进行人际比较，那么不仅基数比较是不可能的，而且序数比较也是不可能的；如果只使用金钱的指标来进行人际比较，那么这种简化的

---

[1] Richard J. Arneson, "Primary Goods Revisited", in Chandran Kukathas (edited), *John Rawls*, Volume II, London and New York: Routledge, 2003, pp. 165–166.

平等会导致更大的争议。

基本善的第三个问题涉及其性质。在《正义论》中，罗尔斯对基本善给予了这样的解释，即它们是"合理欲望的满足"，并且"越多越好"。而且罗尔斯认为，基本善是每一个理性的人都会想望的东西，无论他的合理生活计划是什么。这种解释给罗尔斯带来了三个问题。

首先，基本善是一个心理学的事实还是一种道德观念？从罗尔斯的解释看，基本善是一个人们普遍拥有的心理学事实，因为它们不仅是合理欲望的满足，而且是每一个理性的人都会想望的东西。在这种意义上，基本善不仅是客观的，而且是普遍的。但是，正如上面讨论所揭示的那样，基本善的客观性和普遍性都受到了批评者的质疑。在批评者看来，基本善本质上是自由主义的和个人主义的。如果这样，那么基本善就不是一种普遍的心理学事实，而是一种自由主义的和个人主义的道德观念。

其次，基本善是每个人作为人类成员还是作为公民所需要的东西？按照《正义论》中的解释，基本善相对于每个人所追求的人生理想和生活计划来说是中立的。也就是说，无论一个人的合理生活计划是什么，基本善都是他需要的东西。在这种意义上，基本善是每个人作为人类成员所需要的东西。但是，我们知道，"自由"是自启蒙以后流行开来的观念，而"权利"更是一个当代的话语。在古代社会，无论是在东方还是西方，自由和权利都不能说是每一个理性的人都会想望的东西，无论他的合理生活计划是什么。这些东西是伴随公民社会出现的，在这种意义上，它们是现代公民的需要。

最后，罗尔斯对基本善的解释是义务论的还是目的论的？罗尔斯认为自己是义务论者，并且多次重申自己的观点与康德的道德哲学是一脉相承的。但是，罗尔斯对基本善的解释则看起来是目的论的，起码它与功利主义者对福利的解释非常相似。对于功利主义者，所谓福利是指偏好的满足。对于罗尔斯，善是合理欲望的满足。实际上很多功利主义者也主张福利是欲望的满足。就此而言，罗尔斯与功利主义者没有什么实质上的区别，正如偏好与欲望没有实质的区别一样。罗尔斯还认为，基本善对于人们来说是"越多越好"：功利主义者追求的是福利的最大化，而罗尔斯追求的则是基本善的最大化。如果基本善是指合理欲望的满足，那么罗尔斯在"最大化"上与功利主义者也没有什么实质上的区别。

鉴于基本善的观念受到了各种各样的批评，从20世纪80年代起，罗尔斯开始反思基本善问题，不断修正自己的观点，并且在不同时期的著述中表达出来，如"社会统一和基本善"（1982）、"基本自由及其优先性"（1982）、《正义论》第二版（1999）和《作为公平的正义——正义新论》（2001）。

特别是在《作为公平的正义——正义新论》中，罗尔斯对先前不同著述所做出的修正进行了综合，为基本善提供了比较完整的重新解释。显然，这些重新解释主要针对的是1971年版《正义论》解释的缺点。我们可以把这些重新解释归纳为以下三个方面。首先，基本善本质上是一种道德观念或者道德理想。罗尔斯认为人们具有两种道德能力，一种是获得正义感的能力，另外一种是形成、修正和追求善观念的能力，而对于人们能够全面发展和充分运用他们的两种道德能力，基本善是各种各样的社会条件和适于各种目的之手段。其次，基本善与公民观念是联系在一起的，而人作为公民是自由的和平等的。在这种意义上，基本善是从人的政治观念来看而为人所需要和要求的东西：人作为公民是完全的社会合作成员，而不是同任何规范观念都毫无关系的纯粹人类。最后，基本善是客观的而不是主观的。一方面，基本善是公民作为自由和平等的人度过整个人生所需要的东西，它们不是单纯合理地想望、欲求、喜爱甚或渴望的对象；另一方面，关于基本善的说明并不仅仅依赖于心理的、社会的和历史的事实，而且更依赖于人们生活的一般知识。①

第三节　个人责任

即使基本善的观念存在上述问题，但是与其他的平等观相比，其中特别是与福利平等观念相比，罗尔斯的基本善的平等具有一些明显

---

① ［美］罗尔斯：《作为公平的正义——正义新论》，姚大志译，中国社会科学出版社2011年版，第73—74页。

的优点，而且，这些优点也深刻地影响了当代的平等主义理论。

首先，基本善的平等使用客观的标准来评价人们是否平等。一种平等观需要用某种标准来衡量人们的生活状况，而在各种不同平等观所使用的标准中，有些是主观的，有些是客观的。例如，福利平等用来评价人们是否平等的标准是个人的感受（偏好的满足），而对同样的东西（比如说一碗米饭），不同的人所得到的感受（满足感）是不同的，从而它的标准是主观的。与此不同，基本善用来评价的标准是人们享有或期望享有的利益和资源本身，而不是这些利益和资源在人们身上产生的影响，在这种意义上，我们说它使用的标准是客观的。

其次，基本善的平等包含了某种机会平等的观念。平等主义者一般都主张，平等是好的，不平等是坏的，对利益和资源应该进行平等的分配。但是，我们也应该认识到，平等的分配是不可能的。说它是不可能的，既是指平等的分配在道德上是不可取的，也是指它在动机上是不可行的。① 在罗尔斯的基本善中，按照第一个正义原则，自由和权利的分配是平等的，而按照第二个正义原则，机会和权力、收入和财富的分配则不是平等的。虽然机会和权力、收入和财富的分配是不平等的，但是如果它们是按照第二个正义原则来分配的，那么这种分配也是正义的。这意味着基本善的平等实际上不是结果的平等，而是机会的平等，因为第二个正义原则允许某些基本善的不平等分配。

最后，这种平等关注的焦点是最不利者。罗尔斯的平等主义鲜明地体现在差别原则之中，而按照差别原则要求，如果一种社会安排是不平等的，那么它应该符合最不利者的最大利益。谁是最不利者？罗尔斯主张，基本善应该被用作区分最不利者的指标，而最不利者是那些享有最少的基本善的人们。因为差别原则要求机会、收入和财富的分配应该符合最不利者的最大利益，这样就使基本善的平等具有这种性质，即它赋予最不利者的利益以优先性。这种优先性意味着，在考虑分配正义的问题上，最不利者的利益具有最重要的道德分量，从而当其利益与其他人的利益发生冲突的时候，我们应该首先满足最不利

---

① 关于平等分配之不可取和不可行的理由，详见姚大志《分配正义：从弱势群体的观点看》，《哲学研究》2011 年第 3 期。

第一部分 什么的平等

者的要求。我们应该强调的是，这种平等主义追求的东西不是分配的平等，而是最不利者所享有的基本善的最大化。

虽然基本善的平等具有上述优点，但是它也存在一些严重问题，其中最重要的是个人责任。为了深入讨论这个问题，我们把基本善的平等与福利平等加以对比。让我们以小说《红楼梦》中的两个人物为例，一个是贾母，另外一个是刘姥姥。贾母是贾府位阶最高的人，从出生到老年，一直过着荣华富贵的生活，吃的是山珍海味，穿的是绫罗绸缎，住的是深宫大院。刘姥姥则是一位普通农民，靠二亩薄田生活，而且寡居多年。假设当时的皇帝是一个平等主义者，要在全国实行平等，而大臣们提出了两种平等方案，一种是福利平等，另外一种是基本善的平等。

如果实行的是福利平等，要使贾母和刘姥姥享有平等的福利，那么就会产生不公平的问题。由于贾母过惯了锦衣玉食、奴婢成群的生活，要维持她起码的福利，也需要大体上相似的水平。而刘姥姥过惯了清贫的生活，只需要维持温饱的生活，就能够使她享有很高的福利水平。这意味着，要在两者之间维持平等的福利，贾母需要大量的资源，而刘姥姥需要的则非常少。这也意味着，如果实行福利平等，则对刘姥姥是不公平的。

相反，如果实行的是基本善的平等，要使贾母和刘姥姥拥有同样多的基本善，那么就会出现相反的问题。由于贾母过惯了奢华的生活，而依靠现在所拥有的平等资源，无论如何是没法生活下去的。而且，我们需要指出，这种锦衣玉食的生活不是她自己选择的，而是她一出生，其家庭就"强加"给她的。如果这样，那么国家是否应该补偿给贾母一些资源，以维持其更高的生活水平？从福利平等的观点看，国家确实应该给她提供额外的补助，以维持平等的福利。而罗尔斯认为，人作为道德主体具有这样的道德能力，即形成、修改和追求美好生活的能力，从而一个人对于自己过什么样的生活是负有某种责任的。这种道德能力意味着，像贾母这样的人能够修改自己的生活计划，使之适合自己所拥有的基本善，即过一种普通人的生活；反过来，如果用过清贫生活的刘姥姥节省下来的钱来补贴习惯奢侈生活的贾母，以达到福利平等，这是不公平的。①

对于罗尔斯，奢侈生活是人们自己选择的，因此他们应该为此负责。问题在于，这种立场是否也能够同样应用于最不利者。让我们继续前面的假设：这个皇帝选择了基本善的平等方案，于是贾母所拥有的资源与刘姥姥是一样的，但是她依然过着奢侈的生活，这样不久她就变成了最不利者。按照罗尔斯的差别原则，基本善的分配应该在最大程度上有利于最不利者，以改善他们的处境，提高他们的福利水平。如果贾母变成了最不利者，那么国家就应该帮助她。国家应该帮助贾母吗？依据个人责任的理论，如果贾母对自己的处境负有个人责任，那么国家就不需要帮助她；如果她对自己的处境不负有个人责任，那么国家就应该帮助她。贾母是否应该为自己所处的不利地位负责？在福利平等的问题上，即过着奢侈生活的事情上，罗尔斯认为人们应该对此负责。但是在基本善的平等问题上，即在最不利者所处的最不利地位的事情上，罗尔斯则认为人们无须为此负责。如果贾母是一个具有昂贵偏好的要求补偿者，那么罗尔斯会要求她对自己的偏好负责；如果贾母变成了最不利者，那么罗尔斯将不会要求她对自己的处境负责。

这个问题涉及产生不平等的原因是什么。在罗尔斯看来，导致人们之间不平等的东西主要有三种，即人们出身的家庭、人们具有的自然天赋、人们在其生活过程中的幸运与不幸。良好的家庭出身、优越的自然天赋和生活中的幸运通常能够使人们在社会上占有较高的地位和获得较多的收入。相反，最不利者往往出身于最不利的家庭，或者具有更差的自然天赋或者运气。但是，人们拥有什么样的家庭出身、自然天赋和幸运与不幸，完全是偶然的。没有人能够合理地声称自己应该出身于比别人更良好的家庭，拥有比别人更高的自然天赋和更大的幸运。从道德上讲，更差的家庭出身、自然天赋和不幸不是最不利者应得的。如果最不利者所处的最不利地位不是他们应得的，那么国

---

① John Rawls, "Social Unity and Primary Goods", in *Utilitarianism and beyond*, edited by Amartya Sen and Bernard Williams, Cambridge, UK: Cambridge University Press, 1982, pp. 168–169.

第一部分　什么的平等

家就应该通过再分配的方式来帮助他们，改善他们的不利地位，而差别原则就起这种作用。①

罗尔斯的这种观点引起两个问题：首先，导致不平等的原因到底什么？其次，最不利者是否应该为自己的不利地位负责？

罗尔斯把导致不平等的原因归结为家庭环境、自然天赋和运气，而这些东西是外在的和客观的因素，是人们自己无法选择的。人们不能决定自己出生在什么家庭，也不能选择自己的天赋和运气。这些人们无法控制的东西确实产生了不平等，但问题在于它们是不是导致不平等的唯一因素。除了这些外在的、客观的因素之外，导致不平等的还有没有内在的和主观的因素。比如说，人们的抱负和勤奋会不会影响他们的收入和社会地位？人们通常认为，在其他条件相同的情况下，抱负和勤奋也会影响到人们的收入以及他们在社会上占据的地位。在这个问题上，罗尔斯只关注产生不平等的外在的和客观的因素，而没有承认这些内在的和主观的因素，这引起了批评者的质疑和反驳。

产生不平等的原因会影响到最不利者的个人责任问题。如果使最不利者处于不利地位的原因是外在的和客观的，如罗尔斯所关注的家庭出身和自然天赋，那么他们对自己的不利地位就没有个人责任，从而国家有责任帮助他们。如果使最不利者处于不利地位的原因是内在的和主观的，如个人的抱负、勤奋甚至职业选择，那么他们可能需要为自己的不利地位负责，从而国家也就没有责任帮助他们。比如说，某个人喜欢户外休闲活动，把自己的大部分时间和精力都用于徒步旅行，从而导致收入很低，成为最不利者。在这种情况下，如果国家因其属于最不利者而给予收入上的补贴，那么这意味着拿那些勤奋工作的人们所辛苦挣来的钱来补助那些四处闲逛的人，而这样的帮助显然是没有道理的。

除了个人责任之外，基本善的平等还有一个问题，即它的客观性是不是过头了。我们说过，福利平等关注的焦点是资源在人们身上产生的影响，而基本善的平等关注的焦点则是这些资源本身。正如一些

---

① John Rawls, *A Theory of Justice*, Cambridge, Massachusetts: The Belknap Press of Harvard University Press, 1999, pp. 87–89.

第二章 基本善的平等

批评者认为福利平等过于主观那样，另外一些批评者则指责基本善的平等过于客观了。例如，森曾批评说，在基本善的平等中，"实际上有一种拜物教的成分"，因为罗尔斯重视的东西是资源本身，而非人与资源之间的关系。① 因此，森试图在福利平等与基本善的平等之间开辟出第三条道路。

基本善的平等（以及福利平等）本质上是一种结果平等，尽管差别原则容许人们对罗尔斯的平等主义给予某种机会平等的解读。通过上面的讨论，我们可以看出，结果平等（无论是基本善的平等还是福利平等）的问题在于它在对平等的追求中没有考虑到个人责任。福利平等没有考虑到个人责任，从而它无法避免昂贵偏好的反驳。基本善的平等没有考虑到个人责任，因此它不能摆脱基于努力、抱负和勤奋的不平等的反驳。这样，罗尔斯之后的平等主义开始抛弃结果平等，都接受了机会平等的观念。虽然这些平等主义都属于机会平等，但是由于评价平等的指标不同，它们分化为不同的平等观：第一种平等主义认为与基本善相比，福利是一个更好的平等指标，从而发展成为"福利机会的平等"；第二种平等主义认为资源是比基本善更好的指标，从而发展为"资源平等"；第三种平等主义认为能力是评价平等更好的指标，由此发展成为"能力平等"。

---

① Amartya Sen, "Equality of What?", in *The Tanner Lectures on Human Values*, Vol. 1, edited by S. McMurrin, Salt Lake City: University of Utah Press, 1980, p. 216.

第三章
资源平等

　　一般来说，平等主义者都支持平等，反对不平等。问题在于，平等主义者之间关于平等的含义存在分歧。虽然他们都把实现平等视为应该加以追求的理想，但是其平等理想所指的东西却是不同的。因此，对于当代的平等主义者，都存在这样一个必须加以回答的问题：什么的平等？

　　"什么的平等"中的"什么"可以有两种所指，一是指平等物，如"福利"或"资源"等；二是指平等的性质，如"结果"的平等或"机会"的平等。因此，要回答"什么的平等"的问题，平等主义者需要在三个层面上确定自己的立场。第一个层面的问题是支持福利主义还是资源主义，前者以广为流行的福利平等为代表，后者的代表则是罗尔斯的基本善平等。当然，平等主义者也可以超越福利主义与资源主义的对立而选择第三条进路。第二个层面是在福利主义或资源主义内部分歧的问题上确定立场。如果一个平等主义者支持福利主义，那么他所说的福利是指幸福或快乐，还是指偏好的满足？如果一个平等主义者赞同资源主义，那么他所说的资源是指外在的资源，还是指内在的资源？第三个层面的问题是主张什么性质的平等。无论是作为福利主义者还是资源主义者，一个平等主义者是主张结果的平等还是机会的平等？

　　在当代的政治哲学家中，德沃金（Ronald Dworkin）以激进的平等主义著称于世。在平等主义方面，德沃金面对的主要是两种理论，即功利主义的福利主义和罗尔斯的资源主义。在第一个层面的问题上，他支持罗尔斯的资源主义，反对福利主义。但是，在第二个和第三个层面上，他反对罗尔斯的"基本善的平等"，而主张"资源平等"（equality of resources）。下面我们将按照这三个层面来依次检验德沃金的资源平等理论。

第一节　福利与资源

在当代平等主义中，有两条基本的路线，一条是福利主义，另外一条是资源主义。福利主义主张每个人都应该享有平等的福利，而福利或者是指偏好的满足，或者是指幸福或快乐。在这种意义上，福利主义是主观主义的。与此不同，资源主义主张每个人都应该拥有平等的资源，尽管其拥护者在什么东西算作资源的问题上存在争议。一般而言，资源主义是客观主义的。虽然福利的状况依赖于所拥有的资源，但是资源本身不能决定福利的状况。比如说，一个人尽管很穷（拥有的资源很少），然而他却生活得很快乐（具有很高的福利）。

在面对福利主义还是资源主义的问题上，德沃金支持资源主义，反对福利主义，反对福利平等的观念。他把福利平等的理论分为两类，一类是"福利的成功理论"，而这里所说的福利主要是指偏好的满足，另外一类是"意识状态理论"，而这种理论中的福利主要是指幸福或快乐[1]，并且对这两类理论进行了详细的批评。概括地说，德沃金对福利平等理论的批评主要有以下三点。

首先是昂贵偏好的问题。福利平等关注的重点是人们的生活状态和实际感受，并且主张这种实际生活感受的平等，这似乎是有道理的。但是，如果我们把福利落实到具体的事情上，就会发现福利平等是有问题的。比如说，饮酒是很多人的偏好，一些人喜欢啤酒，另一些人则喜欢茅台，要他们达到同样的福利水平（满足程度），这显然是不合理的，因为后者的偏好过于昂贵了。德沃金举了这样一个例子：假

---

[1] Ronald Dworkin, "What Is Equality? Part 1: Equality of Welfare", *Philosophy and Public Affairs* 10 (1981), pp. 191–193.

第一部分 什么的平等

设一个社会平等地分配财富,并且(碰巧)也达到了福利平等;再假设路易经过慎重考虑,开始培养一种昂贵的偏好(如饮某种昂贵葡萄酒的嗜好);这种昂贵的偏好一旦培养起来,他就不会享有过去一样多的福利,除非他能够得到更多的财富。① 路易的昂贵偏好应该得到满足吗?按照福利平等的观念,路易的昂贵偏好应该得到同其他人一样的满足,尽管满足这种偏好的财富来自于其他人的牺牲。要其他人做出这种牺牲,这显然是没有道理的。

其次是残障的问题。在涉及残障者的事情上,福利平等的观念似乎更有道理,因为从直觉上这意味着应该给予他们以额外的照顾。但是事情不像直觉那样简单。如果按照"意识状态理论",福利是指人们的幸福或快乐,有很多残疾人虽然收入较低,但是却生活得更快乐,或者因为他们天生就具有阳光般的性格,或者他们习惯于较低的生活期望。在这种意义上,一些残障者可能比健康人有更高的福利,从而按照福利平等的观念他们并不需要得到社会的额外帮助。但是,这些残障者并没有足够的钱来治疗其疾病,而我们通常认为,他们为此应该得到社会的帮助。另外,如果福利平等认为应该给予残障者以额外的帮助,那么就会产生这样的问题,即某些人的疾病非常严重,即使要达到起码的福利平等,也需要把大量的资源转移给他们,而这种资源的大量转移似乎是没有底线的。② 这样,或者在应该给予残障者以额外帮助的场合,福利平等不能给予他们以帮助;或者在帮助残障者应该有底线的场合,福利平等无法划出这种底线。

最后是福利的重要性问题。即使人们一般都认为在生活中福利是非常重要的,但是在其重要的程度上却存在分歧。比如说,如果福利是指幸福,而人们同意边沁的观点,即幸福是快乐或痛苦的消除,不幸是痛苦或快乐的消失,但是,几乎没有什么人把快乐当作人生追求的唯一目标。生活中还有其他重要的东西值得我们去追求,而福利并不是最重要的东西。很多人为了追求这些更重要的东西(学术成就、

---

① Ronald Dworkin, "What Is Equality? Part 1: Equality of Welfare", *Philosophy and Public Affairs* 10 (1981), p. 229.

② Ibid., pp. 241–242.

第三章　资源平等

运动成绩或者慈善事业等），可以放弃自己个人的快乐，甚至忍受痛苦。福利平等的拥护者可能反驳说，获得学术成就、运动成绩或帮助他人也能够给人带来快乐或偏好的满足。但是正如德沃金所说："即使当我们确实为我们所拥有的东西或所做的事情而感到享受时，我们通常也是因为我们认为它有价值而享受它，而不相反。"① 在德沃金看来，认为最有价值的生活就是享受最大化的生活，这是错误的；而且，认为所有人都应该持有这种享受最大化的生活观，这更是错误的。

鉴于福利主义存在的上述缺点，德沃金反对福利平等，主张资源平等。按照德沃金的解释："资源平等就是在个人私有的任何资源方面的平等。"② 从这个解释可以看出，虽然罗尔斯与德沃金都属于资源主义，但是对于什么是与分配正义相关的资源，两者的观点是不同的。对于罗尔斯，资源就是他所谓的基本善，即自由和权利、机会和权力、收入和财富等。而德沃金所说的资源，一方面，它在内容上要比罗尔斯的基本善更广泛，因为它包括可被私人占有的任何资源；另一方面，它在范围上则比罗尔斯的基本善更狭窄，因为它主要是指自然资源，而公共资源和政治资源被排除出去了。

资源要平等地分配，这需要以某种制度为前提。德沃金主张，资源平等的背景制度是市场。在他看来，市场不仅是一种经济制度，人们通过这种制度来能够更有效率地实现自己的各种目标，而且市场也是一种政治制度，人们通过它能够更好地行使个人的自由权利，掌握自己的命运。一般而言，平等主义者（如罗尔斯）不太相信市场，起码认为自由的市场制度会导致不平等，从而需要国家通过正义的制度来加以纠正。与此不同，德沃金则非常信任市场，反对把市场看作平等的敌人。虽然德沃金不得不承认在历史过程中市场会帮助形成财富的不平等，但是他也认为，如果利用适当，市场也会有助于解决不平等。

如果人们应该平等得到的东西不是福利而是资源，那么如何实现

---

① Ronald Dworkin, "What Is Equality? Part 1: Equality of Welfare", *Philosophy and Public Affairs* 10 (1981), p. 222.

② Ronald Dworkin, "What Is Equality? Part 2: Equality of Resources", *Philosophy and Public Affairs* 10 (1981), p. 283.

第一部分 什么的平等

资源平等？而且，可为个人私有的资源是各种各样的，这些性质各异的东西如何分配？为了达到资源平等，德沃金提出了一个"拍卖"的假设。这个假设非常巧妙，它不仅通过拍卖把资源平等与市场联系起来，而且也能够把各种各样的资源还原为一种通货——金钱。

这个假设是这样的。[1] 一条船在海上遇难，很多幸存者被冲到一个荒岛上，岛上资源丰富，但无人居住。由于可能很久都不会得到援救，他们准备在这个荒岛上长期居住。在准备分配岛上的资源时，这些移民接受了一条平等的原则：对于这里的资源，任何人都不拥有优先权，而是要在他们之间进行平等的分配。对于资源的平等分配，德沃金提出了一个相当苛刻的检验标准，即"羡慕检验"（envy test）：一旦分配完成，如果任何移民喜欢别人分到的那份资源而非自己的那份资源，那么这种资源的分配就不是一种平等的分配。

那么如何分配资源才能够通过这种严格的平等标准？这些移民可以选出一个人来进行分配。他可以把岛上的所有资源分成 n 份，然后分给每个移民。然而，无论他如何组合资源，由于这些资源的任何组合都是任意的，所以总会有人对自己分到的东西（比如说某块土地）不满意，而更羡慕别人分到的那块地，从而也都无法通过"羡慕检验"。也就是说，这种资源的分配是任意的。有一个办法来克服这个任意性的问题。假设通过与邻岛的贸易，这些移民可以将岛上所有资源都换成葡萄酒，然后就可以平等地分配所有资源了，即每个人都分到了等额的葡萄酒。虽然这种分配是平等的，但是也不能通过"羡慕检验"，因为有的人喜欢葡萄酒，有的人不喜欢葡萄酒。也就是说，这种资源的分配不是公平的。

上述假设的分配表明，人们必须找到一种办法来克服资源分配中的任意性和不公平问题。德沃金认为，解决这两个难题的办法只能是某种形式的市场程序，如"拍卖"。现在假设，这个荒岛上有很多贝壳，可以把它们平等地分给每个移民，用作未来市场的货币。然后把岛上的每件物品都列入一个清单，以供出售。拍卖者为清单中的每件

---

[1] Ronald Dworkin, "What Is Equality? Part 1: Equality of Welfare", *Philosophy and Public Affairs* 10 (1981), pp. 285–287.

物品定价，然后公开拍卖，直到有一个人把它买走。当最终所有岛上的东西都被售出之后，"羡慕检验"通过了：没有人会羡慕别人买到的任何东西，因为如果他喜欢它，他也可以用自己的贝壳购买它。这种分配是公平的，每个人都拥有平等的资源购买力；这种分配消灭了任意性，因为每个人都买到了自己喜欢的东西。资源平等就这样实现了。

从德沃金的观点看，"拍卖"的假设为他的平等理论建立起一个"阿基米德点"。一方面，这意味着"拍卖"的设计为资源平等的观念提供了一种标准。如果一种分配正义理论经不起"拍卖"程序的检验，那么就说明这种正义理论是有缺陷的，其平等观念是不一致的或不完备的。另一方面，这意味着"拍卖"的设计也为评价现实世界中的各种制度及其分配提供了一种标准。虽然任何现实社会都十分复杂，与平等拍卖相去甚远，但我们对现实社会的任何实际分配都可以追问，它与平等拍卖之间存在着多大的差距。

第二节　外在资源与内在资源

在第一个层面的问题上，毫无疑问，德沃金反对福利主义，赞成资源主义。然而在资源主义内部，也存在不同的平等理论之争：罗尔斯主张基本善的平等，而德沃金主张资源平等。对比基本善的平等与资源平等，我们可以发现有两个重要区别：后者所说的资源不仅包括外在资源，而且也包括内在资源；后者试图区分开运气与责任，以决定是否对不平等进行补偿。我们在本节讨论外在资源与内在资源的问题（即第二个层面的问题），下节讨论运气与责任的问题（即第三个层面的问题）。

通过"拍卖"，岛上的移民得到了平等的资源。这些资源是外在的，它们是荒岛上的自然物，如土地、树木和动物等。这些自然资源的分配是平等的，它们通过了严格的"羡慕"检验。但是，一旦拍卖结束，人们进入正常的生活和生产，由于人们之间在身体和智力上存在各种差别，立刻就会产生出新的不平等。

比如说，一些人具有残疾，虽然他们得到了与其他人同样多的资

第一部分　什么的平等

源，但是同健康者相比，要把相当大的一部分资源用于疾病的治疗，从而实际上处于一种不利的地位。再比如，一些人具有较低的天赋（较低的生产技能或者孱弱的身体），虽然他们分到了同其他人一样的土地，但是他们的土地产出则要低很多，从而会获得更少的收入。前者属于"残障"问题，后者属于"天赋"问题。由于存在残障和天赋的问题，外在的资源平等并不能保证人们实际生活的平等。

如果残障和天赋使一些人处于不平等的地位，那么这意味着人们的生理和精神能力也是资源。如果自然物是外在的资源，那么人们的身体和天赋属于内在的资源。在这种意义上，残障者和天赋较低者是那些缺乏某些内在资源的人们。他们缺乏内在的资源，这并非产生于他们个人的过错，所以由此造成的不平等应该得到纠正。用罗尔斯的话说，人们具有什么样的天赋，这是偶然的和任意的，从而是不应得的。因此，社会应该用额外的资源来补偿残障者和天赋较低者。问题在于，如何进行补偿？

我们先考虑"残障"的问题。对于荒岛上的移民，他们可以在"拍卖"所有资源之前，拿出一部分资源对残障进行补贴。但是这种补贴无论在理论上还是实践上都会遇到很大的困难。如果这种补贴的目的是想让残障者达到正常人的能力，那么正常人的能力以谁为标准？如果这种补贴需要某种补贴的标准，那么这种标准来自哪里？在德沃金看来，无论这种补贴的数量是多少，都无法做到使残障者在身心方面与正常人达到平等。例如，对于一个失明的人（或一个智障的人），无论补贴多少，他都不会感到与具有正常视力（或正常智力）的人平等。

除了补贴的标准之外，还有拿出多少资源来进行补贴的问题。在全部资源中，用于补贴残障的资源越多，用于其他人的资源就越少。假如对补贴的资源数额没有"顶部约束"，其他人的生活就会受到很大的影响。如果只从身心能力平等的角度来考虑，那么对补贴的总额就不会有一种"顶部约束"。比如说，对于一个全身瘫痪的人，用于他身上的资源越多，然而所产生的医疗效果却递减。一方面，尽管将大量资源用于补贴具有残障的人，但仍然无法做到使其与正常人的状况相平等；另一方面，如果没有"顶部约束"而将资源大量用于补贴残障，那么则会极大地影响其他人的生活前景。

在德沃金看来，如果从全部资源中拿出一部分用于直接补贴，那么上述困难是无法解决的。要想解决"残障"问题，人们必须依靠市场。如果分配外在资源的市场程序是"拍卖"，那么补偿内在资源的市场机制是"保险"。我们知道，残障在人口中的分布是偶然的和任意的，每个人都有发生残障的风险，在这种意义上，人们面临平等的残障风险。假如每个人都不知道自己是不是天生就具有残障，也不知道自己有多大的概率会在将来的生活中导致残障，那么为了预防风险，他们通常是会愿意拿出一定比例的收入来购买保险的。如果每个人具有的残障风险是平等的，那么岛上的移民愿意拿出多少贝壳来购买保险呢？德沃金认为，人们愿意拿出的贝壳数量就是他们愿意付出的保费水平。这个水平不会过低，否则对发生的风险不能给予充分的补偿；但也不会过高，人们不会因未来不确定的风险而付出毁掉生活前景的代价。假如我们能够确定人们愿意付出的保费水平，那么我们就能以税收或其他强制方式向每个人征收一定水平的保费，以补贴那些先天或后天具有残障的人。①

解决残障问题的困难在于如何确定补偿的水平。如果补偿水平较低，则不能有效缩小残障者与正常人之间的不平等，有悖于补偿的初衷。如果对残障者给予充分的补偿，则会耗尽所有资源，牺牲了其他人的生活前景。那么如何解决这个困难？首先，德沃金假设，由于人们不知道自己是否具有天生的残障或是否今后会发生残障，所以人们会购买保险以避免风险。其次，德沃金提出，在人们不知道自己具有残障之概率的情况下而愿意购买的保险水平，就是社会应该以强制方式（如税收）要求人们购买的保费水平。这个水平实际上是人们对自己的收入与自己的健康要求两者之间的平衡。而且，我们应该指出，如果说德沃金的"拍卖"在资源平等中的地位类似于罗尔斯正义理论中的"原初状态"，那么他在"保险"中关于每个人都具有残障的平等风险之假设也类似于罗尔斯的"无知之幕"。

---

① Ronald Dworkin, "What Is Equality? Part 1: Equality of Welfare", *Philosophy and Public Affairs* 10 (1981), pp. 299–301.

第一部分　什么的平等

现在我们再来看"天赋"的问题。虽然导致不平等的原因很多，但天赋显然是其中非常重要的一个。一般而言，天赋较高者在社会上通常会占有更高的地位，也会有更高的收入。如何对待天赋，这是政治哲学家们热烈争论的问题之一。一些政治哲学家主张对天赋持放任自由的态度，因为他们认为，每个人都拥有自己的身体和智力，拥有与自己的身体和智力连在一起的天赋，从而也拥有通过这些天赋而得到的任何东西。这是一个自我的所有权问题。我是我自己的，所以由我所挣得的一切东西（其中包括收入）也都属于我，即我对它们拥有所有权。如果国家以再分配的名义从我这里拿走我的一部分收入，那么这就侵犯了我的权利。以诺奇克为代表的极端自由主义对天赋就持有这种态度。

对于德沃金，平等具有至高无上的价值，因此这种极端自由主义的态度是他无论如何都无法接受的，而只有平等主义的办法才能够加以考虑。从平等主义者的观点看，我们可以对天赋采取以下三种对待方式。

首先，我们可以对人们的天赋征税。对天赋征税似乎是一种简便而又合理的方法：一方面，它允许人们自由选择自己的生活方式，允许那些天赋更高的人们用自己的天赋来挣更多的钱；另一方面，它对那些收入更高的人们征收所得税，并通过收入的再分配，来帮助那些天赋更低者，以实现平等。问题在于，要对天赋征税，首先要在一个人的收入中区分开哪些部分来自天赋，哪些部分来自其他的因素（如抱负），这样才能制订出只对前者征税的方案。但是，这种区分是不可能的，因为在一个人的职业成就中，天赋与个人抱负是相互作用的。一些网球明星拥有极高的天赋，能够挣得极高的收入，但是我们知道他们的天赋也是长期培养的结果，特别是刻苦训练的结果。由于我们无法确定人们收入中的哪些部分来自天赋，所以我们实际上无法对天赋征税。

其次，我们可以对天赋进行拍卖。按照德沃金的观点，为了达到资源平等，如果自然物作为外在资源可以拍卖，那么天赋作为内在资源也应该可以拍卖。我们可以假设，荒岛上的移民可以把自己的劳动力当作一种资源添加在拍卖的清单上，而每个人都可以为自己或其他人的劳动力出价。假如一个人具有种地的天赋，由于别人也想购买，所以他在劳动力的拍卖中不得不出高价来确保自己对自己劳动力的所有权。这样，在以后的生活中，他必须以商业上最有利可图的方式来利用自己，比如说，他必须把全部时间都用于种地，而不能把其中一部分时间用于与利益无关的写诗，否则他就会严重降低自己的生活水平。也就是说，如果实行这种人力资源的拍卖，那么每个人（特别是天赋较高者）都会失去选择自己生活的机会。德沃金也意识到，"这实际上是一种有天赋者的奴隶制"[①]。

最后，我们可以对天赋给予保险。如果"征税"和"拍卖"都行不通，那么我们可以来考虑"保险"。让我们假设，岛上的移民大体上知道天赋是如何在人口中分布的，但是他们不知道自己具有什么样的天赋。在这种情况下，由于每个人都有天赋较低的风险，所以他们会愿意拿出自己财富的一部分为较低的天赋购买保险。在德沃金看来，在假设的荒岛上，每个人都有可能因缺少天赋而得到更少的收入，就像现实的世界中，每个人都可能因某种情况而失去工作。这样，在假设的荒岛上为缺少天赋而保险，犹如在现实的世界中为预防失业而保险。这种做法的实质是像对待"残障"那样来对待天赋。在德沃金看来，"在某种意义上，不同天赋的问题类似于我们考虑过的残障问题"[②]，因此他最终还是求助于保险市场来解决天赋的不平等。

对于德沃金，"保险"意味着对残障和天赋较低者给予补偿。但是在这个问题上，残障与天赋在性质上是不同的。我们有可靠的办法确认残障（如瘫痪）给生活带来的不利影响，从而我们可以通过保险对残障给予补偿。但是我们没有可靠的办法确定天赋给人们带来的不利影响，特别是没有办法来区分开天赋的影响与个人抱负的影响，从而我们无法用保险对天赋进行补偿。

而且，在处理天赋的问题上，德沃金认为"征税"与"保险"是不同的方法，但实质上两者是一样的。从表面看，前者的焦点是天赋

---

① Ronald Dworkin, "What Is Equality? Part 1: Equality of Welfare", *Philosophy and Public Affairs* 10 (1981), p. 312.

② Ibid., p. 314.

第一部分 什么的平等

更高者，即那些天赋更高的人们不应该因其天赋而获得更高的收入，从而应该对他们征税；而后者的焦点是天赋较低者，即那些天赋较低的人们不应该因其天赋而处于不利地位，从而应该为他们购买保险。实质上这是一个事情的两面："征税"体现的是资金的来源，"保险"体现的是资金的去向。无论是岛上移民的原初保险还是后来的保险，保费实际上都是来自天赋更高者，从而"保险"同"征税"一样都是从天赋更高者的资源中拿出一部分用来补偿天赋更低者。同样，在现实世界中解决天赋的不平等时，即使我们采取市场化的保险，也一定是以国家收取保险税的方式，而不是由个人来购买保险，也就是说，保险税归根结底还是来自天赋更高者。

更深层的问题在于，德沃金没有意识到，即使岛上的所有移民都购买了"保险"，但是在准备对低收入者进行补偿时，还是会面临这些更低收入者的更低收入是来自他们的天赋较差还是来自其他因素（如努力或抱负）的问题。如果我们没有办法在更低的收入中区分出哪些部分源于天赋，哪些部分源于其他因素，那么我们就没有办法对天赋较低者进行补偿。否则，我们只能对所有低收入者都给予补偿，而无论导致其收入更低的原因是什么。从资源平等的观点看，要解决这个问题，就要区分开运气与责任。

第三节 运气与责任

无论是福利平等还是资源平等，它们所关注的焦点是"平等物"，即我们试图加以平等化的东西是什么。除了"平等物"之外，平等主义者还关心平等本身的性质，即我们试图达到的是什么样的平等——是结果平等还是机会平等。这就是我们所说的第三个层面上的问题。德沃金反对功利主义的福利平等和罗尔斯的基本善平等，除了其他原因之外，一个重要原因就是它们都属于结果平等，而他主张机会平等。

结果平等与机会平等的区别是什么？区别在于个人责任。无论是对于福利平等还是基本善的平等，它们都试图达到一种平等的结果，而无论导致人们之间不平等的原因是什么。对于人们的更高（或更低）收入，结果平等不会追问其原因是什么，而是努力使他们得到平等的收入。相反,机会平等则追问人们对自己更高(或更低)的收入是否具有个人责任,而如果人们对自己的收入是有责任的,那么由此产生的不平等就是可允许的。也就是说,机会平等试图达到的是使人们拥有平等的机会,而不是平等的结果。在这种意义上,机会平等允许有理由的不平等。

德沃金反对结果平等,主张机会平等。他把自己的道德观点称为"伦理个人主义"(ethical individualism)。这种伦理个人主义包含两个原则:第一个是"重要性平等"的原则,即每个人都应该得到平等的关切和尊重;第二个是"具体责任"的原则,每个人有选择自己生活的自由,但要对自己的选择承担责任。① 第一个原则是德沃金平等观的核心,体现了对平等的重视,因此他把平等称为"至上的美德"。第二个原则是对第一个原则的补充,它承认某些不平等是能够加以辩护的,以反驳各种批评者。按照第一个原则,每个人都应该得到公平的和平等的对待,获得平等的资源。按照第二个原则,人们有选择生活方式的自由,但他们也应该为自己的选择负责。

将这两个原则用于分配正义问题,就会产生这样的要求:分配应该对抱负是敏感的(ambition-sensitive),对天赋是不敏感的(endowment-insensitive)。② 对抱负敏感,这意味着分配必须反映人们的选择,而选择会产生财富方面的差别。比如说,一些人把自己的收入用于投资,另一些人则把自己的收入用于消费,如果因此前者比后者拥有了更多的财富,那么这种财富的不平等应该得到承认。再比如说,如果一些人努力工作,另一些人则选择了休闲,那么两者的收入应该反映出这种差别。对天赋不敏感,这意味着分配不应该取决于人们所拥有的自然天赋。假设两个人具有同样的抱负,但其中一个人天赋较高,另外一个人的天赋则较低,那么分配应该确保天赋较低者能够得到与天赋较高者同样多的资源。这也意味着,如果天赋较低者因其较低的天赋而得到了更少的收入,那么国家应该对此给予补偿。"对天

---

① Ronald Dworkin, *Sovereign Virtue: the Theory and Practice of Equality*, Cambridge, MA: Harvard University Press, 2000, p. 5.

② Ronald Dworkin, "What Is Equality? Part 2: Equality of Resources", *Philosophy and Public Affairs* 10 (1981), p. 311.

第一部分　什么的平等

赋不敏感"体现在德沃金的"保险"中，而通过"保险"，天赋较低者（其中包括残障者）获得了补偿。

天赋本质上是一种运气。天赋较高者有好的运气，天赋较低者有坏的运气。除了天赋之外，影响人们生活的还有其他方面的运气。在自家后院的地里发现了一罐金币，这是交了好运，而买了一辈子彩票但从未获奖，这是坏运。与"对抱负敏感"和"对天赋不敏感"相对应，德沃金对运气也做了一种区分，即"自然的运气"（brute luck）和"选择的运气"（option luck）。①"自然的运气"是人们无法控制的运气，它可能是一种（自然的）好运，如在自家后院发现了一罐金币；也可能是一种（自然的）坏运，如走在街上被流星砸到了。虽然"选择的运气"与人们的自主选择有关，但是其结果则取决于运气。比如说，你把自己的很大一部分收入购买了交易所的股票，如果它们上涨了，你是交了（选择的）好运；如果它们下跌了，你则交了（选择的）坏运。

通过"自然的运气"与"选择的运气"的区分，德沃金试图确定个人是否对自己的不利地位负有责任。如果某些人因为交了自然的坏运气而处于不利地位，那么他们就是没有责任的，从而国家应该对他们的不利给予补偿。比如说，残障者或天赋较低者具有残障或较低的天赋，这不是他们的过错，因此国家应该给予他们以补偿。如果某些人因为交了选择的坏运气而处于不利地位，那么他们对此就是负有责任的，从而我们应该允许因此而产生的不平等。比如说，两个人的收入是一样的，并且都把自己的大部分收入用于购买股票，如果一个人买的股票涨了（好的选择运气），而另一个人买的则跌了（坏的选择运气），那么后者应该对自己的选择负责。

从思想脉络来看，德沃金与罗尔斯是一脉相承的，都属于平等主义的自由主义。分歧在于，德沃金在选择与运气之间进行了区分，而罗尔斯则没有这种区分。因此，他批评罗尔斯的基本善平等没有考虑

---

① Ronald Dworkin, "What Is Equality? Part 2: Equality of Resources", *Philosophy and Public Affairs* 10 (1981), p. 293.

人们在抱负、偏好和职业方面的差别。① 因为基本善的平等没有考虑这些差别,所以它只能是一种结果的平等。德沃金认为,造成不平等的因素有些是客观的,如罗尔斯所强调的家庭环境和自然天赋,有些则是主观的,如个人的抱负和选择。如果我们不仅承认这些客观的因素而且也承认这些主观的因素,那么我们只能支持机会的平等,拒绝结果的平等。按照这种机会平等的观念,那些选择了努力工作的人们就应该得到更多的收入,而那些选择了休闲的人们则应该得到更少的收入。

德沃金之所以强调抱负,这是为了把不平等与个人责任联系起来,而个人责任决定了他是否应该得到补偿。如果一个人对自己的不利处境没有个人责任,那么国家就应该补偿他。如果一个人对自己的不利处境负有责任,那么国家就不应该补偿他。在平等主义中加入责任的考虑,这显然是合理的。在某种意义上说,这也是从对罗尔斯式平等主义的批评中得出的一个必然结论。而且,正如柯亨所说,选择和责任在反平等主义右翼的武库中是最强有力的观念,而德沃金使它们为平等主义服务,这是一个重要的贡献。② 但是,我们也应该看到,德沃金把抱负、选择和责任的观念纳入资源平等,这也存在很多困难。

首先,资源平等可能对天赋更高者是不公平的。资源平等主张分配应该反映人们的抱负,而不应该反映人们的天赋,因此,如果一个人因其天赋而处境较差,那么他应该得到补偿,而一个人因其选择了休闲而处境较差,那么他则不应该得到补偿。假设有三个天赋各异的鞋匠,天赋高者每天能生产8双鞋,天赋一般者能生产6双,而天赋低者能生产4双。按照资源平等的观念,国家应该对天赋低者给予2双鞋水平的补偿,以达到平等。这种补偿的资金只能来自对天赋高者的征税,而通过缴纳2双鞋的税,他与其他人在天赋方面扯平了。但是,在这种情况下,这个天赋高者每天都必须努力工作,以生产出8双鞋。由于他要为自己的更高天赋纳税,所以他不能选择更轻松一些

---

① Ronald Dworkin, "What Is Equality? Part 2: Equality of Resources", *Philosophy and Public Affairs* 10 (1981), p. 343.

② G. A. Cohen, "On the Currency of Egalitarian Justice", *Ethics* 99 (1989), p. 933.

第一部分 什么的平等

（比如说只生产6双鞋），否则他就会得到比天赋低者更低的收入。因此，这种对天赋征税的资源平等限制了天赋更高者的选择，从而对他们是不公平的。

其次，资源平等对运气差者可能是不公平的。资源平等首先把运气区分为"自然的运气"和"选择的运气"，然后主张，由于坏的自然运气而处境较差的人应该得到补偿，而出于坏的选择运气而处境较差的人则不应得到补偿。让我们假设，一个人在公路上行走，这时山上一块滚落的石头砸中了他的后背而导致他瘫痪。按照资源平等理论，这属于坏的自然运气，所以理当得到国家的医疗帮助。让我们再假设，一个人驾驶摩托车去某地，由于躲避不及而撞上了滚落在公路上的石头，从而导致瘫痪。按照资源平等理论，驾驶摩托是他的选择（他也可以步行去，如果选择了步行，他就不会受伤），这属于坏的选择运气，从而他不能得到国家的医疗帮助。但是，这两个假设的伤病有本质的区别吗？后者不应该得到国家的医疗帮助吗？如果他因得不到国家的帮助而无法治疗，那么这对于他显然是不公平的。

最后，个人责任的确定是非常困难的。德沃金试图通过区分天赋与抱负来决定个人责任，人们对于自己的天赋是没有责任的，而对于自己的抱负则是有责任的。但是，我们如何区分开天赋与抱负？德沃金自己也不得不承认，"天赋与抱负是紧紧纠缠在一起的"[①]。我们无法在人们的生产能力中分清哪些东西来自于自然天赋，哪些东西来自于抱负。而且，天赋不是一下子发现的，而是发展起来的，人们选择哪种天赋加以发展，与他们最好成为什么样的人的信念有关，与他们的选择和抱负有关。但是，人选择什么，人拥有什么样的抱负，在某些人看来，这反映了主体的意志；而在另外一些人看来，这不如说是环境的产物。要确定个人责任，看起来涉及两个终极的哲学问题。首先是认识论问题，即我们如何能够区分开责任与性格禀赋？其次是形而上学问题，即我们是相信意志自由还是决定论？而且，这两个哲学问题也密切相关。

---

① Ronald Dworkin, "What Is Equality? Part 2: Equality of Resources", *Philosophy and Public Affairs* 10 (1981), p. 314.

让我们把以上三节的讨论总结一下。在第一个层面的问题上，德沃金反对福利主义，主张资源主义。鉴于福利主义具有主观的缺点，资源主义是一种更合理的立场。在第二个层面上，德沃金反对其他类型的资源主义（如罗尔斯的基本善的平等），主张资源平等，并且用"保险"来解决残障和天赋的问题。对待残障，"保险"似乎是合适的，但是对待天赋，它实质上是一种"征税"，而且并不合适。如果对天赋更高者（而非收入更高者）征税，就涉及第三个层面的问题，即如何区分开运气与责任。区分开运气与责任，这是资源平等的核心主张，也是这种平等观念的最大问题：要区分开运气与责任，不仅这是不可能的，而且（对天赋更高者和运气更差者）也是不公平的。

第四章
福利机会的平等

关于"什么的平等"问题,在罗尔斯之前,福利主义一统天下,而在罗尔斯之后,资源主义成为主流。福利主义与资源主义是对立的,前者试图加以平等化的东西是福利,后者加以平等化的东西则是资源。起码从直觉来看,福利主义的优点在于它关心的东西是人们生活得怎样,而不是得到了什么,是人们生活得是否幸福,而不是拥有多少资源。与此不同,资源主义的优点在于,虽然它是一种平等主义,但是可以容许分配的不平等。也就是说,它主张的是机会的平等,而不是结果的平等。

因此,一些福利主义者认为,如果对传统的"福利平等"理论加以修正,使之能够包容机会平等的观念,那么就能够形成一种更合理的福利主义。阿内森就进行了这种努力,他把"福利平等"修正为一种新版的福利主义——"福利机会的平等"(equality of opportunity for welfare),并且主张,它不仅是一种更合理的福利主义,而且也是一种更合理的平等主义。

第一节 新版的福利主义

平等主义者之间的争论在很大程度上集中于分配正义问题。关于分配正义,目前的争论主要聚焦于两个问题:一个是"分配什么",即平等主义者所要分配的"平等物"是什么;另外一个是"如何分

第四章 福利机会的平等

配",即平等主义者如何来分配这些"平等物"。我们可以按照这种区分来理解"福利机会的平等":关于"分配什么",它主张福利主义,反对资源主义;关于"如何分配",它主张机会平等,反对结果平等。

福利主义的对手是资源主义,而资源主义的主要代表是德沃金的"资源平等"理论。按照这种平等理论,社会应该平等地分配所有的自然资源,使每个人都得到与其他人相同的份额。但是,这种资源平等不能实现人们实际生活的平等,因为人们的天赋是不同的,利用资源的能力也是不同的。比如说,这种资源平等观念存在两个明显的困难:一个是残障问题,与健康者相比,残疾人需要额外的资源来补偿其不利状况;另外一个是才能问题,天赋高者比天赋低者能够更有效地利用自己的自然资源。对于这些困难,德沃金提供的解决途径是,通过某种"保险"机制,对残障者和天赋低者给予补偿。

在福利主义者(如阿内森)看来,德沃金的解决方式是行不通的。[1] 阿内森认为:一方面,对残障者给予补偿,以使其达到与其他人的能力平等,这是不可能的。例如,给心脏病患者安装一个支架,这并不能使他具有同其他人一样的能力。另一方面,对于天赋低者应该给予多少补偿,按照什么标准来进行补偿,这也是不清楚的。更严重的问题在于,需要对残障和才能给予补偿,这表明资源平等不仅仅是自然资源的平等,而且还应该包括人力资源的平等。也就是说,要做到真正的资源平等,不仅需要平等地分配自然资源,而且也要平等地分配人们的能力。如果对人们的能力进行平等的分配,那么正如德沃金自己认识到的那样,"这实际上是一种有天赋者的奴隶制"[2],因为这会限制天赋更高者选择自己生活方式的自由。也就是说,如果对能力进行平等的分配,那么与天赋较低者相比,天赋更高者会处于更不利的地位。

基于上述理由,阿内森反对资源平等,主张福利平等。所谓福利是指偏好的满足,而个人的偏好得到的满足越多,他的福利水平就越

---

[1] Richard J. Arneson, "Equality and Equal Opportunity for Welfare", *Philosophical Studies* 56 (1989), pp. 78–79.

[2] Ronald Dworkin, "What Is Equality? Part 2: Equality of Resources", *Philosophy and Public Affairs* 10 (1981), p. 312.

第一部分　什么的平等

高。所谓福利平等是指，资源应该这样加以分配，以使每个人都享有相同的福利。① 在福利主义者看来，资源平等是不够的，因为人们具有不同的偏好，也具有不同的利用资源的能力，从而他们即使具有相同的资源，其福利水平也是不同的。对于福利主义，最重要的事情不是资源本身，而是资源给人们生活带来的影响，是人们生活得是否幸福。因此，一些福利主义者干脆用福利来指幸福。

如果福利是指偏好的满足，从而福利平等是指偏好满足的平等，那么福利平等既是不可欲的，也是不可行的。人们有不同性质的偏好，其中有些人所具有的某些偏好是恶的或者令人反感的，如虐待狂的偏好或者裸露狂的偏好，如果福利平等意味着平等地满足他们的偏好，那么它就是不可欲的。人们具有不同范围的偏好，其中有些人的偏好范围是非常伟大的，比如说某个人像拿破仑一样想支配世界，如果福利平等意味着平等地满足他们的偏好，那么它就是不可行的。因此，福利主义者必须对偏好的性质和范围加以限制，限制主要有两个。

其一，在个人福利的计算中加以考虑的偏好只限于自利的偏好（self-interested preferences），而所谓自利的偏好是指一个人在追求自己的个人利益时所偏好的东西。② 一个人想得到某种东西，可能是因为这个东西本身，也可能是因为它是达到其他目标的工具。自利的偏好是指前者。把偏好限于自利的，是为了把非自利的偏好排除出去。而把非自利的偏好排除出去，则是因为很多非自利的偏好是无法满足的。比如说，某个居住在北上广的人想要一套住房，这是自利的偏好，从而应该加以平等地满足。如果这个人不是想要一套，而是像杜甫那样"安得广厦千万间"，以"大庇天下寒士俱欢颜"，那么这就是非自利的偏好，从而被排除于福利计算之外。

其二，在个人福利的计算中加以考虑的偏好只限于合理的偏好（rational preferences），而所谓合理的偏好是指在理想条件下所具有的偏好。③ 这里所说的理想条件包括，掌握充分的相关信息，对偏好进

---

① Richard J. Arneson, "Equality and Equal Opportunity for Welfare", *Philosophical Studies* 56 (1989), p. 82.
② Ibid..
③ Ibid., p. 83.

第四章 福利机会的平等

行深思熟虑的思考，所进行的推理没有任何错误。一方面，要具备这些理想条件很难；另一方面，与实际的偏好相比，选择合理的偏好需要克服个人性格中的某些弱点，所以阿内森把合理的偏好又分为"最好的"和"次好的"，而我们在很多情况下会选择"次好的"合理偏好。比如说，我知道我"最好的"合理偏好是读《红楼梦》，但在目前情况下尽可能提高我的福利，我还是会选择"次好的"偏好——去看"韩剧"。

虽然与资源平等相比，福利平等在某些方面是更可取的，但是作为一种平等主义的理想，这种平等观念是有缺陷的。在资源平等的条件下，福利的不平等可能有两种原因，它或者产生于人们天赋能力方面的差别，或者产生于人们的选择方面的差别。如果是前者，那么人们对于不平等是没有责任的，而且福利平等也能够解决这个问题。如果是后者，那么人们对于不平等是负有责任的，从而这种不平等是不需要加以纠正的。比如说，两个人具有相同的偏好和能力，也得到了平等的资源，但是他们都自愿地从事赌博，结果导致一个人变得更富了，而另外一个人则变得更穷了。再比如，两个人具有相同的能力，如果他们做出同样的努力，也能够得到同样的福利水平，但是一个人选择了追求个人福利，另外一个人则选择了保护鲸鱼，从而导致后者仅享有较低的福利。在这两个福利不平等的例子中，所有人都没有做错任何事情，每个人都做出了自愿的选择，都对自己的福利水平负有个人责任，在这种情况下，坚持福利平等就是错误的。也就是说，传统的福利平等观念不能在天赋导致的不平等与选择导致的不平等之间加以区分。

责任在平等主义的思考中是一个重要问题。把责任考虑在内，这意味着如果不平等应归咎于个人的责任，那么处于不利地位的人就没有理由抱怨，从而社会也不需要对此给予补偿。把责任考虑在内，这也意味着福利主义者应该主张的不是"福利平等"，而是"福利机会的平等"，因为"机会"蕴含了选择，而人们应该对自己的选择负责。这样对于福利主义者，福利平等就变成了福利机会的平等。

所谓福利机会的平等是指："当每个人都需要面对一系列的选择时，而就其所提供的偏好满足之期望而言，这些选择与其他所有人的

第一部分 什么的平等

选择是相等的,那么人们之间的福利机会的平等就实现了。"① 如果说福利平等主张的是结果平等,那么福利机会的平等主张的则是机会平等。与结果平等不同,机会平等允许存在福利的不平等,只要相关的人们对此负有个人责任。"结果"与"机会"的区别在于后者包含了责任。福利机会的平等是一种考虑到责任的平等主义。

现在我们把上述讨论总结一下。在福利主义还是资源主义的问题上,这种新版的福利主义之所以反对资源主义,主张福利主义,这是因为资源主义或者没有考虑残障和天赋差别的问题,或者没有办法解决残障和天赋差别的问题,从而资源不是一种合适的平等物。在结果平等还是机会平等的问题上,这种新版的福利主义之所以反对结果平等,主张机会平等,这是因为结果平等没有认真对待个人的抱负、选择和责任,从而它不是一种合理的平等主义。下面让我们对这种新版的福利主义加以更深入的分析和批评。

第二节 福利主义

在"分配什么"的问题上,"福利机会的平等"坚持福利主义;在"如何分配"的问题上,它主张机会平等。按照阿内森的设想,把福利主义与机会平等结合在一起,就会形成一种更合理的平等主义——比"福利平等"和"资源平等"都更合理的平等主义。现在的问题是:"福利机会的平等"是一种更合理的平等主义吗?要回答这个问题,我们需要对构成"福利机会的平等"的两个要素(福利主义和机会平等)加以更深入地分析。我们在本节讨论福利主义,在下一节讨论机会平等。

关于"分配什么",福利主义主张,我们应加以平等化的东西是福利。所谓福利是指偏好的满足。如果福利是偏好的满足,那么偏好是什么?对于福利主义者,偏好由三个因素构成:首先,偏好包含有某些行为倾向,即当一些选择出现在我面前时,在其他事情相等的情

---

① Richard J. Arneson, "Equality and Equal Opportunity for Welfare", *Philosophical Studies* 56 (1989), p. 85.

第四章 福利机会的平等

况下，我倾向于选择 x 而非 y；其次，偏好包含有某种类型的情感或欲望，即当选择出现在我面前时，我觉得我更想要 x 而非 y；最后，偏好包含了个人的价值判断，即我断定，与 y 相比，x 对我来说更有价值。虽然这三个因素在概念上是可以分开的，但它们通常是连在一起的。当一个人的选择行为、感觉到的欲望以及价值判断是一致的时候，他对自己的偏好就极其信任。但是，这三个因素也有相互冲突的时候，在这样的场合，价值判断具有优先性。价值判断是偏好的标准，因为它实质上是这样一种性质的判断，即什么东西对自己而言是最有价值的。[1] 对于福利主义者来说，价值判断规定了偏好应该具有两种性质，一是它们应该是自利的，二是它们应该是合理的。

福利主义者把偏好限定为自利的，其目的是为了把非自利的偏好排除出去。什么样的偏好是非自利的？政治的、道德的、宗教的和环境的偏好是非自利的。比如说，张先生最关切的事情是帮助失学儿童（道德的偏好），王女士最关心拯救鲸鱼（环境的偏好），而李先生最重视的事情是修建一座宏伟的庙宇（宗教的偏好）。按照福利机会的平等的规定，这些非自利的偏好都不是应该加以满足并且平等化的，从而在计算福利的份额时，它们都不应该包括在内。

在确定福利份额时把非自利的偏好排除在外，只考虑自利的偏好，这缺乏充分的理由。起码对于某些人（比如上面提到的张先生、王女士和李先生），非自利的偏好比自利的偏好更为重要，从而在他们的福利衡量中具有更重要的地位。利他主义的关切在一些人的生活中确实具有更重要的意义，他们用它来衡量人生的成功或失败，为此他们甚至可以节衣缩食，把自己的大部分收入和财富用来帮助别人。因此，把偏好的满足以及平等化只限于自利的偏好，这显然是没有道理的。

更为严重的是，作为一种道德理论，福利主义在福利的衡量中只考虑自利的偏好，排除非自利的偏好，并且只对前者加以补偿，这在某种意义上是支持利己主义，压制利他主义。起码，它会产生这样的后果。让我们假设，王女士与李女士所得到的资源是同样的，其他方

---

[1] Richard J. Arneson, "Equality and Equal Opportunity for Welfare", *Philosophical Studies* 56 (1989), p. 162.

第一部分　什么的平等

面的偏好也是一样的，唯一的区别在于王女士热心拯救鲸鱼，而李女士热衷于高级美容。如果与其他人相比她们两人都处于福利不足，那么按照福利主义，国家可以补贴李女士美容，而不可以补贴王女士拯救鲸鱼，因为前者是自利的偏好，而后者是非自利的偏好。这意味着，因为李女士比王女士更为自利，所以她应该得到更多的资源。这显然是荒谬的。

在非自利的偏好问题上，福利主义处于一种两难的困境。如果它把非自利的偏好排除于福利衡量之外，那么它就会面临上面讨论的问题。如果它把非自利的偏好包括进福利衡量，那么它也会遭遇其他的困难。[1] 首先，很多政治的、道德的和宗教的偏好涉及正当或正义的问题，其中有些偏好（如种族歧视）在政治上明显是错误的，有些偏好（如同性恋）是存在道德争议的，如果社会给予这样的偏好以帮助，那么就会出现不正义。其次，很多非自利的偏好涉及制度安排和资源的合理分配，例如国家的教育部门应该对失学儿童做出健全的制度安排，而环保部门应该决定把更多资源用于治理雾霾还是保护海洋生物。这意味着这些事情应该以公益的方式来实施，而不是通过个人偏好满足的方式来进行。福利主义无法解决这个两难的问题。与其相比，资源平等理论就能够避免这样的问题，因为它只主张给予每个人以平等的资源，而不管人们如何利用这些资源，不管他们是把它们用于满足自利的偏好还是非自利的偏好。

除了把偏好限定为自利的，福利主义者还把偏好限定为合理的，而这种限定的目的是为了把一些明显的困难排除出去。福利主义把福利解释为偏好的满足，但是某些偏好的满足并不能增加人们的福利。一些人有吸毒的偏好，另一些人有赌博的偏好，还有一些人有施虐和被虐的偏好，这些偏好的满足实际上都会损害而不是有利于人们的福利。因此福利主义者必须对偏好给予限制，即作为福利衡量尺度的偏好应该是合理的，而"合理的"意味着信息充分、推理正确和深思熟

---

[1] Eric Rakowski, *Equal Justice*, Oxford, UK: Oxford University Press, 1991, p.45.

虑。① 比如说，我原先更喜欢喝香槟，现在经过慎重的思考，特别是考虑到我的经济状况，我更偏好啤酒。

问题在于，经过慎重的思考（满足了合理性的条件，即信息充分、推理正确和深思熟虑），我也有可能维持我原先的偏好：与啤酒相比，我还是更喜欢香槟。如果香槟是我真正的偏好，而我的经济条件又难以维持这种偏好，那么按照福利平等，国家就应该给予我补偿。这就是所谓的"昂贵偏好"（expensive preferences）问题，而我们可以把它与"残障"问题加以对比。

假设有两个人，他们的偏好以及所拥有的资源是同样的，但是其中一个人具有残疾（比如只有一只腿）。如果我们要达到福利平等，那么就需要对残障者给予额外的补偿（比如为其购买轮椅）。让我们再假设有两个人，他们拥有的资源以及偏好是同样的，除了一个人喜欢啤酒而另外一个人喜欢香槟。如果我们要达到福利平等，那么就需要对喝香槟者给予额外的补偿。对于这个问题，福利平等理论与福利机会的平等理论稍有不同。对于福利平等理论，所有的喝香槟者都应该给予补偿。但是对于福利机会的平等理论，只有对自己昂贵偏好没有责任的人才能够得到补偿。有些喝香槟者对自己的这种偏好是有责任的，因为这种偏好是他们有意培养起来的。有些人则对自己的这种偏好是没有责任的，因为它是在自己成年之前形成的。为了简便，我们这里接受福利主义者关于责任的这种区分，并且假定，只有那些对自己偏好没有责任的喝香槟者得到了补偿。

对残障者给予补偿，这几乎能够得到所有人的赞同。但是对喝香槟者给予补偿，这几乎不能够得到任何人的赞同。如果福利主义者主张给予喝香槟者以补偿，那么他们能够给出什么样的论证？福利主义者为补偿昂贵偏好提供了两种论证，一种是肯定的，另一种是否定的。

肯定的论证是这样的。没有人反对给予残障者以额外的补偿，这是因为残障者对自己的状况是没有责任的，从而由此造成的不利应该得到补偿，以确保福利的平等。对于喝香槟者，有些人对此是有责任

---

① Richard J. Arneson, "Liberalism, Distributive Subjectivism, and Equal Opportunity for Welfare", *Philosophy and Public Affairs* 19 (1990), p. 163.

第一部分　什么的平等

的，有些人则是没有责任的。如果某些喝香槟者对自己的偏好是没有责任的，那么这种偏好就类似于残障。从责任来看，昂贵的偏好属于一种残障。从偏好来看，残障属于一种昂贵的偏好。如果人们赞成给予残障者以额外的补偿，那么他们也必须赞成给予喝香槟者以额外的补偿。①

如果说肯定的论证实质上把昂贵的偏好等同于残障，那么否定的论证则试图证明昂贵的偏好与残障之间不存在本质的区别。从福利主义的观点看，人们赞成对残障者给予补偿，反对给予昂贵偏好以补偿，这或者是因为人们对自己的残障是没有责任的，而对自己的偏好是有责任的，或者是因为人们认为，对于过一种有价值的生活，身体能力比昂贵的偏好更重要。如果是第一种情况，那么上述讨论证明某些人对于自己的某些偏好也是没有责任的。如果是第二种情况，那么就需要有一种客观主义的、至善主义的标准来评价什么东西更重要。福利主义者主张主观主义，反对客观主义，认为根本就不存在某种客观的至善主义标准。如果没有这种客观的标准，那么我们就不能说残障比昂贵的偏好更重要，从而不能只补偿残障，而不补偿昂贵的偏好。②

关于昂贵的偏好问题，针对福利主义者的上述论证，我们可以提出三点批评。首先，某个人可能对自己偏好的形成是没有责任的，但是这既不意味着他现在不能改变自己的偏好，也不意味着国家有责任对此给予补偿。虽然喝香槟的嗜好是你早年形成的并且这不是你的意愿，但是你现在可以改变它。假设你现在没有能力改变它，那么国家也没有责任补偿你，因为用其他人的资源来补偿你的昂贵嗜好，这对他们不公平。其次，把残障看作一种昂贵的偏好，这是低估了残障给人们带来的痛苦和不便。把昂贵的偏好等同于残障，这是高估了嗜好在人生中的重要性。无论是把残障看作昂贵的偏好，还是把昂贵的偏好看作残障，都误解了两者的性质。最后，即使没有所谓的"客观主义的"和"至善主义的"标准，基于一些普遍的基本常识，我们可以

---

① Richard J. Arneson, "Liberalism, Distributive Subjectivism, and Equal Opportunity for Welfare", *Philosophy and Public Affairs* 19 (1990), p. 187.

② Ibid., pp. 190 – 192.

区别开残障与昂贵的偏好：一方面，人们对自己的残障是没有责任的，而对自己的昂贵嗜好起码是有部分责任的；另一方面，残障涉及人的基本生活能力，而昂贵的嗜好则不是如此重要。也就是说，在偏好的合理性问题上，福利主义归根结底是主观主义的。

第三节 机会平等

在某种意义上，福利机会的平等是福利平等与资源平等的结合。它从福利平等中汲取了"福利"，对平等化的东西采取了福利主义而非资源主义的立场。它从资源平等中提取了"机会"，接受了德沃金的这种主张，即分配应该对抱负敏感而对天赋不敏感。机会平等的观念强调了责任，并且因责任而容许结果的不平等。

通常有两种机会平等的观念，一种是关于期望的机会平等，另一种是关于手段的机会平等。前者主张，如果每个人都有得到某物的同样概率，那么人们就对该物拥有平等的机会；后者主张，如果每个人都有得到某物的同样工具，那么人们就对该物拥有平等的机会。[①] 但是，这两种版本的机会平等都没有考虑责任问题，从而都不符合福利机会的平等的要求。比如说，假设政府实行这样一种政策，按照随机的程序决定每个公民达到什么福利水平。这种政策满足了关于期望的机会平等，然而，尽管它的结果是随机的，但是没有为个人的选择和努力留有空间。另外，关于手段的机会平等为人们发挥自己的能力和选择留下了巨大的空间，但是由于人们的能力是不同的，从而会产生很多平等主义者无法容忍的不平等。

福利机会的平等主张，机会平等既不是得到某种福利的平等概率，也不是为得到某种福利提供平等手段，而是得到某种福利的平等选择。福利机会的平等意味着，当每个人面临一系列的选择时，按照这些选择所提供的福利期望来衡量，他与所有其他人的选择是等价的。在计算福利机会的平等时，首先要考虑每个人所面对的各种选择，其次考

---

① Richard J. Arneson, "Liberalism, Distributive Subjectivism, and Equal Opportunity for Welfare", *Philosophy and Public Affairs* 19 (1990), p. 176.

第一部分 什么的平等

虑每个选择会导致的结果,最后再考虑每个选择被选中的概率等。每个人都有自己的最优选择、次优选择、第三选择以及第 N 优选择。当我们把某个人的所有选择及其结果都集合在一起之后,我们实际上就有了一棵关于该人的"决策树"(decision tree),而这棵"决策树"展示了这个人的全部生活史。当两个人面临等价的"决策树"时,如果他们的能力是平等的,那么他们的福利机会就是平等的;如果他们的能力不是平等的,但是经过调整一些选择之后这种不平等被抵消了,那么他们的福利机会也是平等的。①

按照福利机会的平等理论,"机会"不是指概率,也不是指手段,而是指选择。如果人们面临平等的选择(决策树)并具有平等的能力,那么即使出现福利的不平等,这种不平等也不需要加以矫正。这是一种正确的机会平等理论吗?

首先,福利机会的平等强调选择,但是它的选择会面临各种难以克服的困难。由于福利机会的平等意味着选择(决策树)的平等,而这种选择的平等是社会应该为每个人提供的,那么社会应该在什么时候为每个人提供这种选择(决策树)的平等?如果每个人一出生就有选择的平等,那么这是没有意义的,因为婴儿没有选择的能力。如果每个人只有在成年才拥有选择的平等,那么从婴儿到成年时期的不平等会造成人们能力上的不平等,从而使成人具有不同的选择能力。另外,要为每个人建立一棵决策树,这需要政府事无巨细地掌握每个人的全部生活信息,而这种情况既是不可能的,因为任何政府都不具备这种能力,它也是不可欲的,因为人们担心政府会滥用这些信息。鉴于这些困难,恐怕大多数福利主义者最终也不得不接受对手的主张:"政府应该把基本善份额的平等或者资源平等当作福利主义平等的代表者。"②

其次,除了"选择"之外,机会还受其他东西的影响。按照福利主义者的观点,"当人们在扩展的意义上享有福利机会的平等时,他

---

① Richard J. Arneson, "Equality and Equal Opportunity for Welfare", *Philosophical Studies* 56 (1989), pp. 85 – 86.
② Ibid., p. 87.

第四章 福利机会的平等

们处境方面的任何实际的福利不平等都是由每个人所控制的因素引起的"①。这里的"福利机会的平等"等于每个人具有等价的"决策树",而所谓的"扩展的意义上",则是指人们的能力不平等问题得到了抵消,从而之后所产生的任何福利不平等都可归因于人们的选择。但是,这种论断是不正确的,关于导致福利不平等的因素,它漏掉了某种东西。按照这种福利机会的平等理论,导致福利不平等的因素可以分为客观的和主观的。客观的因素是外在的资源,它们体现为所谓的"决策树"。主观的因素又分为能力与选择,其中能力是天赋的和确定的,只有选择是由个人控制的。"福利机会的平等"意味着社会提供等价的"决策树"以及天赋能力的矫正或抵消,这样做了之后,任何福利不平等都可归咎于人们的选择了。但是,这里漏掉了运气。

决定人们福利状况的东西,除了上述客观的和主观的因素之外,还有运气。按照德沃金的观点,运气可以分为"自然的运气"和"选择的运气"。即使后者与人的选择有关,但前者是不受人们控制的。让我们假设,李先生和刘先生都是农民,住在同一个村子里,面临等价的"决策树",也具有相同的能力。也就是说,他们享有福利机会的平等。但是有一天,两个人都在农田里劳作,但李先生被突然来临的闪电击中了,变成了植物人,而刘先生则一直到晚年都非常幸运。他们的福利出现了实际上的不平等,但这种不平等是由"自然的坏运气"造成的,而不是由人们所控制的因素引起的。这样,福利主义者的上述论断——"他们处境方面的任何实际的福利不平等都是由每个人所控制的因素引起的"——是不正确的,因为它没有考虑到运气的因素。这也意味着,运气也是机会的构成因素,尽管它既不受个人控制,也不受国家控制。

最后,"选择树"不能保证平等的结果,从而福利机会的平等不是一种正确的平等主义。福利机会的平等体现了这样一种平等主义的理想:"在其他的事情相等情况下,如果某些人的处境比其他人更差,而并非由于他们自己的过错或者他们自己自愿的选择,那么这在道德

---

① Richard J. Arneson, "Equality and Equal Opportunity for Welfare", *Philosophical Studies* 56 (1989), p. 86.

第一部分 什么的平等

上是错误的。"① 按照福利平等主义者的这种道德理想，如果不是出于人们自己的过错或自愿的选择，那么不平等本身就是坏的。但是，无论是从福利机会的平等或不平等，都无法得出这样的结论。假设夏洛特和德罗茜拥有几乎是等价的"决策树"：他们前九个选择是等价的，只是夏洛特的第十优选择比德罗茜差很多。② 现在再假设，他们都明确地追求并实现了第一优选择，从而他们生活得一样好。也就是说，虽然他们两人所拥有的福利机会是不平等的，但是他们的实际福利水平是平等的。这种情况是好的还是坏的？在大多数平等主义者看来，这种情况是好的，因为他们具有平等的福利水平。但是，对于福利机会的平等的支持者，这种情况是坏的，因为他们具有不平等的福利机会。而且，更没有道理的是，由于夏洛特的第十优选择比德罗茜更差，按照福利机会的平等理论，国家应该对他给予补偿，即使这种补偿可能会涉及巨大的资源，即使他们的福利水平是一样的。

虽然这种批评是有力的，但是我们可以设想福利平等主义者会做出某些修正，以回应这种批评。比如说，福利机会的平等理论可以附加这样一个条款：只有当福利机会更差者的实际福利水平也是更差的时候，国家才应该给予其以补偿。增加了这样的条款之后，鉴于夏洛特的实际福利水平与德罗茜是一样的，所以国家就无须给予他以补偿。但是，这种修正并不能解决问题。让我们考虑上面假设的另外一个版本：除了第十优的选择更差一些以外，夏洛特的决策树与德罗茜是一样的，但是由于前者的粗心大意，他只实现了第二优的选择，而后者则实现了第一优的选择，从而前者的实际福利水平比后者更差。按照修正后的福利机会的平等理论，因为夏洛特不仅福利机会比德罗茜更差，而且他的实际福利水平也比后者更差，所以国家应该给予其补偿。但是，夏洛特的实际福利水平更差，是因为他只实现了第二优的选择，而他的福利机会更差，则是因为第十优的选择更差，这两者根本就没有关系。因此，就国家决定是否给予福利水平更差者以补偿而言，

---

① Richard J. Arneson, "Liberalism, Distributive Subjectivism, and Equal Opportunity for Welfare", *Philosophy and Public Affairs* 19 (1990), p. 177.

② 见卡斯帕·李普特-拉什木森著《争论：阿内逊论福利机遇平等》，载于葛四友编《运气均等主义》，江苏人民出版社2006年版，第96—97页。

"决策树"不足以成为根据,福利机会的平等也不足以成为根据。

更为重要的是,虽然这种修正的福利机会的平等不能解决它所面临的问题,但是它能够揭示出这一点,即我们是否关注福利机会的不平等,取决于是否同时也存在实际福利的不平等。如果人们之间不存在实际的福利不平等,那么福利机会的不平等就变得无关紧要了。这似乎意味着,最重要的事情不是福利机会的平等,而是福利的平等。对于福利机会的平等理论来说,机会与责任是连在一起的,主张机会平等而反对结果平等,就是因为要考虑到责任。通过对责任的考查,我们也能够得出同样的结论。

第四节 责任

福利机会的平等与福利平等的区别,在于前者在福利份额的衡量方面考虑了责任。自德沃金提出资源平等的理论之后,政治哲学家在分配正义的问题上都无法避免责任,而且大多数人都认为应该把个人责任考虑在内。如果人们对福利不平等负有个人责任,那么国家就没有对此给予补偿的公共责任。因为要考虑到个人对自己福利状况应负的责任,所以福利平等就变成了福利机会的平等。

福利是指偏好的满足。如果某些人具有的某些昂贵偏好是自己无法满足的,那么他们是否应该得到补偿?按照福利机会的平等理论,这取决于他们是否对此负有个人责任。如果他们对自己的昂贵偏好没有责任,那么他们就应该得到补偿。如果他们对自己的偏好负有责任,那么他们就不应得到补偿。

问题在于,"人们对自己的偏好负有责任"意味着什么?在这种场合,责任可以有三种含义。责任的第一种含义最强:我们的偏好之所以发展为现在这样,这完全处在我们自己的控制之下。因此,我们对自己的偏好负有完全的责任。相反,如果我们的偏好形成过程不是受我们自己控制的,并且它们一旦固定下来就不可改变,那么我们对此是没有责任的。责任的第二种含义更弱一些:虽然我们的偏好形成过程超出了我们的控制能力之外,但是它们现在则是处于我们的控制能力之内的,即我们能够改变我们的偏好,即使要付出某种代价。在

第一部分　什么的平等

这种意义上，我们对自己偏好的形成是没有责任的，但是就我们现在有能力改变它们而言，我们则是负有责任的。责任的第三种含义最弱：就我们对自己偏好的认同而言，这些偏好是我们自己的，不是其他人的，所以我们对自己的偏好负有责任，即使我们自己没有选择这些偏好，而且也没有能力改变它们。在福利机会的平等的倡导者看来，第一种含义的责任观念完全排除了对昂贵偏好的补偿，然而这种观念是错误的，因为我们并不能完全控制自己偏好的形成；关于第二种和第三种含义的责任观念，它们两者与补偿昂贵偏好都是相容的。①

阿内森举了关于责任的这样一个例子。假设政府有义务给予两个土著部落以补贴，因为它们的处境很差，福利水平较低。这两个部落的情况碰巧是一样的，除了一个部落的宗教仪式需要由某种仙人掌制成的致幻剂，而另外一个部落的宗教仪式需要由另外一种仙人掌制成的酒精饮料。如果致幻剂的市场价格大幅攀升，而酒精饮料的价格依然便宜，那么第一个部落的成员可以基于平等要求增加他们的补贴，以补偿其仪式必需品的价格上涨。阿内森认为，要求给予补偿，与认同这种偏好并且对此负有责任，两者是相容的。②

这个例子有些复杂。基于第三种责任观念，第一个部落的成员对于自己的偏好（致幻剂）是有责任的，因为他们认同这种宗教仪式，如果这样，那么由此导致的不平等并不需要政府给予补偿。他们之所以有权利要求政府补偿，这是因为这种致幻剂的市场价格上涨了。他们对自己的偏好是负有责任的，但是他们对满足偏好所必需的商品之价格上涨是没有责任的。在他们形成自己的偏好时，这种偏好并不是昂贵的。但是，他们的偏好一旦形成，就很难改变了。致幻剂的价格上涨使他们的偏好变得昂贵了，而这是他们无法控制的，所以他们应该得到补偿。问题在于，这种偏好不仅是昂贵的，而且是宗教的。按照福利主义者的观点，宗教的偏好与拯救鲸鱼的偏好一样，本质上都

---

① Richard J. Arneson, "Equality and Equal Opportunity for Welfare", *Philosophical Studies* 56 (1989), pp. 79–80; Richard J. Arneson, "Liberalism, Distributive Subjectivism, and Equal Opportunity for Welfare", *Philosophy and Public Affairs* 19 (1990), p. 186.

② Richard J. Arneson, "Equality and Equal Opportunity for Welfare", *Philosophical Studies* 56 (1989), p. 81.

第四章 福利机会的平等

不是自利的偏好,从而应该排除于福利的衡量之外。也就是说,对于福利机会的平等,这种宗教的偏好根本就不应该出现在福利的考虑之中,更不用说是否对其给予补偿了。

在当代政治哲学中,大多数平等主义理论都主张在分配问题上应该考虑到责任,福利机会的平等理论也是如此。虽然在分配问题上强调责任的理由是明显的,但是实际上责任会使平等主义者陷入更深的困境。

首先,责任与天赋是紧密连在一起的。对责任的强调来自于德沃金的这种主张,即分配应该对抱负是敏感的,对天赋是不敏感的。① 人们对自己的抱负是有责任的,而对自己的天赋是没有责任的,因此在涉及资源的分配时,这种区分应该体现出来。但是,我们实际上没有办法做出这种区分,因为责任与天赋是紧密连在一起的。一个人是否具有抱负,是否能够勤奋工作,是否能够做出正确的选择,这在很大程度上反映了这个人的能力,而人的能力实质上取决于人的天赋。此外,即使我们能够像福利主义者认为的那样对人们的福利加以基数比较,从而能够辨别出两个人之间的福利差别(如 A 的福利为 10,B 的福利为 15),但是我们也无法在这种福利的差别(5 个单位的福利)中辨别出哪些部分来自抱负,哪些部分来自天赋。

其次,要人们对自己的行为负责,这是正确的,问题在于,责任的界限在什么地方。一个人在年轻时做出了一个不慎重的选择(如在天气不好的时候去登山),并造成了某种严重后果(从山上摔下来造成重伤),要他因此对自己一生的贫困生活负责,这显然是不公平的。一个行为会产生出一个事态的因果锁链,要行为者对因果锁链上的所有事态都负责,这显然是不合理的。对于福利机会的平等,责任的要求体现在对偏好的规定上,即偏好应该是合理的。所谓合理的偏好是指在理想条件下所具有的偏好,其中包括掌握充分的相关信息,对偏好进行深思熟虑的思考,所进行的推理没有任何错误。一个人在行动时,不太可能掌握充分的相关信息,可能也没有时间对它深思熟虑。

---

① Ronald Dworkin,"What Is Equality? Part 2: Equality of Resources",*Philosophy and Public Affairs* 10 (1981), p. 311.

第一部分　什么的平等

即使有时间深思熟虑，对于普通人而言，不犯推理错误也是很难达到的。在这种意义上，或者根本就不存在合理的偏好，或者没有什么偏好是合理的。

最后，对责任的强调最终会伤害平等主义本身。责任通常是反平等主义者喜欢的词汇，他们在反对平等主义和论证不平等主义的时候，把责任当作最有力的武器。但是，我们应该看到，无论是对于反平等主义者还是平等主义者，责任都是为不平等辩护的。对于反平等主义者，责任意味着人们应该对自己的过去行为负责，而人们之所以在收入和财富方面存在差别，这主要源自人们过去行为的差别。对于平等主义者，责任意味着人们应该对收入和财富的不平等加以区分：如果这种不平等源自天赋，那么它在道德上就是错误的；如果这种不平等源自抱负，那么它在道德上就不是错误的，从而是应该允许的。在收入和财富的不平等中考虑责任，这意味着那些处境较好者对自己的更好处境是应得的，而那些处境更差者对自己的更差处境也是应得的。这也意味着，对于平等主义者来说，平等的原则最终变成了应得的原则。

总之，平等主义者在责任问题上面临两难：或者，责任是一个含糊不清的观念，我们没有办法确定人们的责任，从而机会平等最终还是取决于结果平等；或者，责任是一个能够得到明确界定的观念，我们有办法确定人们的责任，从而平等的原则让位给应得的原则。如果这样，那么责任对于平等主义者来说就是一个陷阱。

让我们对本章做一个总结。阿内森提出了"福利机会的平等"，并且认为这种包含了福利主义和机会平等的理论是一种更合理的平等主义。通过上面的讨论，我们表明：首先，在"分配什么"的问题上，这种平等理论主张福利主义，而这种福利主义把福利规定为偏好的满足，把偏好限定为自利的和合理的，从而使平等主义者所追求的"平等物"具有了一种主观的性质；其次，在"如何分配"的问题上，这种平等理论主张机会平等，但这种机会平等观念是模糊不清的，它在最好的情况下最终会还原为结果平等，在最坏的情况下会使平等原则变为应得原则；最后，鉴于在福利主义和机会平等这两个构成要素方面所面临的种种严重困难，我们可以得出这样一个结论，即"福利机会的平等"理论不是一种更合理的平等主义。

第五章
能力平等

我们说过，在关于"什么的平等"问题上，有两条基本的对立路线，即福利主义与资源主义。福利主义关心的东西是人们实际上过得如何，生活得是否幸福，这在直觉上似乎非常具有吸引力。但是，所谓福利一般是指偏好的满足，而偏好的满足则取决于人们偏好的性质和强度，这样，以福利为标准来评价人们是否平等，这过于主观了。与其相反，资源主义关心的东西是资源，是一些人们无论拥有什么生活计划都需要的东西。但是，由于人们的天赋是不同的，他们利用资源的能力是不同的，所以平等的资源并不意味着人们具有平等的生活水平，这样，按照人们所拥有的资源来评价平等，这似乎过于客观了。

因此，一些平等主义者对福利主义和资源主义都不满意，他们试图在两者之间开辟出第三条道路，而这条中间路线既能够避免两者的缺点，又可以保留它们的优点。第三条路线最有影响的代表是森（Amartya Sen）的能力平等理论。我们将在第一节讨论森对福利主义和资源主义的批判，以揭示他为什么要走第三条道路，然后在余下的三节对森的能力平等提出三个问题，以检验它是否是一种更优越的平等理论。

第一节 福利主义与资源主义批判

森既是经济学家，也是政治哲学家。虽然他作为经济学家更为著

第一部分 什么的平等

名,曾获得诺贝尔经济学奖,但是他作为政治哲学家或许更有影响,因为他在当代平等主义理论中占有重要的一席之地。对立于主流的福利主义和资源主义,森提出了能力主义,从而使他在平等理论的三条路线中占有其一。

能力主义是针对福利主义和资源主义而提出来的。在某种意义上我们可以说能力主义是福利主义与资源主义之间的"中间路线",正如柯亨说能力是福利与资源之间的"中间状态"(midfare)。[①]能力主义试图超越福利主义和资源主义,为此,它不仅要证明能力平等优越于福利平等和资源平等,而且也要批评它们,揭示它们所存在的问题。

我们先讨论森对福利主义的批评。森在众多文章和著作中对福利主义进行了大量的批评,这些批评可以归纳为主要的三点:第一,福利主义是主观的;第二,福利主义是不公平的;第三,福利主义对信息施加了不当限制。

首先,福利主义把福利当作评价平等的标准,而福利无论是意味着幸福还是偏好的满足,它都是指人们的感觉状态,从而福利主义是主观的。森曾举过这样一个例子:有两个人,一个是富人,他富有、健康和快乐,另一个是穷人,他贫困、有病并且诸事不顺;在事态 A 中,富人骑着摩托兴高采烈地从穷人旁边驶过,此时富人的福利为 10,而穷人的福利为 4;在事态 B 中,这个富人一不小心跌到沟里,富人的身体和摩托都摔坏了,而看见此事的穷人则站在一旁幸灾乐祸,此时富人的福利由 10 降为 8,而穷人的福利由 4 升为 7。[②] 从福利平等的观点看,事态 B 要比事态 A 更好,因为两者之间的福利不平等减少了。如果事态 B 比事态 A 更好,那么这意味着有车祸比没有车祸更好。这显然是荒谬的,而其荒谬性源于福利主义的主观性。

其次,福利主义的评价标准是主观的,因此它对某些人是不公平的。福利主义按照人们实际具有的福利来评价事态,人们的实际福利是指他们的主观感觉状态,而人们的主观感觉会受到生存环境的影响。

[①] G. A. Cohen, "Equality of What? On Welfare, Goods and Capabilities", *Recherches Economiques de Louvain* 56 (1990), p. 368.

[②] [印] 阿马蒂亚·森:"功利主义与福利主义",见应奇编《后果评价与实践理性》,东方出版社 2006 年版,第 16—17 页。

某些人实际上处于被剥夺的贫困状态,但是他们却可能生活得很幸福(具有很高的福利水平),这或者是因为他们天生就具有快乐的性格,或者是因为他们对生存环境的调整适应,或者是因为他们对困境的屈从。这些处于贫困状态的被剥夺者是那些传统上的"倒霉者"(under-dogs),诸如不宽容社会中的少数族裔,血汗工厂中被剥削的工人,靠天生存而毫无保障的佃农,性别歧视严重的文化中被驯服的家庭妇女。① 由于这些人处于极其不利的生存环境,他们不得不按照其环境来调整自己的福利期望。在这种情况下,如果按照他们的主观感受来评估其福利,那么这显然是非常不公平的。

最后,福利主义只用与福利相关的信息来评价事态,把其他信息排除在外,这样它就对评价标准给予了严格的信息限制。福利主义的实质是功利主义,而功利主义以功利为尺度来评价事态,而无论功利是指幸福还是偏好的满足。主张功利是重要的,这是一回事,但是坚持其他事情都是不重要的,这就是另外一回事了。福利主义在评价事态时只使用功利的信息,而把所有的非功利信息都排除出去,这种信息限制是错误的。② 在森看来,就评价事态而言,不仅功利信息是重要的,而且非功利的信息也是重要的,甚至更为重要的,如自由和权利等。③ 其实,就道德立场来说,森与福利主义都属于后果主义。区别在于,福利主义只用功利信息来评价行为的后果,而森则用多元的信息来进行评价,其中既包括功利信息,也包括自由和权利等非功利信息。

从能力主义的观点看,如果说福利主义的问题在于它过于主观了,那么资源主义的问题在于它过于客观了。资源主义有两种主要表现形式,一种是罗尔斯的"基本善的平等",另外一种是德沃金的"资源平等"。森对资源主义的批评可以归纳为两点:第一,资源主义是拜物教的;第二,资源主义忽视了人们之间的差别。

---

① Amartya Sen, *The Idea of Justice*, Cambridge, Mass: The Belknap Press of Harvard University Press, 2009, pp. 282–283.
② Ibid., p. 282.
③ [印]阿马蒂亚·森:"功利主义与福利主义",见应奇编《后果评价与实践理性》,东方出版社 2006 年版,第 29 页。

第一部分 什么的平等

首先,如果说福利主义按照人们实际具有的福利来评价事态,那么资源主义则用人们实际享有的资源来评价事态。福利主义的关注点是资源在人们身上产生的影响,而资源主义则关注资源本身。资源主义的一个重要代表是罗尔斯的"基本善的平等"。在评价人们是否平等的时候,罗尔斯以基本善为尺度来进行判断,而基本善就是广义上的资源。森认为,在评价人们的处境时,我们应该关注的东西是人与资源之间的关系,而不是资源本身。相反,罗尔斯关心的东西是资源(基本善)本身,因此森批评说,在罗尔斯的平等理论中实际上有一种拜物教的成分。森还特别指出,与资源主义相对比,由于福利主义用功利而非资源来衡量平等,所以福利主义并不具有这种拜物教。① 在这种意义上,如果说能力主义位于福利主义与资源主义之间,那么它实际上更接近福利主义而非资源主义。

其次,资源主义只关心人们是否拥有平等的资源,而忽视了人们利用资源的能力是不平等的。虽然"资源"这个词让人们首先想到的东西是自然物,但是它在资源主义中是广义上的,超出了自然资源的范围。在德沃金的资源平等理论中,资源不仅包括自然资源,而且也包括人力资源。在罗尔斯的基本善的平等理论中,作为资源的基本善不仅指收入和财富,而且也指自由、权利和机会等。如果人们是一样的,那么资源平等确实可以意味着人们之间的平等。但是,如果人们是不一样的,那么资源平等并不意味着人们的平等。在森看来,人们是不一样的,人们利用资源的能力是不同的,因此,即使人们拥有平等的资源,但是人们实际的生活质量则是不平等的。比如说,与健康者相比,一个残障者即使拥有同样多的资源,但是他的生活则会处于更低的水平,因为他要把相关一部分资源用于治疗疾病。同样,自然环境和社会环境的差别也会产生类似的不平等后果。②

鉴于上述福利主义与资源主义的各自缺点,能力主义试图超越它们而成为平等理论的第三种范式。从能力主义的观点看,虽然福利主

---

① Amartya Sen, "Equality of What?" in *The Tanner Lectures on Human Values*, Vol. 1, edited by S. McMurrin, Salt Lake City: University of Utah Press, 1980, p. 216.
② Amartya Sen, *The Idea of Justice*, Cambridge, Mass: The Belknap Press of Harvard University Press, 2009, pp. 254–255.

义与资源主义是对立的，但是它们有一个共同的特点，即它们都是"一元论的"：福利主义属于福利一元论，资源主义属于资源一元论。与其不同，能力主义是多元论的，更准确地说，它属于"信息多元论"。① 具体地说，森的能力平等理论利用了四个信息变量来评价事态，它们是福利、主体性、成就和自由。我们后面会更详细地讨论这些信息变量。

第二节 基本能力还是所有能力？

在关于"什么的平等"问题上，森反对福利主义和资源主义，主张能力平等。关于能力（capability），有些事情是清楚的，有些事情则是不清楚的。清楚的事情是，能力既不是资源也不是福利，而是两者的"中间状态"。不清楚的事情是，森所说的能力到底是指什么。

作为一种平等理论，能力平等是否比福利平等和资源平等更优越，在很大程度上取决于能力是指什么。在能力的含义问题上，有两种可能性，或者能力是指人的某些能力，或者能力是指人的所有能力。在森的相关著述中，我们可以发现有两种不同的说法：在早期，森所说的"能力"意味着"基本能力"，这显然是指人的某些能力；在后期，森又说"能力"是指"自由"，这似乎是指人的所有能力。但是无论是哪一种情况，能力平等理论都会面临一些严重的困难。

在早期的"什么的平等"一文中，能力是指"基本能力"，因此，森把自己的平等理论称为"基本能力平等"（basic capability equality），以取代福利平等和资源平等。所谓"基本能力"是指一个人能够去做某些重要的事情。显然，理解"能力"的关键在于"基本的"一词，因为它对能力给予了限定，而限定意味着规定。什么样的能力是基本的？森举了一些例子，比如说，自由行动的能力，满足营养要求的能力，解决衣着和居住的能力，以及参与社会生活的能力等。② 在这些

---

① [印] 阿马蒂亚·森："福利、能动性与自由"，见应奇编《后果评价与实践理性》，东方出版社 2006 年版，第 123 页。

② Amartya Sen, "Equality of What?" in *The Tanner Lectures on Human Values*, Vol. 1, edited by S. McMurrin, Salt Lake City: University of Utah Press, 1980, p. 218.

第一部分　什么的平等

关于能力的事例中,包含两个观念。一个是"需要"(need)的观念,这意味着基本能力要按照需要来加以解释,从而把并非需要的能力排除出去了。另外一个是"急迫性"(urgency),即需要应该按照急迫性来解释,从而把非急迫的需要也排除出去了。在这种意义上,能力是指人的某些能力。

按照森的观点,能力平等与资源平等不同,后者关心的是资源本身,而前者关心的是资源为人们所做的事情;能力平等也与福利平等不同,虽然两者关心的都是资源为人们所做的事情,但是后者的焦点在于人的心理反应,而前者的焦点则是人的实际能力。森举了一个残疾人的例子来说明三种平等观的差别以及能力平等的优点:对于这个残疾人,福利平等不会为他做任何事情,而如果这个残疾人具有阳光般的快乐性格,福利平等事实上会因其具有更高的福利水平而给他更少的收入;资源平等也不会给予他以任何额外的帮助,也就是说,如果他的收入同其他人一样,那么资源平等不会关注他的严重残疾处境;只有能力平等主张为他提供帮助,满足他作为残疾人具有的特殊需要(如轮椅),但是这种主张既不依赖边际福利,也不依赖缺乏资源。[①]

基本能力平等由以下一些主张构成:首先,在人的全部能力中区分开基本能力与非基本能力;其次,为基本能力规定一个门槛(threshold),某些人处于这个门槛之下,而其他人处于这个门槛之上;最后,处于这个门槛之下的人们的要求具有更重的道德分量,应该优先得到满足。由于基本能力平等的关注点是那些处于门槛之下的人们,它的道德要求是把他们的基本能力提高到门槛之上,而对门槛之上的能力则没有任何要求,所以这种平等理论也被称为"足够论"(sufficientarianism)。基本能力平等面临如下一些问题。

首先,如何区分基本能力与非基本能力?基本能力平等的前提是基本能力与非基本能力的区分,但是要做出这种区分,首先应该有一个区分的标准。什么是"基本"的标准?依据上面我们所做的分析,森的"基本"标准可能是"基本的需要",即按照"急迫性"来规定

---

① Amartya Sen, "Equality of What?" in *The Tanner Lectures on Human Values*, Vol. 1, edited by S. McMurrin, Salt Lake City: University of Utah Press, 1980, pp. 217–218.

的需要。如果这样，那么很多对于人生非常重要的能力都被排除出去了，比如爱和被爱的能力，发明和创造的能力，这些能力都不属于急迫性的需要。在这种"基本"的意义上，能力范围被限制得过窄了。

其次，基本能力的门槛设在哪里？即使我们能够提供一个"基本"的标准来区分开基本能力与非基本能力，我们也还要面对近一步的问题，为这些基本能力设定一个门槛：如果人们的基本能力处于门槛之下，那么把它们提高到门槛的水平就具有重要的道德意义；如果人们的基本能力处于门槛之上，那么它们在道德上就无关紧要了。这个门槛为人们的基本能力规定了一个应该达到的水平，而达不到这个水平的人们应该得到国家的帮助。问题在于，这个门槛应该设在哪里？对于这个问题，森似乎没有什么答案。实际上这个问题也很难有客观的答案。

再次，足够论是不是合理的？基本能力平等要求把处于门槛之下的人们之基本能力提高到门槛之上，而且与其他要求相比，这个要求具有道德上的优先地位，因此这种平等理论也被称为"足够论"。问题在于足够论是合理的吗？一些批评者认为它不是合理的：假设有三种政策选择，第一种政策能够把一个位于门槛下面的人提高到门槛之上；第二种政策能够使很多人的生活从地狱般的提高为可忍受的，但还达不到门槛的水平；第三种政策能够使很多已经处于门槛之上的人们的生活有很大的改善。我们应该选择哪一种政策？按照足够论，我们应该选择第一种，无论第二种和第三种政策能够使多少人的生活有多大的改善。这显然是不合理的。[1]虽然这种批评有些极端，但是所针对的问题是存在的。

最后，足够论是否足够好？足够论的特征在于门槛，它只要求把处于门槛下面的人们提高到门槛之上，而其他的事情就不在关注之内了。问题在于，处于门槛之上的人们之间仍然存在不平等，而且可能是非常严重的不平等。按照足够论，只有门槛两边（门槛之下与门槛

---

[1] Richard Arneson, "Distributive Justice and Basic Capability Equality", in *Capabilities Equality*, edited by Alexander Kaufman, New York: Routledge, 2006, p. 28.

第一部分　什么的平等

之上）的不平等具有重要的道德意义，而门槛之上的不平等就无关紧要了，即使这种不平等可能是很严重的。因此，作为一种平等理论，足够论还不足够好。

鉴于基本能力平等的观念存在上述缺点，因此在后来著述中，森改变了早期的观点，开始把能力界定为发挥功能的能力。因为人的功能是各种各样的，这时能力就不限于某些基本能力了，而是指人的所有能力。尽管人的功能是各种各样的，但是森把它们分为两大类，一类是人的活动（doings），另一类是生存状态（beings），其中每一类又包含无数的具体功能，前者如行走、观看和阅读等，后者如健康、营养良好和快乐等。一个人的能力体现为他所能够得到的功能组合（combinations of functioning），而这种能力组合（capabilities set）就是他能够实际拥有的自由。①

森的思路是这样的：能力是指人的所有功能（能力），而所有功能的组合就是人能够实际得到的自由。在这里，森的观点出现了一个转变，即自由变成了最重要的东西。我们可以把森的观点与罗尔斯加以对比。罗尔斯主张基本善的平等，基本善包括自由、权利、机会、收入和财富等，而自由只是其中之一。森主张能力平等，而能力等于自由，在这种意义上，自由就是唯一的善。从森的观点看，基本善与自由的关系是手段对目的的关系：基本善是达到目的（自由）的手段，而自由则是各种手段（其中包括基本善）所服务的目的。②

正如罗尔斯主张基本善越多越好，森也主张能力越多越好，自由越多越好。自由之所以越多越好，这出于两个理由。首先，更多的自由使我们有更多的机会去追求我们珍视的目标。在这种意义上，自由有助于提高我们按照自己意愿来生活的能力，提高我们实现自己生活理想的能力。其次，我们拥有的自由越多，我们能够得到的选择机会也就越多。在这种意义上，自由的重要性在于选择过程本身，而我们

---

① Amartya Sen, "Justice: Means versus Freedoms", *Philosophy and Public Affairs* 19 (1990), p. 114.
② Ibid., pp. 114–115.

第五章　能力平等

都不希望自己的选择受到他人的限制。①

由于森把能力等同于自由，所以虽然能力体现为各种各样的功能，但是能力与功能实际上是不同的。比如说，两个人在发挥某种功能方面可以是一样的，但是他们拥有的能力实际上却是完全不同的。森曾多次举过这样的例子：一个人由于贫穷而缺乏食物，另外一个人出于宗教或政治的原因而自愿绝食，两者在功能方面是一样的，即他们都处于饥饿和营养不良的状态，但是他们的能力则是完全不同的，也就是说，选择自愿绝食的人比因贫穷而挨饿的人具有更大的能力。②

按照森后来著述的说法，能力是指所有功能的集合，而所有功能的集合意味着人能够实际得到的自由。这种关于能力的表述能够避免早期足够论带来的问题，但是会面临一些新的难题。

首先，能力的评估要包括人的所有功能，这是不可能的。简单地说，人们能够拥有的功能太多了，有些非常重要，而另外一些则可能微不足道，把它们都考虑在内，这是无法做到的。另外，即使我们能够把所有功能都计算在内，也会遇到更困难的问题，即如何计算每一种功能的权重。一个人可能有某些功能失常，然而另外一些功能则可能格外优异。比如说，英国著名物理学家霍金现在全身瘫痪，但是他有一个比常人聪明得多的大脑。如果国家因霍金不能行走而应给予他某种补偿（如轮椅），那么国家将如何补偿那些智力不如常人或者缺乏某种功能（如嗅觉）的人们？

其次，森把能力理解为发挥功能的自由，并主张自由越多越好，这是有争议的。这里的"越多"可能有两种所指，一种是指功能，即人的功能越多越好，另一种是指自由，即自由越多越好。如果是前者，那么这种观点是没有道理的。人的功能有积极的，如行走和视力，也有消极的，如痛感和过敏反应，而更多的消极功能对人显然没有好处。自由越多越好，虽然这种主张看起来是有道理的，但也存在争议。某

---

① Amartya Sen, *The Idea of Justice*, Cambridge, Mass: The Belknap Press of Harvard University Press, 2009, p. 228.

② Ibid., p. 237.

第一部分　什么的平等

些批评者认为，一个人有一些钱（能力或自由），他可以过正常的健康生活（看歌剧或踢足球），如果他有了更多的钱（更多的能力和自由），那么他可能去买可卡因或其他毒品，沉溺于毫无意义的生活。在这种情况下，限制他有额外的钱（更多的能力和自由），这对他更好。① 这种批评存在一个漏洞，即使这个人有了更多的钱，他也有可能不去买毒品。如果我们假设这个人不是有了更多的钱，而是有某个人免费为他提供毒品，那么漏洞就补上了：他有了更多的能力和自由，但是他并不因此会更好。

再次，更准确地说，森不是把能力等同于自由，而是把能力看作自由的一个方面。② 即使从能力主义的观点看，森的这种观点也是成问题的，因为自由是一个过于复杂的概念，某些自由是非常重要的，某些自由则是微不足道的，特别是某些自由（富人的自由、工业自由和财产权）与能力平等是冲突的。③ 因此，另外一些能力主义者（如努斯鲍姆）不仅反对把能力等同于自由，而且主张对能力加以限制，为它们开列一份明确的清单。总而言之，自由是一个过大的筐，森可以把所有的东西（其中包括能力）都放进去，但这不是解决了任何问题，而是回避了任何问题。

最后，如果把能力看作所有功能的组合，而这个功能组合等同于自由或是自由的一个部分，那么能力平等的主张就很难立得住脚了。归根结底，能力平等是一种平等理论或正义理论，它试图解释并且解决不平等的问题。我们要解决不平等的问题，目前只能通过再分配的方式，对处于不利地位的人们给予补偿。人们是否处于不利的地位，如果这是按照能力来评价的，那么就会产出两个问题：由于构成能力的所有功能的数量太多了，我们既没有办法确定其权重，也没有办法衡量它们；即使我们能够知道人们在能力方面存在不平等，国家也不

---

① Richard Arneson, "Distributive Justice and Basic Capability Equality", in *Capabilities Equality*, edited by Alexander Kaufman, New York: Routledge, 2006, p. 33.
② Amartya Sen, *The Idea of Justice*, Cambridge, Mass: The Belknap Press of Harvard University Press, 2009, p. 295.
③ Martha C. Nussbaum, "Capabilities as Fundamental Entitlements", in *Capabilities Equality*, edited by Alexander Kaufman, New York: Routledge, 2006, pp. 55-56.

能采取措施使它们达到平等，因为这会涉及对人本身的侵入。正如德沃金所说的那样，政府采取措施来达到能力平等，这种想法是可怕的。①

第三节　多元论、二元论还是一元论？

森在批评福利主义和资源主义的时候，认为这两种平等理论都用单一的指标（福利或资源）来评价事态，其信息基础过于局限。与其相反，森的能力主义在评估事态时采取了多元论的立场，使用了更多的信息指标来衡量平等。具体来说，森使用了四个指标，它们是"福利成就"（well-being achievement）、"主体性成就"（agency achievement）、"福利自由"（well-being freedom）和"主体性自由"（agency freedom）。②

在讨论平等理论时，我们无法避免人际比较的问题，无法避免把人们分为有利者和不利者。一般而言，任何平等理论都试图帮助不利者，起码是在这种条件下，即他们处于不利地位并非是源于自己的过错。在森看来，上述四个信息指标就是人们的利益所在，我们可以依据它们来评价人们的处境。下面让我们对这四个概念加以解释。③

森所说的福利（well-being）与福利主义的福利（welfare）是不同的。福利主义的"福利"是指幸福或者偏好的满足，它们都属于主观的心理感受。森的"福利"既包括这些主观的心理感受，也包括客观的身体状态（beings 和 doings），而森把这些主观和客观的状态统称为"功能"（functionings）。福利之所以是人的利益所在，就在于这些功能的正常发挥，比如说营养良好，拥有合适的衣着和居所，参与社

---

① Ronald Dworkin, *Sovereign Virtue: The Theory and Practice of Equality*, Cambridge, MA: Harvard University Press, 2000, p.302.

② Amartya Sen, *The Idea of Justice*, Cambridge, Mass: The Belknap Press of Harvard University Press, 2009, p.287.

③ 对这四个概念的解释主要基于森的"福利、能动性与自由"，载应奇编《后果评价与实践理性》，东方出版社 2006 年版，第 116—186 页。另外也参考了 David A. Crocker, "Sen and Deliberative Democracy", in *Capabilities Equality*, edited by Alexander Kaufman, New York: Routledge, 2006, pp.155-197.

第一部分 什么的平等

会生活等。福利属于个人的利益，在这种意义上，我们也可以把它看作"利己主义"的部分。

福利包含有两个维度，一个是福利成就，另一个是福利自由。"福利成就"是指人们实际上得到的福利，或者说是实现了的福利，而福利自由则是指人们能够得到的福利，或者说人们能够得到福利的机会。在某种意义上，我们可以说福利成就体现了人的"功能"，而福利自由体现了人的"能力"。在"功能"与"能力"之间，存在着自由。森多次用饥饿或营养不良来解释福利成就与福利自由的区别：两个人都处于饥饿的状态，但是一个人是被迫的，因为他处于贫穷的状态，而另外一个人是自愿的，因为他出于政治抗议的目的而绝食；虽然两者的福利成就是一样的，都处于饥饿的状态，但是两者的福利自由是不同的，主动绝食者也可以选择进食，而贫困者就没有这种选择。

主体性（agency）与主体（agent）相关，而人是主体。作为主体，人是自主的，能够拥有某种道德理想、价值目标或善观念，并选择相应的行动来加以实现。所谓主体性就是指人们在追求道德理想、价值目标或善观念的过程中所做的事情或所得到的东西，这些东西与人们的目的、目标和义务有关。在森的能力主义中，福利与主体性是成对的概念：福利是个人利益的所在，而主体性则超出了个人利益的考虑；福利的获益者是自我，而主体性的获益者则可能是其他人；福利关注的焦点是利益，而主体性关注的焦点是善观念。比如说，锻炼身体表现的是福利，而拯救鲸鱼体现的则是主体性。如果我们把福利称为人的"利己主义"的部分，那么我们也可以把主体性称为"利他主义"的部分。

同福利一样，主体性也有两个维度，一个是主体性成就，另一个是主体性自由。"主体性成就"是指人们在追求道德理想、价值目标或善观念的过程中具体目的的实现，而这种实现通常给其生活的世界带来某种或大或小的变化。"主体性自由"是指人们在实现自己目标时所具有的自由。也就是说，人们不仅通过行动展示了或多或少的主体性，而且也具有这样做的自由。比如说，拯救鲸鱼体现了我的主体性，但是，如果我是在别人的强迫下去做的，那么我就没有"主体性自由"。对于主体性来说,"成就"体现的是所发挥出来的"功能",而"自由"体现的则是人们所能够拥有的"能力"。

按照森自己的说法,这些不同的指标体现了一种多元论,即使不是"原则的多元论",起码也是"信息的多元论"。[1] 但是,如果我们对森的相关著述特别是后期著述进行分析,就会发现他的能力平等理论包含了一系列的二元性,比如说"能力"与"功能",being 与 doing,"福利"与"主体性","成就"与"自由"等。在这种意义上,森的观点与其像自己所说的那样是多元论,不如说是二元论。而且,这些二元的成对概念包含着各种各样的模糊甚至冲突。

最基本的二元性是能力与功能的区分。森在最初提出能力主义的坦纳讲座中只使用了能力概念,功能概念是后来才出现的。按照森的说法,能力体现为功能组合。森在单独使用"能力"的时候,这个概念是复数的。当他把"能力"与"功能"成对使用的时候,"能力"通常是单数的,"功能"则是复数的。[2] 而当森既使用"功能"也使用复数的"能力"时,这些复数的"能力"意味着"功能",或者说是按照"功能"来定义的。[3] 复数的"能力"是指一些基本能力,单数的"能力"则是指人的所有能力,从而它们可以被"功能"取代,并形成"能力对功利"的表述。问题在于,能力与功能组合是不是相等的?森的观点在这个问题上是模糊不清的。抽象地说,森把能力规定为功能组合,两者似乎是等同的。在这种意义上,功能实际上代表了各种各样的具体能力。但是,在某些场合,比如说我们上面曾提到森所举过的饥饿例子,两个人具有同样的功能,但具有不同的能力,这样,森似乎又主张能力大于功能,而能力与功能之间的差距就是自由。

能力与功能是基本的二元性,而两者自身又都包含着更深层的二

---

[1] [印] 阿马蒂亚·森:"福利、能动性与自由",见应奇编《后果评价与实践理性》,东方出版社 2006 年版,第 123—124 页。

[2] Amartya Sen, "Justice: Means versus Freedoms", *Philosophy and Public Affairs* 19 (1990), p. 114; Amartya Sen, *The Idea of Justice*, Cambridge, Mass: The Belknap Press of Harvard University Press, 2009, p. 233.

[3] Amartya Sen, *The Idea of Justice*, Cambridge, Mass: The Belknap Press of Harvard University Press, 2009, p. 236.

第一部分　什么的平等

元性。其中能力体现为"福利"与"主体性"的二元性，功能体现为"being"与"doing"的二元性。森把 being 与 doing 等同于功能，更准确地说，他把功能分为两大类，即 being 和 doing。① 对于 being 和 doing 的含义，可能这两个词在英文中过于平常，森没有专门加以解释，只是举了一些例子。② Being 是指人的生存状况，特别是内在状态，而 doing 是指人的行动，特别是做事的能力。这对概念的主要问题在于 doing。一方面，人们通常用 being 而非 doing 来评价人的生活状况，正如"福利"（well-being）一词与 being 相关联；另一方面，doing 一词过于宽泛，它既可以指人的基本能力，如看、听和行走等，也可以指广义上的做事的能力，如保护环境（拯救鲸鱼）、道德行为（慈善捐赠）或政治事业（竞选）等。如果是指后者，那么它们既不是衡量平等的适当指标，也不是平等主义者的关切所在。

福利与主体性是另外一对二元概念。按照森的解释，福利的关注点是利益，主体性的关注点则是善观念。③ 这样，福利是个人利益的所在，而主体性则超出了个人利益的考虑。这对概念的主要问题是两者之间的关系，而两者之间的关系有三种可能。首先，福利与主体性是相互独立的。比如说，养鱼是我的谋生手段，从而它代表了我的福利，拯救鲸鱼则是价值目标，它体现了我的主体性，因此它们两者是独立的。但是，我们应该注意到，拯救鲸鱼不仅有利于生态环境，也能够给我带来快乐，带来巨大的满足感，也就是说，这样的行为既体现了我的主体性，也可以是我的福利所在。其次，福利与主体性是相互关联的。主张两者是相关的，这看起来更为合理，正如上面鲸鱼例子所表明的那样。但是，如果两者是相关的，那么用福利和主体性作为评价人们平等的指标就成问题了。假如我们以福利为指标，但是它又牵涉主体性，反之亦然。最后，两者之间是一种包含关系，或者福利包含主体性，或者主体性包含福利。由于主体性的范围广大，更可

---

① Amartya Sen, "Justice: Means versus Freedoms", *Philosophy and Public Affairs* 19 (1990), p. 113.
② ［印］阿马蒂亚·森："福利、能动性与自由"，见应奇编《后果评价与实践理性》，东方出版社 2006 年版，第 146 页。
③ 同上书，第 155 页。

能的是主体性包含福利。如果两者是一种包含关系，那么其中一个（如福利）就没有存在的必要了，因为我们可以只用一个（如主体性）来评估事态。无论是哪一种可能，两者的关系都存在困难。

无论是福利还是主体性，本身都还包含着更深层次的二元性，即"成就"与"自由"。就福利来说，森把它区分为"福利成就"与"福利自由"。就主体性而言，则被区分为"主体性成就"与"主体性自由"。成就是指人们实际上表现出来的能力，它类似于"功能"。自由则是指人们能够具有的潜能，它类似于"能力"。这样，我们又回到了原初的二元性，即能力与功能。

基于上述解读，森的能力平等不是多元论，而是二元论。但是，还存在另外一种解读。就"福利成就"和"福利自由"、"主体性成就"和"主体性自由"四个信息指标来说，森的理论是多元论。但是，这四个指标实际上是两个，即福利与主体性，只不过它们各自具有成就与自由两个维度。除了福利与主体性的二元性，还有另外一对二元性，即 being 和 doing。其中福利和主体性属于"能力"，being 和 doing 属于"功能"，这样我们就追溯到最原始的"能力"和"功能"的二元性。我们知道，森把能力等同于自由，更准确地说，把能力看作自由的一个方面，如果这样，那么"自由"就应该包含能力和功能。按照这种解读，森的理论既不是多元论，也不是二元论，而是一元论，即自由一元论。从森的后期政治哲学来看，一元论是更合适的解释。如果森是一元论的，那么他所说的"信息局限"问题不仅适用于福利主义和资源主义，而且也适用于他自己的能力平等。

第四节　标准还是通货？

在 1979 年的坦纳讲座中，森提出了"什么的平等"问题。目前为止大体上有三种回答，即福利主义、资源主义以及以森为代表的能力主义。福利主义采取主观主义的路线，主张福利平等或福利机会的平等。与其相反，资源主义则采取了客观主义的路线，提出了基本善的平等或资源平等。森认为福利主义过于主观，资源主义则过于客观，于是采取一种中庸之道，提出了能力平等的理论。

第一部分　什么的平等

自罗尔斯1971年发表《正义论》之后，平等主义便开始大行其道，平等主义者也提出了各种各样的平等理论。平等主义者主张人们之间应该平等，但是在什么方面或维度应该平等，这既是混淆不清的，也是充满争议的。正是鉴于这种情况，森提出了"什么的平等"问题，以便澄清平等主义者的分歧。"什么的平等"问题包括两个方面，一个是平等的通货，另外一个是平等的标准。①

"什么的平等"首先追问的东西显然是，平等主义者试图加以平等化的东西是什么。平等主义者都主张人们是平等的，但是人们在什么方面是平等的，他们则意见不一。在这种意义上，"什么的平等"追问的东西实际上是"平等物是什么"，而这种"平等物"也被柯亨恰当地称为"通货"（currency）。② 不同的平等主义认可不同的通货：福利主义者认为福利是平等的通货，资源主义者主张基本善或资源是平等的通货，而能力主义者则认为能力是平等的通货。如果平等的通货得到了确认，那么平等主义的分配正义就会要求国家对那些通货不足的人们给予补偿。

除了平等的通货之外，"什么的平等"所追问的东西还有平等的标准。平等的通货指向的东西是"平等物"，即人们应该在什么方面或维度实现平等。平等的标准指向的东西则是"尺度"，即我们按照什么东西来评价事态，来衡量人们之间是否平等。平等主义者通常都是实践取向的，他们试图解决现实社会中的不平等。要解决不平等的问题，首先要对不平等加以衡量，要进行人际比较。要衡量不平等或进行人际比较，应该先有一个平等的标准。正如在"通货"的问题上那样，平等主义者之间在"标准"的问题上也有争议：福利主义者认为应该以福利为标准，资源主义者主张应该以基本善或资源为标准，而能力主义者则认为应该以能力为标准。

这里可能存在一个疑问：既然福利主义者（资源主义者或能力主义者）认为福利（资源或能力）既是平等的通货，也是平等的标准，

---

① 森在提出"什么的平等"时，似乎没有意识到它实际上分为这两个方面，或者他把两者混为一谈了。归根结底，能力平等理论的问题与没有分清这两个方面相关。
② G. A. Cohen, "On the Currency of Egalitarian Justice", *Ethics* 99 (1989), pp. 906–944.

第五章　能力平等

那么我们把"什么的平等"分为"通货"和"标准"两个方面还有意义吗？

确实，在我们所讨论的三种平等主义中，作为标准的东西与作为通货的东西是同一的。但是对于"什么的平等"问题，我们把它区分为两个方面仍然是有意义的。首先，即使作为标准的东西与作为通货的东西是同一的，但是它们所发挥的功能确实是不同的。"标准"是评估人们之间是否平等的尺度，而"通货"则是分配正义对不利者加以补偿的东西。其次，也是更重要的，从概念层面来看，作为标准的东西与作为通货的东西可以是不同的。平等主义者可能以某个东西作为标准来衡量人们之间是否平等，但可能用另外一个东西作为通货来补偿不利者。就我们现在关心的事情来说，能力平等可能就属于这种情况。

森在提出"什么的平等"问题之后，给出了这样的回答：不是福利，也不是资源或者基本善，而是能力。在这里，能力既是评估人们是否平等的标准，也是分配正义应该加以补偿的通货，尽管森本人并没有区分开这两者。但是，能力在这里遇到了一个独特难题：即使它作为平等的标准是合适的，但是它无法充当平等的通货。为了论证的方便，我们这里假定能力作为平等的标准是合适的。

我们说能力无法作为平等的通货，这基于两个理由。首先，把能力当作平等的通货，这是不可欲的。人们的能力是各种各样的，不但在程度上存在不同，而且在性质上也存在差别。这种能力方面的差异不仅是自然的，而且也是可欲的，因此我们的社会才呈现出丰富多彩。使人们在能力方面达到平等，这不是一个好的理想，也不会成为平等主义者追求的目标。如果某个政府试图使人们达到能力平等，那么大多数人都会认为它是一种危险或威胁，因为它会涉及对人本身的干预。

其次，把能力当作平等的通货，这也是不可行的。森把能力看作功能的组合，这是强调能力的多样性。每个人都有各种各样的能力，都有不同的功能组合。为了达到能力平等，政府需要跟踪每个人的能力状况，并且鉴别出能力不足者及其程度，从而对他们加以补偿。但是，要做到这些事情，这远远超出了任何政府的能力。也就是说，我

第一部分 什么的平等

们没有任何可靠的办法做到能力平等。

与能力主义相比，福利主义和资源主义就没有这个问题。福利、资源或基本善都既可以充当平等的标准，也可以充当平等的通货。特别是对于资源主义，资源或基本善本身就是可以分配的东西。

第六章
平等主义的谱系

虽然平等主义者都主张平等，反对不平等，但是他们之间实际上存在严重的分歧。这些分歧主要体现在两个层面的问题上。首先是"分配什么"的问题，即平等主义者试图加以平等化的东西是什么。这个"平等物"有两种功能，一种是作为平等的标准，另外一种用柯亨的话说，是平等的"通货"。其次是"如何分配"的问题，即我们应该如何实现平等。大体上平等主义者持有两种不同的立场，或者直接达到平等的结果，或者仅限于提供平等的机会。不同的平等主义者对这些问题有不同的回答，而这些不同的回答构成了当代平等主义理论的不同路线。把这些不同的路线连接起来，就构成了当代平等主义的谱系。

第一节 分配什么？

对于"分配什么"的问题，在当代政治哲学中有三种基本的回答，它们是福利主义、资源主义和能力主义。简单地说，福利主义认为福利（welfare）是平等的通货，资源主义主张资源（resources）或基本善（primary goods）是平等的通货，而能力主义则认为能力（capability）是平等的通货。但是，这三派平等理论都存在一些严重的问题。

我们首先来看福利主义。所谓福利主义是指，在对事态进行评价

第一部分 什么的平等

时，所依据的东西只能是相关个人的福利，而福利意味着偏好的满足。对于福利主义，福利既是平等的标准，也是平等的通货。因为福利是平等的标准，所以我们在评价事态或者进行人际比较时，只能依据个人的福利，而不能依据其他的东西（如资源或者基本善）。因为福利是平等的通货，所以我们作为平等主义者最终要达到的结果是人们享有平等的福利。

福利主义具有一些明显的优点：福利主义关心的东西是人们实际上生活得如何，这具有直觉上的吸引力；福利主义是后果主义的，它按照事情对人们产生的影响来评价其价值；福利主义是平等主义的，尽管它主张的是福利的平等分配，而非利益的平等分配。但是，福利主义也面临着一些强有力的反驳。由于福利主义者把福利理解为偏好的满足，因此批评者的主要批评大都集中在偏好上，即福利作为偏好的满足不能成为平等的通货。福利主义者在论证自己的观点时通常以普通偏好为例，而批评者在反驳福利平等时则通常以某些特殊的偏好为例。这些特殊的偏好大体上有三种，即"反感的偏好""昂贵的偏好"以及"便宜的偏好"。

"反感的偏好"是指通过歧视他人或虐待他人而得到满足的偏好。对于福利主义者，如果人们能够从歧视他人的偏好中得到某种快乐，从压制他人的自由中获得自尊，那么这种偏好的满足在福利的计算时就应该考虑在内。但是，这显然是没有道理的，而且社会也会禁止这样的偏好满足。[①] 也就是说，这样的偏好不仅不应该得到满足，而且应该受到谴责。如果福利意味着偏好的满足，而偏好包含"反感的偏好"，那么把福利当作平等的通货就是错误的，从而福利主义也是错误的。

与"反感的偏好"相比，"昂贵的偏好"得到了更多政治哲学家的关注和讨论。有些人生活简朴，能够过"粗茶淡饭"的生活；而有些人则离不开"山珍海味"，更喜欢昂贵的消费品。关于"昂贵的偏好"，最著名的例子是阿罗所说的"前根瘤蚜葡萄酒"和"凤头麦鸡

---

① John Rawls, *A Theory of Justice*, Cambridge, Mass: The Belknap Press of Harvard University Press, 1999, p. 27.

蛋"（pre-phylloxera carets and plovers' eggs）。① 假设A先生靠面包和水就可以生活，而B先生则离不开"前根瘤蚜葡萄酒"和"凤头麦鸡蛋"，那么在他们拥有平等资源（同样多的收入和财富）的条件下，A先生拥有"福利剩余"，B先生拥有"福利赤字"。如果要实现两人之间的福利平等，那么就需要A先生把他的大部分资源转移给B先生。这种资源的转移能够得到辩护吗？换言之，B先生的昂贵偏好应该得到满足吗？按照福利平等的观念，B先生的昂贵偏好应该得到同A先生的偏好一样的满足，尽管满足这种偏好的财富来自其他人的牺牲。要其他人做出这种牺牲，这显然是没有道理的。

虽然"昂贵的偏好"得到了更多的讨论和关注，但"便宜的偏好"实质上涉及的问题更为深刻。福利主义按照人们实际具有的福利（偏好的满足）来评价事态，偏好的满足更多地代表了人们的主观感觉状态，而人们的主观感觉会受到生存环境的影响。某些人实际上处于被剥夺的贫困状态，但是他们的偏好却得到了很高程度的满足（具有很高的福利水平），这或者是因为他们天生就具有快乐的性格，或者是因为他们对生存环境的调整适应，或者是因为他们对困境的屈从。正如森所说的那样，这些处于贫困状态的被剥夺者是那些传统上的"倒霉者"，例如，不宽容社会中的少数族裔，血汗工厂中被剥削的工人，靠天吃饭而毫无保障的佃农，性别歧视严重的文化中被驯服的家庭妇女等。② 由于这些人处于极其不利的生存环境，他们不得不按照其环境来调整自己的福利期望。在这种情况下，如果按照他们的主观感受来评估其福利，那么这显然是非常不公平的。

通过反感的、昂贵的和便宜的偏好，我们可以看出，无论是作为标准还是通货，福利主义都存在严重的问题。作为标准，福利平等所依靠的信息指标过于局限。也就是说，福利主义把福利当作唯一的信息指标，在平等的问题上只关注偏好的满足，而不考虑其他的价值，

---

① Kenneth Arrow, "Some Ordinalist-Utilitarian Notes on Rawls's *Theory of Justice*", *Journal of Philosophy* 70 (10 may 1973), p.254; also in Chandran Kukathas (edited), *John Rawls*, Volume I, London and New York: Routledge, 2003, p.296.

② Amartya Sen, *The Idea of Justice*, Cambridge, Mass: The Belknap Press of Harvard University Press, 2009, pp.282-283.

第一部分 什么的平等

比如说自由、平等和权利等。作为通货,福利平等过于主观。由于福利本质上是资源在人们身上产生的结果,这种结果取决于资源的性质和数量,也取决于人们自己的性质。人们的性质是不同的,有些人的生活需要很多资源,有些人的生活则只需要很少的资源。因此,福利作为平等的通货过于主观了。

如果说福利主义是主观主义的,那么资源主义就是客观主义的。资源主义有两种代表性的理论,一种是罗尔斯的"基本善的平等",另外一种是德沃金的"资源平等"。这两种理论都属于资源主义,就此而言,它们都反对福利主义。虽然在什么是平等的通货问题上,两者之间存在分歧(前者主张基本善是通货,后者主张资源是通货),但是基本善也是广义上的资源。鉴于罗尔斯正义理论所产生的广泛影响,我们在这里讨论基本善的平等,作为资源主义的代表。

罗尔斯所说的善(goods)是指好处、利益或优势,也就是广义上的资源。有些善可能是微不足道的,有些善则可能是非常重要的,而这些非常重要的善就是基本善。有些基本善是自然的,可遇而不可求;有些基本善是社会的,其分配是由社会制度来调节的。罗尔斯所说的基本善是社会的,它们是指权利、自由、机会、收入和财富等。按照罗尔斯的解释:"基本善是每一个理性的人都会想望的东西……无论一个人的合理生活计划是什么,这些善通常都是有用的。"[1]

与福利相比,基本善具有一些明显的优势。首先,福利是主观的,而基本善则是客观的。既然福利是指偏好的满足,那么这意味着福利主义在评价事态的平等时,依据的不是资源本身,而是它们在人们身上产生的影响。相反,基本善则是指这些资源本身,也就是说,这些客观的资源本身就是平等的通货。其次,福利是单一的,而基本善是多元的。在评价人们之间是否平等的时候,福利主义只应用一个信息指标,即个人所享有的福利,其他东西都不在考虑之列。与其相反,基本善的平等在进行这样的评价时,使用了多种信息指标,即权利、自由、机会、收入和财富。基本善的多元性能够把各种重要价值都包

---

[1] John Rawls, *A Theory of Justice*, Cambridge, Mass: The Belknap Press of Harvard University Press, 1999, p. 54.

第六章 平等主义的谱系

括在内,这意味着它们作为平等的通货具有更大的"含金量"。

虽然基本善与福利相比具有上述优点,但是这种观念本身也存在各种各样的困难。就我们这里关心的东西而言,关键的问题在于:基本善作为平等的标准和通货是不是合适的?按照资源主义的理念,作为平等的标准,基本善应该能够进行人际比较;作为平等的通货,基本善应该具有中立性。但是,无论是作为标准还是通货,基本善都引起了批评者的质疑和批判。

我们首先来看标准的问题。作为一种标准,我们应该能够用基本善来评估事态,进行人际比较,以判断平等或不平等,并区别出谁是最不利者。人际比较一般分为基数比较和序数比较,其中基数比较涉及测算相关者之利益的具体数额,而序数比较只需要给相关者的利益进行排序。也就是说,序数比较比基数比较更为容易。在罗尔斯看来,在人际比较的问题上,基本善的平等比福利平等更有优势,因为福利平等需要测量功利的总量,从而需要进行人际的基数比较,而基本善的平等只要区分开谁是最不利者就可以了,从而只需要进行序数比较。[①]

序数比较就是给相关者所拥有或期望拥有的基本善按照大小进行排序。排序的困难在于罗尔斯的基本善不是一种"善",而是多种"善",具体说是自由、权利、机会、收入和财富。这样,我们对人们的基本善进行排序,就需要知道每个人所拥有的基本善的"大小"。我们要想知道其"大小",就需要用某种东西来衡量每一种基本善(自由、权利、机会、收入和财富)的权重。这就是所谓的"指标"问题。如果我们不能确定这样的指标,那么我们就既无法识别出谁是最不利者,也无法评估相关者在基本善方面是否平等。

罗尔斯解决指标问题的方法是简化基本善:如果我们规定两个正义原则是有先后次序的,这样指标以及序数比较的问题就变得简单了。按照第一个正义原则,每个人所拥有的自由和权利都是平等的;按照第二个正义原则中的机会平等原则,每个人也都拥有平等的机会。因

[①] John Rawls, *A Theory of Justice*, Cambridge, Mass: The Belknap Press of Harvard University Press, p. 79.

第一部分 什么的平等

此,在确定谁是最不利者时,在基本善的指标中可以把自由、权利和机会排除掉,仅仅考虑收入和财富就可以了。因此,最不利者就是那些拥有最少财富和最少收入的人们。①

如果基本善的功能只是区别出谁是最不利者,那么我们或许只使用序数比较就可以了。但是基本善的功能不仅是区分出最不利者,而且还要评估人们之间是否平等,还要帮助最不利者,提高他们的基本善水平,这样,我们就需要使用基数比较。那么我们是否能够对基本善进行基数的人际比较?如果像对待序数比较那样来评估人们之间所享有的基本善是否平等,那么我们只需要对人们具有的收入和财富进行比较就可以了;而如果我们只需要对收入和财富进行比较,那么显然我们也能够进行基数比较,因为我们能够知道相关者的收入和财富的数额。

看起来基本善作为平等的标准是能够成立的,但问题在于,通过这样的简化,基本善的人际比较现在变成了收入和财富的比较,即变成了金钱的比较。因为我们可以知道相关者所拥有的收入和财富,所以只用金钱一个指标来进行人际比较,这不仅能够从事序数比较,而且也能够进行基数比较。但是,只用金钱的指标来衡量人们是否平等,来区分谁是最不利者,这是更有争议的,因为它把基本善的平等简化为收入和财富的平等。

作为平等的通货,基本善应该具有中立性。也就是说,基本善作为平等的通货应该对所有人都是公平的。比如说,有些人喜欢喝啤酒,有些人喜欢喝白酒,假如所有酒都是由国家分配给个人的,那么把啤酒当作基本善而分给每个人,这对于喜欢白酒者是不公平的,即啤酒作为基本善不具有中立性。

如果平等主义者要追求基本善的平等,那么问题在于:对于拥有自己特殊的善观念(美好生活的计划)的每个人来说,基本善是不是中立的?在罗尔斯看来,基本善是一个人实现其人生计划所需要的东西,而无论一个人的特殊人生计划是什么,因此基本善对所有人都是

---

① John Rawls, *A Theory of Justice*, Cambridge, Mass: The Belknap Press of Harvard University Press, p. 80.

第六章 平等主义的谱系

中立的。但是,所有人都需要基本善,这不意味着它们就是中立的:这既不意味人们都会同意罗尔斯对基本善的排序,也不意味着基本善在他们的生活中具有罗尔斯设想的意义。

一些批评者对基本善的中立性提出了质疑。在他们看来,用基本善取代个人的善观念,这不是公平的,因为在每个人追求自己的特殊善的过程中,基本善的价值是不一样的;由于不同的人追求不同的善观念,而基本善(自由、权利、机会、收入和财富)只是有利于某些人追求自己的善观念,而不利于另外一些人,这样它们就不是中立的,而是"自由主义的"和"个人主义的"。[①] 中立性问题的关键是基本善的内容,即自由、权利、机会、收入和财富等,而对于不同的人来说,因为他们持有不同价值理想和生活信念,所以这些东西具有不同的价值和意义。

另外,罗尔斯的基本善内部是有排序的,而参照这种排序,基本善的公平性和中立性可能会引起更多的质疑。我们知道,基本善与正义规则具有一种对应关系,即平等的自由原则分配的是自由和权利,公平的机会平等原则分配的是机会,差别原则分配的是收入和财富。按照罗尔斯提出的优先规则,第一个正义原则优先于第二个正义原则,第二个正义原则中的公平的机会平等原则优先于差别原则。这种优先次序实质上反映的是基本善之间的优先次序,即自由和权利优先于机会,机会优先于收入和财富。显然,这种价值排序是自由主义的,从而它们很难说是中立的。因为同样是这些价值,其他的派别(如社群主义者)肯定会有不同的排序。

从某些平等主义者的观点看,在关于"什么的平等"问题上,福利本质上是内在感受,这样福利主义就过于主观了,而资源本质上是外在物,因此资源主义则过于客观了。正确的答案可能在两者之间,也就是说,平等的标准和通货应该是某种中间物。某些平等主义者认为这种中间物是"利益"(advantage)[②],另外一些人则认为是"能

[①] Thomas Nagel, "Rawls on Justice", in Norman Daniels (edited), *Reading Rawls*, Stanford, CA: Stanford University Press, 1989, pp. 9–10.

[②] 柯亨(G. A. Cohen)是这种主张的代表。

第一部分　什么的平等

力"（capability）①，其中森提出的能力平等理论产生了广泛的影响。

森所说的能力是指功能的集合。尽管人的功能是各种各样的，但是森把它们分为两大类，一类是人的活动（doings），另一类是生存状态（beings），其中每一类又包含无数的具体功能，前者如行走、观看和阅读等，后者如健康、营养良好和快乐等。一个人的能力体现为他所能够得到的功能组合（combinations of functioning），而这种能力组合（capabilities set）就是他能够实际拥有的自由。② 能力平等是超越福利主义与资源主义的第三条路线。一方面，能力平等与资源平等不同，后者关心的是资源本身，而前者关心的是资源为人们所做的事情；另一方面，能力平等也与福利平等不同，虽然两者关心的都是资源为人们所做的事情，但是后者的焦点在于人的心理反应，而前者的焦点则是人的活动和生存状态。

能力路线看起来更有道理，但是它作为一种平等理论面临更多的难题。首先，能力的评估要包括人的所有功能，这是不可能的。简单地说，人们能够拥有的功能太多了，有些非常重要，而另外一些则可能微不足道，把它们都考虑在内，这是无法做到的。其次，森把能力理解为发挥功能的自由，并主张自由越多越好，这是有争议的。某些批评者认为，一个人有一些钱（能力或自由），他可以过正常的健康生活，如果他有了更多的钱（更多的能力和自由），那么他可能去买可卡因或其他毒品，沉溺于毫无意义的生活。在这种情况下，限制他有额外的钱（更多的能力和自由），这对他更好。③ 最后，能力平等是一种平等理论或正义理论，它试图解释并且解决不平等的问题。我们要解决不平等的问题，目前只能通过再分配的方式，对处于不利地位的人们给予补偿。人们是否处于不利的地位，如果这是按照能力来评价的，那么就会产出两个问题：首先，由于构成能力的所有功能的数

---

① ［印］森（Amartya Sen）和［美］努斯鲍姆（Martha C. Nussbaum）是这种主张的代表。

② Amartya Sen, "Justice: Means versus Freedoms", *Philosophy and Public Affairs* 19 (1990), p. 114.

③ Richard Arneson, "Distributive Justice and Basic Capability Equality", in *Capabilities Equality*, edited by Alexander Kaufman, New York: Routledge, 2006, p. 33.

量太多了，我们既没有办法确定其权重，也没有办法衡量它们；其次，即使我们能够知道人们在能力方面存在不平等，国家也不能采取措施使它们达到平等。

作为对"什么的平等"一种回答，能力既是评估人们是否平等的标准，也是分配正义应该加以补偿的通货。但是，能力在这里有一个严重问题：它或许可以成为平等的标准，但是它无法充当平等的通货。人们的能力是各种各样的，不但在程度上存在不同，而且在性质上也存在差别。由于人们之间具有这种能力方面的差异，我们的社会才呈现出如此丰富多彩。因此，使人们在能力方面达到平等，这不是一个好的理想，也不会成为平等主义者追求的目标。而且，把能力当作平等的通货，这也是不可行的。每个人都有各种各样的能力，都有不同的功能组合。为了达到能力平等，政府需要跟踪每个人的能力状况，并且鉴别出能力不足者及其程度，从而对他们加以补偿。但是，要做到这些事情，这远远超出了任何政府的能力。也就是说，我们没有任何可靠的办法做到能力平等。

第二节 如何分配？

平等主义者之间发生分歧的问题，除了"分配什么"之外，还有"如何分配"的问题。"分配什么"涉及平等主义者试图平等化的东西是什么，而"如何分配"则是平等主义如何实现平等的问题。平等主义者有两种基本的立场，他们或者追求结果的平等，或者追求机会的平等。与"分配什么"相比，"如何分配"是一个更为复杂的问题。

促使人们成为平等主义者的东西可能是各种各样的，其中最平常且最重要的是社会中存在的不平等。现实社会中存在各种各样的不平等，比如说权利的不平等、地位的不平等和经济的不平等。就我们讨论过的通货而言，则存在着福利的不平等、资源的不平等或者能力的不平等。对于人们来说，所有这些不平等或者其中一些不平等是不可接受的。

在平等主义者看来，某些不平等是特别不可接受的。这些不平等之所以是特别不可接受的，在于产生这些不平等的原因是没有道理的。

第一部分　什么的平等

导致不平等的原因有很多,其中非常重要的有两种,即家庭环境和自然天赋。

家庭环境是造成不平等的一个重要原因。儿童出生于不同的家庭,有些家庭生活在发达的大都市,有些家庭则生活在落后的偏远乡村。有些家庭富裕,有些则贫困,这些差别对儿童的未来会产生重大影响。目前在中国,一般而言,出身于大都市富裕家庭的儿童会有更好的生活前景(更高的社会地位和更多的收入),而出身于偏远乡村贫困家庭的儿童则会有较差的生活前景(较低的社会地位和较低的收入)。其中对儿童影响最大的环境因素是教育。大都市的学校有更好的教师,更充足的资金,以及更好的物质条件,从而那里的儿童能够接受更好的教育。与其相比,偏远乡村的学校既缺少合格的教师,也缺乏资金和物质条件。这些早期更差的教育会影响儿童的一生,使他们成为不利者。如果人们出于家庭环境的原因而成为不利者,这是没有道理的。

自然天赋是产生不平等的另外一个重要原因。即使人们出身于同样的家庭环境,但是由于所具有的自然天赋不同,也会导致不同的生活前景。一些人拥有更高的自然天赋,他们通常也有更高的收入,在社会上也占有更高的地位。但是,人们拥有什么样的自然天赋,这完全是偶然的。正如人们不能决定自己出身于什么家庭环境一样,人们也不能决定自己拥有什么样的自然天赋。从道德上讲,更好的自然天赋不是人们应得的,正如更差的自然天赋也不是另外一些人应得的。如果由家庭环境导致的不平等是没有道理的,那么由自然天赋造成的不平等也是没有道理的。

人们出身于什么样的家庭环境以及具有什么样的自然天赋,这是偶然的,是完全不由他们本人控制的。如果由此而造成了人们之间的不平等,那么这种不平等显然是没有道理的。既然这样的不平等是没有道理的,那么就需要通过社会正义加以纠正,而平等主义体现了这种纠正。平等主义者认为,平等是好的和正义的,不平等是坏的和不正义的。因为平等本身就是好的并具有内在的价值,所以我们应该把它当作最重要的目标加以追求。因为不平等本身就是坏的和不正义的,所以我们应该加以纠正。纠正不平等与追求平等是一件事情的两面:我们应该达到平等的结果。

第六章 平等主义的谱系

平等主义者追求的这种平等就是结果平等。由于平等主义者在平等的通货方面存在分歧，所以结果平等也体现为不同的平等理论。某些平等主义者主张福利是平等的通货，从而其结果平等体现为福利平等。另外一些平等主义者（如罗尔斯）认为基本善是平等的通货，从而其结果平等表现为基本善的平等。无论是福利平等还是基本善的平等，作为结果平等的理论，它们都把平等当作最重要的价值加以追求。

结果平等是几个世纪以来平等主义者梦寐以求试图达到的政治理想，在这种意义上说，它代表了正统的平等主义观念。同时，这种平等主义观念也受到了来自各方的批评，其中既有反平等主义者的外部批评，也有平等主义者的内部批评。与外部批评相比，这些内部批评更为重要，它们促使平等主义者反思结果平等的观念，特别是反思结果平等的两种范式——福利平等和基本善的平等。在这样的批评和反思中，大多数平等主义者从结果平等转向了机会平等。在这些内部批评中，"责任"（responsibility）的概念发挥了关键作用。

我们首先讨论责任对福利平等提出的挑战。一些平等主义者主张福利平等，而所谓福利是指偏好的满足。在这种意义上，福利平等所最终实现的东西是偏好满足的平等化。问题在于，如果福利主义者试图对偏好满足加以平等化，那么他们就会面临一些反例的反驳。这些反例表明，在某些情况下，对偏好的满足加以平等化，这是没有道理的。在这些反例中，最引人注目的是"昂贵的偏好"与"便宜的偏好"。

某些人具有"昂贵的偏好"，比如阿罗所说的"前根瘤蚜葡萄酒"和"凤头麦鸡蛋"，但是他们自己没有能够支付这种偏好的收入和财富。在这种情况下，就需要有人为此埋单。用分配正义的语言说，国家应该为这些人具有"昂贵的偏好"而给予补偿吗？按照福利平等的观念，平等主义的国家必须对这些人给予补偿。相反，另外一些人具有"便宜的偏好"，比如说各种社会里处于最底层的某些人们。虽然这些人实际上处于被剥夺的贫困状态，但是他们的偏好却可能得到了很高程度的满足，因为这些人处于极其不利的生存环境，他们不得不按照其环境来调整自己的福利期望。尽管这些人非常贫困，但是按照福利平等的观念，国家却不应该对他们给予补偿。

第一部分 什么的平等

"昂贵的偏好"与"便宜的偏好"揭示了福利平等的问题：人们通常认为，具有"昂贵的偏好"的这些人是不应该得到补偿的，但是福利平等却主张给予他们以补偿；具有"便宜的偏好"的这些人是应该得到补偿的，但是福利平等却认为不应该给予他们补偿。这里问题的关键在于他们是否应该为自己的偏好负责。如果他们的偏好不是他们自愿选择的，那么他们对自己的偏好就是没有责任的，从而平等主义者应该对他们给予补偿。如果他们的偏好是他们自愿选择的，那么他们对自己的偏好就是负有责任的，那么平等主义者则不应该对他们给予补偿。

福利平等没有认真对待责任问题。一方面，对于自愿选择"昂贵的偏好"的这些人，他们对自己的偏好是负有责任的，因此不应该给予他们补偿。但是，福利平等却主张应该给予他们补偿，这意味着它没有看到他们对自己的偏好所应该负有的责任。另一方面，对于不是自愿选择"便宜的偏好"的这些人，他们对自己的偏好是没有责任的，因此应该给予他们补偿。然而，福利平等却没有给予他们补偿，它认为他们对此是负有责任的。也就是说，在责任问题上，无论是对于"昂贵的偏好"还是"便宜的偏好"，福利平等都没有给予正确的对待。

我们再看责任对基本善的平等提出的挑战。罗尔斯主张基本善的平等，而基本善是指自由、权利、机会、收入和财富。在这种意义上，平等主义者的理想是通过基本善的平等化达到的。基本善是由一些重要的善构成的：主张自由、权利和机会的平等化，这没有什么争议；主张收入和财富的平等化，这引起了激烈的争论。

人们之间在收入和财富方面存在不平等，其原因是各种各样的。有些原因是客观的，如天赋的差别；有些原因是主观的，如抱负的不同。做出这些区分的关键在于责任。正如德沃金强调的那样，基于责任，正义的分配应该对抱负是敏感的，对天赋是不敏感的。[①] 把责任的考虑加入到平等主义之中，这意味着人们应该对收入和财富的不平

---

① Ronald Dworkin, "What Is Equality? Part 2: Equality of Resources", *Philosophy and Public Affairs* 10 (1981), p. 311.

第六章　平等主义的谱系

等加以区分：如果这种不平等源自天赋的差别，那么它在道德上就是错误的，从而应该得到纠正；如果这种不平等源自抱负的不同，那么它在道德上就不是错误的，从而没有理由得到补偿。

与福利平等一样，基本善的平等也没有认真对待责任。为了简便，我们假设有两个人，一个是有利者，另外一个是不利者，两者之间在收入和财富方面存在不平等。按照基本善的平等以及差别原则，我们应该对不利者加以补偿，因为他具有更少的收入和财富。但是，如果我们考虑到责任问题，那么我们就需要对不利者加以进一步的分析。如果这位不利者是出于非自愿的原因而处于不利地位的，比如说他具有较差的自然天赋，那么他就应该得到补偿。如果这位不利者是出于自愿的选择而处于不利地位的，比如说他更喜欢休闲而非工作，那么他就不应该得到补偿。基本善的平等只看结果，不问责任，主张对所有不利者都给予补偿，这是不恰当的。

无论是福利平等还是基本善的平等，它们都试图达到一种平等的结果，而不问人们对自己的不利地位是否负有责任。如果平等主义者考虑责任问题，那么他们试图加以平等化的东西就不应该是福利或资源（基本善）本身，而是得到福利或资源（基本善）的"机会"。因为"机会"蕴含了选择，而人们应该对自己的选择负责。这样对于福利主义者，福利平等就变成了福利机会的平等，对于资源主义者，罗尔斯的基本善的平等就变成了德沃金的资源平等。

除了基于责任的批评之外，结果平等还面临另外一种重要批评，即"拉平反驳"（levelling down objection）。前者的焦点是个人与其生活状况之间的关系，它追问不利者是否对自己的不利地位负有个人责任。如果他对自己的不利地位负有个人责任，那么他就没有理由为自己面临的不平等抱怨。后者的焦点是平等的结果本身，它直接对结果平等提出了质疑。在这种意义上，"拉平反驳"涉及更深层的问题。

为了说明"拉平反驳"，我们假设，在一个共同体中，一半人的福利为20，另一半人的福利为10。为了剔除责任问题，我们还假设，一半人的福利比另外一半人更少，这不是由于他们自己的过错，而其他情况都相同。

这个假设的处境是不平等的。从结果平等的观点看，平等是好的，

第一部分　什么的平等

不平等是坏的。如果不平等在道德上是一种坏事，那么我们就应该消除这种不平等。我们假定，出于某种原因，福利为10的这一半人的处境是无法改善的。这样，平等主义者要想实现结果平等的理想，就需要把另外一半人的福利从20降低为10，从而拉平两者的福利。我们注意到，这种拉平没有使处境更差的一半人得到任何好处，而又损害了处境更好的一半人的福利。如果结果平等是非常重要的，那么人们就应该接受这种拉平。但是，对大多数人来说，这种拉平显然是无法接受的，因为它没有使任何人得到好处。如果这种拉平是不可接受的，那么这就对结果平等提出了挑战。

基于责任的批评表明，平等主义者不应该对所有的不平等都加以反对，而只应该反对没有理由的不平等；同样，平等主义者也不应该赞同所有的平等，而只应该赞同有理由的平等。"拉平反驳"则表明，平等主义者关切的东西与其说是实现结果平等，不如说是帮助那些处境更差者。无论是基于责任的批评还是"拉平反驳"，它们都表明了这样一种观点：如果我们是平等主义者，那么我们应该接受的是机会平等而非结果平等。

什么是机会平等？我们应该对照结果平等来加以解释。结果平等是某种利益或好处（goods）本身的平等，而这种利益或好处可以是福利，也可以是资源或基本善。机会平等是得到某种利益或好处之机会的平等，而这种利益或好处仍然可以是福利、资源或基本善。我们上面的讨论似乎说明，与结果平等相比，机会平等是一种更合理的平等观念。事实上，当代的大多数平等主义者也更赞同机会平等的观念。但是，对于平等主义者来说，机会平等真的是一种比结果平等更好的平等观念吗？

与结果平等相比，机会平等的优势在于它考虑了个人责任，试图在个人的处境与责任之间建立起联系。一个人处于不利地位，如果他对此负有个人责任，那么他就没有理由抱怨，而国家也无须给予他帮助；如果他对此没有个人责任，那么国家就应该帮助他。因此，机会平等似乎是一种更合理的平等观念。但是，个人是否对自己的处境是负有责任的，这是一件很难确定的事情。这不仅需要一种认识论——在个人处境中分清什么东西源于客观因素以及什么东西源于主观因素，

第六章 平等主义的谱系

而且还需要一种形而上学——承认每个人都有自由意志以进行选择。由于确定责任是一件非常困难的事情，所以在现实社会中使用机会平等观念，有可能成为维护不平等现状的一种托词。在最坏的情况下，机会平等甚至有可能成为一种惩罚，因为它会给不利者贴上失败者的标签。

与不平等相比，机会平等的优势在于它是平等主义的。机会平等表达了这样一种观念，即在利益或好处的分配中，任何人都不会预先被排除在外。比如说，在大学招生或单位招工中，每个申请者都享有平等的机会进行公平竞争，没有人可以事先被排除掉。但是，机会平等真的没有排除任何人吗？威廉姆斯曾举过一个著名的例子：在一个社会里，武士阶层具有很大的特权，但是履行其责任需要有强健的身体；在过去，这个阶层只从某些富裕家庭来征召；现在这个社会实行改革，以机会平等为规则，要从所有家庭征召武士；结果是所有武士仍然都来自富裕家庭，因为其他家庭都过于贫困，从而导致其成员营养不足和体质很弱。[1] 在这个例子中，按照机会平等的规则，征召武士并不排除穷人，只排除弱者。但问题在于，穷人就是弱者。

有人可能会提出这样的反驳：这个例子中的机会平等只是形式的，而真正的机会平等是实质的。来自贫困家庭的武士申请者之所以都身体羸弱，这是因为营养不良，而他们之所以营养不良，则是因为他们的家庭非常贫困。这样，他们在申请武士时就处于不利的地位，但是这种不利是家庭环境造成的。按照实质的机会平等，这些由环境引起的不利都应该加以消除。人们处于不利地位，有些是由家庭环境引起的，有些则是自然天赋造成的。如果由家庭环境引起的不利是应该消除的，那么由自然天赋造成的不利也是应该消除的。自然天赋的差别归根结底是基因的差别，而通过基因工程，我们能够消除人们之间的基因差别。按照这种思路，为了达到真正的实质的机会平等，我们应该把所有导致人们不利的客观因素都消除掉。问题在于，当我们把所有这些客观因素都真正消除掉之后，机会平等恐怕又变成了结果平等。

---

[1] Bernard Williams, "The Idea of Equality", in *Philosophy, Politics, and Society*, Series II (Basil Blackwell, 1962), p.116.

第一部分　什么的平等

　　机会平等还有一个更深层的问题。机会平等观念在直觉上具有一种吸引力：通过个人责任的原则，它把不平等（以及平等）分为有理由的和没有理由的。如果不平等源于家庭环境和自然天赋，那么它们就是没有理由的，从而应该得到纠正。如果不平等源于个人的努力和抱负，那么它们就是有理由的，从而应该得到承认。也就是说，机会平等的观念允许存在不平等。从前往后看，现在所有人都享有机会平等，假如某些人在未来所得到的收入比其他人更低（出现了不平等），那么他们也没有理由抱怨。同样，从后往前看，现在人们的收入是不平等的，这与他们过去的行为有关，如果那些收入更高者也是那些更有抱负和更勤奋工作的人，或者那些收入更低者也是那些更没有抱负和更少勤奋的人，那么这是他们应得的。同样的不平等，从前往后看，这种不平等基于机会平等的原则，而从后往前看，这种不平等则基于应得的原则。

　　关键的问题在于，这意味着有一条从机会平等通向应得原则的道路。但是，对于分配正义而言，平等与应得本来属于不同的原则。如果平等的原则让位给应得的原则，那么对于平等主义者来说，机会平等就不是一个理论的优势，而是一个危险的陷阱。

第二部分　平等与正义

　　1971年罗尔斯的《正义论》发表之后，在世界范围内产生了广泛和深入的影响，其中之一就是平等主义的兴起和流行。虽然当代平等主义处于主流地位，但是，一方面，平等主义有很多不同的理论和流派，它们之间存在内部的争论；另一方面，平等主义也面临外部的批评，存在一些与其相争的分配正义理论。在第二部分中，我们分四章讨论如下三个问题：首先，我们讨论平等主义的内部争论，即"运气平等主义"；其次，我们分别探讨与平等相竞争的两种分配正义观念，即"应得"和"资格"；最后，我们再讨论一个与平等、应得和资格都相关的深层问题，即自由与道德责任。

第七章
运气平等主义

在当代平等主义中，支配了平等主义者思考和争论的主题是"运气平等主义"（luck egalitarianism），而这个标签来自安德森的一篇批评文章。① 在她看来，而且人们通常也认为，属于这个标签之下的平等主义者有德沃金、阿内森、柯亨、内格尔、罗默、拉科斯基和帕里斯等。② 与传统的平等主义相比，运气平等主义的关键特征是强调责任。在传统平等主义所面对的各种反驳中，最有力的反驳是：平等主义只关注作为后果的不平等，而忽视了人们是否对此负有责任。因此，运气平等主义把责任纳入平等主义，这是对反平等主义的反驳的反驳。

运气平等主义强调责任，这需要一个前提，即"选择"与"环境"的区分。所谓"选择"是指那些人们能够控制的因素，那些发自人作为主体的自愿行动。所谓"环境"是指那些人们无法控制的因素，其中既包括家庭、出身和阶级等社会因素，也包括天赋和能力等

---

① Elizabeth S. Anderson, "What Is the Point of Equality?", *Ethics*, 109 (1999), p. 289.
② Ronald Dworkin, "What Is Equality? Part 1: Equality of Welfare", *Philosophy and Public Affairs* 10 (1981), "What Is Equality? Part 2: Equality of Resources", *Philosophy and Public Affairs* 10 (1981); Richard J. Arneson, "Equality and Equal Opportunity for Welfare", *Philosophical Studies* 56 (1989); G. A. Cohen, "On the Currency of Egalitarian Justice", *Ethics* 99 (1989); Thomas Nagel, *Equality and Partiality*, New York: Oxford University Press, 1991; John Roemer, "A Pragmatic Theory of Responsibility for the Egalitarian Planner", *Philosophy and Public Affairs* 22 (1993); Eric Rakowski, *Equal Justice*, Oxford: Clarendon, 1991; Phillipe Van Parijs, *Real Freedom for All*, Oxford: Clarendon, 1995.

第二部分　平等与正义

自然因素。运气平等主义的核心思想是：如果不平等来自人们自愿进行的选择，那么它们就是正义的；如果不平等来自人们无法控制的环境，那么它们就是不正义的。用分配正义的语言讲，如果人们处于不利地位是源于他们的选择，那么这种不利不需要加以补偿，而如果他们的不利是源于他们的环境，那么这种不利则需要加以补偿。

在某种意义上，关于运气平等主义的争论支配了近30年来政治哲学特别是平等主义的研究。这种争论既包括该派内部的争论，也包括运气平等主义者与外部批评者之间的争论。我们在第一节讨论运气平等主义之主要代表者的观点及其内部争论，在第二节讨论其他平等主义者对运气平等主义的批评。

第一节　内部争论

关于当代平等主义的争论，罗默准确地把它们概括为两个问题：第一，平等主义所应该加以平等化的东西是什么；第二，人们在什么意义上对自己的行为负有责任，而这涉及"选择"与"环境"的区分。① 虽然很多当代政治哲学家都被看作运气平等主义者，如内格尔、罗默、拉科斯基和帕里斯等，但是基于两个理由，我们把德沃金、阿内森和柯亨视为运气平等主义的代表：一方面，他们在罗默所说的两个问题上都发表了明确的、系统的观点；另一方面，他们所发表的观点在当代平等主义中产生了重大影响。

我们可以把罗默所说的第一个问题简称为"平等物"，把第二个问题简称为"责任"。前者涉及的实质问题是什么东西构成了平等的"通货"，后者涉及的实质问题是谁应该得到"补偿"。在德沃金、阿内森和柯亨的运气平等主义中，这两个问题是密切相关的。就"通货"而言，德沃金主张"资源平等"，阿内森主张"福利平等"，柯亨主张"利益平等"，据此，我们可以用它们来代表三种不同的运气平等主义，尽管我们实际上关注的重心是"补偿"而非"通货"。在分

---

① John Roemer, "A Pragmatic Theory of Responsibility for the Egalitarian Planner", *Philosophy and Public Affairs* 22 (1993), p. 147.

第七章 运气平等主义

别探讨他们三者的观点以及相互间的争论之前,我们需要先讨论一下罗尔斯与运气平等主义的关系。

一 罗尔斯与运气平等主义

毫无疑问,罗尔斯与运气平等主义之间存在明显的联系。但是,关于这种联系是什么性质的,罗尔斯究竟是不是运气平等主义者,则存在不同的观点,甚至是截然相反的看法。一些人(如赫蕾)认为,罗尔斯的正义理论是运气平等主义的出发点,后来的运气平等主义者(如德沃金、阿内森和柯亨等人)只是跟随其脚步对这种平等理论给予了更详细的解释,从而推进了罗尔斯的平等主义理论。[①] 另外一些人(如谢夫勒)则认为,虽然罗尔斯对运气平等主义有一些影响,但是他本人并不是运气平等主义者,因为"罗尔斯的理论具有不同的目标和志向,并且依赖于不同的道德前提"[②]。

无论主张罗尔斯是或不是一个运气平等主义者,我们都应该出示证据或理由。为了客观地评价这个问题,我们不仅应该关注积极的或正面的理由,而且也需要重视消极的或反面的理由。我们认为有三个积极的或正面的理由,基于这些理由,罗尔斯的平等主义倾向于被看作是一种还没有充分展开的运气平等主义,起码罗尔斯的思想对运气平等主义具有重大的影响。

首先,罗尔斯认为,不平等主要产生于人们的自然天赋和家庭环境,而天赋和家庭对每个人来说都是偶然的,从道德的观点看,也不是他们应得的。[③] 天赋和家庭对人们生活的影响是非常重大的:良好的家庭出身和优越的自然天赋通常能够使人们在社会上占有较高的地位和获得较多的收入;相反,处境较差者往往出身于贫困的家庭或者具有更差的自然天赋。但是,人们拥有什么样的家庭出身和自然天赋,

---

[①] Susan L. Hurley, *Justice, Luck, and Knowledge*, Cambridge, Massachusetts: Harvard University Press, 2003, p.136.

[②] Samuel Scheffler, *Equality and Tradition*, Oxford: Oxford University Press, 2010, p.182.

[③] John Rawls, *A Theory of Justice*, Cambridge, Massachusetts: The Belknap Press of Harvard University Press, 1999, p.89.

第二部分　平等与正义

这完全是偶然的。没有人能够合理地声称自己应该出身于比别人更良好的家庭，拥有比别人更高的自然天赋。因此，在谈到他自己的"民主的平等"优于"自然的自由制度"时，罗尔斯提出，"自然的自由制度之最明显的不正义就是它允许分配的份额受到这些从道德观点看是极其偶然的因素的不恰当影响"①。罗尔斯在这里所说的天赋和家庭，就是运气平等主义所说的运气或者环境，而从道德的观点看，运气或环境（无论好或坏）是偶然的和任意的，从而是不应得的。

其次，罗尔斯在论证自己的平等理论时诉诸了责任。罗尔斯对责任的诉诸可以分为两个方面，即抽象的方面和具体的方面。从抽象的方面说，罗尔斯认为每一个理性的人都具有两种道德能力，一种是拥有正义感的能力，另外一种是拥有善观念的能力，即"拥有、修正和合理地追求善观念的能力"②。罗尔斯所说的善观念是指人们关于美好生活所持有的观点，比如说有些人愿意勤奋工作，有些人则更愿意在海边冲浪，从而导致人们之间的收入不平等。因为人们"拥有、修正和合理地追求善观念的能力"，所以他们也必须为自己的选择负责。从具体问题的方面说，罗尔斯在为自己的基本善理论辩护时也诉诸了责任。罗尔斯的平等主义要求实现基本善的平等，但是基本善的平等面临着这样的批评：虽然每个人都具有平等的基本善，但是那些具有昂贵偏好的人们之福利水平却更低。对此罗尔斯认为，人作为道德主体具有形成、修改和追求美好生活的能力，而这种道德能力意味着，具有昂贵偏好的人能够修改自己的生活计划，使之适合自己所拥有的基本善，也就是说，他可以过一种普通人的生活。③ 运气平等主义的基本特征是强调责任，而罗尔斯的平等主义与此是一致的。

最后，也许是最重要的，罗尔斯把不平等分为正义的和不正义的。罗尔斯是一位平等主义者，但是他不是拒斥所有的不平等，而能够接

---

① John Rawls, *A Theory of Justice*, Cambridge, Massachusetts: The Belknap Press of Harvard University Press, 1999, p. 63.
② ［美］罗尔斯：《作为公平的正义——正义新论》，姚大志译，中国社会科学出版社2011年版，第28页。
③ John Rawls, "Social Unity and Primary Goods", in *Utilitarianism and beyond*, edited by Amartya Sen and Bernard Williams, Cambridge, UK: Cambridge University Press, 1982, pp. 168–169.

第七章　运气平等主义

受某些种类的不平等。就正义理论而言，罗尔斯试图解决的问题是"一种不平等在什么情况下能够是正义的"。这里区分正义与不正义的标准是差别原则。符合差别原则的不平等是正义的，而不符合差别原则的不平等则是不正义的。某些不平等是正义的，是平等主义者可以接受的，因为它们能够得到合理的辩护。平等主义者能够接受这种得到辩护的不平等，这种观点对运气平等主义具有深刻的影响。因为运气平等主义的核心思想就基于这样的区分：如果不平等来自人们自愿进行的选择，那么它们就是正义的；如果不平等来自人们无法控制的环境，那么它们就是不正义的。

以上是积极的或正面的理由。如何解释和评价这些理由，这是开放的。这里存在不同解释的空间。人们可能基于这些理由说罗尔斯对运气平等主义具有重大的影响，但是罗尔斯本人不是运气平等主义者；人们也可能说，这些理由支持了这样的观点，即罗尔斯本人就是运气平等主义者。无论我们采取何种观点，我们都必须认识到还存在消极的或反面的理由，而且我们对它们应该给予同样的重视。

首先，在如何对待运气的问题上，罗尔斯奉行的是差别原则，而不是补偿原则。所谓补偿原则是指，既然出身和自然天赋的不平等是不应得的，那么它们就应该得到赔偿。这种补偿原则主张，为了平等地对待所有人，为了提供真正的机会平等，社会必须对那些天赋较差或出身于较差家庭的人们给予更多的关注，以补偿其偶然性所产生的不平等。同样，运气平等主义主张，如果不利者的不利是由运气造成的，那么他的不利就应该得到补偿。在这种意义上，运气平等主义奉行补偿原则。与此不同，罗尔斯明确说自己奉行的是差别原则，而差别原则与补偿原则是明显不同的，因为"它不需要社会尽力铲平障碍，似乎这样就可以使所有人在同样的场地上公平竞赛一样"[①]。

其次，运气平等主义主张抵消（neutralize）运气在分配中给人们

[①] John Rawls, *A Theory of Justice*, Cambridge, Massachusetts: The Belknap Press of Harvard University Press, 1999, p.86.

第二部分　平等与正义

带来不利影响，而罗尔斯的观点显然更为温和。① 在这个问题上，罗尔斯与运气平等主义者的区别有两个方面。一方面，虽然罗尔斯认为家庭出身和自然天赋是不应得的，而不平等产生于人们之间在这些运气方面的差别，但是他不认为这是忽视甚至消除这些差别的理由。简言之，罗尔斯并不主张消除自然天赋的任意性和家庭出身的偶然性。另一方面，罗尔斯试图用正义原则来这样安排社会基本结构，以使这些自然天赋的任意性和家庭出身的偶然性为最不利者的利益服务。② 在罗尔斯看来，更好的自然天赋作为运气属于"共同资产"，从而它们应该按照差别原则的要求为最不利者的利益服务。如果一种不平等的分配符合了差别原则的要求，那么它就是正义的。

最后，运气平等主义的关键词是"责任"，而罗尔斯的差别原则中则没有责任的要求。差别原则要求社会尽最大力量帮助最不利者群体，改善他们的处境，使他们享有的利益达到最大化。但是，差别原则并不追问这些最不利者是否对自己的不利地位负有个人责任，更不要求他们为其不利负责，以致这种不追问责任的态度为罗尔斯带来了大量批评：那些最不利者可能是整天在海边冲浪的人。与此不同，运气平等主义要求人们为自己的处境负责：如果你是因为整天在海边冲浪而陷于不利地位，那么这种不利就不应该得到补偿。这个问题对罗尔斯的正义理论具有更深刻的影响，很多平等主义者认为，罗尔斯的平等主义具有一个重大缺陷，即它忽视了个人责任问题。

基于不同的理由，对罗尔斯会有不同的评价。那些更重视积极的或正面的理由的人们会认为罗尔斯是运气平等主义者。如果这些人本身就是运气平等主义者，那么他们会把罗尔斯用作其思想的资源。如果这些人是运气平等主义的批评者，那么他们大多也会是罗尔斯的批评者。那些更重视消极的或反面的理由的人们会认为罗尔斯不是运气

---

① 一个有趣的事情是两个版本的《正义论》在这个问题上似乎存在细微的差别。在对待自然天赋的任意性和家庭出身的偶然性的问题上，1971年版的《正义论》使用了一个含义很强的词 nullify（p. 15），这个词含有"废除"的意思，而1999年修订版的《正义论》则使用了一个更温和的词 prevent（p. 14），即"防止"。公平地说，nullify 带有运气平等主义的含义。

② John Rawls, *A Theory of Justice*, Cambridge, Massachusetts: The Belknap Press of Harvard University Press, 1999, p. 87.

平等主义者，而他们对罗尔斯的态度更值得思考。如果这些人是运气平等主义的批评者，那么他们通常会认为，罗尔斯的平等主义比运气平等主义更合理，而后者错失了平等主义的精髓。如果这些人本身就是运气平等主义者，那么他们会认为，没有以责任为基础的平等主义不是一种合理的平等主义，因此罗尔斯的平等主义具有重大的缺点。实际上我们下面将要讨论的这些运气平等主义者正是这样看待罗尔斯的。

二 资源平等：人与环境

德沃金通常被认为是第一个系统表达运气平等主义观念的人，其文本根据是他1981年发表的两篇文章。① 在这两篇文章中，关于"平等物"的问题，德沃金提出了"资源平等"的观念，以对抗"福利平等"；关于"责任"问题，他提出了人与环境的区分，以确定谁应该得到补偿。在这种意义上，德沃金是最有影响的运气平等主义者。而且，通过分析他的资源平等观念，我们也能够更深入地理解运气平等主义。

首先，运气平等主义是一种平等主义。我们说运气平等主义是一种平等主义，这是说运气平等主义者对平等的价值具有一种坚定的承诺，起码他们把平等默认为评价事态的标准。② 德沃金把自己的理论称为"资源平等"，一方面，这表达了他对平等的坚定承诺；另一方面，这也意味着他把资源看作平等的"通货"。德沃金所说的资源不仅包括各种自然物（如土地和河流），而且也包括人的特性（如天赋和能力）。这样，资源作为平等的"通货"，既包含外在的资源，也包含内在的资源。资源平等与福利平等是对立的。从资源主义的观点看，福利作为平等的"通货"是不合适的：无论福利是指幸福、快乐或偏好的满足，它都是过于主观的；福利平等面临一些无法克服的困难，

---

① Ronald Dworkin, "What Is Equality? Part 1: Equality of Welfare", *Philosophy and Public Affairs* 10 (1981); "What Is Equality? Part 2: Equality of Resources", *Philosophy and Public Affairs* 10 (1981).

② 这对于理解运气平等主义是非常重要的。如果一种理论只强调责任，而没有对平等的承诺，那么它在很大程度上就是反平等主义的，如极端自由主义的或保守主义的。

第二部分　平等与正义

如昂贵的偏好和残障问题；福利不是人生中唯一有价值的东西，甚至也不是最有价值的东西。如果与福利相比资源是一种更合适的"通货"，那么如何来衡量资源的平等？德沃金提出了一个"羡慕检验"（envy test）的标准：一旦分配完成，如果任何人喜欢别人分到的那份资源而非自己的那份资源，那么这种资源的分配就不是一种平等的分配。①

其次，运气平等主义的核心观念是抵消运气。我们说运气平等主义是一种平等主义，这不仅意味着还有其他形式的平等主义，而且还意味着运气平等主义区别于其他平等主义的东西是对运气的关注。运气平等主义的目标是抵消运气（neutralize luck）②，更准确地说，是消除运气对人们的不利影响。如果人们之间的不平等来源于运气的差别，那么这种不平等就可能是不正义的，从而它应该得到纠正，即那些因运气而处于不利地位的人们应该得到补偿。我们应该注意，运气平等主义者并不主张所有源于运气的不平等都是不正义的，从而都应该得到纠正。为此，德沃金对运气做了一种区分，即"自然的运气"（brute luck）和"选择的运气"（option luck）。③"自然的运气"是人们无法控制的运气，如人们具有的天赋或健康。"选择的运气"与人们的自主选择有关，如选择什么职业或购买什么彩票。无论是"自然的运气"还是"选择的运气"，都有"好运"与"坏运"之分。为了方便，除非另有说明，我们在讨论运气平等主义时所说的运气都是指自然的运气。运气平等主义者认为，人们对于运气是没有责任的，而对于选择则是负有责任的。这样，运气平等主义所追求的目标是消除运气对人们的不利（或有利）影响，而由选择所导致的不平等则被认为是可以接受的。

最后，运气平等主义要抵消运气和实现平等，显然需要一个前提

---

① Ronald Dworkin, "What Is Equality? Part 2: Equality of Resources", *Philosophy and Public Affairs* 10 (1981), pp. 285–286.

② Susan L. Hurley, *Justice, Luck, and Knowledge*, Cambridge, Massachusetts: Harvard University Press, 2003, p. 147.

③ Ronald Dworkin, "What Is Equality? Part 2: Equality of Resources", *Philosophy and Public Affairs* 10 (1981), p. 293.

第七章 运气平等主义

条件,即选择与运气的区分。在德沃金的资源平等中,这种区分体现为"人"与"环境"的区分。所谓"人"主要由抱负和性格构成:抱负是指嗜好、偏好、信念以及个人的生活计划,而这些东西为人的选择提供了理由或动机;性格则包括专注、精力、勤奋、顽强以及有长远打算的能力,而它们是有助于实现抱负的东西。所谓"环境"由个人资源和非个人资源构成:个人资源是指个人的身体能力和精神能力,其中包括其天赋的市场价值;而非个人资源则是指可以在人们之间转移的财产和财富,以及人们利用财产和财富的合法机会。① 这种区分的关键是责任。在德沃金看来,对于属于"人"的东西(抱负和性格),人们对它们是负有个人责任的或者能够加以控制的,而对于属于"环境"的东西(个人资源和非个人资源),人们则是没有责任的或者无法加以控制的。把人与环境的区分用于分配正义,就要求运气平等主义的分配应该对抱负(人)是敏感的(ambition-sensitive),对天赋(环境)是不敏感的(endowment-insensitive)。② 对抱负敏感,这意味着分配必须反映人们的选择,而选择所产生的不平等是可以接受的;对天赋不敏感,这意味着分配不应该取决于人们的环境,因此那些由环境所导致的不利者应该得到补偿。

对于罗尔斯式的平等主义者来说,所有不利者都应该得到补偿。对于运气平等主义者来说,基于责任的考虑,有些不利应该得到补偿,有些不利则不应该得到补偿。这样就产生出一个运气平等主义必须回答的问题:谁应该得到补偿?或者谁不应该得到补偿?一般而言,运气平等主义者会说,由环境产生的不利应该得到补偿,而由选择导致的不利则不应得到补偿。但是,如果我们把关注点集中到所涉及的个人,答案就不会是如此清楚了,因为使人们处于不利地位的因素是非常复杂的。我们可以通过两个相关的案例来检验德沃金是如何回答这个问题的。

---

① Ronald Dworkin, "What Is Equality? Part 2: Equality of Resources", *Philosophy and Public Affairs* 10 (1981), p. 303; Ronald Dworkin, *Sovereign Virtue: the Theory and Practice of Equality*, Cambridge, MA: Harvard University Press, 2000, pp. 322–323.

② Ronald Dworkin, "What Is Equality? Part 2: Equality of Resources", *Philosophy and Public Affairs* 10 (1981), p. 311.

第二部分　平等与正义

我们首先来看残障的问题。某些人患有某些疾病，无论它们是先天的还是后来染上的，都是他们无法控制的或没有责任的①，因此，这些残障者的不利应该得到补偿，比如说，肢残者应该得到免费的轮椅。对于德沃金的资源平等，这一点是清楚的。而且，在德沃金看来，在涉及残障者的事情上，与资源平等相比，福利平等的观念会遇到麻烦。一方面，有些残障者虽然收入较低，但是却生活得更快乐——或者因为他们天生就具有阳光般的性格，或者他们习惯于较低的生活期望——在这种意义上，他们可能比健康人有更高的福利，从而他们没有资格得到社会的额外帮助（如轮椅）。也就是说，在应该给予残障者以额外帮助的场合，福利平等不能给予他们以帮助。另一方面，有些人的疾病可能非常严重（如全身瘫痪），如果福利平等认为应该给予残障者以额外的帮助，但是由于没有"顶部约束"，即使要达到起码的福利平等，那么需要把大量的资源转移给他们，以致损害其他人的利益。② 也就是说，在帮助残障者应该有底线的场合，福利平等却无法划出这种底线。

更复杂的案例是昂贵的偏好。在实际生活中，不同人具有不同的偏好。有些人喜欢啤酒，有些人则喜欢昂贵的红酒；有些人的爱好是钓鱼，有些人的爱好则是摄影；有些人喜欢听流行音乐，有些人则喜欢到歌剧院听歌剧。换言之，喜欢红酒、摄影或听歌剧的人具有昂贵的偏好。如果人们所拥有的资源是平等的，那么这些具有昂贵偏好的人在满足自己欲望时就会处于不利的地位。现在的问题是：这些具有昂贵偏好的人应该得到补偿吗？按照福利平等的观念，这些人应该得到补偿，因为与具有廉价偏好的人相比，他们的福利更少。

大多数运气平等主义者都相信这种直觉：这些昂贵的偏好不应该得到补偿。主张对它们给予补偿（如福利主义者），这是反直觉的。如果运气平等主义者主张这些昂贵的偏好不应该得到补偿，那么其理由是什么？按照运气平等主义关于选择与运气的区分，人的偏好属于

---

① 某些人（如吸烟者）可能对自己的疾病（如肺癌）负有某种责任，如果这样，那么他们得到补偿的资格就有可能被运气平等主义者排除在外。

② Ronald Dworkin, "What Is Equality? Part 1: Equality of Welfare", *Philosophy and Public Affairs* 10 (1981), pp. 241–242.

第七章　运气平等主义

选择。按照德沃金人与环境的区分，偏好和抱负归于人，而人的身体和精神能力属于环境①，因此具有昂贵偏好的这些人不应该得到补偿。也就是说，在德沃金看来，人对于自己的昂贵偏好是负有责任的，从而他们的不利不应得到补偿。

但是，这里存在一个问题。人的偏好（如看歌剧）可能是自己有意培养的，也可能是其早年的家庭生活造成的（比如在童年时代，父母经常带他到歌剧院）。如果人的偏好是他自己培养起来的或者他有意选择的，那么他对自己的不利就负有个人责任。如果他的这种生活是他早年的家庭生活造成的，那么他对此就没有个人责任。按照运气平等主义的责任原则：如果他对自己的处境负有个人责任，即这种昂贵的偏好是他自己选择的，那么他的不利就不应该得到补偿；如果他对自己的处境是没有个人责任的，即早年富裕的家庭生活培养了他的昂贵偏好，那么他的不利就应该得到补偿。如果事情是后一种情况，那么它就对德沃金的运气平等主义构成了反驳。

德沃金如何回应这种反驳？德沃金认为，即使某个人的昂贵偏好是其童年生活造成的，但是当他长大成人之后，他仍然有一个选择：是保留还是抛弃这种昂贵的偏好？如果他选择了抛弃这种偏好，那么他可以基于平等的资源过正常的生活。如果他选择了保留这种偏好，那么他就必须接受一种更低水平的生活，即他不会从社会得到补偿。如果他既想保留这种偏好，又想得到社会的补偿，这样就会减少其他人应该享有的平等份额，从而对他们是不公平的。②

为什么昂贵的偏好不应该得到补偿？德沃金的回答是模糊不清的。基于直觉，他似乎认为，这些偏好之所以不应该得到补偿，这是因为它们是昂贵的。但是，基于运气平等主义，德沃金不能说，它们之所以不应得到补偿是因为它们是昂贵的，而只能说，它们之所以不应得到补偿是因为它们是这些人所选择的。但是，有些偏好很难说是人们自己的选择，在很大程度上它们或者产生于基因构成，或者产生于家

---

① Ronald Dworkin, "What Is Equality? Part 2: Equality of Resources", *Philosophy and Public Affairs* 10 (1981), p. 302.

② Ronald Dworkin, "What Is Equality? Part 1: Equality of Welfare", *Philosophy and Public Affairs* 10 (1981), p. 237.

第二部分 平等与正义

庭环境，对于这样的情况，德沃金面临更深层的麻烦。

德沃金可以采取两种策略：或者他坚持这些昂贵的偏好不应得到补偿，因为这种补偿对其他人不公平；或者他放弃原来的观点转而承认这些偏好应该得到补偿，但是这需要把昂贵的偏好等同于残障，并通过保险来加以补偿。

我们先看第一种策略。在论证昂贵的偏好不应得到补偿并批评福利平等时，德沃金举了朱迪的例子：设想一个实行福利平等的社会，在对资源进行再分配以达到福利平等时，朱迪得到的钱比其他人少很多，因为他过着简单而容易满足的生活；但是某一天他读了海明威的书以后，打算培养一种昂贵的体育爱好——斗牛，为此他应该到西班牙去旅行；于是他要求对资源进行再分配以得到更多的钱，但即使这样，他得到的钱也仍然比其他人的少。朱迪的再分配要求应该得到满足吗？德沃金认为，虽然朱迪的偏好是昂贵的，但是他要求得到的只是平等的份额，因此应该得到支持。在支持再分配以使朱迪能够满足自己的偏好时，"公平份额的观念"发挥了关键作用。① 什么是公平的份额？它是资源平等。

问题在于，在这种"公平份额的观念"中，失去了运气平等主义最重视的东西——责任。按照这种公平份额的观念，如果你有一种昂贵的偏好，但为此所需的资源少于或等于平等的份额，那么你就应该得到补偿，即使这种偏好是你自己培养的。如果你有一种昂贵的偏好，而为此所需的资源多于平等的份额，那么你就不应该得到补偿，即使你对自己的偏好没有选择的余地。在考虑是否对不利者给予补偿时，德沃金的标准是平等的份额，而不是个人责任。如果这样，那么这种资源的分配就不是对抱负敏感的。

如果第一种策略行不通，那么德沃金可以采取第二种策略：把昂贵的偏好看作是一种残障，然后再通过保险对其给予补偿。关于残障引起的不利应该得到补偿，这没有问题。问题在于如何确定补偿的水平：如果补偿水平较低，则不能有效缩小残障者与正常人之间的不平

---

① Ronald Dworkin, "What Is Equality? Part 1: Equality of Welfare", *Philosophy and Public Affairs* 10 (1981), p. 239.

第七章 运气平等主义

等，有悖于补偿的初衷；如果对残障者给予充分的补偿，则会耗尽所有资源，牺牲了其他人的生活前景。为了解决这个困难，德沃金假设，在无知之幕的后面，由于人们不知道自己是否具有天生的残障或是否今后会发生残障，所以人们会购买保险以避免风险；而在人们不知道自己具有残障之概率的情况下而愿意购买的保险水平，就是社会应该以强制方式（如税收）要求人们购买的保费水平。[1] 通过保险，残障或天赋之类的"自然的运气"现在变成了"选择的运气"。而且，通过把昂贵的偏好当作残障，这些偏好也得到了补偿。

偏好如何能够被视为残障？是因为它们昂贵吗？这些可以被看作残障的偏好具有什么特征？德沃金提出，这些偏好是其拥有者"不希望拥有的"，是他们"不想要的偏好"，因为他们为具有这样的偏好而后悔，并且相信，如果没有这些偏好，他们的生活会更好。[2] 这个策略的关键是主体的认同：如果人们认同自己具有的偏好，那么他们就不应得到补偿；如果他们不认同自己具有的偏好，那么他们就应该得到补偿。而且，这种主体的认同与运气平等主义的责任原则是一致的。

问题在于，把昂贵的偏好视为残障，这是不是合适的。偏好与残障之间存在一个明显的区别：残障不在人们的控制之内，无论他们是想还是不想具有它们；偏好在某种程度上则在人们的控制之下，因为我们不能说，某些人对某些东西（红酒、摄影或歌剧）具有昂贵的偏好，这是不可改变的。另外，德沃金把残障、昂贵的偏好以及缺乏技能放在一起用保险来加以解决，这会产生另外一个问题，即人们是否会为它们付出足够高的保费，以致能够对不利者提供足够的补偿。在某些批评者看来，由于实际上是更有利者为不利者提供保费，所以，即使是在无知之幕的后面，如果人们的推理是合理的，他们就不会为这些风险提供很高的保费，从而也就不会给予不利者以足够的补偿。[3]

德沃金在推动运气平等主义的形成方面作出了巨大的贡献，以至

---

[1] Ronald Dworkin, "What Is Equality? Part 2: Equality of Resources", *Philosophy and Public Affairs* 10 (1981), pp. 299–301.

[2] Ibid., pp. 302–303.

[3] Carl Knight, *Luck Egalitarianism*, Edinburgh, UK: Edinburgh University Press, 2009, p. 31.

第二部分　平等与正义

从运气平等主义者的观点看，资源平等理论在很多方面标志着超出罗尔斯作品的进步。[①] 如何评价这两种在当代具有广泛影响的平等主义，这是一个开放的问题。但是，德沃金的资源平等作为一种运气平等主义，还面临一些难以克服的困难。

昂贵的偏好是一个明显的困难。德沃金本来用这个问题来批评福利平等，并试图以此证明资源平等比福利平等更优越。然而，资源平等在这个问题上也遇到了麻烦。德沃金同大多数人一样持有一种直觉，即昂贵的偏好是不应得到补偿的。为什么不应该补偿？德沃金似乎有两个理由。基于资源平等，昂贵的偏好不应得到补偿，因为这对于其他人是不公平的。基于运气平等主义，是否对某种不利给予补偿，这应该取决于不利者是否对自己的不利负有个人责任。但是，公平的理由与责任的理由在性质上是不同的，而且，作为理由，它们是相互冲突的。要摆脱这种困难，德沃金只能坚持其中一种理由，但是无论他坚持哪一种，它都会受到另外一种的反驳。

昂贵的偏好不仅本身构成了一个难题，而且它还导致一个更深层的问题，即人与环境的区分。德沃金把偏好归属于"人"的方面，这是有争议的，因为有很多人主张，起码某些偏好应该归于"环境"。在"人"与"环境"的区分中，德沃金把偏好、抱负和信念归属为人的方面，把人的身体和自然物归属为环境的方面。这种区分似乎依据某种传统的心物二元论，即偏好、抱负和信念属于"心"，而身体和自然物属于"物"。更为严重的是，如果我们对偏好和抱负进行更深入的分析，就会发现偏好和抱负与"环境"是紧紧交织在一起的，起码对于某些偏好和抱负，"环境"具有很大的影响。因此，其他的运气平等主义者（如阿内森和柯亨）试图重置区分，以克服德沃金关于人与环境的区分面临的这些困难。

三　福利平等：机会平等与结果平等

在运气平等主义中，如果说资源主义的代表是德沃金，那么福利

[①] Carl Knight, *Luck Egalitarianism*, Edinburgh, UK: Edinburgh University Press, 2009, p. 13.

第七章 运气平等主义

主义的代表就是阿内森。阿内森把自己的平等主义称为"福利机会的平等"（equality of opportunity for welfare），其中"福利"是平等的通货，而"机会"则意味着责任。对于平等主义者来说，或者起码对于福利主义者和资源主义者来说，运气平等主义涉及两个不同层面的问题，一个是福利还是资源的问题，一个是机会平等还是结果平等的问题。

对于福利主义来说，第一个问题首先就是资源主义批判；反之亦然。正如德沃金的"资源平等"所针对的对手是"福利平等"一样，阿内森的"福利机会的平等"所针对的就是"资源平等"。同其他哲学争论一样，运气平等主义者通常也是先批评对手的观点（缺点），然后再阐述自己的观点（优点）。如果说资源主义者在批评福利主义时抓住的东西是昂贵的偏好，那么福利主义者在批评资源主义时抓住的东西则是天赋。

资源主义者主张资源的平等。但是，在资源被平等分配之后，资源主义者面临一个棘手的问题：人的天赋是否被算作一种资源？

假如人的天赋不被算作资源，那么即使每一个人都拥有平等的资源，但是也会产生不平等的结果。因为人们利用其资源的能力是不同的，所以他们利用其资源所能够做的事情是不同的。这有两种情况。一些人的天赋较差（我们也可以把先天的残障包括在内），他们或者缺乏利用相关资源的能力，或者需要把相当一部分资源用于治疗残障，这样与其他人相比，他们通常会处于不利的地位。另外一些人的天赋较好，他们能够更有效地利用其资源，能够生产出更多财富，因此他们会处于更有利的地位。这样，虽然人们拥有平等的资源，但是他们之间仍然是不平等的。而且，由于这种不平等产生于运气，所以它是运气平等主义者无法接受的。

上述论证表明，资源主义者只能把人的天赋也算作资源，正如德沃金所做的一样。但是，在阿内森看来，把天赋算作资源，这会导致更麻烦的问题，即"有天赋者的奴隶制"[1]，而且这个说法就是德沃金

---

[1] Richard J. Arneson, "Equality and Equal Opportunity for Welfare", *Philosophical Studies* 56 (1989), p. 78.

第二部分　平等与正义

提出来的①。如果把人的天赋算作资源并且加以平等的分配,像资源平等所要求的那样,那么这些天赋较好者的更好天赋在资源分配中就会被赋予更高的价值。由于更好的天赋被赋予了更高的价值,所以如果那些天赋更好者更向往自由(闲暇)而非生产,那么他们的福利水平就会大大减低,甚至低于那些天赋更差者。因此,把天赋算作资源,这会使天赋较高者处于不利的地位。用阿内森的话说,生而具有更高的天赋,这不应该是一种福源,但是也不应该是一个祸根。②

阿内森认为,因为资源主义具有上述缺点,所以与资源主义相比,福利主义是一种更好的运气平等主义。所谓福利是指偏好的满足,而个人的偏好得到的满足越多,他的福利水平就越高。③ 对于福利主义,最重要的事情不是资源本身,而是资源给人们生活带来的影响。但是把福利定义为偏好的满足,也会产生一些问题,特别是昂贵的偏好给福利主义所带来的巨大麻烦。为了避免这些问题,阿内森对偏好的性质和范围进行了三重规定。④ 首先,在个人福利的计算中加以考虑的偏好只限于自利的偏好(self-interested preferences),而所谓自利的偏好是指一个人在追求自己的个人利益时所偏好的东西。这里把非自利的偏好排除了出去。其次,在个人福利的计算中加以考虑的偏好只限于合理的偏好(rational preferences),而所谓合理的偏好是指在理想条件下所具有的偏好。这里的理想条件包括,掌握充分的相关信息,对偏好进行深思熟虑的思考,所进行的推理没有任何错误。最后,在对福利水平较低者进行补偿时,要考虑人们是否对自己的偏好负有责任。比如说,两个人具有相同的能力,但是一个人选择了追求个人福利,另外一个人则选择了保护鲸鱼,从而导致后者仅享有较低的福利,在两者都是自愿选择的情况下,对后者给予补偿就是错误的。

让我们来检验阿内森对福利的这些规定。第一个规定在福利的计

---

① Ronald Dworkin, "What Is Equality? Part 2: Equality of Resources", *Philosophy and Public Affairs* 10 (1981), p. 312.

② Richard J. Arneson, "Equality and Equal Opportunity for Welfare", *Philosophical Studies* 56 (1989), p. 90.

③ Ibid., p. 82.

④ Ibid., pp. 82–84.

算中只考虑自利的偏好，而把非自利的偏好排除在外，这显然是有问题的。某些批评者指出，一些非自利的偏好也是福利的构成部分，而且很多人会认为，对于人生的成功而言，它们比自利的偏好具有更重要的意义。[1] 但是，如果把非自利的偏好计算进福利，比如像森（Amartya Sen）的主体性自由（agency freedom）那样，则会带来更麻烦的问题。很多非自利的（政治的、道德的和宗教的）偏好涉及正义的问题，其中有些偏好（如种族歧视）在政治上明显是错误的，有些偏好（如同性恋）是存在道德争议的；也有很多非自利的偏好涉及制度安排和资源的合理分配，比如说保护环境需要政府发挥更大的作用（执行法律和拨付预算），这意味着这些事情不应该通过个人偏好满足的方式来进行。这样，一方面，在福利的计算中把非自利的偏好考虑在内，这对于评估个人的福利水平是不合理的；另一方面，如果社会给予这样的偏好以帮助，那么就会出现不正义。正如资源主义者在天赋问题上处于两难一样，福利主义者在非自利的偏好问题上也是如此。

第二个规定要求在福利的计算中，只考虑合理的偏好，而把不合理的偏好排除出去了。起码自罗尔斯以来，对福利主义的批评集中于两类偏好，一类是令人反感的偏好，另外一类是昂贵的偏好。为了捍卫福利主义，阿内森把这些偏好视为不合理的，并且排除于福利的计算。那么什么样的偏好是合理的或不合理的？阿内森所谓的合理，是指在理想条件下所具有的偏好，而理想条件则是指，人们掌握充分的相关信息，对偏好进行深思熟虑的思考，所进行的推理没有任何错误。这个规定的问题在于：一方面，大多数人的偏好都是在非理想条件下形成的，从而也都是不合理的；另一方面，即使人们掌握了相关的信息，并且对自己的偏好进行了深思熟虑的思考，他们仍然有可能选择令人反感的偏好或昂贵的偏好。

第三个规定要求在福利的计算中考虑个人责任，而一旦涉及责任，就把我们从第一个问题（福利还是资源）带到了第二个问题（机会平等还是结果平等）。而且，无论是对于福利主义还是资源主义，都会面临是机会平等还是结果平等问题。从某些运气平等主义者的观点看，

---

[1] Eric Rakowski, *Equal Justice*, Oxford, UK: Oxford University Press, 1991, p. 45.

第二部分　平等与正义

罗尔斯的资源主义属于结果平等，而德沃金的资源主义属于机会平等；同样，功利主义的福利平等属于结果平等，而阿内森的福利机会的平等则属于机会平等。

阿内森把机会界定为"得到某种利益的可能性"①。对于运气平等主义，机会意味着选择：有不同的机会，就有不同的选择；有多少机会，就有多少选择。所谓福利机会的平等是指，当每个人面临一系列的选择时，按照这些选择所提供的福利期望来衡量，他与其他人的选择是等价的。按照阿内森的说法，在计算福利机会的平等时，首先要考虑每个人所面对的各种选择，其次考虑每个选择会导致的结果，然后再考虑每个选择被选中的概率等。每个人都有自己的最优选择、次优选择、第三选择以及第 N 优选择。当我们把某个人的所有选择及其结果都集合在一起之后，我们实际上就有了一棵关于该人的"决策树"（decision tree）。当两个人面临等价的"决策树"时，如果他们的能力是平等的，那么他们的福利机会就是平等的；如果他们的能力不是平等的，但是经过调整一些选择之后这种不平等被抵消了，那么他们的福利机会也是平等的。②

福利机会的平等体现了运气平等主义的理想："在其他的事情相等情况下，如果某些人的处境比其他人更差，而并非由于他们自己的过错或者他们自己自愿的选择，那么这在道德上是错误的。"③ 同时，这种理想也意味着，如果某些人的处境比其他人更差，而这是由于他们的选择或者他们对此是负有责任的，那么这种不平等就是可以接受的。机会意味着选择，而选择意味着责任。功利主义的福利平等和罗尔斯的基本善平等并不追究个人责任，因此它们被看作是结果平等，而德沃金的资源平等和阿内森的福利机会平等要求明确个人责任，从而它们被视为机会平等。

机会平等与人们这样的直觉是一致的：一些年轻人整天无所事事、

---

① Richard J. Arneson, "Equality and Equal Opportunity for Welfare", *Philosophical Studies* 56 (1989), p. 85.

② Ibdi., pp. 85 – 86.

③ Richard J. Arneson, "Liberalism, Distributive Subjectivism, and Equal Opportunity for Welfare", *Philosophy and Public Affairs* 19 (1990), p. 177.

第七章 运气平等主义

到处闲逛,如果他们处于更差的处境,那么他们的不利不应该得到补偿。人们通常认为,这些人能够选择去工作,自己改善自己的处境,过一种不同的生活。用运气平等主义的语言说,他们应该为自己的行为负责。也就是说,如果人们有选择的机会,那么他们应该为自己的选择承担责任。如果人们的选择的机会是平等的,那么结果的不平等就不需要纠正。问题在于,人们在什么意义上应该为自己的选择负责。

在讨论昂贵的偏好时,阿内森谈到了三种含义的责任。[①] 第一种含义的责任是指,我们的偏好之所以发展为现在这样,这完全处在我们自己的控制之下。因此,我们对自己的偏好负有完全的责任。相反,如果我们的偏好形成过程不是受我们自己控制的,并且它们一旦固定下来就不可改变,那么我们对此是没有责任的。但是在阿内森看来,这种责任观念是错误的,很少有人在这种意义上对自己的偏好负有责任。第二种含义的责任是指,虽然我们的偏好的形成过程是超出我们的控制能力之外的,但是它们现在则是处于我们的控制能力之内的,即我们现在能够改变我们的偏好。就我们现在有能力改变它们而言,我们是负有责任的。第三种含义的责任意味着,就我们对自己偏好的认同而言,这些偏好是我们自己的,不是其他人的,所以我们对自己的偏好负有责任,即使我们自己没有选择这些偏好,而且也没有能力改变它们。阿内森认为,第二种含义和第三种含义的责任观念与运气平等主义是相容的。

福利机会的平等作为一种运气平等主义以责任的存在为前提,然而阿内森的责任观念却是模糊不清的。虽然第二种含义和第三种含义的责任观念被认为与运气平等主义的再分配是相容的,但是正如一些批评者指出的那样,阿内森在两者之中并没有明确认可任何一种责任观念,也没有考虑其他的责任观念,而他的理论则是需要某种责任观念的。[②] 更深层的问题在于,道德上的责任观念是非常复杂的,与更抽象的道德形而上学问题(决定论或自由意志)紧密连在一起。也就

[①] Richard J. Arneson, "Equality and Equal Opportunity for Welfare", *Philosophical Studies* 56 (1989), pp. 79–80; Richard J. Arneson, "Liberalism, Distributive Subjectivism, and Equal Opportunity for Welfare", *Philosophy and Public Affairs* 19 (1990), p. 186.

[②] Eric Rakowski, *Equal Justice*, Oxford, UK: Oxford University Press, 1991, p. 49.

第二部分　平等与正义

是说，即使阿内森认可了某种责任观念，这也是不够的，他还需要对责任给出某种理论解释。

四　利益平等：选择与运气

在某些运气平等主义者看来，资源主义和福利主义都有一些明显的缺陷。首先，它们各自的通货都存在局限性，或者局限于资源，或者局限于福利，从而犯了森所说的"信息局限性"的错误。① 其次，分别来看，资源主义的主要问题是过于客观，犯了所谓"拜物教"的错误，而福利主义则过于主观，明显依赖于个人的心理感觉。因此，一些运气平等主义者试图另辟蹊径，开辟出第三条道路，而这条道路似乎既能够避免福利主义和资源主义的缺点，又可以保留它们的优点。这种运气平等主义的最著名代表就是柯亨的"可得利益平等"（equality of access to advantage）。

我们说过，对于运气平等主义，我们关心两个不同层面的问题，一个是平等的通货是什么，另外一个是机会平等与结果平等的问题，或者说责任问题。就此而言，"可得利益平等"表达了与资源主义和福利主义都不同的平等观。

对于"平等的通货是什么"的问题，柯亨的回答是"利益"（advantage），以区别于资源和福利。② 利益是一个比资源和福利都更宽泛的概念，类似于"善"（good）。因此，与其说利益不同于资源和福利，不如说它包含了资源和福利。某个东西对于我来说是一种资源，那么它也是一种利益；某种东西能够提高我的福利，那么它也就是对我有利的东西。在这种意义上，利益既包含了客观的对象，也包含了主观的感受。

在"可得利益平等"中，如果"利益"是对第一个问题的回答，那么"可得"（access）则是对第二个问题的回答。对于柯亨，一方面，"结果"与平等的联系过于紧密了，即使某个人对于自己的不利

---

① Amartya Sen, *The Idea of Justice*, Cambridge, Mass: The Belknap Press of Harvard University Press, 2009, p. 282.

② G. A. Cohen, "On the Currency of Egalitarian Justice", *Ethics* 99 (1989), p. 916.

第七章　运气平等主义

负有责任，他也会得到补偿，而这违反了我们的直觉；另一方面，"机会"与平等的联系则过于松散了，即使人们（如残障者）拥有得到某种利益的平等机会，但是由于缺乏利用机会的能力，他们也会处于不利的地位。① 在这种意义上，"可得"是位于结果与机会之间的某种东西：它离平等足够远，以容许责任插入其间；它离平等又足够近，以致能够被称为平等主义的。如果说"利益"包含了德沃金的资源和功利主义的福利，那么"可得"则包含了阿内森的机会和森的能力。②

柯亨认为自己的"可得利益平等"，从积极的方面说，吸收了资源主义和福利主义的优点，从消极的方面说，避免了它们的缺点。柯亨举了一个例子来表明，资源主义和福利主义都会面临致命的反驳，而他自己的"可得利益平等"则不会。

这个例子是这样的：一个人两腿瘫痪，为了能够四处走动，他需要一个昂贵的轮椅。平等主义者会倾向于对这个不幸者给予补偿，即为他买一个轮椅。但是，福利主义在面对这样的事例时会面临很大的麻烦，因为它主张只对福利不足者给予补偿。假如这个不幸者天生就具有阳光般的性格，虽然他双腿瘫痪，但是他依然快乐（具有很高的福利水平），那么福利主义就不会对他给予补偿。在柯亨看来，对于反对给予这个不幸者一个轮椅来说，福利水平不是一个有力的理由。因为福利主义不能处理这样的事例，所以柯亨认为这个例子驳倒了福利主义（无论是福利平等还是福利机会的平等）。③

这个例子还有另外的一半：虽然这个人双腿瘫痪，但是他的手臂很正常，甚至比常人还更为灵活，只是存在一个严重问题，即他的手臂用过之后会非常疼痛，需要服用一种昂贵的药物。平等主义者会同意给这个不幸者提供这种药物，即使它像轮椅一样昂贵。如果说这个例子的前一半是用来反驳福利主义的，那么后一半则是为了反驳资源主义的。这个不幸者的手臂疼痛，这属于"福利不足"，而非"资源不足"，而资源主义只主张对资源不足者给予补偿。也就是说，这个

---

① G. A. Cohen, "On the Currency of Egalitarian Justice", *Ethics* 99 (1989), p.917.
② Ibid., p.941.
③ Ibid., p.918.

第二部分 平等与正义

人的手臂具有正常的能力，而不是能力（资源）不足，因此资源主义者会拒绝给予补偿。① 在柯亨看来，这个例子表明资源主义也是错误的。

第二个问题（机会平等还是结果平等）是运气平等主义更为关切的，因为它的目标就是消除运气对分配的影响，而容许选择对分配的影响。也就是说，如果不平等产生于人们无法控制的因素，那么不利者就应该得到补偿，而如果不平等产生于人们自己的选择，那么不利者就没有资格得到补偿。因此，运气平等主义者需要某种区分，以确定不利者是否应该得到补偿。

德沃金提出了人与环境的区分，他把抱负、偏好和信念归属于人，把天赋和能力归属于环境，由环境的因素所产生的不利应该得到补偿，而由人的因素所产生的不利则不应得到补偿。但是，柯亨认为德沃金的区分是不正确的。一方面，就语言的日常使用方式来说，不仅抱负、偏好和信念属于人，而且天赋和能力也属于人，因此这种区分在通常语言的意义上难以成立；另一方面，就人的形成而言，构成人的东西不仅有抱负、偏好和信念，而且也有天赋和能力，从而人与环境的区分是没有道理的。②

如果德沃金的区分是错误的，那么正确的区分是什么？柯亨提出，正确的区分不应划在人与环境之间，而应该划在选择与运气之间。③ 德沃金的区分与柯亨的区分有哪些重要的不同呢？在柯亨看来，有两个重要的不同。④ 第一，按照德沃金的区分，运气平等主义者只对"资源不足"给予补偿，而不会对"福利不足"给予补偿，就像手臂疼痛的例子所表明的那样。与此不同，按照柯亨的区分，运气平等主义者既对"资源不足"也对"福利不足"给予补偿。第二，从柯亨的观点看，更重要的在于，德沃金的区分没有突出强调责任的重要性，而这本来是资源主义作为一种运气平等主义所应该强调的。相反，选择与运气的区分突出了责任在运气平等主义中所占有的重要位置。正

---

① G. A. Cohen, "On the Currency of Egalitarian Justice", *Ethics* 99 (1989), p. 919.
② Ibid., pp. 928–929.
③ Ibid., p. 934.
④ Ibid., pp. 921–922.

第七章　运气平等主义

是在这种意义上,柯亨说他的区分比德沃金的区分更忠实于德沃金的基本思想——运气平等主义。

柯亨举了两个例子,一个是昂贵偏好的例子,另外一个是便宜的昂贵偏好的例子。通过这两个例子,柯亨试图表明,一方面,德沃金的区分是错误的,而他自己的区分是正确的;另一方面,资源主义(资源平等)和福利主义(福利平等或福利机会的平等)是错误的,而他自己的利益主义(可得利益平等)是正确的。

昂贵偏好的例子是用来反驳资源主义的:"保罗喜爱摄影,而弗雷德喜爱钓鱼。"① 保罗的麻烦在于,他厌恶钓鱼,并且不能接受除摄影之外的任何偏好。摄影是一个昂贵的偏好,而钓鱼则花费不多。运气平等主义者面临的问题是:如果保罗自己无法负担摄影的费用,那么他应该得到补偿吗?德沃金式的资源主义者不会补偿诸如摄影这样的昂贵偏好,因为他们只补偿资源不足,而保罗不是资源不足,而是福利不足。换言之,对于资源主义者,保罗不应该得到补偿,其根本原因在于他的偏好是昂贵的,从而会占用其他人的资源。但是,柯亨认为,从运气平等主义的观点看,保罗是否应该得到补偿,不在于他的偏好是否是昂贵的,而在于他对自己的偏好是否负有责任。鉴于保罗对摄影的偏好是非自愿的,所以柯亨主张给予保罗以补偿。

便宜的昂贵偏好(cheap expensive tastes)的例子是用来反驳福利主义的。正如这种偏好有两个相互矛盾的形容词一样,这个例子有些复杂:朱迪起初只有最简单的欲望,但是在读了海明威的小说之后,产生了到西班牙观看斗牛的欲望。这种偏好是便宜的,因为与其他人相比,他用更少的资源就能够达到同样的福利水平;这种偏好又是昂贵的,因为与自己先前的欲望相比,他需要用更多的资源来达到同样的福利水平。② 那么社会是否应该为朱迪去西班牙观看斗牛而支付其费用?在福利机会的平等的支持者(如阿内森)看来,朱迪把自己培养成为斗牛爱好者,这是不审慎的,他本来可以不拥有这种昂贵的偏好,因此,他不应该得到补偿。但是,柯亨认为,朱迪要求得到补偿

---

① G. A. Cohen, "On the Currency of Egalitarian Justice", *Ethics* 99 (1989), p. 923.
② Ibid., p. 925.

第二部分 平等与正义

以能够去西班牙旅行,这没有什么是不正义的,而且,即使得到了补偿,他拥有的资源仍然比其他人更少,而所达到的福利水平则是相同的,因此,"可得利益的平等"不能说他得到的利益过多了。

按照柯亨的设想,"利益"包含了"资源"和"福利",从而能够克服它们各自的缺点。比如,在便宜的昂贵偏好例子中,柯亨之所以主张给予朱迪以补偿,是因为"即使得到了补偿,他拥有的资源仍然比其他人更少",这种主张显然依据的是资源平等观念。在昂贵偏好的例子中,柯亨之所以主张给予保罗补偿,是因为他处于"福利不足"的状态,而这种主张的理由则是福利平等观念。但是,从另外一个角度看,柯亨的"利益"也许不仅包含了"资源"和"福利"的优点,而且也包含了它们的缺点,从而也更容易遭到反驳。

比如说,柯亨在讨论昂贵的偏好时提出,人们(如保罗和朱迪)是否应该得到补偿,不在于其偏好是否昂贵,而在于他们是否对自己的偏好负有责任。保罗对自己的偏好是没有责任的,朱迪的斗牛偏好产生于自己的信念(信念对于人生是不可缺少的),因此他们应该得到补偿。但是,柯亨完全不考虑昂贵的因素,只考虑利益平等,这是有问题的。让我们假设,朱迪(或保罗)在很小的时候读了一本科幻小说后深受影响,从那以后就产生了一个持续一生的最大欲望:到太空旅行。按照目前的市场价格,太空旅行的费用是2000万美元。朱迪(或保罗)的偏好应该得到补偿吗?恐怕没有人会主张对这种偏好给予补偿,无论他是否对此负有责任,无论是基于资源还是福利的观念,因为这种偏好太昂贵了。补偿如此昂贵的偏好,这会对其他人的福利产生不利的影响,甚至会侵犯到其他人的权利。

无论是哪一种版本(德沃金、阿内森或柯亨)的运气平等主义,都面临一个根本的质疑:运气平等主义在什么意义上是平等主义的?运气平等主义的目标是消除运气对分配的武断影响,但是,在抵消掉运气的武断影响之后,一定会产生更平等的结果吗?有什么东西能够保证抵消运气的结果是更平等的而非更不平等的?如果抵消运气的结果是更不平等的,那么运气平等主义还能被称为一种"平等主义"吗?

让我们看这样一个例子:在一个具有竞争性经济的社会里,人们的处境是受各种偶然因素影响的,如自然天赋、家庭出身以及或好或坏的运气；人们在这些运气方面是有很大差别的，但出于巧合，这些偶然的因素相互抵消了，从而导致一种平等的结果。① 对于这个例子，运气平等主义者处于一种两难的处境：或者运气平等主义者坚持消除各种运气对人们处境的武断影响，这样他们可能会达到一种不平等的结果，因此他们就很难被看作平等主义者；或者他们想保留这种平等的结果，在这种意义上他们是平等主义者，从而允许各种偶然的因素继续对人们处境产生武断的影响。如果运气平等主义者是平等主义的，那么他们就会发现这个例子没有什么是可反驳的。如果运气平等主义者发现这个例子没有什么是可反驳的，那么他们要消除的就不是运气的武断影响，而是不平等本身。这意味着，如果偶然的运气导致了不平等的结果，那么这些运气就应该加以消除；如果偶然的运气导致了平等的结果，那么这些运气就用不着加以消除。看起来这就是运气平等主义的立场，而这种立场显然存在内在的矛盾。

第二节　外部批评

自 20 世纪 80 年代以来，虽然运气平等主义一直在平等主义中处于支配地位，但是它也引发了大量的争论，而这些争论既有内部的也有外部的。内部争论属于运气平等主义各派之间的辩论，其中特别是福利主义与资源主义之间的论战。外部争论则体现为对运气平等主义本身的批评，这些批评既来自反平等主义者，也来自其他派别的平等主义者。

这些来自其他平等主义派别的批评具有特殊地位：对于运气平等主义而言，它们属于外部批评，它们反对的是运气平等主义观念本身；就平等主义而言，它们又是内部批评，它们认为运气平等主义是一种不正确的平等观念。这些批评的主要代表者有安德森（Elizabeth S. Anderson）、谢弗勒（Samuel Scheffler）和赫蕾（Susan L. Hurley），下面我们将具体考查和分析他们各自的观点。

---

① 这个例子是麦克雷提出的，见 Dennis McKerlie, "Equality", *Ethics* 106 (1996), p. 279。

第二部分 平等与正义

一 安德森：足够论

"运气平等主义"（luck egalitarianism）这个词是安德森发明的①，而她用这个词来指称德沃金、阿内森、柯亨、内格尔、拉科斯基和罗默等人所表达的平等观，并且对这种平等观给予了强烈的批评。安德森的观点可以分为两个部分：一部分是否定的，即对运气平等主义的批评；另一部分是肯定的，即她本人所主张的民主平等。

我们首先来探讨否定的部分。运气平等主义的基本特征是强调责任，关注选择与运气的区别：如果不利者的不利产生于运气，那么社会就应该对其不利给予补偿；如果不利者对其不利是负有责任的，那么社会就不应该对其给予补偿。安德森对运气平等主义有三个批评。第一个批评的焦点是责任，安德森批评运气平等主义把一些不利者排除于平等主义的考虑之外。第二个批评的焦点是运气，虽然运气平等主义者对某些不利者给予了补偿，但是以对他们人格的侮辱为代价。第三个批评是对运气平等主义的总体诊断，即它不是一种正确的平等主义。让我们对这三个批评加以具体分析。

安德森的第一个批评聚焦于责任。运气平等主义是一种以责任为基础的平等主义，在对资源或福利进行分配时，要考虑相关者是否对自己的不利负有责任。比如说，每一位开车的人都有遭遇事故的危险，因此每个人都应该购买相关的保险。假如某个粗心大意的人没有给自己买保险而发生事故，并且事故的责任在于这个粗心大意者一方，那么按照运气平等主义，即使他没有钱为自己支付医疗费，他也没有资格要求国家给予帮助。对此，安德森给予了批评：由于这个粗心大意的受害者没有保险而任其在路边等死，这显然是不正义的；把这个受害者排除于平等主义的考虑之外，这等于是抛弃了他们，而这是错误的。②

运气平等主义者会拒绝安德森的这种批评，在他们看来，运气平等主义不会对这些粗心大意的受害者弃之不管。比如说，德沃金就提

---

① Elizabeth S. Anderson, "What Is the Point of Equality?", *Ethics*, 109 (1999), p. 289.
② Ibid., pp. 295–296.

第七章 运气平等主义

出，在类似于罗尔斯的"无知之幕"假设条件下，由于人们不知道自己今后是否会发生事故，所以他们会购买保险以规避风险；这样，在现实社会中，国家应该以强制方式要求人们购买保险，从而建立一种为所有人提供医疗保健的制度。① 但是，在安德森看来，如果国家通过强制性的保险计划来建立普遍的医疗保健制度，那么这就违背了运气平等主义的初衷，因为这种平等主义强调个人的自由选择。也就是说，如果国家强制所有人都必须购买保险，这就犯了"家长主义"的错误。②

在这个问题上，运气平等主义者和反运气平等主义者都面临困难的选择。运气平等主义者应该坚持的主张是，没有购买保险的人应自负其责，但是他们很难对事故中的受害者置之不理。反运气平等主义者的麻烦在于，如果对买保险者和不买保险者一视同仁，那么这些不买保险者就变成了"逃票者"，而容许"逃票者"的制度显然是有问题的。

安德森的第二个批评聚焦于运气。运气平等主义把不利者分为两个部分：源于责任的不利者是没有资格得到帮助的，而产生于运气的不利者则是有资格得到帮助的。如果说第一个批评是指责运气平等主义把某些不利者排除于帮助之外，那么第二个批评的实质是，即使另外一些不利者得到了帮助，也是以失去尊严为代价的。因为要得到国家的帮助，不利者必须证明自己对自己的不利是没有责任的，即自己的不利产生于坏的运气。所谓坏的运气主要是指个人的自然天赋和家庭环境。这样，不利者要想得到国家的帮助，就必须出示自己比其他人低劣（更差的天赋或更差的父母）的证据，即通过贬低自己来支持得到帮助的要求。如果一个人被同伴看作笨蛋是一件耻辱的事情，那么国家以正义的名义给这种看法盖上官方的印章，这更是一种奇耻大辱。用安德森的话说，运气平等主义"贬低内在的不利者并且将私人的鄙视提升为官方认可的真理地位"③。

---

① Ronald Dworkin, "What Is Equality? Part 2: Equality of Resources", *Philosophy and Public Affairs* 10 (1981), pp. 299–301.
② Elizabeth S. Anderson, "What Is the Point of Equality?", *Ethics*, 109 (1999), p. 301.
③ Ibid., p. 306.

第二部分　平等与正义

国家的帮助本质上是一种收入和财富的再分配，即用来自更高收入者的税收来补偿收入更低者。对于运气平等主义，在某种意义上可以说，收入更高的人是幸运者，收入更低的人则是不幸者。这样，运气平等主义的分配正义实际上是幸运者出钱为不幸者提供补偿。在安德森看来，运气平等主义对不幸者的不尊重也反映在双方的态度上。从帮助者一方来看，如果幸运者肯出钱来帮助不幸者，那么这也是因为他们觉得这些不幸者"可怜"（pity）。"可怜"表达了一种居高临下的优越态度，它包含的意思是"他们过得比我们差"。从收益者一方来看，如果不幸者基于自己的不利处境提出了平等主义的要求，那么这种平等主义的要求本身表达的是对幸运者的"妒忌"（envy）。"妒忌"的实质是"我想要你有的东西"，而这里并不会产生得到帮助的义务。幸运者的"可怜"配上不幸者的"妒忌"，这真是天作之合。也就是说，运气平等主义根本就没有表达出对不利者的任何尊重。①

安德森的第三个批评聚焦于运气平等主义的性质。在她看来，运气平等主义者或者是误入歧途，或者是在误导他人，这可以从两个方面来看。就关注的人而言，运气平等主义者关注的是一些极其特殊的人们，如蠢人、天赋低劣者、海滩游荡者、懒汉、不负责任者、具有古怪偏好者和宗教狂热分子。而安德森认为，平等主义者应该关注的是政治上的被压迫者，如种族、性别、阶级和种姓的不平等中的受害者，以及民族灭绝、奴隶制和种族低劣论的受害者。就关注的议程而言，运气平等主义关注的是分配正义，即如何分配可私人占有的善（收入和资源）以及可私人享受的善（福利）。但是，安德森认为，在现实的社会中平等主义者的议程则宽泛得多，他们不仅关心经济不平等，而且更关心政治和文化的不平等，更关心同性恋者的权利、婚姻自由和收养孩子的权利以及残疾人的权利等。也就是说，运气平等主义与现实的平等主义政治运动是脱节的。②

问题出在什么地方？安德森认为，运气平等主义对平等的理解是

---

① Elizabeth S. Anderson, "What Is the Point of Equality?", *Ethics*, 109 (1999), pp. 306 – 307.

② Ibid., p. 288.

第七章　运气平等主义

不正确的,即这种平等主义被这样的观点所支配:平等的基本目标是补偿人们的坏运气——生来较差的自然天赋、坏的父母和令人厌恶的人格等。在她看来,对于一种正确的平等主义,它的消极目标不应是消除坏运气对人们的影响,而应该是结束社会所强加的压迫;它的积极目标不是使每个人得到他们在道德上应得的东西,而是创造一个人人平等的共同体。在这种意义上,运气平等主义对平等主义的独特政治目标已经失去了洞察力。① 也就是说,运气平等主义不是一种正确的平等主义。

我们现在来看安德森观点的肯定部分,即她自己的平等观。她把自己的观点称为"民主的平等"。按照安德森自己的归纳,民主的平等有三个特征,而这些特征与运气平等主义是对立的。第一个特征是,民主的平等的目标在于废除社会制造的压迫,而运气平等主义的目标则在于纠正自然秩序所导致的不正义。第二个特征是,民主的平等是一种平等的关系理论,即它把平等视为一种社会关系,而运气平等主义是一种平等的分配理论,即它把平等理解为一种分配模式。第三个特征是,民主的平等重视把平等的分配与平等的承认统一起来,即在帮助不利者时给予他们以充分的尊重,而运气平等主义者只关注平等的分配,不重视平等的承认,这样在帮助不利者时把他们看作低劣的人。②

安德森试图把民主的平等与运气平等主义对立起来,并且通过这种对立来试图表明,虽然运气平等主义在当代平等主义中占有支配地位,但是民主的平等是一种更好的平等主义。问题在于,这种对立是否成立。第一种对立显然是不成立的。运气平等主义不仅想纠正自然秩序的不正义(不平等),而且也想纠正社会秩序的不正义(不平等),而政治压迫显然是一种社会秩序的不正义。第二种对立更复杂一些。如果安德森把"平等的关系"与"平等的分配"对立起来,而前者并不包含后者,那么她的民主的平等显然存在巨大的局限性。从

---

① Elizabeth S. Anderson, "What Is the Point of Equality?", *Ethics*, 109 (1999), pp. 288 – 289.

② Ibid., pp. 313 – 314.

第二部分 平等与正义

平等主义者的观点看,"平等的关系"体现的是形式平等,而"平等的分配"体现的则是实质平等。这意味着民主的平等并不是一种实质性的平等观。第三种对立是确实存在的,而且安德森似乎是更有道理的一方,即运气平等主义看起来没有对它试图加以帮助的人们给予应有的尊重。但是,责任是一个无法摆脱的问题,而任何一种平等理论在面对责任时都会很困难,其中包括安德森的民主的平等。

通过安德森自己归纳的三个特征,我们仍然无法对民主的平等有一种实质的把握。要想更深入地把握这种平等观,我们需要追问阿马蒂亚·森提出的关键问题:什么的平等?① 在这个问题上,安德森接受了森的能力主义,主张"平等主义者应该追求所有人在能力空间方面的平等"②。而且,她也接受了森对能力的界定,即能力是人们所行使的功能。按照安德森的说法,人的功能包括三个方面,即作为个人的功能、作为生产合作体系之参与者的功能、作为民主国家之公民的功能。③

对于平等主义者来说,这三个方面的功能表达了不同的要求。首先,作为个人的功能要求,国家不仅要保证人们能够得到维持人的生存所必需的条件——食物、住所、衣服和医疗保健,也要保证人们能够得到人类主体性的基本条件——关于环境和选择的知识、关于目的和手段的思考能力以及自主性的心理条件。其次,作为生产合作体系之参与者的功能要求,国家应该保证人们能够得到生产工具、发展天赋所必需的教育、职业选择的自由、同他人签订契约与合作协议的权利、得到劳动之公平价值的权利以及得到其他人对其生产贡献的承认。最后,作为民主国家之公民的功能要求,国家应该保证人们能够得到政治参与的权利、言论自由和选举权、结社自由、利用公共设施的权利以及拥有私人空间的权利。④

民主的平等的问题在于,它所包含的平等主义太弱了。在一些批

---

① Amartya Sen, "Equality of What?", in *The Tanner Lectures on Human Values*, Vol. 1, edited by S. McMurrin, Salt Lake City: University of Utah Press, 1980, pp. 197–220.
② Elizabeth S. Anderson, "What Is the Point of Equality?", *Ethics*, 109 (1999), p. 316.
③ Ibid., p. 317.
④ Ibid., pp. 317–318.

第七章 运气平等主义

评者看来，对于平等主义者来说，安德森的这些要求太低了，甚至保守主义者也都会接受。① 而且，即使是这些对平等主义者来说并不算太高的要求，安德森又做了一些限制。一方面，民主的平等所保证的东西不是实际的功能水平，而是达到这些功能水平的机会；另一方面，民主的平等所保证的东西不是得到平等的功能水平，而是足够的功能水平。② 第一个限制的关键词是"机会"，第二个限制的关键词是"足够"。"机会"意味着民主的平等所要实现的不是结果平等，而是机会平等。"足够"意味着民主的平等所保障的东西是"最低额"或"门槛"，而超出了"门槛"，任何不平等都是这种平等观能够接受的。简言之，安德森的民主的平等是一种足够论（sufficientarianism），而足够论是一种最弱意义上的平等主义。

虽然安德森批评运气平等主义关注责任，但是她也认识到当代的平等主义者摆脱不了责任问题：如果人们可以自由从事不审慎的行为，那么平等主义的国家就会破产。为此，她区分了两种对待责任的策略。一种是运气平等主义的策略，即区分导致不利的原因，并且只对人们没有责任的不利给予补偿。另外一种是民主的平等的策略，即区分与不利者相关的善——受保障的善与不受保障的善，并且只对受保障的善给予补偿。③ 那么哪些善是受到保障的？受保障的善是依据足够论来界定的，即人们作为平等公民行使其能力所需要的善是受保障的。比如说，一个人因吸烟得了肺癌，即使他对自己吸烟的行为负有个人责任，他的医疗需要也是得到保障的，但是他因肺癌而在生活上所丧失的福利则是不受保障的。安德森主张能力的平等，而她所说的能力是指人的基本能力。这样，足够论就为平等与责任划出了各自发挥作用的界限：平等的作用存在于能力门槛之下，它确保每个人的能力水平都达到门槛之上；责任的作用存在于门槛之上，因它而产生的不平等也是可以接受的。

---

① Carl Knight, *Luck Egalitarianism*, Edinburgh, UK: Edinburgh University Press, 2009, p. 158.
② Elizabeth S. Anderson, "What Is the Point of Equality?", *Ethics*, 109 (1999), p. 318.
③ Ibid., p. 327.

第二部分　平等与正义

二　谢弗勒：结果平等主义

对于自德沃金以来的平等主义主流，因为它以抵消运气为目标，安德森称为"运气平等主义"，因为它从责任来论证平等主义，谢弗勒也称为"以责任为基础的平等主义"（responsibility-based egalitarianism）①。这种平等主义不是对所有不平等都一概反对，而是进行了区分，即不正义的不平等与正义的不平等。

与罗尔斯式的平等主义相比，运气平等主义有一个"责任原则"。按照这种原则，如果某种不平等产生于运气，那么它是不正义的；如果某种不平等产生于责任，那么它是正义的。在谢弗勒看来，在平等主义的论证中，责任原则发挥了两种作用。责任的一种作用是有限的和防御性的，其目的是反驳保守主义的批评；另外一种作用则是肯定性的，即它把责任当作一种基本的规范，并且将平等主义建立在这种规范的基础之上。谢弗勒认为，运气平等主义在其论证中不仅认可责任原则，而且用它来为平等主义提供基础，而这样就犯了同保守主义一样的错误。②

同安德森一样，谢弗勒的观点也可以分为否定的和肯定的。否定的部分是对运气平等主义的批评，肯定的部分是阐述自己的平等观。就否定的部分来说，他对运气平等主义的批评主要有三点，即论证的错误、道德主义和形而上学的假定。

我们首先来看论证的错误。运气平等主义主张，如果相关的个人对造成不平等的因素是负有责任的，那么这种不平等就是正义的；而如果他对导致不平等的因素是没有责任的（如运气），那么这种不平等就是不正义的。而且，这是一种普遍性的主张，从而为运气平等主义提供了证明。在谢弗勒看来，大多数人确实同意这种观点：在某种背景下，产生于人们自愿选择的不平等是可接受的，而产生于人们天赋能力方面的差异的不平等则是不可接受的。但是，很少有人认可这种观点的普遍化：产生于选择的不平等永远是合法的，而产生于天赋

---

① Samuel Scheffler, "Choice, Circumstance, and the Value of Equality", in his *Equality and Tradition*, Oxford, UK: Oxford University Press, 2010, p. 210.
② Ibid., pp. 211–212.

第七章 运气平等主义

的不平等则永远是不公平的。与其相反，很多人相信，某些不利者应该为其不利处境得到补偿，即使是他们自己的选择造成了自己的不利处境。另外，很多人也把产生于天赋和能力方面差异的收入不平等看作是可接受的。这意味着，在某些特殊的背景下，人们可能会赞同责任原则；但是作为一种普遍化的观点，人们对责任原则是有争议的。在运气平等主义的论证中，责任原则被普遍化和抽象化了，并且发挥了同保守主义论证一样的作用，这样就为平等主义提供了一种错误的论证。①

运气平等主义的另外一个错误是道德主义（moralism）。在谢弗勒看来，说一个人是道德主义的，这是说这个人过于轻易地做出道德判断：或者在不合适的地方做出了道德判断，或者以过于简单和僵化的方式做出了道德判断。道德主义是洞见的敌人，它为真知灼见设置了障碍。另外，道德主义实际上也是一种道德缺点，因为它歪曲了道德本身。对于保守主义者来说，道德主义体现为责任观念，而责任观念能够使那些处境更好的人得意自己的成功，而且也不必为不幸者的苦难所打扰。谢弗勒认为，运气平等主义的目标之一是防御保守主义，把责任原则反过来用于批判保守主义者。本着这种精神，运气平等主义者使用了防御性的责任观念，以表明那些处境更好者的成功在很大程度上应该归功于他们的自然天赋和有利的社会环境，而这些自然天赋和社会环境既不是他们选择的，也不是他们对之负有责任的；那些处境更差者在很大程度上则产生于较低的自然天赋和不利的社会环境，而他们对此也是没有责任的。②

但是，在谢弗勒看来，运气平等主义在责任原则的使用中，不仅发挥了防御性的作用，而且也发挥了肯定性的作用。运气平等主义者主张，产生于人们自愿选择的不平等是正义的，而产生于非选择的环境的不平等是不正义的。在提出这种主张时，运气平等主义就犯了道德主义的错误。一方面，大多数人并不相信，由于人们的贫困处境是

---

① Samuel Scheffler, "Choice, Circumstance, and the Value of Equality", in his *Equality and Tradition*, Oxford, UK: Oxford University Press, pp. 214–215.
② Ibid., pp. 220–222.

第二部分 平等与正义

自己糟糕的财务决策所导致的,他们因此就不能得到国家的帮助(医疗或食物或住所);另一方面,也很少有人认为,那些更有天赋的专业人士不应该得到更高的回报,或者那些因其天赋而取得更大成就者不值得赞扬。就此而言,运气平等主义者与反平等主义者是一样的,即他们都犯了僵化的和冷漠的道德主义的错误。①

运气平等主义的第三个错误表现在形而上学方面。运气平等主义依赖于选择与环境的区分,即产生于选择的不平等是可以接受的,而产生于环境的不平等则是不正义的。这种区分的尺度是什么?为什么这种区分具有如此重要的道德意义?运气平等主义者的一个可能回答是"认同"(如德沃金),即人们认同他们的选择,而不认同他们的环境,从而他们对前者而非后者负有责任。但是,谢弗勒认为,以认同来区分选择与环境,这是成问题的,因为人们不仅认同他们的选择、价值和偏好,而且也认同他们非选择的天赋、能力和身体特征,而后者被运气平等主义者(如德沃金)归类为环境。人们认同这些东西,在这种意义上,他们把这些东西视为自身性质的构成性因素。如果这些天赋、能力和身体特征是他们所认同的构成性因素,那么运气平等主义者就不能主张人们应只为自己的选择负责。②

运气平等主义者的另外一个可能回答是"控制"。自愿的选择之所以被看作是对不平等的辩护,这是因为它们被认为处于人们的控制之下,从而人们对其负有道德责任。相反,非选择的环境之所以不被看作是对不平等的辩护,这是因为它们不处于人们的控制之下,从而人们对其也就不负有道德责任。因为人们被认为对其自愿选择是负有道德责任的,所以他们必须承担这种选择的分配后果。相反,因为人们对其环境是没有道德责任的,所以他们不应该为非选择的环境承担分配后果。按照这种主张,人们是否承担分配后果,取决于人们是否对相关的事件负有道德责任。但是,这种主张是否能站得住脚,取决于我们如何解释选择、控制和责任的观念。谢弗勒认为,如果我们对

---

① Samuel Scheffler, "Choice, Circumstance, and the Value of Equality", in his *Equality and Tradition*, Oxford, UK: Oxford University Press, pp. 222 – 223.

② Ibid., p. 216.

第七章 运气平等主义

选择、控制和责任给予一种"意志自由"或者"不相容主义"的解释，那么运气平等主义的主张是合理的。但是，如果我们相信"决定论"是真的，那么运气平等主义的主张就失效了。在谢弗勒看来，"运气平等主义立场的合理性显然依赖于一种意志自由的观念"①。问题在于，哪一种道德形而上学是真的：意志自由论还是决定论？如果我们无法确定哪一种是真的，而运气平等主义的主张又依赖于意志自由论，那么它的主张就成问题了。

谢弗勒的上述批评揭示了运气平等主义的一些缺点，但是他的批评本身也不是没有问题。在他的头两个批评（论证的错误和道德主义）中，实际上起支撑作用的是这样一种观点："如果一个天赋很高的职业运动员得到了一个比其天赋较低队友更为有利的合同，大多数人不会认为这是不公平的；另外，如果急诊室的医生因为伤者的受伤源于其愚蠢但自愿的决策而弃之不管，大多数人会认为这是可耻的。"② 这种观点有两个特征，一个是依赖于"直觉"，另外一个是依赖"大多数人"的意见。一方面，虽然谢弗勒批评运气平等主义过于依赖直觉，并且把直觉普遍化，但是他自己的批评也同样依赖于直觉。换言之，运气平等主义者依赖的是支持责任的直觉，而谢弗勒依赖的则是否认责任的直觉。另一方面，谢弗勒通过一些例子来表明运气平等主义者的观点与"大多数人"的观点是相左的，以此来反驳他们对某些直觉的普遍化。但是，在哲学论证中，使用"大多数人"的观点作为证据，这没有很强的说服力。哲学论证的关键在于说理（给出理由），而这些理由是否得到了大多数人的赞同，则没有那么重要。

形而上学的批评涉及一些更深层的问题，即意志自由论与决定论的对立。一些人是意志自由论的赞同者，但大多数人更相信决定论。在谢弗勒看来，运气平等主义依赖于意志自由论，如果意志自由论是真的，那么这种以责任为基础的平等主义就是有道理的。然而，意志自由论还是决定论是真的，这个形而上学问题是不确定的，起码目前

---

① Samuel Scheffler, "Choice, Circumstance, and the Value of Equality", in his *Equality and Tradition*, Oxford, UK: Oxford University Press, p. 218.
② Samuel Scheffler, "What Is Egalitarianism?", in his *Equality and Tradition*, Oxford, UK: Oxford University Press, 2010, p. 202.

第二部分　平等与正义

我们无法确认哪一个是真的。在这种情况下，谢弗勒认为运气平等主义是没有道理的。但是，从运气平等主义者的观点看，在这个形而上学的问题上，运气平等主义比谢弗勒的结果平等主义更有优势。我们可以假设意志自由论或者决定论是真的。如果意志自由论是真的，人们拥有真正的选择，从而也应为其选择负责，那么运气平等主义就是有道理的，而结果平等主义是有缺陷的。如果决定论是真的，人们根本没有真正的选择，从而也无须为任何事情负责，那么运气平等主义与结果平等主义就是一样的，即所有不利者都应该得到补偿。① 这里的关键在于：运气平等主义面临一种基于决定论的反驳，而结果平等主义则面临一种基于意志自由论的反驳。而且，这两种反驳互为镜像。

批判运气平等主义，这是谢弗勒观点的否定的部分。肯定的部分表达了他自己的平等观，而这种平等观可以称为"结果的平等"，或者干脆叫作"结果平等主义"，以与运气平等主义相对照。而且，我们应该指出，这两个部分是紧密相关的，对运气平等主义的批判以结果平等主义为基础。

在谢弗勒看来，运气平等主义与结果平等主义的根本分歧在于：前者把平等看作是一种分配的理想，而后者则把平等看作是一种支配人与人之间关系的理想。具体来说，平等是一种道德理想、社会理想和政治理想。作为一种道德理想，平等宣布所有人都具有平等的价值，而基于人的这种平等地位，他们有资格可以相互提出某些要求。作为一种社会理想，平等主张人类社会应该被看作平等者的合作体系，其中每个人都享有平等的地位。作为一种政治理想，平等强调公民们有资格基于自己的公民身份相互提出某些要求，而无须对他们特殊的环境给予道德化的解释，也无须考虑他们特殊的天赋、智力、决策能力、宗教信仰和种族身份等。② 谢弗勒把平等称为道德的、社会的和政治的理想，这是把平等视为一种价值，甚至是一种最重要的价值。而且，这种平等作为价值不仅仅是抽象的，而且是实质的。

---

① Carl Knight, *Luck Egalitarianism*, Edinburgh, UK: Edinburgh University Press, 2009, p. 181.
② Samuel Scheffler, "What Is Egalitarianism?", in his *Equality and Tradition*, Oxford, UK: Oxford University Press, 2010, p. 191.

第七章 运气平等主义

为什么平等是一种价值？为什么平等对我们如此重要？谢弗勒把平等理解为人与人之间的一种关系，并在这种理解的基础上提供了两种回答。套用罗尔斯在《政治自由主义》中的说法，一种回答包含了更少的"统合性的道德学说"，另外一种则包含了更多的这种学说。

包含更少"统合性的道德学说"的回答是这样的。平等体现了平等的公民关系的理念，而平等的公民关系理念则是这种更广的社会观念的一个组成部分，即社会作为自由和平等的人们的公平合作体系。这种更广的社会观念是隐含在现代民主社会的公共政治文化之中的。这样，社会作为公平合作体系的观念代表了人们之间所达成的一种共识，而在支持这种社会观念的道德学说、哲学学说和世界观方面，人们之间则存在分歧。也就是说，与平等的价值之基础相比，这种价值本身得到了更广泛的承认。正因为平等代表了人们之间所达成的共识，所以社会作为自由和平等的人们之公平合作体系的理念在现代宪政民主制度中具有特别重要的意义。① 谢弗勒的这个回答由两个基本观念组成，一个是社会作为自由和平等的人们的公平合作体系，另外一个是平等的价值作为某种共识存在于现代民主制度的公共政治文化之中。这两个基本观念都源自罗尔斯：前者存在于《正义论》之中，后者存在于《政治自由主义》之中。

第二种回答包含了更多的"统合性的道德学说"。所谓包含了更多的"统合性的道德学说"是指，这种回答不讳言，生活在平等的社会中，这在工具的和内在的意义上都是好的。或者干脆说，平等本身就是好的。正是在这种意义上，我们可以把谢弗勒的平等观称为"结果平等主义"。一方面，生活在不平等的社会中是坏的，因为不平等的社会损害人类的繁荣兴盛，限制个人自由，败坏人们之间的关系，削弱人的自尊，妨碍人们过真诚的生活；另一方面，平等的社会支持成员之间的相互尊重和自尊，鼓励人们之间的自由交流，不为人们之间的自我理解和真诚关系设置障碍。总而言之，平等主义的社会有利于其公民的繁荣兴盛，在这种意义上，生活在平等的社会中，这本身

---

① Samuel Scheffler, "Choice, Circumstance, and the Value of Equality", in his *Equality and Tradition*, Oxford, UK: Oxford University Press, 2010, pp. 226–227.

第二部分 平等与正义

就是好的。① 显然，这种观点对平等的价值具有更强的承诺。

对于"平等为什么对我们如此重要"的问题，谢弗勒提供了上述两种回答，但是，他既没有指出哪一种回答更有道理，也没有表明他自己认可哪一种回答。他只是说，这两种回答有一个相关点，即它们两者都需要解决一些共同的问题，其中包括分配的问题。②

谢弗勒认为，我们只有在对平等做了如上理解之后，才可以探讨分配的问题。或者说，平等作为政治价值和社会价值具有分配的含义。在他看来，从平等的理想出发，分配正义的基本问题不是抵消运气的影响，而是区分开真正的需要与纯粹的偏好，并且把真正的需要用作评价个人福利和物质不平等的尺度。③ 谢弗勒没有具体阐述他的分配正义观念是什么样的，也没有表明平等的社会如何分配物质财富。从他主张"平等是好的"，我们可以推测他在分配正义问题上会主张一种结果平等主义。从他强调"真正的需要"，我们又可以推测他会主张某种"足够论"。

虽然谢弗勒没有详细阐述他自己的分配正义理论，但是详细地批评了运气平等主义的分配正义理论。他认为，运气平等主义只关心分配正义问题，而他们所理解的分配正义是抵消运气的不利影响和承认责任的作用，然后在平等分配的"通货"问题上争论不休，而没有把分配正义嵌入到更广的平等主义理想之中。④ 按照谢弗勒的观点，平等主义者应该首先讨论作为政治理想、社会理想和道德理想的平等，然后在这种基础再讨论平等主义的分配正义。与此相反，运气平等主义不讲平等的理想和价值，只关心分配正义，这是本末倒置。因此，在他看来，运气平等主义"是武断的、言不及义的、拜物教的"，不

---

① Samuel Scheffler, "Choice, Circumstance, and the Value of Equality", in his *Equality and Tradition*, Oxford, UK: Oxford University Press, 2010, pp. 227–228.
② Ibid., p. 228.
③ Samuel Scheffler, "What Is Egalitarianism?", in his *Equality and Tradition*, Oxford, UK: Oxford University Press, 2010, p. 193.
④ Samuel Scheffler, "Choice, Circumstance, and the Value of Equality", in his *Equality and Tradition*, Oxford, UK: Oxford University Press, 2010, p. 228.

比其他任何一种分配模式更有说服力。①

就谢弗勒自己的观点来说,他面临这样一个困境。一方面,他坚持平等是政治价值和道德理想,反对以责任为基础的平等主义,主张结果平等主义。但是,如果一种平等主义不考虑责任问题,主张在分配问题上一律平等,那么这显然是有问题的。即使不考虑个人的责任,平等主义者也无须主张结果的一律平等。这样,在另一方面,谢弗勒又不得不像安德森一样,接受某种类型的"足够论"。也就是说,平等存在于足够的门槛之下,而门槛之上的不平等则是可以接受的。但是,结果平等主义与足够论显然不是一回事,两者之间存在巨大的张力。无论谢弗勒是否意识到了这种张力,这对于他的平等主义都是一个严重问题。

三 赫蕾:认知平等主义

在运气平等主义逐步取得支配地位的同时,反运气平等主义也应运而生。安德森第一个提出了"运气平等主义"这个观念,并对其猛烈开火。②尔后很多政治哲学家和道德哲学家都对运气平等主义进行了批评,但是其中最有力的,当属赫蕾的批评。"运气平等主义"这个词容易让人产生这样的误解:它的目的是要使人们拥有平等的运气。对此,赫蕾一针见血地指出,运气平等主义的目的不是运气平等,而是抵消运气对人们的影响,因此,她把运气平等主义也称为"抵消运气的平等主义"(luck–neutralizing egalitarianism)。③

鉴于传统平等主义所受到的批评,特别是罗尔斯的正义理论所受到的批评,运气平等主义之抵消运气的目的是为平等主义提供一种更坚固的基础。为了明确含义,这里的"平等主义"和"基础"都需要做一些解释。首先,赫蕾对"平等主义"给予了最低限度的解释:一种学说被看作平等主义的,在其他情况相同的条件下,它必须赞成对

---

① Samuel Scheffler, "What Is Egalitarianism?", in his *Equality and Tradition*, Oxford, UK: Oxford University Press, 2010, p. 192.
② Elizabeth S. Anderson, "What Is the Point of Equality?", *Ethics*, 109 (1999), p. 289.
③ Susan L. Hurley, *Justice, Luck, and Knowledge*, Cambridge, Massachusetts: Harvard University Press, 2003, p. 149.

第二部分 平等与正义

某物（如福利或资源）更平等的而非更少平等的分配模式。这个解释的关键在于它关注的东西不是"分配什么"，而是"如何分配"。而且，它对平等主义的约束是最低限度的，即它不要求绝对的平等，也不主张平等的价值压倒其他的价值。其次，按照赫蕾的解释，"基础"（basis）一词在这里具有两种意义。第一，抵消运气的目的能够阐明平等主义。它应能规定平等主义是什么，以及平等主义的要求是什么。赫蕾把这称为基础的"规定意义"。第二，抵消运气的目的能够为平等主义提供某种独立的、非乞题的理由或论证。赫蕾把这称为基础的"论证意义"。① 赫蕾试图证明，运气平等主义不能在规定的意义上为平等主义提供基础，因为它既不能把更平等的分配模式规定为平等主义的要求，也不能把平等规定为默认点；运气平等主义也不能在论证的意义上为平等主义提供基础，因为它不能为平等的分配模式提供任何独立的理由或证明。

对于运气平等主义，抵消运气与强调责任是一枚钱币的两面。出于论证的目的，赫蕾把责任在分配正义理论中的作用分为两种，即通货的作用与模式的作用。② 前者决定我们分配的东西是什么，即柯亨所谓平等主义正义的"通货"③；后者决定我们应该如何分配，而无论所谓的通货是指什么。要点在于，如果运气平等主义要为平等主义提供基础，那么责任不仅应该发挥通货的作用，而且必须发挥模式的作用。赫蕾试图证明，无论责任本身是可能的还是不可能的，它都无法发挥模式的作用；如果责任无法发挥模式的作用，那么运气平等主义就不能为平等主义提供基础。

我们首先来看责任的通货作用。就分配正义而言，平等主义者需要确定所要分配的东西是什么，或者用柯亨的话说，什么东西是平等主义正义的通货。从运气平等主义的观点看，责任能够发挥确定通货的作用：我们的目标是分配来自运气的利益，而不是我们对之负有责

---

① Susan L. Hurley, *Justice, Luck, and Knowledge*, Cambridge, Massachusetts: Harvard University Press, 2003, p. 147.
② Ibid., p. 148.
③ G. A. Cohen, "On the Currency of Egalitarian Justice", *Ethics* 99 (1989), pp. 906 – 944.

第七章 运气平等主义

任的利益。比如说,如果这盘"馅饼"是从天上掉下来的(来自运气),那么我们就可以加以再分配;如果这些"馅饼"是某些人做的(对之负有责任),那么我们就不能加以再分配。当然,"馅饼"只是一个比喻。对于来自运气(比如说更高的天赋)的任何东西,在原则上都属于应加以再分配的东西。也就是,责任确实能够发挥通货的作用。

但是,赫蕾认为,责任的这种通货作用是有限的。在其通货作用中,责任能够告诉我们再分配来自运气的利益,但是它无法规定这些利益是什么。因为来自运气的东西太多了,我们无法对所有来自运气的东西都加以再分配。比如说,天生丽质是一种运气,但美丽是无法再分配的。再比如,运气平等主义者在关于通货的问题上是有争议的,一些人主张平等的通货是资源(如德沃金),一些人主张平等的通货是福利(如阿内森),但是责任在这里无法告诉我们应该加以再分配的东西是资源还是福利。另外,即使责任确实能够发挥通货的作用,告诉我们所分配的东西是"什么",但是它也不能告诉我们"如何"分配这些东西。分配什么是一回事,如何分配它们是另外一回事。也就是说,责任的通货作用并不能规定这种通货的分配模式。①

这里的关键是,即使责任能够发挥通货作用——告诉我们分配什么,但是它无法发挥模式作用——告诉我们如何分配。让我们以天上掉下来的这盘"馅饼"为例:我们可以按照平等原则分配它们,也可以按照罗尔斯的差别原则分配它们。按照平等原则,每个人都得到同样份额的一份。按照差别原则,相对于处境更好者,处境更差者得到的份额会更多一些。我们是应该按照平等原则还是差别原则来分配它们?对此,运气平等主义能够给出一个明确的回答吗?

我们先考虑差别原则。如果我们按照差别原则来分配这盘天上掉下来的"馅饼"(来自运气),那么就所得到的利益而言,人们之间还是会存在差别。如果人们所得到的利益存在差别(不平等),那么这意味着差别原则不能抵消运气。这样看起来,平等原则会比差别原则

---

① Susan L. Hurley, *Justice, Luck, and Knowledge*, Cambridge, Massachusetts: Harvard University Press, 2003, pp. 149–150.

第二部分 平等与正义

更好。但是,赫蕾认为,这是一种错觉。如果我们按照平等原则分配这些天上掉下来的"馅饼",那么就所得到的利益而言,人们之间确实是平等的。但是,对于这些来自运气的利益,与不平等的分配相比,人们对平等的分配并不是更有责任的。如果人们对这些"馅饼"的平等分配是没有责任的,对它们的不平等分配也是没有责任的。人们对不平等是没有责任的,这一事实并不意味着人们对平等就是有责任的。就此而言,平等的分配可以是正义的,不平等的分配也可以是正义的。因此,运气平等主义并不能证明平等原则优于差别原则。①

对于这些天上掉下来的"馅饼",如果运气平等主义不能证明平等的分配比不平等的分配更好,那么为什么我们的直觉通常相反,即我们大多数人都会觉得平等的分配更好一些?赫蕾认为,这是因为我们的直觉中往往存在一种谬误。请看命题 A:"a 和 b 是不平等的,这是一件运气的事情。"比如说,a 因其天赋很高拥有更多的收入,而 b 则因其天赋很低导致收入很低。就此而言,这个命题是真的。一些平等主义者会从这个命题推出另外一个命题 B,而他们认为命题 B 也是真的:"a 和 b 是平等的,这不是一件运气的事情。"但是,这个命题可能不是真的,因为如果 a 和 b 因其具有相同的天赋而拥有相同的收入,这也是一件运气的事情。因此,从命题 A 推出命题 B,赫蕾把这称为"平等主义的谬误。"② 在她看来,不平等可能是一件运气的事情,平等可能也是一件运气的事情,如果这是真的,如果运气平等主义想抵消运气也是真的,那么它只盯住来自运气的不平等,而无视来自运气的平等,这是没有道理的。

也许运气平等主义是有道理的。运气平等主义者可能提出这样的反驳:如果我们把平等当作一种默认状态,而责任被用来为偏离平等辩护,那么运气平等主义只盯住来自运气的不平等而无视来自运气的平等,这就是有道理的。也就是说,这种默认平等的观点并没有犯"平等主义的谬误"。在赫蕾看来,如果运气平等主义接受这种默认平

---

① Susan L. Hurley, *Justice, Luck, and Knowledge*, Cambridge, Massachusetts: Harvard University Press, 2003, pp. 151–152.
② Ibid., p. 152.

第七章　运气平等主义

等的观点，会产生两个问题。首先，如果运气平等主义把平等视为一种默认状态，那么它的目的就不是抵消运气本身，而只是抵消运气所造成的不平等。只抵消来自运气的不平等，这就把抵消运气的目标等同于默认平等的观点了，而为了从责任来证明平等主义，这两者应该是分开的并属于不同的事情。其次，如果运气平等主义接受默认平等的观点，那么它就不能用责任为平等主义提供基础了，因为按照这个假设，它已经把平等视为默认状态了。既然你已经把平等视为默认状态，你就不再能对它做出证明了。①

把上面的讨论总结一下：运气平等主义在有限的意义上能够告诉我们分配什么，但是它不能告诉我们如何分配。如果运气平等主义不能告诉我们如何分配，那么它就不能为平等主义提供基础。为什么？按照赫蕾的解释，"基础"一词有两种意义，一种是"论证意义"，另外一种是"规定意义"。她试图证明，无论在论证的意义上还是在规定的意义上，运气平等主义都不能为平等主义提供基础。

我们先看论证的意义。所谓论证的意义，是指运气平等主义能够为平等主义提供一种独立的证明。运气平等主义的目标是抵消运气对分配的影响，比如说，我由于坏运气而处境很差，因此国家应该给予我以补偿。如果这样，那么这里的"坏运气"是指什么？赫蕾认为，对此可以有两种解读，即人际的解读和反事实的解读。在人际的解读中，我把自己的处境与他人加以比较：如果我与他人所拥有的东西都源于运气，并且我的处境比他人更差，那么我具有坏运气。在反事实的解读中，我把自己的实际处境与原本可能有的处境加以比较：如果我拥有的东西源于运气，并且我的处境比原本可能有的处境更差，那么我具有坏运气。赫蕾认为，无论基于人际的解读还是反事实的解读，运气平等主义都不能为平等主义提供一种独立的证明。她把这种情况称为"抵消运气者的两难困境"②。

一方面，按照人际的解读，我因坏运气而比其他人的处境更差。

---

① Susan L. Hurley, *Justice, Luck, and Knowledge*, Cambridge, Massachusetts: Harvard University Press, 2003, pp. 153–154.
② Ibid., p. 156.

第二部分　平等与正义

在这种意义上，抵消运气确实能够为平等主义提供一种辩护。但是，这种辩护是乞题的，即它以它本来应该证明的东西为前提。在这里，我之所以具有坏运气，是因为我的处境比其他人更差（不平等）。如果我的处境不比其他人更差（平等），那么我就没有坏运气。也就是说，只有在平等被默认为一种标准状态的情况下，我才有坏运气，从而我的坏运气应该被抵消（平等）。基于这种人际的解读，即使运气平等主义能够为平等主义提供一种辩护，这种辩护也是微不足道的，因为它依赖于它本来应该证明的东西。①

另一方面，按照反事实的解读，我因坏运气而比自己本来可能有的处境更差。在这种意义上，如果我的坏运气能够被抵消，我的处境就会更好。问题在于，当我的运气被抵消以及我的处境变得更好之后，它是否能够带来我与其他人之间的平等？可能是平等，也可能是不平等。平等表达的是我与其他人之间的关系，抵消反事实的坏运气，这是我与自己处境之间的关系，两者之间没有任何内在的联系。② 基于反事实的解读，当我的坏运气被抵消之后，这可能是从不平等到平等，也可能是从平等到不平等，更可能是从一种不平等到另一种不平等。起码，我们没有任何理由主张，抵消运气之后会变得更加平等。

我们可以这样来概括运气平等主义的这种两难困境：基于人际的解读，由于坏运气以不平等为前提条件，这样运气平等主义就为平等主义提供了一种乞题的辩护，从而这种辩护是微不足道的；基于反事实的解读，抵消坏运气之后所导致的分配模式是开放的，可能是平等的分配，也可能是不平等的分配。

我们再看规定的意义。所谓规定的意义，是指运气平等主义能够阐明平等主义的要求是什么。比如说，按照运气平等主义，如果人们对自己的更差处境是有责任的，那么他们就不应该得到补偿。赫蕾认为，即使我们能够确定人们对自己的处境是负有责任的，但是我们也无法知道正义的分配是什么样的，无法知道我们应该是按照平等原则

---

① Susan L. Hurley, *Justice, Luck, and Knowledge*, Cambridge, Massachusetts: Harvard University Press, 2003, pp. 156 – 157.

② Ibid., p. 157.

第七章　运气平等主义

还是按照差别原则来进行分配。责任是运气的反面。因此，像讨论抵消运气者的两难困境时一样，赫蕾也把责任判断分为两个方面，即人际的和反事实的。

一方面，责任判断主要不是关于人际关系的。赫蕾认为，判断人们对自己的处境是否负有责任，这是非常困难的。即使我们能够确定人们对于自己的处境是负有责任的，但是不能从中推论出他们对自己的处境与其他人的处境之间的关系也是负有责任的。也就是说，责任判断无法规定人与人之间的分配模式。我们假设，张三的月收入为1000元并且对此是负有责任的，李四的月收入为5000元并且对此也是负有责任的。谁对他们的收入之间的不平等负责？没有人对此负责。在赫蕾看来，尽管他们两人对自己的收入都是负有责任的，但是两人收入之间的不平等关系则是一个运气问题。① 因为责任判断不能推展到人际关系，而平等或不平等涉及的则是人际关系，所以责任不能告诉我们正义的分配是什么样的——是平等的还是不平等的。

另一方面，当责任判断用于反事实关系时，所得到的结果则是不确定的。让我们考虑这种假设，张三的月收入为1000元，并且他对此是不负有责任的；李四的月收入为5000元，并且他对此也是不负有责任的。而且，张三的低收入源于其坏运气，他有一个悲惨的童年；李四的高收入源于其好运气，他有更高的自然天赋。按照运气平等主义，在反事实的条件下，通过抵消运气，他们两人都能得到一份对其负责的收入。但是，他们各自对多少收入是能够负责的？运气平等主义无法规定，在反事实条件下，张三和李四应该得到多少收入。即使我们能够确定人们对自己的实际收入是不负有责任的，但是我们也无法确定他们在反事实条件下对什么样的收入是负有责任的。赫蕾把这种情况称为"不确定性"问题，并且认为责任的考虑解决不了这个问题。②

迄今为止，无论是对于运气平等主义或是反运气平等主义，所有

---

① Susan L. Hurley, *Justice*, *Luck*, *and Knowledge*, Cambridge, Massachusetts: Harvard University Press, 2003, p. 160.

② Ibid., pp. 161–162.

的论证都建立在一个前提之上,即责任是可能的。但是,这个前提也许是靠不住的。当我们说某个人对某种事情负有责任或没有责任的时候,我们依据的东西是什么?我们依据的东西是选择或控制。当我们真正具有选择余地的时候,或者当我们能够在某种程度上控制某种事情的时候,我们才能够说我们对此负有责任。比如说,我对我从事哲学研究是负有责任的,因为在读大学时是我自己选择了这个专业。如果我报考哲学专业是父母强迫的结果,那么我对从事这个职业就是没有责任的。在这种意义上,我不仅应该对从事哲学研究是负有责任的,而且也应该对选择所学专业是负有责任的,对选择所学专业的原因是负有责任的,等等。这就是所谓的"后退原则"(regression principle)。按照后退原则,人们不仅应该对某种事情负责,而且也应该为该事情的原因负责,为该事情的原因的原因负责,以至无穷。但也不会追溯至无穷。只要沿着这个因果锁链追溯到你出生时就可以了,因为你无法对你出生之前的事情负责。如果我们按照这种后退原则来理解责任,那么显然任何人都不可能对任何事情负有责任。简言之,责任是不可能的。

当然,我们不必一定按照后退原则来理解责任。我们也可以只考虑事情本身,而不考虑事情的原因。只考虑事情本身,责任就是可能的。但是,如果我们按照后退原则来理解责任,而按照这种理解责任是不可能的,在这种情况下,运气平等主义似乎有某种理由主张平等的分配是正义的,即它能够为平等主义提供基础。运气平等主义者可能这样来反驳赫蕾:如果任何人对任何事情都是没有责任的,那么平等就应该被默认为初始状态。这样,反运气平等主义者不仅需要证明运气平等主义不能基于责任为平等主义提供基础,而且也需要证明,即使责任是不可能的,那么运气平等主义也不能为平等主义提供基础。

赫蕾认为,运气平等主义者的这种反驳有两个问题。首先,这是一种默认平等的观点。正如我们前面所说的那样,默认平等的观点是乞题的,即它本来是要证明平等的,但是却以平等为前提条件。其次,这种观点犯了平等主义的谬误。"a 和 b 之间的差别(不平等)是一件运气的事情"并不意味着"a 和 b 之间的平等不是一件运气的事情"。如果任何人对任何事情都是没有责任的,如果所有东西都是运气的事情,那么平等与其他的分配模式一样都是运气的事情。也就是说,如果责任是不可能的,运气平等主义也不能证明平等的分配优于不平等的分配。①

在赫蕾看来,如果我们把责任的不可能性问题切得更深入一些,就会发现运气平等主义面临两个困难。第一个难题涉及不确定性。如果运气平等主义的目标是抵消运气,而最终所有的东西都属于运气,那么抵消运气能达到什么样的后果,这是不确定的。无论如何,我们不能从中推出其后果一定是平等。第二个难题涉及不一致。如果责任是不可能的,那么所有的东西都属于运气的事情,从而抵消运气也就是不可能的了。这也意味着,主张责任是不可能的,与主张抵消运气会得到平等,这两者是不一致的。②

赫蕾对运气平等主义的上述批评是有力的。即使我们承认这点,赫蕾也必须回答另外两个问题:第一,责任在分配正义中是否具有任何作用?第二,她自己的平等观是什么?下面我们对此给予一些简略的讨论。

无论是平等主义者还是反平等主义者,无论是决定论者还是自由意志论者,要想主张责任在分配正义中没有任何作用,这是非常困难的。一个人无论做什么,他都会得到同样的收入,这显然是不合理的。对于责任在分配正义中发挥什么作用的问题,赫蕾反对责任能够发挥分配模式的作用,但是承认它能够发挥通货的作用。而且,她认为责任还能够发挥一种决定激励水平的作用。③ 给予人们以更高的收入,会激励人们更努力工作。在这种意义上,寻求激励会成为一种有利于生产创造的动机。

我们知道赫蕾反对运气平等主义,而且她也自称是平等主义者,但是她自己的观点是什么?她把自己的平等观称为"认知主义的"。认知平等主义与运气平等主义有什么区别?如果说运气平等主义的目标是抵消运气,那么认知平等主义的目标是抵消偏见(bias)。在她看

---

① Susan L. Hurley, *Justice, Luck, and Knowledge*, Cambridge, Massachusetts: Harvard University Press, 2003, pp. 174 – 175.
② Ibid., p. 175.
③ Ibid., p. 207.

第二部分 平等与正义

来，人们不支持平等主义的分配是出于某些偏见，比如说个人利益的考虑。赫蕾设想，在某种无知之幕的作用下（比如说，我们不知道我们的利益是什么），我们就会把在分配问题上影响我们的偏见（如个人利益）排除出去，获得一种关于分配正义的正确知识，从而支持平等主义。[①] 因为这种平等观的核心是抵消偏见，所以它被称为认知主义的。

赫蕾认为罗尔斯是运气平等主义者，并且在这个问题上始终对罗尔斯持批评态度，但是，在责任和抵消偏见这两个重要问题上，她承袭的都是罗尔斯的观点。罗尔斯之所以主张差别原则，最重要的考虑就是激励人们努力工作，从而分配与责任的联系建立起来了。罗尔斯用原初状态和无知之幕的假设来论证正义原则，最重要的考虑就是排除人们的偏见（形而上的信念与形而下的利益），使他们赞同正义原则。在这种意义上，赫蕾实际上是一个罗尔斯主义者。

让我们简单总结一下本章的讨论。很多平等主义的政治哲学家都认为，虽然罗尔斯奠定了当代平等主义的基础，但是以德沃金为代表的运气平等主义则是超越了罗尔斯的进步。这种进步的标志就是把责任观念纳入到平等主义之中，而罗尔斯式平等主义的缺陷就是没有考虑责任问题。在这种意义上，运气平等主义意味着当代平等主义的最新发展。但是，反运气平等主义的批评揭示出，把责任纳入平等主义，这也许不是平等主义的一种发展，而是一个陷阱。因为运气平等主义会陷入一种无法摆脱的两难处境：由于形而上学方面存在一些悬而未决的问题（意志自由论还是决定论是真的），或者由于我们无法追踪影响个人行为的因果锁链（它是无限后退的），从而我们不能确定一个人对于自己的不利处境是否负有责任；或者我们能够确定一个人是否对自己的不利处境负有责任，从而我们能够为各种各样的不平等提供辩护，但是我们就不能说是平等主义者了。在责任的诱使下，运气平等主义会不知不觉地走向自己的反面——不平等主义。

[①] Susan L. Hurley, *Justice, Luck, and Knowledge*, Cambridge, Massachusetts: Harvard University Press, 2003, pp. 259–260.

第八章
应得

虽然平等主义在当代政治哲学中处于支配地位，但是它也面临对手的挑战。在分配正义的问题上，最重要的对手就是应得。一方面，一些政治哲学家基于应得的观念来批评平等主义，在这种意义上它成为反平等主义的基石；另一方面，一些政治哲学家提出了应得理论，在这种意义上它是一种与平等主义竞争的分配正义观。我们在本章将讨论三个问题，首先是作为一种分配正义理论的应得，其次是应得的基础问题，最后我们将论证为什么应得不能成为一种分配正义的原则。

第一节 应得的正义

应得（desert）是一个古老的道德观念，从古至今在日常生活和道德生活中发挥了重要的作用，并且表达了一种源远流长的正义观。在当代社会中，应得也是一个使用频率很高的词。作为现在经常被使用的道德观念，应得主要用于三种场合，即赞扬和批评、奖励和惩罚以及财富和收入的分配。虽然人们在这些场合经常使用应得的观念，特别是当代道德哲学和政治哲学常常会涉及应得的问题，但是它到底意味着什么，这远非是清楚的。

我们现在关注应得，这在很大程度上是因为分配正义的问题。本节首先从一个批评开始，即一些政治哲学家认为自由主义把应得排除于分配正义之外是它的一个缺陷；其次讨论应得的性质，以及应得需

第二部分　平等与正义

要满足的一些条件；最后探讨应得是制度的还是前制度的问题，并揭示应得理论的两难处境。

一　自由主义的一个缺陷？

在当代政治哲学中，自由主义是主流。在当代自由主义中，有三种主要的分配正义理论，它们是平等主义、功利主义和资格理论，其中，最有影响并广为流行的是罗尔斯式的平等主义。罗尔斯的平等主义体现在他的正义原则之中，即平等的自由原则、公平的机会平等原则和差别原则之中。罗尔斯式的平等主义是反应得的，他明确提出，在分配正义的问题上应该把应得的观念排除在外。如果应得的观念自古希腊以来就一直被看作是一种分配正义的原则，那么罗尔斯为什么要把它排除于分配问题之外？罗尔斯为此提供了两个理由。

首先，在市场经济的竞争条件下，人们能够得到什么样的分配份额（收入），这在很大程度上是由他们的自然天赋和家庭出身决定的，但是，人们对于自己的家庭出身和自然天赋都不是应得的。[①] 在现实社会中，人们之间在收入方面存在着不平等，一些人比另外一些人有更多的财富，而这些收入和财富方面的差别主要源于他们之间的家庭出身和自然天赋方面的差别。在罗尔斯看来，人们具有什么样的家庭出身和自然天赋，这完全是偶然的、任意的，从道德的观点看，这不是他们应得的。如果人们并不应得其家庭出身和自然天赋，而他们在很大程度上影响了收入和财富的分配，那么他们也不应得其收入和财富。

其次，应得理论面临的一个主要难题是应得的基础，即使是对于支持应得的政治哲学家们，他们对于应得的基础是什么也存在分歧。应得理论家通常有两种基本的观点，一种观点主张应得的基础是贡献，另一种主张应得的基础是努力。对于这两种观点，罗尔斯都提出了反驳。对于前者，即应得意味着按照一个人的贡献来分配，罗尔斯反驳说，在竞争性的经济体中，一个人的贡献是按照边际生产力来评估的，

---

① John Rawls, *A Theory of Justice*, Cambridge, Mass: The Belknap Press of Harvard University Press, 1999, p. 274.

第八章 应得

从而是由供应和需求的关系决定的。① 如果一种工作的劳动力供应不足，那么相关的劳动者就会得到更高的工资。也就是说，一个人的收入（工资）实际上是由供求关系决定的，与应得没有什么关系。对于后者，即应得意味着按照一个人的努力（特别是尽心的努力）来分配，罗尔斯认为，一个人做出努力的程度，这是受他的自然天赋、能力以及可供选择的范围所影响的，而天赋更高的人更有可能做出巨大的努力。另外，如果人们想在一个人的努力中剔除运气（自然天赋和家庭出身）的因素，这又是没法做到的，因此"回报应得的观念是不切实际的"②。

如果罗尔斯把应得排除于分配正义之外，那么他用什么东西来取代传统上由应得所占据的位置？这个东西是"合法期望"（legitimate expectations）。在罗尔斯看来，社会是一种互利的合作事业，而社会的基本结构是由规范行为的公共规则体系构成的。这种公共规则体系引导人们合作以生产出更大份额的利益，而每个人按照这些公共规则行事则得到相应的一份。一方面，如果人们按照公共规则去做社会所鼓励的事情，那么他们就对相关利益的分享具有合法期望；另一方面，如果人们做了按照公共规则而拥有合法期望的事情，那么他们就对某种相关利益的份额具有了资格。③ 一个人对相关的利益享有资格，这是建立在合法期望之上的。合法期望与社会制度和公共规则体系相关，而资格与一个人所做的事情相关。也就是说，一个人能够从社会分配中得到什么样的份额，这是由合法期望和资格决定的，而不是由应得决定的。

罗尔斯完全否定应得在分配正义中的作用，不仅受到了来自其他派别（如社群主义者）的批评，甚至也受到一些自由主义者的批评。这些原本属于自由主义的批评者有两个基本观点：第一，把应得排除于分配正义之外，这是当代自由主义的一个缺陷；第二，应得与平等是相容的，罗尔斯式的自由主义应该并且能够接纳应得的观念。

---

① John Rawls, *A Theory of Justice*, Cambridge, Mass: The Belknap Press of Harvard University Press, 1999, pp. 273-274.
② Ibid., p. 274.
③ Ibid., pp. 275-276.

第二部分　平等与正义

我们首先来看第一个基本观点。当代自由主义有三个主要派别，即以罗尔斯为代表的平等主义的自由主义，以诺奇克为代表的极端自由主义，以及自19世纪初以来一直流行的功利主义。在分配正义问题上，平等主义的自由主义主张的是平等原则，极端自由主义以资格为原则，而功利主义则以功利最大化为原则。在支配西方社会的这三个派别中，虽然它们各自持有不同的正义观念，而且也在分配正义原则的问题上相互争论，但是它们都同意，应得在政治的、经济的和社会的制度中不应占有任何重要的作用，在基本原则的层面上也不应被看作是一种重要的道德观念。

但是，从某些自由主义者的观点看，在利益和负担的分配中没有考虑个人的应得，把应得完全排除于分配正义之外，这是自由主义的一个重大缺陷。一方面，应得的观念与责任的观念是连在一起的，不考虑应得，这会强化对自由主义不考虑责任的指责，从而使当代自由主义在面对这些指控时处于脆弱的地位；另一方面，应得和责任的观念已经深入人们的日常思维之中，而普通民众则通过它们来表达态度和情感，如果当代自由主义拒绝应得（以及相对应的责任）的观念，那么它就会与普通民众的思想、态度和情感发生冲突。①

在这些批评者看来，自由主义者在美国所倡导的方针和政策（如福利国家）一直受到强烈的攻击，而这些方针和政策建立在一种弱化了的个人责任观念上面。在分配正义的问题上，当代的自由主义者主张一些制度性的观念，如罗尔斯的"合法期望"和诺奇克的"资格"，从而把前制度的应得排除在外。② 由于这些自由主义者只信赖制度性的观念，不相信前制度的应得，而应得与责任又是紧密连在一起的，这样就坐实了对当代自由主义的一条重要指控，即它不考虑个人责任。对于这些批评者来说，为了捍卫自由主义，为了反驳对自由主义的攻击，就需要用应得来弥补自由主义所欠缺的责任观念。

如果没有考虑应得是自由主义的一个缺陷，那么持有这种观点的

---

① Samuel Scheffler, "Responsbility, Reactive Attitudes, and Liberalism in Philosophy and Politics", *Philosophy and Public Affairs* 21 (1992), p. 301.
② Ibid., p. 314.

第八章 应得

自由主义者就需要证明应得与平等是相容的。在当代政治哲学中，平等主义如此流行，以至大多数政治哲学家都可以被视为平等主义者。在分配正义的问题上，能够对平等提出挑战并且构成另外一种正义观的主要是应得。一些政治哲学家基于应得提出了反平等主义，并且试图用应得的正义原则来取代平等的正义原则。在这种意义上，应得与平等是对立的。但是，鉴于应得的观念已经深入普通民众的日常思想之中，并且在分配正义问题上一直发挥了重要的作用，因此有一些自由主义者试图调和应得与平等，以证明两者是相容的。

一种典型的论证是这样的①。首先，与基于贡献（或成功）的应得相比，基于努力的应得更有道理，而且它比前者更是平等主义的和更加民主的。因为人们的贡献有大有小，存在巨大的差别，但是就努力来说，如果人们想在工作中做出努力，那么几乎所有人都能够办到。在这种意义上，努力存在着某种程度的平等化。其次，努力与贡献（或成功）不同，前者是非竞争性的，而后者是竞争性的。因为努力是非竞争性的，所以每个人都可以做出自己的努力，而且这种努力并不妨碍其他人也做出同样的努力。由于每个人都可以做出自己的努力，而且这种努力无法阻止其他人做出他们的努力，所以每个人都没有因自己的努力使自己获得相对于其他人的优势。也就是说，努力在这种意义上是平等主义的。但是，无论努力如何是平等主义的，人们的努力程度总会存在差别，这些差别或者源于自然天赋，或者来自家庭环境。因此最后，也是更重要的，人们不是按照他们基于努力的应得获得经济份额，而是每个人都获得平等的一份，只要他应得有一份。也就是说，每一个做出努力的人在分配游戏中都应得成为一个参与者，其需要都应该得到满足。这种分配游戏是平等主义的：出于某种独立的理由，所有的份额都是平等的。努力使人们获得参与分配游戏的资格，而每个参与者所得到的平等一份则不是对其努力的回报。

无论应得与平等是不是相容的，无论排斥应得是不是自由主义的一个缺陷，应得肯定在当代道德哲学和政治哲学的讨论中占有一席之

---

① Alan Zaitchik, "On Deserving to Deserve", *Philosophy and Public Affairs* 6 (1977), pp. 384–385.

第二部分　平等与正义

地。无论我们对它是持有肯定或否定的观点，应得肯定与分配正义问题相关。现在的问题是：什么是应得？

二　应得的性质

应得在日常生活中是一个使用频率很高的词汇：一个人见义勇为，受到了民众的广泛赞扬，我们说这是他应得的；一个政府官员贪污受贿，被判处（比如说10年）有期徒刑，我们说这是他应得的；一个农民辛勤劳作一年，秋天获得了好收成，我们也说这是他应得的。但是，这些"应得"的意义是一样的吗？虽然我们在这些不同的场合都使用"应得"一词，但是这些使用都是适当的吗？要回答这样的问题，我们需要了解"应得"概念的性质。

说某个人应得某种东西（表扬或批评、奖励或惩罚、收入和财富等），这意味着，对于这个人得到这种东西来说，存在着某种程度的适当性（propriety）。① 但是，对于某个人得到某种东西，也存在某些其他类型的适当性，比如说，某个人有资格得到某种东西，某个人有权利得到某种东西，某个人应当得到某种东西，等等。而这些与"某个人应得某种东西"是不同的。如果这样，那么应得的适当性具有什么样的特性，以能够使它区别于其他类型的适当性，从而能够使"应得"区别于"资格""权利"或"应当"呢？

对于某个人得到某种东西，"适当性"意味着这个人具备了某种条件，而这种条件使他应该受到某种对待（表扬或批评、奖励或惩罚等）。芬博格认为，在一个人应得其对待的问题（即适当性）上，存在着三种条件，它们分别是"合格条件""资格条件"和"价值条件"，而这些条件把应得与其他类型的适当性区别开来。② 让我们对这些条件加以具体分析。

"合格条件"是一个人必须加以满足的必要条件。它是一种最低程度的条件，一种并非不符合条件的状态。通过检验某个人是否满足

---

① Joel Feinberg, "Justice and Personal Desert", in *Nomos VI: Justice*, edited by C. J. Friedrich and John W. Chapman, New York: Atherton, 1963, p. 71.
② Ibid., pp. 71-72.

第八章 应得

了"合格条件",我们能够知道这个人对于得到某种东西是不是合格的,而这些"合格条件"则是由规则或规章规定的。比如说,对于想竞选美国总统职位的人来说,他只有年满35周岁并且是出生于美国的公民,才是合格的。显然,众多的美国人都符合这个"合格条件"。

"资格条件"是一个人必须加以满足的充分条件。与"合格条件"一样,"资格条件"也是由规则或规章规定的。如果说"合格条件"是需要加以满足的最低条件,那么"资格条件"则是需要加以满足的充分条件。没有这个条件,某个人就不能得到某种东西,即使他满足了"合格条件"。比如说,对于成为一位美国总统来说,其需要满足的"资格条件"是赢得多数人的选票。众多美国人都符合美国总统的"合格条件",但是在每次总统选举中,只有一个人符合"资格条件"。

无论是"合格条件"还是"资格条件",它们都没有应得的含义。无数的美国人对于总统职位能够说是合格的,但不能说是应得的。同样,对于某个在选举中赢得了多数选票的人,他对于总统职位是有资格的,但是如果我们说他对此是不应得的,那么这也可以是有道理的或可理解的。这意味着,说某个人应得某种东西,这个人必须满足第三个条件,即"价值条件"。与前两个条件不同,价值条件不是以明文的方式载于法律规则或官方规章之中,而是以非明文的方式存在于评价者的思想之中。还是以美国总统为例,说某个人对于总统职位是应得的,这意味着这个人必须是理智的、诚实的和公平的,他必须有一个建设国家的纲领,并且能够使其得到有效执行,而这些条件并不是由任何"法典"规定的。

按照芬博格的上述观点,将"应得"区别于"权利"或"资格"的东西有两种。首先,应得的条件是某种价值特别是道德价值所规定的,某个人因某种价值而应得某种东西。与此不同,权利或资格的条件是某种规则或规章所规定的,一个人只要符合该规则或规章的规定,他就具有了某种权利或资格。其次,应得的条件以非明文的方式存在于人们的思想中,而权利或资格的条件以明文的方式存在于各种规则或规章中。这一点非常重要,如果应得的条件只能以非明文的方式存在,那么应得就很难被制度化。也就是说,应得只能是或者主要是前制度的。

第二部分　平等与正义

虽然应得在日常生活中应用于各种场合（表扬或批评、奖励或惩罚、收入和财富等），但是我们可以用一种简单的公式来描述它，如"S 基于 P 而应得 X"①。在这个简单的公式中，S 代表某个人，X 代表某种对待的方式或所得到的东西，而 P 则代表关于这个人的某种事实特别是过去所做过的事情。这个公式表明，某个人是因其所做过的某种事情而受到某种对待的（得到了表扬或批评、奖励或惩罚、收入和财富等），从而受到对待的性质与其行为的性质是一致的。

在这个简单的公式中，X 与 P 的一致是非常重要的。所谓应得，就是指某个人的性质或所做过的事情与受到的对待或得到的东西之间的"契合性"（fit）。② 一个人的行为与所受到的对待是契合的，他对于这种对待就是应得的。一个见义勇为者做出了英雄般的事迹，他应得赞扬和奖励；一个人做出了邪恶的事情，他就应得谴责和惩罚；一个人满足了相关工作的条件，他就应得这份工作。在这种意义上，应得本质上是对一个人的行为与所受到的对待之间契合性的道德评价。

但是，仅仅用行为与对待之间的契合性来解释应得，这会面临一些困难。例如，某个人因驾车疏忽而撞死了路人，如果他因此像谋杀犯一样被判处极刑，我们能够说他是应得的吗？某个人在河边行走时捡到了一块"狗头金"，我们能够说他应得这份财富吗？某个人无意中说过的一句话改变了其同事试图自杀的想法，他应得救人的赞扬甚至奖励吗？在这样的场合，我们的回答或者是否定的，或者会犹豫不决。这意味着，除了行为与所受对待两者之间的契合之外，我们说某个人应得什么，还需要满足一些其他的条件。

应得还需要的另外一个条件是"自愿性"③。也有人把这个条件解释为有意的控制：如果某个人基于某种行为而应得某种东西，那么这

---

① Joel Feinberg, "Justice and Personal Desert", in *Nomos VI: Justice*, edited by C. J. Friedrich and John W. Chapman, New York: Atherton, 1963, p. 75.
② George Sher, "Effort, Ability, and Personal Desert", *Philosophy and Public Affairs* 8 (1979), p. 375.
③ Julian Lamont, "The Concept of Desert in Distributive Justice", *Philosophical Quarterly* 44 (1994), p. 53.

第八章 应得

个人必须是有意做这件事情的,并且做这件事情是在他的完全控制之下。① 还有人把这个条件解释为"自主性":人具有自主性并且行使这种自主性,从而证明应得最自然的方式就是,人的自主行动的价值被传递到了他所应得的东西上面。② 这个条件旨在排除偶然性或运气对应得的影响,比如说上面我们所举的那些例子中的情况。

如同在道德责任的问题上一样,应得似乎也需要控制。如果一个人做某件事情时是不受自己控制的(比如说被别人用某种方式操纵了),那么无论其结果是好是坏,他如何能够应得其结果呢?但是,在控制的问题上,应得理论家面临一种两难的困境。

我们首先假设应得需要控制。应得看起来需要控制,比如说一个人在射击比赛中获得了冠军,如果他是一个生手仅凭运气打中了靶子,那么我们会说这个冠军不是他应得的;反之,如果他是一个长期坚持训练的运动员,我们则会说这是他应得的。坚持训练,这是在他的控制之下。但是,我们知道,所有的运动员都是长期坚持训练的,而只有一个人能够在某项比赛中赢得冠军。某个人赢得冠军,除了坚持训练之外,还需要自然天赋。另外能够坚持训练本身,这既受天赋的影响也受家庭环境的影响。我们知道,自然天赋和家庭环境是不受人们自己控制的,或者说是偶然的和任意的。如果使某个人获得冠军的东西归根结底是不受其控制的,那么我们就不能说他对此是应得的。也就是说,控制的问题会导致无限后退,即如果我们需要对自己的行为加以控制,那么我们也需要对控制加以控制⋯⋯

我们再来看这个难题的另一方面:既然控制会导致无限后退,让我们再假设应得不需要控制。主张应得不需要控制,这会切断一个人的行为与其结果之间的必然联系,使两者之间的关系变为偶然的和任意的。如果一个人是凭偶然性或运气而获得了冠军,或者得到了一大笔财富,那么我们很难说这是他应得的。更重要的在于,一个人应得什么,关键在于应得的基础。尽管关于应得的基础问题上存在争议,

---

① David Miller, *Principles of Social Justice*, Cambridge, Massachusetts: Harvard University Press, 1999, p. 134.
② George Sher, *Desert*, Princeton, New Jersey: Princeton University Press, 1987, p. 38.

但是大多数应得理论家都同意努力是应得的基础。努力肯定是在人们的控制之下。如果应得不需要控制,那么这意味着努力作为应得之基础的理由也就不成立了。也就是说,无论采取何种立场,应得理论家在控制的问题上都会面临巨大的困难。

三 应得与制度

即使我们知道在日常生活和道德生活中应得意味着什么,而且我们也能够用"S 基于 P 而应得 X"这样的公式来表达它,但是将应得用于分配正义,将会面临一个更加复杂的问题:应得与制度之间存在一种什么样的关系?

对于应得理论家来说,应得与制度的关系是一个麻烦的问题。我们应该如何来理解应得:应得是制度的,还是非制度的或前制度的?应得以制度为前提或背景吗?或者,应得在本性上是反制度的?如何回答这些问题,同如何理解应得的性质密切相关。特别是就分配正义而言,应得与制度的关系是一个无法回避的问题。

对于大多数哲学家来说,应得是一个非制度的(non-institutional)观念,尽管具体的称呼可能不同。某些人把应得称为"自然的"(natural),即它与制度、实践和规则没有逻辑上的关联。[1] 有些人则明确把应得视为"前制度的"(pre-institutional),从而认为对应得主张的辩护能够反过来影响到正义的制度。[2] 另外一些人虽然承认应得与制度之间存在密切的关联,但是也主张应得归根结底是前制度的。[3] 甚至是反应得的人,如罗尔斯,也认为道德应得是独立于现存制度的。[4] 也就是说,无论是应得理论家,还是反应得理论家,几乎都主张应得是前制度的或非制度的。

对于反应得的理论家,主张应得是前制度的,这不仅不会成为问

---

[1] Joel Feinberg, "Justice and Personal Desert", in *Nomos VI*: *Justice*, edited by C. J. Friedrich and John W. Chapman, New York: Atherton, 1963, p. 70.
[2] George Sher, *Desert*, Princeton, New Jersey: Princeton University Press, 1987, p. 48.
[3] David Miller, *Principles of Social Justice*, Cambridge, Massachusetts: Harvard University Press, 1999, pp. 139–140.
[4] [美]罗尔斯:《作为公平的正义——正义新论》,姚大志译,中国社会科学出版社 2011 年版,第 91 页。

第八章 应得

题，而且还会成为对其反应得理论的一种支持。因为应得是前制度的，所以它无法在分配正义中发挥任何作用。然而对于赞同应得的理论家，主张应得是前制度的，这会给他们带来很大的麻烦，甚至会给他们所主张的应得理论带来釜底抽薪的后果。

虽然大多数哲学家都主张应得是前制度的，但是他们很难否认应得与制度之间存在密切的联系。特别是对于应得理论家来说，他们很难否认应得是依赖制度的（institution-dependent）。正如米勒所说，应得起码以两种方式依赖于制度。① 首先，在很多场合，一个人应得什么，是由制度规定的。没有相关的制度，也就没有所谓应得的东西。一名运动员应得其金牌，依赖于奥林匹克运动会的制度。一名贪腐的官员应得其惩罚，依赖于相关国家的法律制度。其次，一个人应得什么，取决于他过去所做的事情，在这种意义上，他过去所做的事情也被称为应得的基础。但是，并非一个人过去所做过的所有事情都能够成为应得的基础。什么事情能够成为应得的基础，这依赖于相关的制度。现在一位物理学家如果做出了重大的发现，我们会说他应得诺贝尔物理学奖。但是在诺贝尔奖励制度设立之前，一位物理学家即使有了更为重大的发现，我们也不会说他应得什么。也就是说，在很多场合，没有相关的制度，也就没有相关的应得。如果这样，那么我们必须承认，应得是制度的。

应得到底是前制度的，还是制度的？在这个问题上，应得理论家面临又一个两难的处境。从理论的观点看，或者他们主张应得是前制度的，或者他们主张应得是制度的。但是，无论他们主张应得是前制度的，还是制度的，都会遇到一些无法克服的困难，而这些困难则会反过来颠覆他们所倡导的应得理论本身。

我们首先讨论应得理论家公开表达的观点，即应得是前制度的。如果应得是前制度的，那么它会面临两种反驳。第一，如果应得是前制度的，那么它与分配正义无关，从而在资源、机会和财富的分配中不会发挥任何作用。在当代社会中，资源、机会和财富的分配通常是

---

① David Miller, *Principles of Social Justice*, Cambridge, Massachusetts: Harvard University Press, 1999, pp. 138-139.

第二部分　平等与正义

由制度规定的，并因此产生出制度是正义的或不正义的问题。正是基于这个原因，罗尔斯主张把应得排除于分配正义之外。第二，如果应得是前制度的，那么它的性质就是否定的，即它所发挥的基本功能是对现存社会制度的批判。应得对制度的批判可以采取不同的方式①，但其表述通常都具有这样的形式："这不是他（或她）应得的。"在某些场合，这种批判是指制度本身是不正义的，比如"男女同工不同酬"的制度。在这种情况下，男人所得到的更高收入不是他应得的。在某些场合，这种批判是指制度与应得利益之间的不一致，比如人们抱怨某些网球选手只凭借大力发球而赢得大满贯冠军，并且说这个冠军不是他应得的。在另外一些场合，人们用应得来批评所得到的利益与所付出的努力之间的不相称，比如说很多人都觉得某些明星（特别是电影、音乐和体育明星）的收入与所做的工作相比太高了，从而认为这种过高的收入不是他们应得的。

我们再来看应得理论家往往暗地里偷运的观点，或者说他们不得不接受的观点，即应得是制度的。这种观点会遇到更大的麻烦。首先，如果应得是制度的，那么与相关的明文制度本身相比，它只是一个次要的因素。就分配正义来说，相关的制度是按照某种原则（如平等）建立起来的，在这种情况下，与平等的原则相比，应得则是一个次要的或派生的原则。其次，如果应得在分配正义中只是一个次要的或派生的原则，那么或者它的作用是有局限的，只限于某些领域或者人们之间某些特殊种类的关系②，或者它的作用只是否定的，其核心观念不是"应得"而是"不应得"，只被用来批评现有分配是不正义的。③最后，如果应得是制度的，那么会产生它与"资格"相混淆的问题。更准确地说，在涉及分配正义的场合，如果应得是制度的，那么用应得所表达的东西都可以被资格所取代。如果应得理论家主张应得与资

---

① David Miller, *Principles of Social Justice*, Cambridge, Massachusetts: Harvard University Press, 1999, pp. 142–143.

② 如米勒认为应得作为一种分配正义原则只适用于人们之间的工具性关系。见 David Miller, *Principles of Social Justice*, Cambridge, Massachusetts: Harvard University Press, 1999, p. 28.

③ Robert E. Goodin, "Negating Positive Desert Claims", *Political Theory* 13 (1985), p. 575.

第八章　应得

格是有区别的，那么他们又面临两者如何区分的问题。

在讨论分配正义问题的时候，应得与资格的混淆是一件很容易发生的事情。因此，我们有必要对此加以澄清。大体上，应得与资格有以下三个区别。

首先，应得是前制度的或者独立于制度的，而资格是制度的。这是两者之间最重要、最明显的区别，大多数政治哲学家和道德哲学家都会赞同这样的观点。但是，如果有人主张应得也是制度的，那么这个区别就不存在了，就不得不凭借其他的东西（比如下面将讨论的两个区别）来区分两者。我的观点是：一方面，应得是前制度的，而不是制度的，这是它与资格之间最重要的区别；另一方面，如果应得是制度的，那么它与资格就没有区别了。应得的标准通常不以明文存在于任何规章制度中，这是一种前制度的明确特征。

其次，两者的基础不同。应得的基础是人们过去所做过的事情，尽管它在某些场合以规则为前提。相反，资格的基础是规则，尽管它在某些场合以人们过去所做过的事情为前提。某个人按照选举的规则和程序当选总统，他对此是有资格的。但是，他可能胜任总统职位，也可能不胜任。只有在他能够胜任的情况下，他才能说对此是应得的。人们基于过去所做的事情而应得奖励或惩罚，但是基于规则而对于某种事情或东西具有资格。由于应得以人们过去做过的事情为基础，所以应得还应该具备一个条件，即人们在做某种与其应得相关的事情时，他也有做其他事情的可能性。也就是说，这个人在从事某种行为的时候，他是自由的，可以从各种选项中进行选择。如果一个人所做的事情是他不得不做的事情，那么他对此的后果就不能说是应得的，起码其应得也会大打折扣。比如说，某个人是在别人用手枪指向他的情况下被逼迫跳进河里抢救落水儿童的，那么我们通常不会认为他应得赞扬。

最后，应得优于资格。应得是一种道德评价，这种评价要求行为者具有某种可贵的品质或者卓越的行为。与应得相比，资格所表达的要求则低得多。某个人以优异的成绩获得了100米短跑的冠军，我们通常说他对此是应得的。如果某个人在短跑道速度滑冰中因其他选手都跌倒了而获得第一名，那么他对于这个冠军是有资格的，但是我们通常不会说这是他应得的。资格表达的是形式的规则要求，应得表达的则是实质的卓越要求。

这里的关键在于，作为一种单纯的道德评价，主张应得是前制度的，这不会产生什么重要的问题。如果某些哲学家主张应得不仅仅是一种道德评价，还是一种分配正义的原则，那么应得就不得不是制度的。应得只有是制度的，它才能够在分配正义中发挥作用。但是这样就会产生两方面的问题：一方面，制度的应得与资格在实际的应用中很难分清；另一方面，应得的功能似乎也都能够被资格所取代。

第二节　应得的基础

关于应得理论的讨论中，最重要的问题是应得的基础。无论是在应得理论家们之间，还是在应得理论家与反应得理论家之间，关于应得的基础都有大量的分歧和争论。令人惊异的是，无论是对于应得理论的支持者还是反对者，他们都主张应得需要基础。因此，应得需要基础不是问题，问题在于应得的基础是什么，在于应得的基础是否能够得到其支持者的证明。在反应得理论家看来，应得根本就没有基础；因为应得需要基础但根本就没有基础，所以应得理论是错误的。

虽然应得理论家都主张应得是有基础的，但是对于应得的基础是什么，他们之间存在严重分歧。归纳起来，应得理论家提出了三种有代表性的观点，即基于贡献（或成就）的应得、基于表现的应得以及基于努力的应得。但是，无论是哪一种应得，它们自身都存在一些难以克服的困难。下面让我们对这些观点及其困难进行深入的分析。

一　给应得一个理由

应得意味着某个人应该受到某种对待（赞扬或谴责，奖励或惩罚，报酬或收入）。但是，某个人为什么应该受到这种对待？假设同一个单位的 A 先生得到了奖励，而 B 先生得到了惩罚，那么所有相关者都会问"为什么"。这意味着应得需要一个理由，而这个理由一般是这个人的品质或所做的事情。假设这个单位的负责人在宣布对 B 先生的惩罚时，B 先生反问一句"为什么"，而这个负责人回答说"不

第八章 应得

为什么",那么我们通常都会认为 B 先生对这个惩罚是不应得的。

这种支持应得的理由就是所谓的"基础"。哲学家通常用一种公式来描述应得：S 基于 P 而应得 X。① 在这个公式中，S 代表某个人，X 代表某种对待的方式或所得到的东西，P 则代表基础。P 作为基础为这个人受到的某种对待提供了理由，而它在一般情况下是这个人的某种品质或者他过去所做过的某种事情。某个人基于过去所做的某种事情而受到奖励，另外一个人则基于过去所做的某种事情而受到惩罚。过去的行为构成了应得的理由，它不仅为一个人所受到的对待提供了理由，而且它必须与该人所受到的对待是一致的。用上面的假设，如果 A 先生没有做过相关的好事（或贡献），那么他就不应得其奖励，如果 B 先生没有做过相关的坏事（或过失），那么他就不应得其惩罚。我们必须给应得一个理由，或者说，应得必须有一个基础。用芬博格的话说，"没有基础的应得根本就不是应得"②。

说应得需要基础，这是说应得需要某种好的理由或者适当的理由。为什么应得需要好的或者适当的理由？因为在日常生活中，人们为应得提供的很多理由都是不适当的。例如，一名网球运动员说，他已经打了 20 多年网球，应得一个大满贯冠军；或者，一位科学家说，他在干细胞领域做出了举世瞩目的重大发现，应得诺贝尔生理学奖。前者不是一个适当的理由，因为打了多少年网球与赢得大满贯冠军没有直接的关系，而卓越的网球技艺才是一个合适的理由。后者不是一个适当的理由，因为经过仔细审查，他并没有做出任何重要的贡献，只是重复了别人已经做过的工作。

如果这样，那么什么样的理由作为应得的基础是适当的？一个理由要成为应得的适当基础，它必须满足两个条件。首先，这个理由与所得到的对待之间具有对应的关系。这种对应的关系或者是逻辑上的，或者是事实上的。从事体育运动的年限与赢得奥运会冠军没有对应的关系，而卓越的运动技巧或运动成绩与冠军则具有对应的关系。做坏

---

① Joel Feinberg, "Justice and Personal Desert", in *Nomos VI: Justice*, edited by C. J. Friedrich and John W. Chapman, New York: Atherton, 1963, p. 75.

② Ibid., p. 72.

事与奖励没有对应的关系,与惩罚则有对应的关系。其次,这个理由本身是真的或正确的。我们说过,支持应得的理由是关于某个人的某种事实,它或者是该人的某种品质,或者是他过去所做过的某种事情。要成为应得的适当基础,这种品质或过去的行为必须是真的。重大的科学发现能够支持某个科学家赢得诺贝尔奖,但是这种科学发现必须是真的,或者必须是得到证实的。

　　这两个条件是应得的基础所必须满足的。如果某种用来支持应得的理由没有满足这两个条件,那么它就不能成为应得的基础。我们应该看到,这两个条件规定了一个理由是适当的还是不适当的,但是,即使一个理由是适当的,它仍然可能不是一个好的理由。比如说,爱因斯坦有极高的智商,而费德勒有极高的体育天赋,那么这种天赋能够成为爱因斯坦应得诺贝尔物理学奖或者费德勒应得网球大满贯冠军的理由吗?一方面,自然天赋与科学发现或体育成绩确实具有对应的关系;另一方面,爱因斯坦或者费德勒确实拥有极高的自然天赋。也就是说,自然天赋满足了我们上面所说的两个条件,在这种意义上,它应是支持应得的适当理由。但是,自然天赋是支持应得的好的理由吗?大多数人都不会认为,自然天赋是支持应得的一个好理由。大多数哲学家也不会认为,自然天赋是应得的合适基础。那么什么东西能够成为应得的合适基础呢?

二　贡献

　　在日常生活中,人们普遍拥有应得的信念,特别是基于贡献或成就的应得。当我们把应得简化为这样的公式"S 基于 P 而应得 X"时,这里的 P 就是指人们所作出的贡献或者成就。例如,沃森和克里克发现了 DNA 的双螺旋结构而获得了诺贝尔奖,人们说这是他们应得的。在分配正义的问题上,对于很多应得理论的支持者来说,所谓的"按劳分配"和"多劳多得"就体现了基于贡献的应得。无论是在西方还是中国,应得似乎对这种确定工资的通行准则提供了理论基础。

　　以罗尔斯为代表的平等主义者不承认这种基于贡献或成就的应得,并对这种观点给予了批评。为了更清晰地说明罗尔斯的反应得观点,让我们假设,有一些工人制作同样的商品,其中某个人天生心灵手巧,

第八章 应得

工作效率是其他人的一倍；在竞争性的市场条件下，工资政策奉行的是"按照贡献分配"，这样，这个人的工资就会比其他人要高出一倍，而且人们也会认为这种高一倍的工资是他应得的。罗尔斯反对这种观点。在罗尔斯看来，这个人能够比别人得到更高的收入，是因为他拥有比别人更好的天赋。一个人拥有什么样的天赋，这完全是偶然的，没有人能够合理地声称自己应该拥有比别人更高的自然天赋。从道德上讲，更好的自然天赋不是他应得的，正如更差的自然天赋也不是另外一些人应得的。如果实际上造成收入差别的自然天赋是偶然的，在道德上不是应得的，那么这些拥有更好自然天赋的人得到更高的收入也不是他们应得的。①

罗尔斯的反应得论证实质上具有这样一种逻辑结构：基于所作出的贡献或者成就，一些人比其他人拥有更高的收入；这些人之所以比其他人能够作出更多的贡献或者更大的成就，这是基于他们拥有更高的自然天赋或者更好的家庭环境；但是，对于这些更高的自然天赋或者更好的家庭环境，这些人不是应得的；如果这些人对其自然天赋或家庭环境不是应得的，那么他们对于产生于自然天赋或家庭环境的更多收入也不是应得的。

从应得理论家的观点看，虽然罗尔斯的反应得论证看起来似乎是有道理的，但是它实际上存在各种问题。他们对罗尔斯的观点进行了反驳，而且通过这种反驳，试图为基于贡献的应得作出辩护。让我们更深入地分析他们的反驳和论证。

首先，应得理论家承认人们之间在自然天赋方面存在差别，有些人天赋更高，有些人天赋更低，并且也承认，在作出贡献或取得成就的过程中，天赋更高者比天赋更低者具有更大的优势。但是，他们认为，人们之间的天赋差异并没有达到这样的程度，以至天赋更高者不应得其作出的贡献或所达到的成就。在他们看来，这种天赋方面的差别只是使这些天赋更低者要想达到那些天赋更高者所达到的成就更加

---

① 罗尔斯关于这个问题的论述在两个版本的《正义论》中稍有不同，这里依据的是 1971 年版：John Rawls, *A Theory of Justice*, Cambridge, Mass: The Belknap Press of Harvard University Press, 1971, p. 104。

第二部分 平等与正义

困难一些而已。因为这些天赋更低者面临这样的困难,所以他们必须工作得更加努力,更节俭地使用其资源,更精明地做出计划,如此等等。[1] 如果这样,那么这些天赋更低者就会弥补他们与那些天赋更高者之间的差距,从而也能够作出一样的贡献或成就,或者获得同样多的收入。

其次,罗尔斯的反应得的核心思想是,因为人们对其自然天赋不是应得的,从而对因自然天赋而产生的贡献或成就不是应得的,并且从而对其基于贡献或成就的收入也不是应得的。应得理论家认为,罗尔斯的这种思想在应用于一般意义上的福利时,它看起来像是有道理的,但是当这种思想应用于具体的利益时,它就变得没有道理了。这些应得理论家认为,人们之间在自然天赋方面存在的差别,如果从同一种天赋来看(比如说体育),有些人高,有些人低;但是,如果我们从自然天赋的性质来看,这种高与低的差别就消失了。某些人没有打网球或者踢足球的天赋,但是他们可能有经商或从事教育事业的天赋;如果他们因缺乏体育天赋并因此为不能从事职业体育而忧心忡忡,那么这就过于任性了。在这些应得理论家看来,某些人在体育方面有天赋而在经商方面没有天赋,某些人在经商方面有天赋而在从事教育方面没有天赋,某些人在从教方面有天赋而在体育方面没有天赋,这样他们可以在各自有天赋的领域施展才华,并且也能够在这些各自擅长的领域达到同样的福利水平,如果这样,他们对各自所获得的利益都是应得的。[2]

最后,应得理论家承认,即使按照上面两种论证人们能够作出同样大的贡献或成就,从而应得其相对应的福利,但是也有很多这样的情况,即人们的福利水平仍然是有差别的。这种福利水平的差别或者产生于自然天赋的巨大差异(有些人天赋太高,而有些人则天赋太低),或者产生于某些人具有更好的运气。在这种情况下,罗尔斯的反应得理论似乎是有道理的:那些天赋更高者不应得其获得的全部利

---

[1] George Sher, "Effort, Ability, and Personal Desert", *Philosophy and Public Affairs* 8 (1979), p. 371.

[2] Ibid., pp. 371-372.

第八章 应得

益，而只应得其与天赋更低者所获得的利益成某种比例的某些利益。但是，这种成比例的利益是多少？为了表明这种比例的利益是无法确定的，应得理论家举了这样一个例子：有这样三个人，M 天赋高成就也高，N 天赋高但成就低，O 天赋低并且成就也低。如果这样，从应得理论家的观点看，N 和 O 应得相同份额的东西，而 M 应得的份额则更多。如果按照罗尔斯把自然天赋的差异考虑在内，那么 M 所应得的东西与 N 和 O 所应得的东西是成比例的。但是基于比例，M 相对于 N 所应得的东西与相对于 O 所应得的东西是不一样的，即与 O 相比，M 相对于 N 应得更多的东西。在这种情况下，要求每个人得到精确地相对于其他人而应得的东西，这是不可能的。因此，应得理论家认为，罗尔斯的论证既意味着大多数人不应得其所获得的利益，也不意味着这里所存在的不平等是不正义的。①

虽然这种基于贡献或成就的应得观念深深植根于日常生活中，但是作为一种应得理论，它具有一些明显的缺点，而且支持它的论证也不足以使人信服。比如说，上述第一种论证的实质是"勤能补拙"，很多人相信能够通过更加努力而弥补天赋的不足，但是，大多数人也承认，这种对天赋不足的弥补作用是有限的，而在某些职业领域（如音乐和体育），天赋的缺乏是无法用努力来弥补的。第二种论证的实质是天赋种类的差异抵消了天赋高低的差异，但是，这种抵消的作用更为有限，因为除了某些天赋异禀的人之外，大多数人的天赋可以用智商来代表，而智商的高、低对人们能够取得什么样的成就具有巨大的影响。除了这些论证本身的问题以外，这种以贡献或成就为基础的应得理论还存在两个缺点。

首先，这种应得理论只考虑了天赋对贡献或成就的影响，而没有考虑更广泛意义上的运气。广义上的运气包括德沃金所说的"选择的运气"（option luck）和"自然的运气"（brute luck）。② 前者是指某种行为尽管源于人们的选择，但是其结果好坏完全取决于运气。比如，

---

① George Sher, "Effort, Ability, and Personal Desert", *Philosophy and Public Affairs* 8 (1979), pp. 372–373.

② Ronald Dworkin, "What Is Equality? Part 2: Equality of Resources", *Philosophy and Public Affairs* 10 (1981), p. 293.

第二部分 平等与正义

一个人在股票交易所买了某种基金，是赔是赚，这在某种程度上属于纯粹运气。后者主要有两种，一种是家庭环境，另外一种是自然天赋。一个人能够成就什么，作出什么样的贡献，既受到天赋运气的影响，也受环境运气和纯粹运气的影响。而且，与自然天赋相比，人们对其环境运气和纯粹运气更不是应得的。以贡献或成就为基础的理论没有考虑这两种运气对人们的影响，这是一个明显的缺欠。

其次，这种应得理论只考虑人们行为的结果，而没有考虑行为过程本身。一个人应得什么，我们不仅需要考虑这个人的行为所导致的结果，而且也要考虑他的行为过程本身，要考虑他在做事情时是否处于自己的控制之下。如果他在做某种事情时是无意识的，或者是在其他人的控制（操纵）之下，那么他对于所做事情所导致的结果（无论好坏）都不是应得的。特别是当应得作为一种道德评价的时候，这个有意控制或自主的条件是必要的。说某个人的行为值得赞扬，但他在做这件事情时是无意识的，两者是不相容的。在这种意义上，真正支持某个人应得什么的理由与其说是行为的结果（贡献或成就），不如说是行为的过程（努力）。

三 表现

以上讨论表明，在探讨一个人应得什么的问题时，一方面，我们不仅要考虑自然天赋对应得的影响，而且也要考虑家庭环境和纯粹运气对应得的影响；另一方面，我们不仅要考虑行为的结果，而且还要考虑行为过程本身。把两个方面的多种因素都考虑在内，一些哲学家提出了以表现（performance）为基础的应得理论。①

我们先讨论运气。所谓运气是指"不受行为者控制的随机事件"②。一个人能够做什么事情，在做某种事情时能够获得什么样的结

---

① "Performance"这个词在国内的相关学术文献中通常被译为"业绩"，如应奇教授在翻译［英］米勒的《社会正义原则》（江苏人民出版社2001年版）时，就是这样翻译的。我认为米勒选择performance这个词（而非贡献或成就）作为应得的基础，主要考虑的就是这个词的含义既包括行为的结果，也包括行为过程本身。因此，我把这个词译为"表现"，以表达其两方面的含义。

② David Miller, *Principles of Social Justice*, Cambridge, Massachusetts: Harvard University Press, 1999, p. 143.

第八章 应得

果，都会受到运气的影响。基于这些随机事件与行为者之间的不同关系，我们可以大体上把运气分为纯粹运气、环境运气和天赋运气。虽然纯粹运气、环境运气和天赋运气对人的行为都会产生影响，但是它们的影响是不同的，从而它们对应得的影响也是不同的。

纯粹运气是指某些随机事件对行为结果产生了直接的和决定性的影响。比如说，在冬季奥运会的短跑道速度滑冰比赛中，滑在前面的四位选手在途中因相互碰撞都跌倒了，从而导致滑得最慢的最后一名获得了冠军。完全凭借纯粹的好运气，这名选手获得了奥运会的金牌。虽然其他选手更为优秀，但是因为坏运气而与冠军失之交臂。我们可以说这名选手赢得了冠军，但是我们很难说他应得这个冠军。在主张以表现为基础的应得理论家看来，这种纯粹运气显然会取消应得。①

环境运气是指出身于其中的家庭、成长的环境以及做事情时的条件等，这些东西对人们的品质、性格和行为会产生很大影响，但它们是偶然的，完全不处于他们自己的控制之下。如果一个人的成就受到了环境运气的影响，那么他对于其成就是应得的吗？米勒曾举了两个相关的例子，并认为相关者应得其成就：一位年轻的科学家在某个实验室得到了一份工作，这可能是一件运气的事情，但是如果他在此后做出了开创性的研究工作，那么他会应得诺贝尔奖；某个人在河边散步时一个孩子恰好掉进河里，这可能是一件运气的事情，但是如果他跳进河里把这个孩子救上来，那么他就会应得与危险相称的感谢和回报。②

既然得到一个重要的科研职位或者面临见义勇为的处境是一件运气的事情，那么其他人（比如说同一科研职位的落选者或者其他的河边散步者）是否会说，如果他们得到了这个机会，他们也会做出同样的事情并且也同样是应得的。这种说法意味着，那位幸运的科学家或见义勇为者对于奖励或回报并不是应得的。米勒为他们的应得进行了辩护。首先，我们永远不会知道，如果同一科研职位的落选者或者其

---

① David Miller, *Principles of Social Justice*, Cambridge, Massachusetts: Harvard University Press, 1999, p.142.

② Ibid., p.144.

第二部分 平等与正义

他的河边散步者得到了这个机会,他们会做什么。我们无法确定那个科学家是否会做出重大的科学发现,也无法知道那个河边散步者是否会跳进河里去救那个孩子。其次,即使我们可以确信他们能够做出重大的科学发现或者见义勇为,我们既不能否认原来行为者的应得,也不能承认这些假设行为者的应得,因为应得的观念依赖于实际获得的成就而非假设的成就。①

但是应得理论家也承认,由于环境运气是偶然的,所以它们会影响到应得的程度。至于影响到什么程度,这取决于两个因素。首先,影响的程度与运气的性质有关。有些运气所涉及的事情是竞争性的,如科研职位;有些运气涉及的事情是非竞争性的,如见义勇为。运气对于非竞争性事情的应得,没有多大影响。但是,对于竞争性的事情,运气会使应得大打折扣。其次,影响的程度与运气所发挥的作用有关。在一个人做某种事情时,环境运气所发挥的作用有大有小。以一群年轻科学家申请某个科研职位为例。如果这个职位是通过抽签决定的,那么得到职位的科学家对其成就的应得就会大打折扣;如果职位是通过考察每个申请者的能力和资格决定的,那么这种折扣就会小得多。②但是,对于每种应得应该打多少折扣,应得理论家未置一词。实际上,这个问题也没有人能够说清楚。

天赋运气是指人们通过遗传而得到的自然能力,如智力、体育才能和音乐才能等。虽然很多哲学家(如罗尔斯)把家庭环境和自然天赋同样对待,都看作是人们不应得的,但是在普通民众的观念中,人们对自然天赋的质疑要比家庭环境更少。因此,如果某些应得理论家认为人们对受环境运气影响的成就是应得的,那么他们也会认为对受天赋运气影响的成就更是应得的。换言之,如果运气的偶然性应使行为者的应得打一些折扣,那么与环境运气相比,天赋运气的折扣要更少。③ 比如说,两个人都登上了珠穆朗玛峰,一个是富翁,雇了一大队人马帮助他登顶,另外一个则是凭借其强壮的身体天赋独自登顶的,

---

① David Miller, *Principles of Social Justice*, Cambridge, Massachusetts: Harvard University Press, 1999, p. 144.
② Ibid., p. 145.
③ Ibid., p. 147.

第八章 应得

那么与富翁相比,这个天赋更好的登山者更应得其成就。

在米勒这样的哲学家看来,虽然基于环境运气和天赋运气的成就是应得的,但是应得的基础是表现,而不是环境或者天赋。没有在先的表现,就没有应得。① 表现一方面包括行为者所取得的成就(成就依赖于天赋或者环境);另一方面也包括他们的选择和努力。虽然天赋和环境对于行为者来说是偶然的和不受其控制的,但是选择和努力则是由行为者本人控制的。② 作为应得的基础,表现与贡献或成就不同,就在于它包含了努力。

但是,这种以表现为基础的应得理论会面对这样的反驳:虽然这种理论对涉及环境运气和天赋运气的应得打了折扣,但是它并没有完全消除偶然因素对行为的影响,而对于偶然性仍在发挥作用的成就,我们不能说这是应得的。因为"表现"里包含了偶然的因素(环境运气和天赋运气),所以以表现为基础的应得不是真正的应得。在某些应得理论家看来,只有基于努力的应得才是真正的应得。

对于这种批评,以表现为基础的应得理论家回应说,要想在人们所做出的成就中完全消除偶然性的影响,这是不可能的。③ 以音乐演奏家为例。一方面,一位音乐演奏家在演出中卓越地表现了音乐的美妙,这依赖于其极高的音乐天赋,而仅凭努力是无法做到的;另一方面,即使赋有极高音乐天赋的人也需要努力训练才能成为大师,但是能够做出努力本身,这也依赖于他的自然能力。也就是说,努力本身也是依赖于偶然因素的。在这种应得理论家看来,我们只能两者择一:或者我们继续使用应得的观念,但是我们必须容忍偶然性给应得造成的影响;或者我们完全消除偶然性的影响,但是我们将在很多场合不再能够使用应得的观念,比如"我们不再能够谈论运动员应得奖牌,工人应得工资,战士应得军功章,父母应得其孩子的感恩"④。

即使这些应得理论家坚持应得的合理性,并主张应得以表现为基

---

① David Miller, *Principles of Social Justice*, Cambridge, Massachusetts: Harvard University Press, 1999, p. 146.
② Ibid., p. 148.
③ Ibid., pp. 147–148.
④ Ibid., p. 148.

础，但是他们也承认应得作为一种原则应该受到限制。具体来说，这些限制主要有三个。① 首先，应得作为一种分配正义原则只适用于人们之间的工具性关系，而在其他的关系中，平等和需要是正义的原则。其次，如果我们考虑的问题是制度设计而非关于个人的分配，那么所应用的标准在通常情况下是程序正义的标准，而非应得。比如说，在涉及决定公务员、职员和学校行政人员的职位时，应该按照程序规则行事，而不应评估申请者的应得，因为应得会破坏公平或平等。最后，即使在适用于应得的场合，我们往往也无法确定一个人应得多少。我们可能有把握说医生比护士应得更多的工资，但是我们无法确定是应得多3倍还是多5倍。我们不能够知道人们之间的收入差距应该有多大。

尽管应得理论家对基于表现的应得做出了上述限制，但是这仍然不能成为支持应得的理由。因为无论是基于贡献的应得，还是基于表现的应得，都会面临两个难以克服的困难，一个是运气对成就的影响，一个是如何评估成就的问题。

首先，无论是对于应得理论家还是反应得理论家，几乎所有人都不得不承认，一方面，在人们所获得的成就中，运气（无论是环境运气还是天赋运气）发挥了巨大作用；另一方面，人们对于运气不是应得的，无论是好运还是坏运。而且，我们既没有办法精确地计算运气在人们所获得的成就中发挥了多大的影响，也没有办法把运气所发挥的影响从所获得的成就中精确地折扣掉。如果这样，那么人们基于贡献或表现所获得的利益就不能说是应得的。也就是说，基于贡献或表现的应得不是真正的应得。

其次，应得不仅仅是一个纯粹理论问题，它还与实践或社会生活密切相关。从实践的角度看，如果人们对于所获得的成就是应得的，那么就需要某种方法来评估某个人的某种成就的大小，以确定其应得什么。一些应得理论家认为，在竞争性市场的条件下，一个人应得多少报酬，这是由每一劳动单位的贡献之净价值（或价格）决定的。这

---

① David Miller, *Principles of Social Justice*, Cambridge, Massachusetts: Harvard University Press, 1999, pp. 150 – 155.

样，按照市场机制衡量的实际贡献或者成就来给予报酬，就是应得。①但是，另外一些应得理论家对此提出了批评：贡献是各种各样的，以市场机制来评估某个特定贡献（如某个发明）是非常困难的；市场是不完善的，甚至会受到操纵或限制；由于天赋的影响，市场评价的与其说是贡献，不如说是天赋；更重要的是，市场在提供报酬时，所参照的是契约，而不是应得。② 罗尔斯也反对由市场来评估应得的观点：在竞争性的经济体中，一个人的贡献是按照边际生产力来评估的，从而是由供应和需求的关系决定的。③ 也就是说，劳动力市场的供求关系决定了特定个人的报酬，这里没有应得发挥作用的空间。

鉴于以上考虑，一些应得理论家主张，应得的基础既不是贡献或成就，也不是表现，而是努力。很多应得理论家都主张基于努力的应得，并且认为与其他的观点相比，这种观点是最有道理的。如果这样，那么应得理论家支持这种观点的理由是什么？作为应得的基础，努力与贡献或成就的区别到底是什么？

四 努力

哲学家之所以追问应得的基础，这是因为当我们说某个人应得什么的时候，我们应该出示支持这种应得的理由。哲学家通常用一种公式来表示这个理由：S 基于 P 而应得 X。但是，一些哲学家（如罗尔斯）认为，S 基于 P 而应得 X，仅当 S 应得 P。这意味着，一个人不仅需要对所获得的东西是应得的，而且对支持这种应得的东西也是应得的。让我们以贡献为例。一些应得理论家主张，某个人基于更大的贡献而应得更多的报酬。但是，按照上面所说的"S 基于 P 而应得 X，仅当 S 应得 P"，这样就会不仅要求这个人对其报酬是应得的，而且也要求对其贡献是应得的，甚至对应得贡献的东西也是应得的。如果我

---

① 我本人也曾持有这样的观点，尽管我始终反对把应得视为分配正义的原则。我现在认为，这种观点是错误的，应得不仅不是分配正义的原则，而且也不是初次分配的原则。见姚大志《再论分配正义——答段忠桥教授》，《哲学研究》2012 年第 5 期，第 105 页。

② Robert Young, "Egalitarianism and Personal Desert", *Ethics* 102（1992），pp. 336 – 337.

③ John Rawls, *A Theory of Justice*, Cambridge, Mass: The Belknap Press of Harvard University Press, 1999, pp. 273 – 274.

第二部分　平等与正义

们对贡献加以分析，就会发现在人们的贡献中运气（环境运气或天赋运气）发挥了很大作用，然而，我们不能说这个人对其运气是应得的。如果这个人对其运气不是应得的，那么他对产生于运气的贡献和报酬也不是应得的。质言之，基于贡献的应得是没有道理的。

从某些应得理论家的观点看，上述对基于贡献的应得理论的批评只有一半真理。报酬基于贡献，贡献基于运气，而人们不应得其运气，从而不应得其贡献，这是真的。但是，贡献可以基于运气，也可以基于努力。人们作出的贡献中，某些贡献源于运气，某些贡献源于努力。贡献以努力为基础，而努力本身则没有基础。在这样的应得理论家看来，"努力在某种意义上是应得之基本的或最终的基础"①。如果努力本身没有基础，那么人们就应得其努力；如果人们应得其努力，那么他们就应得其源于努力的任何东西。

但是，用于反对基于贡献的应得的那些理由，似乎也可以成功地用于反对基于努力的应得。一些应得理论家赞成基于努力的应得，反对基于贡献的应得，这是因为他们承认罗尔斯的批评是正确的，即贡献在很大程度上依赖于自然天赋，而人们对其天赋不是应得的。现在的问题在于，这种对基于贡献的应得的批评可以同样应用于基于努力的应得。正如罗尔斯所说的那样："看来很清楚，一个人做出努力的程度，这是受他的自然天赋、能力以及可供选择的范围所影响的，而天赋更高的人更有可能有意识地做出更大努力。"② 也就是说，努力不仅受人们的自然天赋的影响，而且也受家庭环境的影响。前者意味着，一个人是否能够做出努力，这在某种程度上是由其天赋决定的。后者意味着，关于人们是否具有做出努力的能力，在什么事情上做出努力，家庭环境也具有巨大影响。在这种意义上，作为应得的基础，努力与贡献没有什么实质上的区别，两者对于特定的个人来说都依赖于偶然的和任意的东西，都属于运气的事情，从而也都不是应得的。按照罗尔斯式批评的逻辑，如果人们对其应得的基础不是应得的，那么他们

---

① Alan Zaitchik, "On Deserving to Deserve", *Philosophy and Public Affairs* 6 (1977), p. 377.

② John Rawls, *A Theory of Justice*, Cambridge, Mass: The Belknap Press of Harvard University Press, 1999, p. 274.

第八章 应得

对由其基础所产生的任何东西也都不是应得的。

这种批评迫使应得理论家必须做出两种回应：首先，他们必须对罗尔斯关于努力的批评做出反驳，以维持自己的观点；其次，如果应得理论家坚持基于努力的应得，那么他们必须拿出更有说服力的论证。

我们先来看应得理论家对罗尔斯的反驳。罗尔斯式批评的实质是，人们做出努力的能力源自人的自然天赋，因为他们在做出努力的能力方面是不同的，所以我们会看到一些人勤奋，另外一些人懒散。如果不是源于努力之能力方面的差别，我们如何来解释一些人比其他人更为勤奋？来自应得理论家的反驳可以分为两个部分。

首先，人们做出努力的能力是相同的，不存在罗尔斯所说的那种能力的差别。为了维持这种立场，应得理论家对努力能力的"拥有"和"使用"加以区别。人们在做出努力的能力之拥有方面是相同的，每个人都具有相同的能力，但是，人们对这种能力的使用则是有差别的，一些人比另外一些人能够更大程度上使用其能力。[①] 一些人更为勤奋，另外一些人则比较懒散，这不是因为他们在拥有做出努力的能力方面存在差别，而是因为他们在使用自己的努力能力方面存在差别，即前者比后者更能够发挥自己的能力。罗尔斯基于一些人勤奋而另外一些人懒散的事实主张人们在做出努力的能力方面存在差别，这是错误的。

其次，即使我们姑且承认人们之间在做出努力的能力方面存在差别，但是这种差别也没有罗尔斯所说的那种反应得的含义。应得理论家举例来说明这一点：有两个人，M 比 N 更勤奋，或者用罗尔斯的话说，M 比 N 拥有做出努力的更大能力。在应得理论家看来，虽然 M 和 N 在做出努力的能力上存在差别，M 比 N 拥有更强的能力，但是 N 能够通过一些措施来加以弥补。一方面，N 可以对容易使其分散精力的事情保持警惕，让自己的注意力更为集中；另一方面，N 可以预见在避免各种诱惑方面存在的困难，从而能够采取措施尽力避免它们。这样，无论 N 不能够做什么，他肯定能够做很多事情来增加自己做出努

---

① George Sher, "Effort, Ability, and Personal Desert", *Philosophy and Public Affairs* 8 (1979), p. 368.

力的能力。既然在他能够为此而做的事情上不存在理论上的限制，那么能够用人们之间做出努力的能力方面的差别来解释的事例就极为有限了。即使在某些场合人们做出努力的能力方面真地存在差别，这些能力的差别也没有罗尔斯所认为的那种道德意义。①

这种对罗尔斯批评的反驳存在一些明显的问题。应得理论家用"拥有"和"使用"的区别来代替人们做出努力的能力的差别，这只是把问题向后推了一步，并没有解决问题。因为罗尔斯可以继续追问，人们使用做出努力的能力是不是天赋的？这样，似乎被应得理论家摆脱的问题就又回来了。另外，应得理论家认为那些天赋能力较差的人们可以做出一些努力来弥补自己能力的不足，并能够做出同那些天赋较高者同样程度的努力，这似乎意味着天赋较差者与天赋较高者具有相同的能力，只是他们没有把这些能力完全使用出来而已。这实质上是一种循环论证。

如果说反驳罗尔斯的批评不是一件举手之劳的事情，那么要为基于努力的应得提供一种更有说服力的论证，就更加困难了。虽然很多应得理论家都为此提出了自己的论证，但迄今为止，我认为最好的论证是柴特奇克提出来的。

这种论证的一个关键特征是竞争性情境与非竞争性情境的区分。所谓竞争性情境是指，所有分配的东西是有限的，如果每个人都想要一些，那么就会没有足够的数量来满足所有人的需要。在这种情况下，把某种数量的东西给予某个人，必然会对其他人的份额产生不利的影响。所谓非竞争性的情境是指，一个人所得到的某种数量的东西，对其他人能够得到的数量，不会产生不利的影响。在典型的非竞争性情境中，可供分配的东西是无限的，比如说空气。②

在竞争性情境中，由于可供分配的东西是有限的，所以某种份额的东西被某个人得到了，其他人就得不到了。在这种情况下，得到该东西的这个人对于该东西的应得是"个人的"。然而，在非竞争性情

---

① George Sher, "Effort, Ability, and Personal Desert", *Philosophy and Public Affairs* 8 (1979), pp. 369–370.
② Alan Zaitchik, "On Deserving to Deserve", *Philosophy and Public Affairs* 6 (1977), p. 379.

第八章 应得

境中，由于可供分配的东西是无限的，如果某个人想要这种东西，同时又没有犯相关的错误以至失去得到这种东西的权利，那么他对于所想要的东西的应得就是"自动的"。与竞争性与非竞争性的区分相对应，存在着"个人的应得"与"自动的应得"的区分。比如说，对于言论自由的权利，我们都是自动应得的。①

如果可供分配的东西是无限的，那么每个人都会自动地应得。这没有问题。问题在于，在某些非竞争性情境下，可供分配的东西并非是无限的，不是每个人想要多少就可以得到多少。在这种情况下，柴特奇克提出，只有满足以下三个条件，我们才能够获得自动的应得：

1. 虽然某个特定的人是否能够最终得到某种份额的 X，这是偶然的，但是大多数人实际上都能够得到适当份额的 X；

2. 重要的事情在于拥有某种份额的 X，而不在于其份额的大小；

3. 某个人比其他人拥有更多的 X，这不会使这个人得到相对于其他人的更大优势。②

柴特奇克提出，基于努力的应得是非竞争性的和自动的，因为它满足了上述三个条件。虽然某个特定的个人具有多大的努力能力，这是偶然的和任意的，但是绝大多数人都能够做出某种程度的努力。这是一个事实，因此条件 1 得到了满足。条件 2 的满足需要平等主义的补充：从平等主义的观点看，任何人只要在工作中做出了认真的努力，那么他在分配游戏中就是一个平等的参与者；这意味着他在分配中应得自己的一份，而对于平等主义来说，这个份额足以满足他的需要。③因此，努力工作的重要意义不在于努力的大小，而在于满足某种最低条件的认真努力。一旦人们做出了这种认真的努力，他的需要就会得到满足。这样，条件 2 得到了满足。出于同样的理由，条件 3 也得到了满足，因为只有人们做出了认真的努力，他们所得到的份额是同样的，与那些做出更少努力的人相比，这种平等主义的应得理论不会给予那些做出更多努力的人以更大的优势。

---

① Alan Zaitchik, "On Deserving to Deserve", *Philosophy and Public Affairs* 6 (1977), pp. 380–381.
② Ibid., p. 381.
③ Ibid., p. 385.

第二部分　平等与正义

　　与基于努力的应得不同，基于贡献或成就的应得不能满足自动应得的三个条件。首先，在使人们能够获得成就或作出贡献的能力方面（天赋运气或环境运气），人们之间存在巨大差异。其次，对于具有能够导致成功或贡献的能力，最重要的事情就是它们能够产生更大的份额。最后，正如环境运气和自然运气这样的东西不仅能够使人们在作出贡献或获得成就方面拥有优势，而且这种贡献或成就也会使它们在其他方面拥有优势。①

　　柴特奇克认为，基于以上论证，我们可以得出这样的结论：基于贡献或成就的应得是竞争性的，基于努力的应得是非竞争性的；由于基于努力的应得是非竞争性，并且满足了相关的条件，所以人们对于努力的能力是自动应得的；基于贡献或成就的应得是竞争性的，一方面，它没有满足相关的要求从而不是自动应得的，另一方面，人们对于作为贡献或成就之基础的运气（环境运气或自然运气）也不是个人应得的；因此，基于努力的应得与基于贡献或成就的应得是根本不同的，而只有前者才能够在面对罗尔斯的批评时站得住脚。

　　基于竞争性与非竞争性的区别，柴特奇克区分了基于贡献的应得与基于努力的应得，并且主张，人们对于自己的努力是应得的，从而对由努力所产生出的东西也是应得的。但是，这里存在一个明显的问题：我们（罗尔斯也同样）在这里谈论的是社会经济利益的分配，而这些利益是有限的，从而其分配也是竞争性的。对此，柴特奇克给予了这样的回答。首先，虽然我们在相关的场合都使用了"分配"这个词，但是社会经济利益的分配是一回事，努力的能力的分配是另一回事。其次，基于努力的应得与基于成就或贡献的应得是不同的，这是因为我们对做出努力的能力是（自动）应得的，而对于作出贡献的能力（天赋）则不是。最后，我们之所以应得做出努力的能力，而不应得做出贡献或成就的能力，这是因为一方面人们做出自己的努力，这并不妨碍其他人做出自己的努力；另一方面人们拥有做出努力的能力，

---

① Alan Zaitchik, "On Deserving to Deserve", *Philosophy and Public Affairs* 6 (1977), p. 387.

第八章 应得

并不能使他们获得相对于其他人的优势。①

虽然我们认为柴特奇克的论证在迄今为止的应得理论中是最好的，但是这种论证仍然存在一些重大的问题。

首先，努力的能力的分配是不是非竞争性的，以及努力的能力是否赋予行为者相对于其他人的优势，这是有争议的。按照柴特奇克，可供分配的资源或利益是有限的，因此人们之间的关系是竞争性的；而努力作为利益的基础不是竞争性的，不会赋予其拥有者以优势，从而是非竞争性的和应得的。但是，一方面，更能做出努力的人（勤奋者）比更不能做出努力的人（懒散者）在市场经济中处于更有利的地位，在这种意义上，努力与天赋是一样的，它们都能够使其拥有者占有相对于其他人的优势；另一方面，作为应得的基础，努力与天赋是一样的，如果天赋作为能力不是人们应得的，那么努力作为能力也不是人们应得的。

其次，柴特奇克在论证非竞争性的应得时提出应该满足三个条件，其中第二个条件是"重要的事情在于拥有某种份额的X，而不在于其份额的大小"。这个条件是指，如果人们的需要完全得到了满足，那么他们对于还能够得到什么是不在意的。那么应得理论家基于什么理由来满足人们的需要？不是应得的理由，而只能是平等主义的理由。即使柴特奇克本人也不得不承认，在这里需要平等主义的理由，而平等主义的理由不仅是独立于应得的，而且与应得是无关的。② 如果基于努力的应得依赖于非竞争性的条件，而非竞争性的条件依赖于平等主义，那么应得起码不能作为一种独立的分配正义原则。③

最后，即使我们承认基于努力的应得是非竞争性，以及人们对于其努力的能力是应得的，但是人们在社会经济利益的分配中应得什么，这仍然是不清楚的。基于努力的应得与基于贡献或成就的应得有一个重要的不同，即前者代表的是行为的过程，而后者代表的是行为的结

---

① Alan Zaitchik, "On Deserving to Deserve", *Philosophy and Public Affairs* 6 (1977), pp. 387–388.
② Ibid., p. 385.
③ 在这种意义上，"应得"的含义类似于"资格"，尽管"资格"可以被当作一种分配正义的原则。

果。行为的结果是确定的，但是一个行为会导致什么结果，这是不确定的。按照应得理论，同样的努力应得同样的利益。问题在于，同样努力的行为能够产生不同的结果。某个科学家数十年来一直努力地从事"永动机"的发明，他应得什么？某个人一天从早到晚一直努力地数草的叶子是多少，他应得什么？在市场经济的条件下，努力不是决定人们收入多少的重要因素。

让我们把以上的讨论总结一下。在当代道德哲学和政治哲学中，应得既是一个重要的道德观念，也是一种分配正义的原则。无论是作为道德观念还是分配正义的原则，应得都需要支持者提供一个支持的理由。这个理由就是应得的基础，而无论是赞同还是反对应得的哲学家都认为，没有基础的应得根本就不是应得。应得理论家在这个问题上提出了三种代表性的观点，即基于贡献（或成就）的应得、基于表现的应得以及基于努力的应得。对于前两种观点（基于贡献的应得和基于表现的应得），最重要的缺点是它们无法摆脱运气对应得的影响：如果人们对于运气不是应得的，那么他们对由运气所产生的贡献或者表现也不是应得的。基于努力的应得表面上似乎能够避免陷入运气的麻烦，但是我们的分析表明，一方面，努力与运气（环境运气和天赋运气）是紧密连在一起的，我们无法把它们清晰地分开；另一方面，一个人能够做出多大的努力，这归根结底还是取决于运气（环境运气和天赋运气）。此外，这三种应得理论还具有一个共同的根本问题：在市场经济的条件下，人们的收入是由劳动力的供求关系决定的，从而应得不能成为分配正义的原则。

第三节　谁应得什么

在当代政治哲学中，"应得"（desert）是一个使用频率很高的观念，特别是在分配正义的问题上。当应得被用于分配正义的时候，它被看作是一种正义原则，并与其他的正义原则相对立，如平等和资格。从应得理论家的观点看，只有应得的正义原则是正确的，其他原则（如平等）都是不正确的。更为重要的是，无论是在西方还是在国内，一些学者明确表示赞同应得理论，并且试图用应得原则来抗衡甚至取

第八章 应得

代平等原则。①

西方的很多主流政治哲学家反对应得理论。从反应得理论家的观点看，应得不能用于分配正义，并且为其观点提供了论证。所有这样的论证本质上都源于罗尔斯对应得观念的批判：人们之间的收入差别产生于天赋运气或环境运气，而人们对于运气不是应得的。但是，罗尔斯以及其他反应得理论家没有对这个关键问题提供一种合理的解释：为什么应得不能用于分配正义？

本节将提出这样一种论证：一方面，应得理论家们的观点是不正确的，因为应得不能成为分配的原则；另一方面，迄今为止的反应得理论也是不正确的，因为它们没有对应得理论给予决定性的反驳。本节的论证包括四个部分：首先，我们讨论应得的含义，并对其加以分类；其次，我们分析应得理论与反应得理论的分歧，澄清两者各自存在的问题；再次，我们提出应得作为道德评价与作为分配原则的区分，进而揭示应得理论和反应得理论各自的错误何在；最后，我们论证为什么应得只能作为道德评价，而不能成为分配原则。

一 应得的含义

在人们的日常生活和道德生活中，"应得"这个词被用于不同的场合，从而具有不同的意义。比如下面一些我们有可能听到过或者自己就表达过的说法：

1. 鞍山市民郭明义多次无偿献血，受到了广泛的赞扬。
2. 2011年10月13日在广东佛山，小悦悦遭遇车祸倒地，十多名路人视而不见默然离去，受到了强烈谴责。
3. 沃森和克里克发现了DNA的双螺旋结构，获得了1962年

---

① 国外学者见 Alasdair MacIntyre, *After Virtue*, Notre Dame, Indiana: University of Notre Dame Press, Second Edition, 1984; Michael Walzer, *Spheres of Justice*, New York: Basic Books, Inc., 1983; George Sher, *Desert*, Princeton, New Jersey: Princeton University Press, 1987. 国内学者见段忠桥《何为分配正义？——与姚大志教授商榷》（《哲学研究》2014年第7期）；王立《也论分配正义——兼评姚大志教授和段忠桥教授关于分配正义之争》（《哲学研究》2014年第10期）。

第二部分 平等与正义

的诺贝尔生理学及医学奖。

4. 2013 年 7 月 8 日,原铁道部长刘志军因贪污受贿,被判为死缓。

5. 某高中生在 2016 年的高考中成绩优异,被清华大学录取。

6. 某先生在某厅任处长多年并且工作成绩斐然,近期被提拔为副厅长。

7. 某运动员是国内某个篮球俱乐部的明星,年薪收入为 700 万元。

8. 2015 年 1 月 30 日,别热克·萨吾特新疆牧民捡到了一块重约 7.5 公斤的天然金块,突然获得了一笔巨大财富。

在所有上述场合,人们通常会说,这是他们应得的。即使有人对某些事情持有不同的看法,在这种情况下,他们也会使用应得一词的否定形式,即"这不是他应得的"。应得本质上表达的是人们所受到的对待。在不同的场合,基于不同的行为,人们所受到的对待也是不同的。大体上,我们可以把上述 8 个事例归为 4 类。

事例 1 和事例 2 属于一类,在这些场合,应得被用于表达对于人们品质或行为的赞扬或谴责。人们具有优良的品质或行为,他们应得赞扬。人们做了坏事,他们应得谴责。这类应得有两个特征。首先,人们应得赞扬或谴责的标准是非正式的和前制度的,即它们不是由官方发布的,也不体现为制度性的规则。这些标准作为道德观念存在于人们的道德意识之中。其次,这类应得是"两极性的"(polar)观念①,按照这种观念,人们可以有好的应得(如赞扬),也可以有坏的应得(如谴责)。

事例 3 和事例 4 属于一类,在这些场合,应得被用于表达对于人们所做事情的奖励或惩罚。奖励有各种各样的形式,如比赛(音乐、体育、厨艺、服装等)或联赛(足球、篮球、橄榄球等)的冠军,奥运会和世界锦标赛的金牌,诺贝尔奖,菲尔兹奖等。惩罚也有各种形

---

① Joel Feinberg, "Justice and Personal Desert", in *Nomos Ⅵ: Justice*, edited by C. J. Friedrich and John W. Chapman, New York: Atherton, 1963, p.76.

式，比如说造成伤害或损失的赔偿，违反交通规则的罚金，违犯法律的刑罚等。这类应得也有两个特征。首先，与赞扬和谴责一样，奖励和惩罚也是两极性的观念，奖励是好的应得，惩罚是坏的应得。其次，与赞扬和谴责不同，奖励和惩罚是制度性的，其应得的标准来自官方或权威机构发布的规则。由于奖励和惩罚的种类是多种多样的，所以制度性的规则也是不同的，其中最典型的规则就是法律。另外，奖励与赞扬的共同点是它们都表达了对某种行为的认可和评价，不同的地方在于，赞扬属于所有具有相同品质或行为的人，而奖励往往是只有一个胜利者（金牌获得者或诺贝尔奖获得者），即使其他参与者也都非常优秀。

事例5和事例6属于一类，在这些场合，应得被用于表达对人的分等和职位评定。给人加以分等（grading）的方式是各种各样的，如给学生的作业或考试打分，各种各样的职业考级和考试，其中最典型的是中国高考，考试按照成绩被分为一本、二本、三本加以录取。职位评定的种类更多，如公务员的录取，专业职称的评定，官员职位的升迁，政治职位的竞选等。与以上两类不同，这类应得的两个特征是：首先，它们是"非两极性的"观念，只被用来把人们分成不同的等级或者评价人们对某种职位的胜任，而不涉及"坏"的应得；其次，这类应得的标准是制度性的，依据于各种正式的规则。

事例7和事例8属于一类，它们涉及的东西是收入和财富。与上述种类的应得相比，收入和财富涉及的问题更为复杂，从而争议也更多。我们先来看财富，对于个人所拥有的财富，有些是纯粹的运气（如事例8），有些属于环境运气（如富二代），有些则是天赋运气（如某些高科技公司的创立者）。如果说某个人应得其运气，这是荒谬的。没有人应得其运气，无论是好运还是坏运。也就是说，某个人拥有更多或更少的财富，这在很大程度上是一件运气的事情，从而我们不能说他对此是应得的。与财富不同，收入是人们自己挣得的，在这种意义上，似乎他们对此是应得的。但是，一个人在市场经济中的收入是基于边际生产力确定的，而非按照应得决定的。大多数人都是作为（政府或私人公司的）雇员来获得其收入的，因此，他们的收入或者是基于制度性的规则，或者基于雇佣双方的协议。无论是哪一种情况，他们的收入与其说是"应得"，不如说是"资格"。即使像应得理论家那样承认收入和财富是应得的，也会面对另外一个难题：这类应得是制度的还是非制度的？无论应得理论家的主张是什么，都会陷入难以自拔的境地。

我们可以把人们在日常生活中所使用的应得观念归为四类，即赞扬和谴责、奖励和惩罚、等级和职位、收入和财富。它们中的一些（赞扬和谴责以及奖励和惩罚）是两极性的，另外一些（等级和职位以及收入和财富）则不是。它们中的一些（如赞扬和谴责）基于非正式的标准，而另外一些（如奖励和惩罚）则基于正式的规则。

另外，对于所有种类的应得，都有三种用法，即肯定的、否定的和虚拟的。把应得用于我们上面所说的8个事例，大多数人都会说他们是应得的，这就是应得的肯定用法。某个运动员赢得了奥运金牌，事后却发现他服用了禁药，或者某位科学家获得了诺贝尔奖，事后却发现他剽窃了别人的成果，那么我们会使用否定的用法，即"他不是应得的"。在某些场合，我们还会使用应得的虚拟用法。例如在 NBA 或 CBA 中，某个篮球队赢得了冠军，但是对方实际上在决赛和先前的比赛中表现了更高的篮球技巧，只是因运气不好而与冠军失之交臂，这时我们会说"这个队应得冠军"。

二 应得理论与反应得理论

应得意味着某个人应该得到某种方式的对待，而这个人应该得到这样的对待，则需要一些理由。这种支持某个人应得某种对待的理由就是应得的基础。应得理论家一般承认，应得需要基础，或者用芬博格的话说，"没有基础的应得根本就不是应得"[1]。从应得理论家的观点看，作为应得基础的东西应该是相关个人的事实，比如说，"他先前的表现或者他现在的能力"[2]。

证明一个人的表现或能力的最好东西就是贡献或成就。在分配正

---

[1] Joel Feinberg, "Justice and Personal Desert", in *Nomos VI: Justice*, edited by C. J. Friedrich and John W. Chapman, New York: Atherton, 1963, p. 72.

[2] Ibid., p. 73.

第八章 应得

义问题上，表明一个人应得什么的东西在最直接的意义上就是他的贡献。一个人的贡献越多，他应得的报酬也就越多。这就是一般意义上的分配原则——"按劳取酬"和"多劳多得"。无论是在西方还是在中国，普通民众都持有这样的应得的观念。比如说，北京首钢篮球俱乐部2014—2015年赛季给孙悦的年薪是人民币700万元，起初国内媒体普遍质疑他是否值这么多，但是当2015年3月10日同辽宁队打完总决赛第一场之后（孙悦得到了27分，其中包括7记三分球），各家媒体开始一边倒地说，即使他的薪金是700万元，这也是他应得的。

问题在于，如果说贡献或成就是一个人应得的基础，但是这个人对他的贡献或成就则不能说是应得的。沃森和克里克发现了DNA的双螺旋结构，因此，他们应得诺贝尔生理学及医学奖。但是，沃森和克里克却不能说，对于发现DNA的双螺旋结构，他们是应得的。没有任何科学家应得任何科学发现，因为这种科学发现也有可能来自其他的科学家。而且更重要的地方在于，一个人能够作出什么样的贡献或达到什么样的成就，这在很大程度上与他出身在什么家庭以及具有什么样的天赋有关，而他出身在什么家庭和具有什么样的天赋，这是一件运气的事情。用罗尔斯的话说，从道德的观点看，一个人拥有什么样的家庭环境和自然天赋，这是偶然的和任意的。① 也就是说，一个人对于其家庭环境和自然天赋不能说是应得的。

反应得理论的逻辑是这样的：如果一个人基于更大的贡献而获得了更多的报酬，那么他不仅需要对报酬（应得的基础）是应得的，而且也需要对贡献（应得的基础的基础）也是应得的。一些哲学家把这种反应得的逻辑归纳为这样一个公式：X基于拥有Z而应得Y，当且仅当X应得拥有Z。② 如果X指某个人，Z是指贡献，Y是指报酬，那么这个公式的意思就是，某个人基于其贡献而应得某种报酬，当且仅当他应得其贡献。从反应得理论家的观点看，没有人应得其贡献，从而没有人应得"基础的基础"。如果没有人应得"基础的基础"，那么

---

① John Rawls, *A Theory of Justice*, Cambridge, Mass: The Belknap Press of Harvard University Press, 1999, p. 274.

② Alan Zaitchik, "On Deserving to Deserve", *Philosophy and Public Affairs* 6 (1977), p. 372.

应得就没有基础。如果应得没有基础，那么它根本就不是应得。

这样的批评促使应得理论家意识到，一方面，贡献或成就不是适当的应得基础，基于贡献的应得观念应加以放弃；另一方面，要想坚持应得的理念，就必须为其寻找更坚实的基础。什么样的基础是更坚实的？贡献不能成为应得的基础，在于贡献在很大程度上依赖于家庭出身（环境运气）和自然才能（天赋运气），而人们不能说对于环境运气和天赋运气是应得的。但是，反应得理论在这里有一个漏洞：并非所有的贡献都依赖于运气，肯定有一些贡献依赖于人的努力。如果有一些贡献基于人的努力，而努力是最基本的东西，它本身没有更深的基础了，那么努力就是"应得的终极基础"。[①] 据此，应得理论家认为，基于努力的应得观念是有道理的。

从直觉来看，基于努力的应得似乎是有道理的。但是，反应得理论家认为，从事情的本质来看，基于努力的应得与基于贡献的应得是一样的。这意味着，反应得理论家早先用于反对基于贡献的应得的那些理由同样也可以用来反对基于努力的应得。这里的关键正如罗尔斯所说的那样：一个人做出努力的程度，这是受他的自然天赋、能力以及可供选择的范围所影响的，而天赋更高的人更有可能做出巨大的努力。[②] 从反应得理论家的观点看，努力与贡献同样都依赖于一个人的环境运气和天赋运气，而任何人对任何运气都不是应得的。如果一个人对任何运气（包括环境运气或天赋运气）不是应得的，那么他对于由运气所产生的任何东西也都不是应得的。

任何人对由运气所产生的任何东西都不是应得的？显然不是。某个人去商业街购物，碰见一个抢包贼逃跑，便上前将其捉住；他购物时碰巧有了一个见义勇为的机会，这是运气；但是他因见义勇为而得到了赞扬，这是他应得的。牙买加男子短跑运动员博尔特具有非凡的体育天赋，这是他的运气；他在北京奥运会 100 米短跑中以 9 秒 69 的成绩夺得金牌，这是他应得的。爱因斯坦拥有其他人难以比肩的智商，

[①] Alan Zaitchik, "On Deserving to Deserve", *Philosophy and Public Affairs* 6 (1977), p. 377.

[②] John Rawls, *A Theory of Justice*, Cambridge, Mass: The Belknap Press of Harvard University Press, 1999, p. 274.

第八章 应得

这是他的运气；他因在物理学方面取得的伟大成就而获得诺贝尔物理学奖，这是他应得的。在这些场合，这些人因其所取得的成就而得到了赞扬或者奖励，我们都会说这是他们应得的，无论这些成就是否依赖于环境运气或天赋运气。

但是，反应得理论家对应得理论的批评也是有道理的。在另外一些场合，我们则很难说谁应得什么。例如，我们很难说某个人对于他得到的收入是应得的，无论这个人是文体明星（拥有极高的收入），还是失业救济金领取者（拥有极低的收入），或者普通的雇员（拥有中等的收入）。没有人应得其收入，无论其是高是低。

如果上述分析是正确的，那么这意味着我们需要对应得的使用加以区分：在哪些场合，我们可以说这是某个人应得的；在哪些场合，我们不能说这是某个人应得的。我们说过，在上面关于应得的 8 个事例中，我们可以把它们分为四类，即赞扬和谴责、奖励和惩罚、等级和职位、收入和财富。我认为，在前三类中，应得的观念是合适的，我们可以使用它来评价人们所受到的回报；但是在最后一类中（收入和财富），应得的观念是不合适的，我们不能使用它来评价人们所受到的回报。

这种区分的关键在于：在前三类中，即赞扬和谴责、奖励和惩罚、等级和职位的场合，应得是一种道德评价，以表达人们所受到的对待；在收入和财富的场合，应得是一种分配正义的原则，以对立于其他的分配原则（如平等）。也就是说，应得可以是一种道德评价，但是不能成为一种分配原则。

如果我们说以罗尔斯为代表的反应得理论家没有做出这种区分，对所有的应得都持拒绝的态度，那么这是不公平的。尽管罗尔斯没有明确说应得是否可以应用于赞扬和谴责、奖励和惩罚、等级和职位，但有一点是明确的，即他是在讨论分配正义的问题时表达其反应得观点的，并且是在把应得看作平等原则的潜在对手而谈论它的。也就是说，罗尔斯明确反对的东西是作为一种分配原则的应得。虽然罗尔斯没有做出这种道德评价与分配原则的区分，但是我们有理由认为罗尔斯会赞同这种区分。因为在涉及赞扬和谴责、奖励和惩罚的场合，基于他的道德观念，罗尔斯肯定会同意把应得用作一种道德评价。比如

第二部分　平等与正义

说，罗尔斯肯定同意，第二次世界大战中牺牲的美国士兵应得表彰，或者爱因斯坦应得诺贝尔物理学奖。实际上，除了强决定论者之外，任何人都不会反对把应得用作一种道德评价。

如果我们对以罗尔斯为代表的反应得理论家给予一种同情的理解，那么我们就会认为他们赞成应得作为一种道德评价与作为分配原则的区分。因为否定应得作为一种道德评价，比如说否定爱因斯坦应得诺贝尔奖，这是完全没有道理的。如果这些反应得理论家赞同这种区分，并且持有这样的观点，即应得可以是一种道德评价，但是不能成为一种分配原则，那么他们的问题在于，他们的反应得理论没有解释为什么应得只能用作道德评价、不能用作分配原则。

这个问题有两个方面。一方面，罗尔斯的反应得论证只能用于作为分配正义的应得，不能用于作为道德评价的应得。反应得理论家都追随罗尔斯的这种思路：无论是基于贡献的应得观念还是基于努力的应得观念，都存在这样一个问题，即它们都依赖于人的运气（环境运气或天赋运气）；如果人们的收入依赖于运气，那么他们对此就不是应得的。但是对于道德评价的应得，这种反驳是无效的。比如，人们说爱因斯坦对于诺贝尔奖是应得的，或者博尔特对于奥运金牌是应得的，正是因为他们惊叹于爱因斯坦或博尔特的超级自然天赋。他们拥有超人的天赋，这确实是一种运气，但是这丝毫无损于他们应得的奖励。我们既不会因其天赋运气拒绝给他们以奖励，也不会认为因此他们所受到的奖励应该打折扣。这意味着，无论是对于应得作为道德评价是合适的，还是对于应得作为分配原则是不合适的，罗尔斯以及其他的反应得理论家都没有给予正确的解释。

另一方面，罗尔斯反应得理论的关键是追问"应得的基础"，但是这种追问本身是有问题的。包括罗尔斯在内的反应得理论家都遵循这样的逻辑：如果一个人基于贡献或努力而获得某种份额的报酬，那么他不仅需要对这种报酬是应得的，而且也需要对贡献或努力也是应得的。这就是应得的基础或者应得的应得问题。在这些反应得理论家看来，人们的贡献或努力都依赖于运气，从而不是应得的；如果人们对其贡献或努力不是应得的，那么他们对于基于贡献或努力的报酬也不是应得的。问题在于，对于作为道德评价的应得，任何人（也许除

第八章　应得

了强决定论者之外）都不会认为需要追问应得的基础。即使爱因斯坦并不应得其自然天赋，但是我们仍然会认为他对于诺贝尔奖是应得的。这意味着，无论是对于应得作为道德评价不需要追问应得的应得，还是应得作为分配原则需要追问应得的应得，罗尔斯以及其他的反应得理论家都没有提供正确的解释。

三　作为道德评价的应得与作为分配原则的应得

应用于不同场合的应得之含义具有差别，这是显然的。说某个人应得其赞扬或谴责，与说某个人应得其收入或财富，两者明显不同。一个人做了好事，得到了赞扬，没有人会否认他应得这种赞扬。但是，一个人得到了某种收入，特别是当其收入极高或极低时，说这个人应得其收入，很多人都会表示质疑。如果我们像上面那样把应得的应用场合分为四类，那么应用于收入和财富的应得与应用于其他场合的应得有什么重要的区别？

一些应得理论家认为，两者的区别在于竞争性，即竞争性场合与非竞争性场合的区别。所谓竞争性场合是指作为回报的东西是有限的，无法满足所有人的要求，而且，如果某个人得到的更多，那么其他人得到的就会更少。所谓非竞争性场合是指作为回报的东西是无限的，可以满足所有人的要求，并且，如果某个人得到的更多，也不会对其他人产生不利影响。① 拿我们上面所举的例子来说，收入和财富是竞争性的，在一个公司的工资总额是固定的条件下，某个员工得到的越多，其他员工得到的就越少。与此不同，赞扬或谴责则是非竞争性的，在一个共同体中，某个成员得到的赞扬越多，并不会对其他成员获得赞扬产生不利的影响。

一些应得理论家认为，这种竞争性与非竞争性的区别产生了应得的区别。在非竞争性的场合，由于给予人们的行为以回报的东西是无限的，所以只要相关者具备了最低的条件或者满足了最低的标准，他们就会自动地应得其回报。与此不同，在竞争性的场合，由于给予人

---

① Alan Zaitchik, "On Deserving to Deserve", *Philosophy and Public Affairs* 6 (1977), p. 379.

第二部分　平等与正义

们的行为以回报的东西是有限的，所以人们不能按照某种一般的条件或者标准而自动地应得其回报，而只能凭借具体的条件或标准而个人地应得它们。前者被称为"自动的应得"，后者被称为"个人的应得"。① 还是用我们上面所举的例子，赞扬或谴责属于"自动的应得"，而收入和财富属于"个人的应得"。

但是，这种竞争性与非竞争性的区别有一个问题：它要求自动应得的东西是无限的。这个世界上有什么东西是无限的？不仅收入和财富不是无限的，其他类别中的东西也不是无限的。奖励是有限的，越高级的奖励，数量就越少，比如奥运会的金牌每个项目只有一块。职务也是有限的，厅长只有一个，张三得到了，李四就得不到了。看起来只有赞扬和谴责是无限的，它们没有限额，也不需要物质基础。但是，我们都知道，如果给予的赞扬或者批评太多了，它们就会"贬值"。也就是说，这种竞争性与非竞争性的区别并不能区分开我们想要区分开的东西。

另外一些应得理论家也坚持竞争性与非竞争性之间的区别，但是他们所强调的东西不是回报东西的数量差别，而是优势所产生的影响。在竞争性场合，如果某个人具有更高的自然天赋，那么这会给他带来相对于其他人的优势，而这是不公平的。但是在非竞争性的场合，这个人所具有的更高自然天赋则不会给他带来这种不公平的优势，因为在这些场合，应得意味着相关行为与相关回报之间的契合性。因此，当某个人做了邪恶之事时，我们说他应得谴责或惩罚；当某个人见义勇为时，我们说他应得赞扬或者奖励；当某个人遭遇不幸时，我们说他应得同情和理解。② 也就是说，区别的关键在于，在涉及收入和财富的场合，天赋运气或环境运气会使某些人具有一种不公平的优势；而在赞扬和谴责、奖励或惩罚的场合，这些运气则不会给他带来相对于其他人的优势。应得理论家做出这种区别的主要意图是反驳罗尔斯：即使罗尔斯的反应得理论是有道理的，那么它也只是适合于竞争性的

---

① Alan Zaitchik, "On Deserving to Deserve", *Philosophy and Public Affairs* 6 (1977), p. 381.

② George Sher, "Effort, Ability, and Personal Desert", *Philosophy and Public Affairs* 8 (1979), pp. 374–375.

第八章 应得

应得模式，而不适合于非竞争性的应得模式。

一方面，应得理论家的这种观点是正确的，罗尔斯的反应得理论确实只适合于竞争性的回报模式，而不适合于非竞争性的回报模式，从而罗尔斯没有区别开两种不同的应得模式；另一方面，应得理论家的这种观点也是错误的，因为关键的区别不是存在于竞争性的与非竞争性的应得模式之间，而是存在于不同的竞争性场合之间，即有些竞争性场合适用于应得的观念，而有些则不适合于应得的观念。让我们举例加以说明。诺贝尔奖是竞争性的，奥运会金牌也是竞争性的，但是对于获奖者，除非他们犯有作弊等过失，否则我们都会说他们对其奖励是应得的。但是，对于收入和财富，特别是对于那些收入极高者或极低者，即使他们对其财富的拥有完全是合法的和有资格的，我们也很难说他们对此是应得的。

如果我们的上述分析是正确的，那么这不仅意味着以竞争性和非竞争性来区分应得的类别是不合适的，而且也意味着应得理论家和以罗尔斯为代表的反应得理论家在这个问题上都是错误的。两者的共同错误是没有真正区分开应得的不同应用，但是错误的性质却截然相反：应得理论家没有认识到应得不能应用于分配正义；反应得理论家没有认识到他们的反应得理论不适合作为道德评价的应得。

应得之不同性质应用的区分涉及对应得本质的理解。只有基于对应得之本质的正确理解，我们才能够对应得之应用做出正确的区分。我认为，应得在本质上是一种道德评价。应得作为一种道德评价，它体现为两个方面。

首先，应得表达了回报（所应得的东西）与应得者的相关事实（行为或品质）的一致性。我们通常说应得是人们所受到的对待，而因为人们做出了不同的事情，所以他们也会受到不同的对待。在这种意义上，一个人所应得的东西实质上是对他先前行为的回报。一个人做了好事，赞扬是对此的回报。一个学生刻苦学习，更高的分数是对此的回报。前铁道部长刘志军贪污受贿，惩罚是对此的回报。沃森和克里克发现了 DNA 的双螺旋结构，诺贝尔奖是对此的回报。当我们在上述场合说他们对所受到的对待是应得的时候，我们是在肯定这些回报与他们先前所做的事情是一致的。如果我们最终知道 DNA 双螺旋结构的发现者另有其人，那么我们就会说沃森和克里克对诺贝尔奖不是应得的。回报与先前的相关事实是一致的，应得作为道德评价既表达了这种一致性，也依赖于这种一致性。

其次，应得表达了人们对行为者之行为的赞成或不赞成。应得不仅表达了对行为者的相关客观事实（回报与行为之间的关系）的肯定或否定，而且也表达了评价者的主观道德态度。比如说，郭明义因做了大量好事而被普遍赞扬，我们说这是他应得的，这意味着我们赞成他的高尚之举。当我们说某个人应得什么的时候，我们是在肯定他的品质或行为的道德价值，也是在表明我们自己的道德立场和道德情感。比如说，刘志军因贪污受贿而被判死缓，我们说这是他应得的，在这里，"应得"这个词不仅表达了我们不赞成他的腐败行为，而且也表达了我们的道德义愤。正是这种意义上，我们不是说应得是一种"评价"，而是说应得是一种"道德评价"。应得作为一种道德评价表达了我们的道德态度和我们所赞成的道德价值。

让我们归纳一下：应得是一种道德评价，它表达了回报与相关行为的一致性，也表达了人们的道德态度。如果是这样，那么应得的观念显然不适用于收入和财富。一方面，如果应得表达了回报与相关行为的一致性，那么收入和财富与人的行为之间则不存在这种一致性，因为在市场经济中人们的收入是由劳动力的供需关系决定的；另一方面，如果应得表达了人们的道德态度和道德价值，那么道德态度和道德价值与收入和财富的分配无关，正如罗尔斯一直坚持的那样。如果我们的这种观点是正确的，那么为什么有如此多的人们（其中包括很多政治哲学家和道德哲学家）将应得的观念用于收入和财富？

这里存在一个误导人的转换：当应得被用于收入和财富的时候，它就不再是一种道德评价，而成为一种分配正义的原则。我们把应得与其他的分配正义原则加以对比，这一点（应得作为分配原则）就更为清楚。当应得的观念用于收入和财富的时候，当我们说某个人对其收入是应得的时候，通常所针对的是平等观念。在这里，应得作为分配原则与平等作为分配原则是对立的，而且应得也确实是平等的有力挑战者。同样，当我们说到"应得理论家"的时候，我们通常所针对的是"平等主义者"，或者说反应得理论家（如罗尔斯）通常都是平

第八章 应得

等主义者。如果应得不是被当作一种分配正义的原则，那么应得理论家与反应得理论家的争论就完全失去了意义，对于争论的双方都是如此。

更为重要的是，当应得观念用于收入和财富的时候，虽然它已经成为一种分配原则，但是却仍然被误认为是一种道德评价。使问题变得复杂的地方在于：虽然应得不能作为分配原则用于收入和财富，但是它作为道德评价却可以。当应得作为道德评价用于收入和财富的时候，人们是用它来表达对现有分配制度的批评。在这种场合，应得的使用形式通常是否定的，比如我们经常会听到这样的批评，"某个明星对其高收入不是应得的"。因为应得实质上是被用作分配原则但是却被误认为是道德评价，所以被频繁地应用于收入和财富，在日常生活中和政治哲学中都是如此。因为应得被用作分配原则但是根本就不能成为分配原则，所以应得理论被用于讨论分配正义问题，这犯了一个根本性的错误。

应得为什么不是也不能成为分配正义的原则？如果应得不是分配正义的原则，那么什么是这样的原则？

四 应得与分配正义

要探讨什么是分配正义的原则，我们需要考虑两个问题。首先，我们需要了解现行的分配原则是什么？也就是说，在我们目前所处的社会中，实际上通行的分配原则是什么？但是，即使我们确切地知道这种分配原则是什么，也存在这样一种可能性，即现行的分配原则不是正义的。当然，在这个问题上肯定会有争议。然而对于大多数哲学家来说，现行的原则与他们所追求的正义社会是有巨大差距的。这样我们就需要考虑第二个问题：如果我们的社会是正义的，那么它应该实行什么样的分配原则？或者说，什么是正义的分配原则？

我们现在来分析现行的分配原则问题。在市场经济中，人们的收入来源是各种各样的，比如说工薪、利息、股息、租金、退休金、补助以及农业、渔业和各种小手工业者的收入等。另外，在当代社会中，公务员和教师也是一个庞大的群体，虽然这些人的收入也受劳动力市场的影响，但主要是由政府规定的。绝大部分收入（其中包括工资和

第二部分 平等与正义

资本收益）是由两种方式决定的，它们或者是由劳动力（或资本）的供求关系决定的，在这种情况下，收入的多少取决于劳动力的边际生产力或者资本的边际效率；它们或者是由雇佣（借贷）双方的协议决定的，尽管这种协议的收入水平也可能受到劳动力市场的影响。比如说，工人的工资通常是由供求关系决定的，因此那些很少有人愿意去做的工作（危险或艰苦）会得到更高的报酬，而公务员的工资则由雇佣双方的协议来决定，因此它们更有保障和更加稳定，并因此得到一些人的青睐。如果考虑到人们的财富来源则更为复杂。一些财富可能来自遗产，一些可能来自赠予，一些可能来自彩票，一些可能来自纯粹的运气（如捡到了"狗头金"）。

如果我们深入思考这些不同来源的收入和财富，那么我们会发现它们有两个特点。第一，没有任何一种分配原则能够解释所有这些不同的收入和财富。即使是影响范围非常广泛的市场供求关系，也只能解释一部分人的收入，不能解释其他人的收入和财富。第二，在这些各种形式收入和财富的分配中存在着不正义。深入分析当代社会的分配，无论是西方还是中国，我们都会发现一个共同的现象，即不平等的程度在增大。贫富不均严重，两极分化加大，这是近20年来全世界大多数国家都面临的重大问题。极少数人的财富急剧增加，绝大多数人的财富增长缓慢或没有增加，用一句时髦的话讲，出现了"1%对99%"的现象。

因为收入和财富的实际分配具有上述两个特点，所以我们才需要分配正义的原则。一方面，在当代社会中，决定一个人得到什么的准则是各种各样的，如"按劳分配""按需分配"或"按资分配"，因此我们需要一种宏观的分配正义原则来统一各种微观的准则；另一方面，由于目前社会中收入和财富的分配存在各种不正义的现象，所以我们需要一种正义的原则来矫正现存的不正义。这种按照正义原则来进行的分配实质上是"再分配"，是对不正义的初次分配的某种纠正。

在收入和财富的初次分配中，应得显然不是一种原则。正如我们上面所说的，收入或者是由劳动力的供求关系决定的，或者是由雇佣双方的协议决定的。也就是说，在市场经济的背景条件下，没有人在确定收入时考虑应得。这意味着应得不仅不是决定收入和财富的原则，

第八章 应得

甚至也不是微观的准则。如果这样，那么应得是否能够作为一种分配正义的原则来矫正现实社会分配的不正义？从应得理论家的观点看，应得观念能够发挥这种作用。或者更准确地说，他们认为应得观念发挥的正是这种作用：应得是一种分配正义的原则。

问题在于，应得不是也不能成为一种分配正义的原则。大多数的应得理论家和反应得理论家都认为，应得是前制度的，而不是制度的。但是，应得要成为一种分配正义的原则，它必须能够加以制度化。不能制度化，就不能成为一种分配原则，无论它是正义的还是不正义的。在这个问题上，应得理论家面临一种两难的困境。

如果像大多数应得理论家主张的那样，应得是前制度的[①]，那么它就不能成为一种分配原则。分配原则一定是制度的，否则它根本就不是分配原则，无论它是正义的还是不正义的。所谓"制度的"是指某种东西最终能够体现为规则，其中特别是法律的规则。虽然"制度的"也能够以习俗的方式发挥作用，但是在现代社会中它们通常情况下以明文的形式存在，是由权威机构公开发布的。应得是前制度的，因此它可以超然于现行制度之外对制度给予批评，其中包括分配制度。这是应得的一个重要优势。但是，因为应得是前制度的，不能制度化为规则，所以它不能决定社会经济利益的分配，不能成为决定分配如何进行的原则。应得与分配制度是相互独立的，从而应得无法发挥分配原则的作用。

如果应得要想成为一种分配原则，那么它必须是制度的。虽然作为道德评价的应得在某些场合是依赖制度的，比如说，有重大发现的科学家应得诺贝尔奖，这依赖于相关的科学奖励制度，但是作为分配原则的应得如何能够加以制度化，这是任何应得理论家都无法说清楚的。能够成为分配原则的东西一定是制度的，比如说"等级制"是某些古代社会的分配原则，它在等级社会（如奴隶社会）中体现为各种分配制度，尽管这种分配原则本身是不正义的。应得理论家主张应得

[①] Joel Feinberg, "Justice and Personal Desert", in *Nomos VI*: *Justice*, edited by C. J. Friedrich and John W. Chapman, New York: Atherton, 1963, p. 70; George Sher, *Desert*, Princeton, New Jersey: Princeton University Press, 1987, p. 48; David Miller, *Principles of Social Justice*, Cambridge, Massachusetts: Harvard University Press, 1999, pp. 139–140.

第二部分　平等与正义

是一种正义的分配原则。虽然"应得"（desert）这个词自古希腊以来就有"正义的"含义，但是由于它不是制度的，而且它也无法制度化，所以它还是不能成为分配正义的原则。

虽然我们上面一般地使用"分配正义的原则"与"分配原则"的概念，但是两者的含义实际上有很大的不同。"分配正义的原则"是一种再分配的原则：现行分配在某种程度上是不正义的，从而需要加以纠正。在这种意义上，它本质上是矫正不正义分配的原则。"分配原则"则没有这种含义，它可以指初次分配的原则，也可以指再分配的原则；它可能是正义的，也可能是不正义的。虽然"分配正义的原则"与"分配原则"的含义有非常大的差别，但是两者都必须是制度的。不是制度的，不能被制度化，它们就不能发挥决定如何分配的作用。如果应得是前制度的，而不能成为制度的，那么这意味着它既不是一种"分配原则"，也不是一种"分配正义的原则"。

如果应得不能像应得理论家所想的那样成为一种分配正义的原则，它既不能被用来矫正现行分配的不正义，也不能作为宏观原则被用来统一各种微观的准则，那么什么东西能够成为这样的原则？在当代政治哲学中，能够发挥这种作用的原则主要有两种，一种是平等原则，另外一种是资格原则。这两种原则都是制度的，它们或者体现在一个国家的宪法之中，或者制度化为各种法律和规章之中。但是两者有很大的不同。资格作为一种分配正义的原则，主要是发挥了统一各种微观准则的功能，能够给予各种具体的社会经济利益分配以统一的解释。平等作为一种分配正义的原则，主要是发挥了矫正的作用，以缓和或消除现行分配中的不正义。

在当代政治哲学中，不同的政治哲学家主张不同的分配正义理论，坚持不同的分配正义原则，并且为此而争论不休。通常被当作分配正义原则的观念主要有三个，它们是平等、资格和应得。我们上面的论证表明，应得不是也不能成为分配正义的原则。如果以上的分析和论证是正确的，那么我们现在面临一个更深层的问题：为什么应得不能成为分配正义的原则，而平等和资格则可以？

平等和资格能够成为分配正义的原则，这是因为它们是价值。毫无疑问，平等是一种重要的政治价值，并且自近代以来，平等已经逐

第八章 应得

渐成为人们追求的政治理想、道德理想和社会理想。可能产生质疑的是资格（entitlement）。在涉及分配正义的问题上，"资格"一词的含义是权利。说一个人对什么东西是有资格的，这意味着他对此是有权利的。比如说，某个人对自己的财产是有资格的，这是说他对自己的财产拥有所有权。再比如，在实行民主制度的国家中，每一个成年公民都有资格参加选举，这是说每个公民都有参加选举的政治权利。就政治价值而言，权利实质上就是自由。或者更准确地说，当我们说到自由的时候，实际上是指各种各样的自由，其中包括个人拥有的各种权利。在当代社会中，自由和平等是最重要的政治价值。当我们所说的正义是指社会制度的性质时，或者罗尔斯所说的社会基本结构时，这意味着这个社会的基本制度或基本结构应该体现出自由和平等的价值，应该通过宪法和各种法律来保证自由和平等的实现。用自由或平等的价值来支配分配，就形成了分配正义的资格原则或平等原则。

与平等和资格（自由）相比，应得不是价值，更不是政治价值。应得在本质上是一个形式的或程序性的观念，它本身不包含价值内容。比如，当我们听某个人说"我需要自由"或者"我需要平等"的时候，我们知道他说的是什么意思。但是，当我们听某个人说"我需要应得"的时候，我们根本就不知道他在说什么。而我们不知道他在说什么，这是因为我们既不知道应得在这里是什么，也不知道他应得什么。两者的差别在于自由和平等是价值，而应得不是。作为分配正义原则的东西只能是价值，因为应得不是价值，所以它不是也不能成为分配正义的原则。

应得不是也不能成为分配正义原则的另外一个理由是它无法制度化。某种东西要支配社会经济利益的分配，它必须能够被制度化，能够体现为各种法律、规则或规章。比如说，如果我们主张平等是分配正义的原则，这意味着我们应该把这一点明确地写进各种相关的法律和规章之中，甚至写进宪法之中，从而我们在分配各种社会经济利益时体现出平等的价值。但是，如果我们主张应得是分配正义的原则，我们根本就不知道怎么办，不知道如何把应得体现在各种法律和规章之中。这是因为，当分配某种利益时，如果某种法律或规章规定应该按照"平等"来分配，我们知道这是什么意思，也知道如何进行分

第二部分 平等与正义

配。与此不同，如果某种法律或规章规定应该按照"应得"来分配，我们就会不知道这是什么意思，更不知道如何进行分配。我们会产生这样一个疑问：谁应得什么？作为分配正义原则的东西必须能够被制度化，因为应得不能被制度化，所以它不是也不能成为分配正义的原则。

通过上述论证，我们可以得出这样的结论：应得不是价值，也不能被制度化，因此它不是也不能成为分配正义的原则。与应得不同，因为平等和资格（自由）是价值，而且也能够被制度化，所以它们能够成为分配正义的原则。但是，这只是说平等或资格能够成为分配原则，而不是说它们是正确的分配正义原则。哪一种分配原则是正义的，这在政治哲学家之间是有争议的。另外，虽然应得不是也不能成为分配正义的原则，但是应得是一种道德评价，而且它作为道德评价也可以用于分配正义问题。当应得作为道德评价用于分配正义的问题时，它所发挥的功能是否定的，即对现行分配制度的批判。应得作为一种前制度的道德评价对现行分配制度永远具有一种批判的力量。

第九章
资格

在分配正义的问题上，当代政治哲学中最流行的主张是平等主义。在当代平等主义中，存在着各种不同的流派，如福利平等主义、资源平等主义和能力平等主义等。虽然这些派别在"分配什么"和"如何分配"的问题上相互争论，但是它们拥有一个共同的观点，即主张平等是分配正义的原则。但是，也有一些不同的政治哲学反对平等主义，反对以平等为分配正义的原则。在这些反对平等主义的政治哲学中，最有影响的有两种，一种是应得理论，另外一种是资格理论。

这三种不同理论都主张分配应该按照某种原则来进行，但是它们之间的根本分歧在于所赞同的分配正义原则是不同的，即它们分别坚持平等原则、应得原则或资格原则。但是在某些问题上，有可能出现这样的情况，即两种理论的某种观点是相同的，从而反对与之相对立的另外一种理论。比如说，在对待平等主义的问题上，应得理论和资格理论都反对平等理论，都反对以平等为分配正义的原则。在对待应得的问题上，平等理论和资格理论都反对应得原则，都反对在分配正义问题上考虑道德价值。在私人财产权的问题上，平等理论和应得理论都反对资格理论，都不接受对自然资源的排他性私人所有权。在第八章，我们论证了应得不能成为分配正义的原则。如果这种论证是正确的，那么平等主义实际上只剩下了一个敌人——资格理论。

资格理论（entitlement theory）也被称为"极端自由主义"（libertarianism）。"极端自由主义"或者"资格理论"之最著名、最有影响的代表是诺奇克（Robert Nozick）。资格理论本质上是一种权利理论。在分配正义的问题上，有两种权利非常重要，一种是自我所有权，另外一种是对自然资源的财产权。如果一种资格理论对这两种权利都持肯定的观点，那么它通常被称为"右翼极端自由主义"。如果一种资格理论只承认自我所有权，但反对关于自然资源的财产权，那么它则被称为"左翼极端自由主义"。①

第一节 右翼极端自由主义

自第二次世界大战结束以来，西方各国开始朝福利国家的目标前进。一直到20世纪60年代末，西方各国经历了一段辉煌的社会发展时期。罗尔斯的平等主义的自由主义可以说是这一历史时代的哲学表达。诺奇克于1974年发表了《无政府、国家和乌托邦》，这本著作不仅在理论上是一部政治哲学的经典，而且它也预示了西方政治思想潮流行将发生变化。这种变化表现为两个方面：在政治上，随着美国里根总统和英国撒切尔首相的上台，保守主义在西方各国登堂入室；在思想上，随着诺奇克发表他的政治哲学著作，右翼极端自由主义开始在西方社会流行并取得支配地位。

这种右翼极端自由主义表现在分配正义问题上就是所谓的"资格理论"。诺奇克的资格理论大体上可以分为两个方面，一方面是对罗尔斯式平等主义的批评；另一方面是阐述他自己的分配正义观。诺奇克的分配正义观由三个基本观念组成，即持有正义的原则、自我所有权观念以及自然资源的所有权观念。

一 对罗尔斯的平等主义的批判

罗尔斯和诺奇克是西方当代最重要的两位政治哲学家，但是两者的观点却是对立的。罗尔斯属于平等主义的自由主义，诺奇克属于极端自由主义。在分配正义的问题上，对罗尔斯而言，正义意味着平等，

---

① Peter Vallentyne, "Volume Introduction", in *Equality and Justice Volume 6: Desert and Entitlement*, edited by Peter Vallentyne, New York: Routledge, 2003, p. xiv.

任何不平等都是应该而且能够加以纠正的；对诺奇克来说，正义意味着权利，而权利则是神圣不可侵犯的。对于当代社会，自由与平等是最重要的两种政治价值，而两者之间形成了一种张力。罗尔斯靠近平等的一端，诺奇克靠近自由的一端。诺奇克对罗尔斯的平等主义给予了批评。

罗尔斯主张，当代社会分配领域中存在着严重的不平等，这种不平等有悖于正义的观念，从而是必须加以解决的。诺奇克承认社会分配领域中不平等的存在，但他认为这种问题不应由国家通过再分配来解决，否则就会侵犯个人的权利。罗尔斯用以解决不平等的正义原则是差别原则，他试图从"最不利者"来确定基准，以达到最可辩护的平等。诺奇克则用资格理论来对抗差别原则，他主张只要个人财产的来路是正当的，符合正义的获取原则和转让原则，那么任何他人、群体和国家都无权加以剥夺。

罗尔斯对差别原则的论证分为两个部分。一个是否定的部分，即社会和经济的不平等产生于人们在自然天赋和社会文化条件方面的差异，而从道德的观点看，这些差异是偶然的和任意的，也就是说，作为其差异之表现的不平等是应该而且必须加以纠正的。那么如何纠正这些不平等呢？罗尔斯的办法是再分配。这种从一些人那里取走财富然后转给另外一些人的再分配有什么正当的理由？罗尔斯对此的回答就形成了关于差别原则的另一部分即肯定的论证。肯定的论证包括两个理由：第一，人们都从社会合作中受益；第二，自然天赋是人们的共同财富。

罗尔斯从一种历史的观点来证明不平等是应该加以解决的。在他看来，历史是人类逐渐由不平等变得更为平等的过程。在历史的早期，社会是等级制的，每个人生来就具有一个固定的社会位置，这里毫无平等可言。等级制被废除之后，出现了一种机会的平等或"自然的自由"，每个人的所得或社会地位取决于激烈的竞争。显然，自然天赋和社会文化条件对竞争具有重大影响，其结果是严重的不平等。在罗尔斯所说的"自由主义的平等"中，导致不平等的社会文化因素被消除了，但自然天赋的因素依然存在，从而依然也存在着不平等。在罗尔斯看来，这些自然天赋对个人来说是偶然的和任意的，它们对收入

第二部分 平等与正义

和社会地位产生的优势在道德上是不应得的,所以应该解决不平等问题。这就是罗尔斯所说的"民主的平等"。罗尔斯的观点是激进的,但还不是平均主义。他不主张完全拉平人们之间的收入差别,而是主张通过改善社会中"最不利者"的处境来缩小人们之间的差别。

诺奇克对罗尔斯的这种证明提出了强烈批评。罗尔斯的差别原则以"最不利者"为基点来解决不平等问题,而"最不利者"是指处于社会底层的群体。诺奇克对此提出了质疑。他认为,原初状态中的人应该考虑的是关于个人的正义原则,而不应该是关于某个群体的正义原则,因为处于原初状态中的每个人只关心自己的利益,其动机应该是个人的,不会是群体的。① 他认为,如果考虑问题的基点是个人,那么每个人对社会或他人做出了什么贡献,以及是否得到了与其相应的回报,这是清清楚楚的,从而没有差别原则的用武之地。如果考虑问题的基点是群体,那么个人的贡献与回报就搅成一锅粥了。

诺奇克认为罗尔斯关于差别原则的推理是这样的:

1. 持有应该是平等的,除非有一种重要的道德理由来证明为什么它们应该是不平等的。

2. 对于他们与其他人们在自然天赋方面的差别,人们不是应得的;没有任何道德理由来证明为什么人们应该在自然天赋方面存在差别。

3. 如果没有任何道德理由来证明为什么人们在某些特性方面存在差别,那么他们在这些特性方面的实际差别就没有提供而且也无法产生一种道德理由来证明他们应该在其他特性(例如持有)方面存在差别。

所以,

4. 人们在自然天赋方面的差别不是证明为什么持有应该是不平等的理由。

5. 人们的持有应该是平等的,除非有某种其他的道德理由

---

① [美]诺奇克:《无政府、国家和乌托邦》,姚大志译,中国社会科学出版社2008年版,第228页。

第九章 资格

（诸如，提高这些处境最差者的地位）来证明为什么他们的持有应该是不平等的。①

诺奇克认为，这种推理的主要问题在于第一个前提，它不假思索地将平等当作了论证的出发点。如果不承认第一个前提，不把平等当作必须加以接受的规范，那么所有的其他论证都失去了理由。

对于诺奇克来说，无论从道德的观点看人们的自然天赋是不是任意的，人们对其自然天赋都是有权利的，对来自自然天赋的东西也都是有权利的。在他看来，"任意的和偶然的东西"并不等于它们没有意义，也不意味着应该加以纠正。诺奇克指责罗尔斯将人们的所有价值都归因于"外在的因素"（自然天赋和社会文化条件），完全否定了人的自主性、主体性、人的选择能力和责任，这样其理论就是对人类形象的贬低，而罗尔斯的本意应是提高人类的尊严。②这里暗含这样一种思想，导致不平等的原因有客观的（自然天赋和家庭环境），也有主观的（努力和勤奋）。罗尔斯只考虑客观的原因，不考虑主观的原因，这是没有道理的。诺奇克的这种批评为后来德沃金的运气平等主义开辟了道路。

罗尔斯为"差别原则"所需的再分配进行了论证，而其论证有两个根据。这种论证的第一个根据是"社会合作"。罗尔斯认为，每个人都必然加入到某个社会合作体系中，并由此获益。罗尔斯认为他的这种主张依据于一种直觉：由于每个人的幸福都依赖于一种合作体系，若没有这种合作体系，所有人都不会拥有一种满意的生活，因此利益的划分应该能够导致每个人都自愿地加入到合作体系中来，包括那些处境较差的人们。③

诺奇克不承认这种直觉的说服力。第一，如果正义问题与社会合作有关，那么在没有社会合作的场合，就不需要正义原则。没有社会

---

① ［美］诺奇克：《无政府、国家和乌托邦》，姚大志译，中国社会科学出版社 2008 年版，第 266—267 页。

② 同上书，第 256—257 页。

③ John Rawls, *A Theory of Justice*, Cambridge, Mass: The Belknap Press of Harvard University Press, 1999, p. 13.

第二部分 平等与正义

合作，谁对什么东西拥有权利，这是一清二楚的。一旦引入社会合作，资格问题就立即变得模糊不清了。第二，即使社会合作是必需的，也不能证明差别原则的合法性。在诺奇克看来，参与一种社会合作体系实质上就是从事一种基于市场制度的自愿交换，每个人在交换中都得到了他自己应得的一份，所以，这里不仅根本不存在再分配的问题，而且也不存在分配的问题。第三，诺奇克认为，罗尔斯的社会合作概念所强调的东西是互惠性，但是以差别原则为正义原则的社会合作体系只代表了那些才智较低者的意愿，只提供对他们有利的条件，而很难吸引那些才智较高者的自愿加入。诺奇克认为，社会合作已经使那些才智较低者受益了，如果实行差别原则，则会使他们更加受益。因此，这种社会合作体系不是对称的，不是中立的，从而也不是互惠的。[①]

罗尔斯为差别原则提供的第二个根据是关于"共同的财富"的论证。罗尔斯认为，人们对其自然天赋不是应得的，因此，他们应该把自然天赋的分配看作一种共同的财富，而不应该从自己的自然天赋中获利。无论这种自然天赋的分配降临在每个人身上的是什么，其利益应是所有人共享的。也就是说，人们应该把自然天赋的分配看作是一种集体的资产，以致较幸运者只有通过帮助那些较不幸者才能使自己获利。[②]

诺奇克针对罗尔斯的上述观点进行了反驳：一方面，他指责"差别原则"的心理基础是嫉妒，才智较低者嫉妒才智较高者，而这是非常不合理的；另一方面，他又批评"共同的财富"或者"集体的资产"这类说法暗示了一种"人头税"的合理性，这样，那些正在利用自己自然天赋的人就是在滥用公共资产了。罗尔斯在批评功利主义时有一个重要的观点，即功利主义"没有认真对待人们之间的区别"。诺奇克现在反过来把它用于罗尔斯，即"集体的资产"这种说法也

[①] [美] 诺奇克：《无政府、国家和乌托邦》，姚大志译，中国社会科学出版社 2008 年版，第 220—235 页。

[②] John Rawls, *A Theory of Justice*, Cambridge, Mass: The Belknap Press of Harvard University Press, 1999, p. 87.

"没有认真对待人们之间的区别"。①

二　持有正义的原则

在以市场经济为背景制度的社会中，初次分配通常都是非常不平等的。从平等主义者的观点看，非常不平等的分配是不正义的，从而需要国家通过再分配来改变初次分配的不平等，来改善那些社会底层群体处境。因此，平等主义者所说的"分配"实际上是"再分配"，即对初次不正义分配的纠正。

诺奇克反对"分配正义"的观念。在他看来，"分配"一词意味着由一种社会制度按照某些原则来集中地提供某些东西，但是，在市场经济中，"没有任何集中的分配，任何人或任何群体都没有资格控制所有的资源，都没有资格共同决定如何把它们施舍出去"。②诺奇克认为，在一个自由主义的社会中，任何决定都是分别做出的，生产、交换和资源的控制是由不同的人分散进行的，所有人的合力形成了总的结果。这里没有统一意志、统一目的和统一结果。分配在市场资本主义里没有任何位置，也不是自由主义的应有之义。

"分配正义"的关键是"再分配"，而"再分配"的实质是国家通过各种手段将一部分资源转移给社会处境最差者。这是一种倾向于社会底层群体的理论。诺奇克批评这种理论不是中立的：分配正义只考虑接受者的利益，而没有考虑给予者的利益；只关心财富往哪里去，而不关心财富从哪里来；只维护天赋较低者的权益，而没有维护天赋较高者的权益；只把处境最差者当作目的，而将处境更好者当作手段。

罗尔斯的分配正义的背景是国家，国家具有一种再分配的功能，而诺奇克则是从市场经济的背景下来讨论分配正义问题的。他相信市场能够解决一切问题：市场机制不仅维持了生产的效率，而且也维护了分配的公平。与罗尔斯的"分配正义"相对立，诺奇克将自己的分配理论称为"资格理论"，而这种资格理论的核心是"持有正义"

---

①　[美]诺奇克：《无政府、国家和乌托邦》，姚大志译，中国社会科学出版社2008年版，第274—275页。
②　同上书，第179页。

第二部分 平等与正义

（justice of holdings）。与诺奇克批评罗尔斯一样，人们也可以批评诺奇克的理论不是中立的，因为"持有正义"中的"持有"和"资格理论"中的"资格"暗示了对财产所有权的尊重。道德的天平现在倾向了有产者、给予者、天赋较高者和处境更好者。

诺奇克的持有正义由以下三个论题组成：第一，持有的最初获得，或对无主物的获取；第二，持有从一个人到另一个人的转让；第三，对最初持有和转让中的不正义的矫正。对上述三个论题的讨论形成了持有正义的三个原则，即"获取的正义原则"（principle of justice in acquisition）、"转让的正义原则"（principle of justice in transfer）以及对于不正义的"矫正原则"（principle of rectification）。"获取的正义原则"规定了事物如何从无主的状态变为被人拥有的状态，并且通过什么方式这种拥有是合法的。"转让的正义原则"说明已经合法拥有的财产如何可以转让给他人，而诺奇克强调，只有当某种转让是自愿的时候，它才是正当的。并非所有的实际持有都符合上述两条原则，许多财产是以不正义的方式获得的，所以需要"矫正原则"来加以纠正。如果一个人对其持有符合这三个正义原则，那么他对其持有就是有权利的。①

诺奇克基于持有正义的三个原则，提出了关于持有正义的一般纲领："如果一个人根据获取和转让的正义原则或者根据不正义的矫正原则（由头两个原则所规定的）对其持有是有资格的，那么他的持有就是正义的；如果每一个人的持有都是正义的，那么持有的总体（分配）就是正义的。"②

与平等主义的分配正义理论相比，诺奇克的资格理论有两个特点：第一，资格理论主张一种历史原则；第二，资格理论是非模式化的。

首先，"历史原则"与"即时原则"是对立的。"即时原则"（如功利主义）只注意分配的结果，主张分配的正义取决于分配的结构。例如，一个 A 拿 10 份、B 拿 5 份的分配，同一个 A 拿 5 份、B 拿 10

---

① ［美］诺奇克：《无政府、国家和乌托邦》，姚大志译，中国社会科学出版社 2008 年版，第 181 页。
② 同上书，第 183—184 页。

份的分配，对于功利主义来说，具有同样的结构，从而具有同样的功利效果。选择哪一种是无关紧要的事情，由一种分配变为另一种分配也不涉及不正义。诺奇克的"历史原则"不是按照分配的现成结果来评判分配是否符合正义，而是考虑这种分配是如何演变过来的，考虑与分配相关的各种信息。诺奇克认为，人们过去的行为能产生对事物的不同权利。例如，与正常的工人相比，一个在监狱中服刑的犯人应该在分配中得到一个很低的份额，他的所得与其先前的犯罪和目前受到的惩罚是相关的。对于"历史原则"，一个罪犯拿 10 份而工人拿 5 份的分配不可能是正义的。①

其次，"非模式化"与"模式化"是对立的。所谓"模式化"的原则是指，一种正义的分配应按照某种自然维度来进行，这些自然维度有道德价值、需要、贡献、努力程度，等等。诺奇克认为，包括罗尔斯的正义理论在内，人们提出的几乎所有分配正义的原则都是模式化的。与平等理论和应得理论不同，诺奇克声称自己的资格理论是非模式化的："一些人收到了他们的边际产品，一些人在赌博时赢了，一些人得到了其配偶收入的一部分，一些人收到了基金会的赠送，一些人收到了贷款的利息，一些人收到了崇拜者的礼物，一些人收到了投资的回报，一些人从他们拥有的东西中挣了很多，一些人找到了一些东西，等等"。② 每种情形可能服从某种模式，各式各样的模式在决定着各种各样的分配，但并不存在一个总的原则来支配全部的分配。诺奇克认为，每种持有都可能通过某种模式来解释，但整个社会的持有不是一个可预先设计的统一过程，而是一个分散的自然过程，从而任何一种模式都不能解释所有的分配和持有。诺奇克主张分配模式的多样化，但模式太多，就变成非模式化了。

诺奇克认为，真实的社会生活不服从任何一种模式，如果社会强行服从某一模式，这种模式也将被打乱。他举了一个篮球明星张伯伦的例子。假设现在实行一种平均主义的分配 D1，每个人都获得平等的

---

① ［美］诺奇克：《无政府、国家和乌托邦》，姚大志译，中国社会科学出版社 2008 年版，第 184—185 页。
② 同上书，第 188 页。

第二部分　平等与正义

一份。再假设张伯伦是一个众人喜欢的篮球明星，能吸引大量的观众。这样，张伯伦同一个篮球俱乐部签订了一份契约：在国内的每场比赛中，从每张售出的门票中抽出 25 美分给张伯伦。因为人们喜欢观看张伯伦高超的球技，纷纷兴高采烈地观看他参加的所有比赛，也乐于为此多付出 25 美分给他。在一个赛季中，有 100 万人观看了他的比赛，结果张伯伦得到了 25 万美元，这是一个比平均收入大得多的数额。于是，原先平均主义的分配 D1 就变成了不平等的分配 D2。对于诺奇克来说，D2 不仅意味着打破了 D1 的单一分配模式，而且意味着 D2 这种不平等的分配是从 D1 的平等分配中自然而然产生出来的。由于人们自愿将自己的一部分收入转给了张伯伦，所以，D2 作为结果显示了人们收入上的巨大不平等，但它并不是不公正的。①

社会有什么办法来解决这种自由行动对分配模式的搅乱呢？诺奇克认为，可以采取两种办法来维持一种模式，或者不断地进行干预，不准人们随其意愿地转移资源，如不准每个观众给张伯伦 25 美分，或者不断地从某些人那里夺走某些资源，如没收张伯伦额外得到的 25 万美元。但在诺奇克看来，无论哪一种办法都将侵犯人们的权利。诺奇克认为"张伯伦"这个例子的普遍意义在于：如果没有对人们生活的不断干预，任何目的原则或模式化的分配正义原则都不能持久地实现。

诺奇克坚持资格理论的主要目的是反对再分配。他认为，再分配只确认了接受者的权利，而没有承认给予者的权利。另外，再分配仅仅注意分配问题，只关心谁得到什么东西，而没有注意生产问题，不问这些东西从何而来，似乎可供分配的东西是从天上掉下来的一样。再分配是国家通过税收来强行实现的。在诺奇克看来，这种由税收所支持的再分配就是从一些人强行夺走某些东西，然后将它们给予另一些人，其实质是强迫一些人为另一些人劳动，所以再分配是对人们权利的侵犯。

对于任何一种可供社会分配的东西都可以思考两个问题：一个是它们从哪里来的？另一个是谁将得到它们？罗尔斯更为重视后一问题，

---

① ［美］诺奇克：《无政府、国家和乌托邦》，姚大志译，中国社会科学出版社 2008 年版，第 192—193 页。

从而倾向于一种平等分配的结果。诺奇克主张前者是更为根本性的问题，他坚持权利的不可侵犯性，用权利来对抗平等。任何分配都意味着财富在人们之间的转移，财富来自所有者，去向接受者。如果说在分配中所有者和接受者的利益和权利是不同的，那么诺奇克重视的是所有者的利益和权利。诺奇克坚持认为，所有者对其所有是拥有资格的。如果所有者对其所有是拥有资格的，那么他就可以随其所愿地处理自己的东西，可以用来交换，可以馈赠他人，甚至可以扔掉，别人或国家都无权加以干涉。

基于这种资格理论以及持有正义的原则（特别是获取的正义原则），如果一个人对自己的原始资产是有资格的，那么他对由这些原始资产所产生出的任何东西也都是有资格的。资格理论的关键在于这些原始资产。概括地说，这些原始资产可以分为两种，一种是人的自然天赋，另一种是自然资源。人的自然天赋属于内在资源，它涉及一个人对自我的所有权；自然资源属于外部资源，它涉及对自然物的所有权。诺奇克的资格理论以这两种所有权为基础：如果两者中的任何一种或者两者都难以成立，那么资格理论就失败了。问题在于，这两种原始资产的所有权能够得到证明吗？

三 自我所有权

维护个人权利是自由主义的传统，从洛克到罗尔斯的自由主义者都坚持权利的重要性。诺奇克与其他自由主义理论家不同的地方在于，他不仅使权利成为自由主义的核心概念，而且赋予权利以至高无上的意义，把自由主义奠基在权利理论之上。诺奇克建立了一种以权利理论为基础的自由主义，并且使权利话语在当代政治哲学的讨论中甚至人们的日常生活中处于支配地位。

作为当代自由主义的主要代表，罗尔斯与诺奇克在权利问题上有许多一致的地方：他们都主张权利优先于善，并以此共同反对功利主义；他们都重视维护人的权利，主张人是目的，而不能被用作手段。但是，如果我们把"权利"嵌入他们的整个理论体系中，两者的分歧立刻就显现出来了。对于罗尔斯，正义原则是在先的东西，是确定社会基本结构的东西，而权利（以及义务）的分配则是由社会基本结构

第二部分　平等与正义

规定的。关于权利的命题都必须建立在正义原则的基础之上，都是从正义原则推论出来的。对于诺奇克，权利是在先的东西，是确定无疑的东西，是已有明确归属的东西，无论是他人、群体或国家都不能加以侵犯。关于正义的任何命题都必须建立在权利的基础之上，都必须纳入权利的话语体系。

罗尔斯赋予正义原则以首要性，试图从基本的政治制度和社会制度上解决历史延续下来并存在于现实中的不平等，而解决分配不平等的方式是再分配。诺奇克强调权利的首要性，认为由再分配所维持的平等将不可避免地侵犯个人权利，从而主张一种功能最少、权力最小的国家。诺奇克在《无政府、国家和乌托邦》的"前言"里便开宗明义：个人拥有权利，有些事情是任何人或任何群体都不能对他们做的，否则就会侵犯他们的权利。而且他还特别指出，国家不可以使用强制手段迫使某些人帮助另外一些人，也不可以使用强制手段禁止人们追求自己的利益和自我保护。①

诺奇克所坚决捍卫的权利是指个人拥有的各种具体权利，特别是指洛克所说的生命权、自由权和财产权。诺奇克主张每一个人都毫无疑问地拥有这些权利，而且这些权利是神圣不可侵犯的。但是需要指出，这些权利仅仅具有否定的意义。例如，一个无家可归者具有生命权，为此他需要食物和住房。那么他是不是有权可以强行要求任何一个有多余食物和住房的人为他提供食物和住房呢？对于诺奇克来说，不是这样的，人们没有这种强行的权利。一个人对于自己的生命拥有权利，但这并不能使他拥有强行要求别人为自己提供食物的权利。那么他是否有权要求国家给他提供食物和住房呢？在诺奇克看来，他也没有这个权利，国家可以对他的这种要求无动于衷。因为国家要为他提供帮助，就要进行财富的再分配，从而就必须从个人那里征税，但国家没有为此而征税的权利。从这种意义上说，人们拥有的仅仅是不受伤害和不被干涉的权利。就此而言，个人对于自己生命、自由和财产的权利是绝对的、无条件的和神圣不可侵犯的。

---

① ［美］诺奇克：《无政府、国家和乌托邦》，姚大志译，中国社会科学出版社 2008 年版，"前言"第 1 页。

第九章 资格

上面无家可归者的例子表明，人们的权利之间存在着冲突。当一个穷人的生命权同一个富人的财产权之间发生了冲突的时候，而且这个穷人由于缺乏食物和住房面临饿死和冻死的危险，为什么他没有权利强行要求这个富人为他提供食物和住房呢？诺奇克认为，因为存在着一种对人的行为的道德约束。他把这种道德约束称为"边界约束"（side constraints）。诺奇克提出，人们可以把权利当作所要采取的行动的边界约束，即其他人的权利构成了对你行为的限制，而你在任何行动中都不要违反这种限制。① 他人的权利确定了你的行动界限，你不可越雷池一步。在这种意义上，权利的不可侵犯性是不受挑战的。

为什么权利是不可侵犯的？为什么权利的不可侵犯性构成了对所有行为的"边界约束"？同罗尔斯一样，诺奇克在道德哲学上也忠于康德的义务论。在诺奇克看来，"边界约束"表达了康德主义的根本原则：个人是目的，而不仅仅是手段；他们若非自愿，就不能被牺牲或者被用来达到其他的目的；个人是不可侵犯的。换言之，"权利是不可侵犯的"归根结底是因为"个人是不可侵犯的"。"边界约束"以一种否定的方式表达了义务论的命令：不得以任何方式来利用他人。

对于诺奇克来说，个人是唯一的实体，个人的生命和存在具有不可超越的价值，而社会或国家既不是实体，也没有生命。所以，要求为了国家或社会的利益而牺牲某些个人的利益，实质上这是为了一些人的利益而牺牲另一些人的利益。诺奇克认为，一方面国家在所有公民面前应是中立的，不可偏袒任何人；另一方面个人是目的，不能被用作他人的手段，因此，任何以社会利益的名义对个人权利的侵犯都是不道德的，也都得不到证明。诺奇克的道德约束所依赖的根本观念是：存在着不同的个人，他们分享着不同的生命，从而没有任何人可以为了别人而被牺牲。

诺奇克的权利概念有两个鲜明特征。首先，权利是属于个人的，而不是属于群体的。因为个人是唯一的实体，群体、国家或社会都不是实体。在诺奇克看来，一个国家的权利就是个人权利的总和，国家

---

① ［美］诺奇克：《无政府、国家和乌托邦》，姚大志译，中国社会科学出版社 2008 年版，第 35 页。

第二部分 平等与正义

没有超出个人权利之上的权利。其次，权利是特殊的，而不是一般的。诺奇克认为，特殊的人对特殊的事物拥有特殊的权利，任何与这些特殊权利相冲突的权利都是不存在的。因为关于特殊事物的权利充满了权利的空间，没有为任何一般权利留下余地。这种至高无上的权利体现在分配正义领域就变成了资格。

资格理论与平等理论的关键分歧在于自然天赋的所有权。罗尔斯主张，人们对其自然天赋不是应得的，从而对由自然天赋所产生的任何东西也都不是应得的。诺奇克则认为，即使人们对其自然天赋不是应得的，他们对它们也是有资格的，从而他们对由自然天赋所产生的任何东西也都是有资格的。诺奇克的实际论证是这样的：

1. 人们对他们的天资是有资格的。
2. 如果人们对某种东西是有资格的，那么他们对来自它的任何东西都是有资格的（通过某种具体的过程）。
3. 人们的持有来自他们的天资。

所以，

4. 人们对他们的持有是有资格的。
5. 如果人们对某种东西是有资格的，那么他们就应该拥有它（而且这压倒了关于这个东西可能有的任何平等根据）。①

这个论证的关键是它的第一个前提，即"人们对他们的天资是有资格的"。问题在于，我们如何解释"资格"？对此可以有弱和强两种解释。按照弱的解释，"资格"意味着我们对自己的自然天赋具有较弱意义上的宽泛权利，而且，这种意义上的"资格"与平等主义可以是相容的。按照强的解释，"资格"意味着我们对自己的自然天赋拥有排他性的所有权（ownership），并且与平等主义是不相容的。

我们有理由认为，诺奇克本人对"资格"概念采取了强的解释，

---

① ［美］诺奇克：《无政府、国家和乌托邦》，姚大志译，中国社会科学出版社2008年版，第271页。

第九章 资格

即这个概念的所指就是他所说的古典自由主义的自我所有权。① 这里所谓的古典自由主义是指洛克的学说。洛克提出:"每人对他自己的人身享有一种所有权,除他以外任何人都没有这种权利",因此"他的身体所从事的劳动和他的双手所进行的工作,我们可以说,是正当地属于他的"。② 诺奇克接受了洛克的观点,而从这种观点看,无论从道德的观点看人们的自然天赋是不是应得的,他们对其天赋都是有资格的。人们对自己的自然天赋是有资格的,这意味着他们对其自然天赋是拥有所有权的。如果人们对自己的自然天赋是拥有所有权的,那么他们对由自然天赋所产生出来的任何东西也都是拥有所有权的。这也就是柯亨所谓的"自我所有权"命题。③

在这个问题上,平等理论与资格理论是完全对立的。对于以罗尔斯为代表的平等主义者,自然天赋不是个人的资产,而是集体的资产,这样他们就不能用自然天赋来为自己的个人利益服务,而是为所有人的利益服务,特别是来帮助那些天赋较差者。对于以诺奇克为代表的资格理论家,我的自然天赋就是我的,既不属于任何国家或群体,也不属于其他任何人。而且,因为我对我自己的自然天赋拥有所有权,所以我对它们所产生出来的任何东西也都拥有所有权。这里特别需要指出的是,所有的资格理论家都接受了"自我所有权"的观念,即使是自称马克思主义者的左翼理论家(如柯亨)也是如此。

在自然天赋的问题上,与平等主义者相比,资格理论家似乎占有一种有利的地位,以至像柯亨这样的马克思主义者都没有对诺奇克的"自我所有权"提出质疑。这里所说的有利地位体现在两个方面。一方面,平等主义者认为人们对其自然天赋不是应得的,并以此来反对各种不平等,从而"应得"的观念在反对不平等中具有了重要的道德意义。但是,以罗尔斯为代表的平等主义者又反对把应得的观念用于

---

① [美]诺奇克:《无政府、国家和乌托邦》,姚大志译,中国社会科学出版社2008年版,第206页。
② [英]洛克:《政府论》下篇,叶启芳、瞿菊农译,商务印书馆1986年版,第19页。
③ G. A. Cohen, *Self-Ownership, Freedom, and Equality*, Cambridge, UK: Cambridge University Press, 1995, pp. 146–147.

分配正义，认为"应得"的观念与分配正义无关，从而也不具有任何道德意义。如果这样，那么为什么同样的"应得"观念在反对某种分配方式时就具有道德意义，而在主张某种分配方式时就失去了道德意义？这里不是说平等主义是错误的，而是说平等主义者在这个问题上似乎存在某种不一致。另一方面，资格理论家不是主张人们对其自然天赋是应得的，而是主张，即使人们对自己的自然天赋不是应得的，他们对它们也是有资格的。如果人们对自己的自然天赋是有资格的，那么他们对由其天赋所产生的任何东西也都是有资格的。

这里的关键是我们如何来理解自然天赋以及我们自己与自然天赋的关系？诺奇克的核心主张是：我们对自己的自然天赋是有资格的。问题在于如何解释"资格"。我们说过，对此有强和弱两种解释。诺奇克本人采取了强的解释，即资格意味着"所有权"。但是，"所有权"不是一个表达人与其自然天赋之间关系的合适概念。人对自己的财产（如房屋）能够拥有排他性的所有权，假如他的财产（如房屋）具有清晰和明确的界定。但是，一个人的自然天赋要具有价值（生产出其他有价值的东西或财富），既需要外部的自然资源，也需要其他人的合作。在这种意义上，对于人与其自然天赋之间的关系，排他性的"所有权"观念过强了。

我们认为，与强的解释相比，弱的解释是更有道理的。按照这种弱的解释，"资格"意味着我们对自己的自然天赋具有较弱意义上的、宽泛的权利。这种权利是较弱意义上的，因为它没有诺奇克所意指的排他性。这种权利也是宽泛的，它有别于特殊意义上的财产权或所有权。按照这种解释，关于自然天赋的资格与平等主义是相容的：我的自然天赋是属于我自己的，但是这并不排除他人与我共同分享我的自然天赋所创造出来的财富，因为我在进行这样的创造时需要其他人的合作，更需要使用自然资源。这样，问题的关键指向了自然资源的所有权。

四　自然资源的所有权

如果说关于自然天赋的自我所有权是有争议的，以罗尔斯为代表的平等主义拒绝这种所有权观念，那么与其相比，关于自然资源的所

第九章 资格

有权存在更大的争议,不仅平等主义者质疑这种所有权,而且左翼资格理论家也反对这种所有权观念。这种对自然资源的所有权与诺奇克的持有正义原则是紧密联系在一起的。

在诺奇克的资格理论中,在持有正义的三个原则中,问题最大的是获取原则。获取原则涉及对自然资源的占有。世界上的自然资源或者是有主的,或者是无主的。有主物在人们之间转移的合法性是由"转让原则"规定的,而对无主物占有的合法性则是由"获取原则"确定的。如果这样,那么什么东西能够使一个人对所占有的自然资源拥有合法性?

诺奇克首先考虑了洛克的获取理论。洛克认为,施加在无主物上面的劳动使人对它拥有了所有权,即人们把他们的劳动与无主物相混合而产生出所有权。但是,诺奇克认为这种"劳动的获取理论"中存在着许多问题。比如,施加在无主物上的劳动在什么范围能够导致所有权呢?如果一名私人宇航员在火星上扫净一块地方,那么这种劳动能使他占有的仅仅是他扫净的那块地方还是整个火星?他对之拥有权利的地方应该有多大?一个人围绕一大块土地建立起一圈栅栏,他能因此成为这块土地的所有者吗?诺奇克认为不能,这个人可能仅仅是这圈栅栏以及直接与栅栏相连的土地的所有者。①

为什么一个人的劳动施加在某种无主物上,就使这个人成为这个自然物的所有者呢?洛克似乎认为是因为人的劳动渗入自然物之中。这也就是劳动价值论。由于一个人对自己的劳动拥有所有权,所以现在通过劳动,这种所有权便渗入和扩展到自然物中。问题在于,把我拥有的东西(劳动)与我不拥有的东西(自然物)混合在一起,为什么不是我失去了我所拥有的东西,而是我得到了我不拥有的东西?正像诺奇克所说的那样:如果我拥有一盒番茄汁,我把它倒入大海以使其分子均匀地"溶入"整个大海,那么我因此就拥有这个大海?显然,我只是愚蠢地浪费了我的番茄汁。或许还应该说,我污染了大海。诺奇克建议我们应该这样来理解洛克的观点:"施于某物的劳动使它

---

① [美]诺奇克:《无政府、国家和乌托邦》,姚大志译,中国社会科学出版社2008年版,第208—209页。

第二部分 平等与正义

得到了改善,使它更有价值了;任何人在一个物上面创造了价值,他就有资格拥有这个物。"① 也就是说,劳动使原来无主的自然资源变得更有价值了,这样劳动的所有权便延伸到了自然资源上面。

如果通过劳动能够被占有的自然资源的数量是无限的,那么洛克的"劳动获取理论"和诺奇克的"获取原则"都可以成立。但是,地球上现在没有什么东西能够说是无限的。特别是对人们具有价值的自然资源(如土地)都是有限的,如果一个地方的土地被一些人占有了,其他人以及他们的后代就无法再占有了。在这种意义上,一个人对某种自然资源的占有意味着减少了其他人占有的机会,而一个人占有的越多,对其他人的状况的损害就越大。

针对这种情况,洛克对自然资源的占有提出了一个限制条款(proviso):有足够的和同样好的东西留给其他人共有。② 洛克举例说,人们从泉水中取水,对所取的水就拥有了所有权,因为这眼泉水也足够其他人的取用。但是,洛克的限制条款在他的时代或许还可以成立,而在当代就成问题了,因为很多自然资源被某个人占有之后,就没有"足够的和同样好的东西"留给其他人了。而且,我们知道,一种自然资源越是稀缺,它对人们的价值也就越大。如果这样,那么就没有什么人有权利占有任何自然资源了。

如果洛克对占有自然资源的限制是合理的,那么我们就不能拘泥于这个限制条款的字面意思,就需要对它给予一种更合理的解释。诺奇克的解释是这样的,即一个人是否能够合法地占有无主物,关键在于对它的占有是否使其他人的处境变得更坏了。③ 通过这种解释,洛克的限制条款就变成了诺奇克的限制条款:只有当对一个无主物的占有没有使他人的状况变得更坏时,这种占有才是被允许的。与洛克的限制条款相比,诺奇克的条款更为宽松。公平地说,如果我们允许对

---

① [美]诺奇克:《无政府、国家和乌托邦》,姚大志译,中国社会科学出版社2008年版,第209页。
② [英]洛克:《政府论》下篇,叶启芳、瞿菊农译,商务印书馆1986年版,第19页。
③ [美]诺奇克:《无政府、国家和乌托邦》,姚大志译,中国社会科学出版社2008年版,第210页。

自然资源的私人占有，诺奇克的限制条款是合理的，而且也符合洛克的精神。

但是，问题在于如何定义"变坏"？怎样理解一个人的占有与其他人状况"变坏"之间的关系？诺奇克认为，对某物的占有能够以两种方式使别人的状况变坏，从而对限制条款可以有两种解释。第一种方式的占有是使别人失去通过一种或另一种特殊占有而改善处境的机会。第二种方式的占有是使别人不再能够自由利用他先前可以自由利用的东西。第一种方式是其他人不再能够"占有"某物了，第二种方式则是其他人不再能够"使用"某物了。在诺奇克看来，如果对限制条款采取"强"的解释，那么两种方式的占有都是不允许的，因为它们都会使别人的状况变得更坏。如果对限制条款采取"弱"的解释，那么则只禁止第二种方式的占有，而不禁止第一种方式的占有，因为他可以通过其他途径来改善自己的处境，尽管该占有使他的选择余地缩小了。①

无论是洛克的"足够的和同样好的东西"，还是诺奇克的"不使其他人的处境变坏"，洛克式占有自然资源的理论的核心思想是这样的：使自然资源掌握在那些能够最有效率地使用它们的人们手里，这会增加社会产品，从而不仅不会使其他人的处境变得更坏，而会变得更好。也就是说，与所有人平等地共有自然资源相比，自然资源的私人所有权会增加总的利益。虽然拥有自然资源之所有权的人们在增加的利益总额中得到了大部分，但是其他人显然也会分享到好处。这里的问题在于，如果这是支持自然资源之所有权的理由，那么这种理由看起来是功利主义的。用功利主义的理由来支持对自然资源的所有权，这有悖于诺奇克的资格理论，有悖于他的义务论道德。

而且，无论是洛克还是诺奇克的自然资源占有理论，所奉行的原则实质上都是"先来先得"。这种原则主张，对于某种自然资源，谁是第一个得到它们的人，谁就是它们的所有者，拥有占有的优先权。这种"先来先得"的原则是没有道理的。我们知道，洛克式劳动获取

---

① ［美］诺奇克：《无政府、国家和乌托邦》，姚大志译，中国社会科学出版社2008年版，第211页。

第二部分　平等与正义

理论的背景是英国圈地运动。从历史的角度看，圈地运动有助于集中土地，发展资本主义农业，提高农业的生产力，加速实现农业的现代化。对于失去土地的人，他们可以成为农业或工业的雇佣工人，并或许因此比先前的处境变得更好。但是，这种历史事实并不能提供诺奇克的获取理论所需要的辩护。因为"先来先得"以一种野蛮的方式把公共的自然资源私有化了，而且这种自然资源的私人拥有是排他性的：某个人占有了某块土地，其他人就没有了。

当然我们也看到，与赤裸裸的圈地运动或"先来先得"相比，洛克和诺奇克都为自然资源的占有规定了一个限制条款。洛克的限制条款是给其他人留下"足够的和同样好的东西"，而诺奇克的限制条款是"不使其他人的处境变坏"。仔细推敲两个条款，就会发现两者之间存在明显的区别。首先，在洛克的条款中，规定了每个人都应拥有一定份额的自然资源，而诺奇克的条款不是如此。其次，洛克的条款中"足够的和同样好的东西"实质上意味着每个人对自然资源都应得到一份平等的份额，而诺奇克的条款则允许人们（甚至是大多数人）不占有任何自然资源，只要他们的处境没有变坏。也就是说，与洛克相比，诺奇克的限制条款更为宽松。

从平等主义者的观点看，所有的自然资源都应该平等地分配。让我们以土地为例。土地是非常重要的资源，而且也是有限的资源。土地的私人占有是排他性的，一个人占有了，其他人就没有了。而且这种土地占有的不平等会遗传给后代，某些人凭出身就可以拥有大量的土地，另外一些人则生来就没有立锥之地。这是不公平的。失去土地的人会成为雇佣工人来维持生存，他也可能因此比在贫瘠的公共土地上放羊变得状况更好。然而，与成为雇佣工人相比，他可能更喜欢自由自在的放牧生活，而公共土地的私人所有限制了他的选择。在这种意义上，他是因失去可以利用的土地而被迫成为雇佣工人的。他失去了按照自己意愿生活的自由，而诺奇克始终强调的就是这种选择生活方式的自由。

让我们总结一下。诺奇克的资格理论以自我所有权和自然资源的所有权为基础，而我们的上述分析表明，一方面，诺奇克的自我所有权观念太强了，因为人们对于自己自然天赋的权利没有他所赋予的那种"排他性";另一方面,他的自然资源的所有权是有问题的,因为"先来先得"不能使自然资源的私人占有获得合法性。如果诺奇克的资格理论依赖于自我所有权和自然资源的所有权,而这两种所有权都难以成立,那么资格理论就难以立足了。

第二节 左翼极端自由主义

以诺奇克为代表的右翼极端自由主义在分配正义问题上主张资格理论,而这种资格理论本质上是一种权利理论。对于右翼的极端自由主义者,有两种基本的权利,一种是自我所有权,另一种是自然资源的所有权。但是,对于其他的资格理论家,特别是对于左翼的资格理论家,他们只接受诺奇克的自我所有权,不承认自然资源的所有权。这些资格理论家的观点通常被称为"左翼极端自由主义"(left-libertarianism)。[1]

"左翼"与"右翼"区分的关键在于如何看待平等。对于"右翼",自由具有至高无上的价值,如果平等与其发生冲突,那么它必须给自由让路。对于"左翼",自由和平等都是最重要的价值,分配正义必须体现出两者。在这种意义上,右翼极端自由主义是反平等主义的,而左翼极端自由主义是平等主义的。从左翼极端自由主义者的观点看,一种合理的分配正义观必须体现出资格理论与平等主义的和解。也就是说,他们试图用平等主义来矫正诺奇克的极端自由主义。

左翼极端自由主义者与诺奇克的分歧具体地表现在如何对待自然资源的占有问题上。诺奇克坚持自然资源的私人占有的合法性,只要这种私人占有符合他提出的限制条款。左翼极端自由主义者认为诺奇克式自然资源的私人占有是不合法的,因为它剥夺了其他人利用自然资源的权利。但是,在如何对待自然资源的问题上,他们内部存在很大争议。大体上左翼极端自由主义有三种主要观点:(1)起点平等的资格理论,从而我们应该平等地分配自然资源;(2)福利平等的资格

---

[1] Peter Vallentyne, "Volume Introduction", in *Equality and Justice Volume 6: Desert and Entitlement*, edited by Peter Vallentyne, New York: Routledge, 2003, p. xiv.

第二部分 平等与正义

理论，从而我们应该按照公平原则来分配自然资源；（3）马克思主义的资格理论，从而我们应该对自然资源实行共同所有。

一 起点平等

在某些资格理论家看来，在如何对待自然资源的问题上，有三种不同的原则：（1）所有人对整个自然资源拥有共同的所有权；（2）每个人有权利拥有自然资源总量中的一份，而这份自然资源与其他所有人的份额是一样的；（3）任何人对任何自然资源都没有任何权利，从而每个人都有资格使用他想使用的任何东西。这三种不同的原则也被称为格劳秀斯式的、洛克式的和普芬道夫式的。① 第一个原则主张对自然资源的公有，从而不允许任何形式的私人占有和所有权。第二种原则允许自然资源的私人占有和所有权，但是为这种所有权规定了一个限制条款。第三种原则承认对自然资源的私人占有和利用，但是不承认任何排他性的所有权。

普芬道夫式的原则实质上意味着"先来先得"。对于无主的自然物，谁是第一个占有者，谁就可以随意使用它。这依据于一种霍布斯意义上的自然权利，即任何人都有权利使用任何自然资源，或者说，任何人对任何东西都没有排他性的权利。但是，从资格理论的观点看，这种普芬道夫式的原则有两个缺点。首先，任何人对任何东西都没有排他性的权利，这是没有道理的，因为一个人起码应该拥有自我所有权；其次，"先来先得"的原则也是没有道理的，因为自然资源是有限的，第一个人占有了某块土地，其他人就没有可使用的了。

从左翼极端自由主义的观点看，诺奇克对于自然资源的态度与"先来先得"原则本质上是一样的，只不过他为这个原则规定了一个限制条款：对无主物的占有不应该使其他人的处境变坏。② 诺奇克主张，如果一个人对某种自然资源的占有满足了这个限制条款，那么他

---

① Hillel Steiner, "Capitalism, Justice and Equal Starts", in *Equal Opportunity*, edited by Ellen Frankel Paul, Fred D. Miller, Jeffrey Paul, and John Ahrens, Cambridge, Mass: Basil Blackwell, 1987, p. 59.

② ［美］诺奇克：《无政府、国家和乌托邦》，姚大志译，中国社会科学出版社2008年版，第210页。

第九章 资格

对所占有的东西就拥有了所有权。诺奇克的限制条款有两方面的含义。一方面，它实质上表达了这样一种规定，即受这种私人占有所影响的人有权利享有某种水平的福利底线。比如说，如果你占有并且获得了某个无主自然物的所有权，而我没有，那么我就会因此有资格享有某种水平的福利。另一方面，这个限制条款意味着，自然资源的私人占有必须带来某种帕雷多改善。① 这里需要注意的是，帕雷多改善不是要求这种私人占有必须使所有相关者的处境都变得更好了，而是要求它不应使任何一个相关者的处境变坏。

但是，对于资格理论家来说，这个规定了帕雷多改善的限制条款是有问题的，从而这种自然资源的私人占有是没有道理的。诺奇克的限制条款的确表明，这种自然资源的私人占有要比没有任何私人占有更好，因为它起码使占有者的处境变得更好了，而又没有使非占有者的处境变得更坏。如果相关者的福利为自然资源的私人占有提供了合法性，但是诺奇克没有证明，满足这种限制条款的私人占有是帕雷多最佳的，即它比任何其他的选择都更好。比如说，第一个先来者占有了某块土地，但是如果第二个人能够提供一种帕雷多最佳，能够使所有相关者的福利都得到提高，那么为什么这块土地的所有权不能属于第二个人？这意味着，对于自然资源的私人占有来说，限制的关键不在于福利，而在于权利。② 限制某个人占有某个自然物的东西，不是其他人的福利水平，而是其他人的福利权利。这种福利权利就是对于自然资源的所有权。

对于生活在地球上的人们而言，自然资源是有限的。如果某个自然物（如一块土地）被某个人占有了，那么其他人就得不到了。这种自然资源的私人占有对非占有者构成了一种损失：他们失去了对这个自然物的权利，而他们本来对此是有权利的。某种水平的福利不能抵消这种损失，而且福利本身也不能成为支持私人占有的理由。从平等主义者的观点看，每个人对于自然资源都拥有平等的权利。

---

① Hillel Steiner, "Capitalism, Justice and Equal Starts", in *Equal Opportunity*, edited by Ellen Frankel Paul, Fred D. Miller, Jeffrey Paul, and John Ahrens, Cambridge, Mass: Basil Blackwell, 1987, p. 55.

② Ibid., pp. 56–57.

第二部分　平等与正义

资格理论既是一种权利理论,也是一种历史理论。资格理论是一种权利理论,这有两方面的含义。一方面,资格理论建立在广义的权利理论上面,而这种权利理论在涉及分配正义的问题上就体现为资格理论;另一方面,说某个人对其收入或财产是有资格的,这意味着他对它们是有权利的。资格理论也是一种历史理论,这是指资格是历史性的,即一个人对其收入或财富是不是有资格的,这与他过去所做的事情相关。资格的历史性构成了一个权利的锁链,一个人对某种财产(如房产)的权利依赖于对某种先在东西(如建筑材料或者购房款)的权利。如果我们沿着这条权利之链追溯下去,那么就会达到两种原始的权利,一种是自我的所有权,另一种是对自然资源的权利。所有的资格理论家都承认自我所有权,分歧在于如何对待自然资源。

以诺奇克为代表的右翼资格理论家主张自然资源的自由占有,只要这种私人占有能够满足他提出的限制条款。而一些左翼资格理论家则主张,诺奇克式的私人占有是不合法的,因为每个人对自然资源都拥有一种平等的权利,从而都应该得到一份平等的资源。他们把这种对待自然资源的原则称为洛克式的①,因为洛克为无主自然物的占有规定了这样的限制条款:"有足够的和同样好的东西留给其他人"。②

从平等主义的观点看,每个人对于自然资源都有权利得到平等的一份,这是毫无疑问的。问题在于,这种自然资源的平等分配如何能够实现。把自然资源分成平等的一份,我们面临两种"认识论的"困难。按照资格理论家的说法,这两种困难是我们难以确定"除数"和"被除数"。③ 所谓"除数"是指权利持有人,它起码包括地球上现有的人以及未来世代的人们。把未来的人们排除于外是没有道理的。由于未来世代的人们是无限的,所以我们没法确定权利持有者的数目。

---

① Hillel Steiner, "Capitalism, Justice and Equal Starts", in *Equal Opportunity*, edited by Ellen Frankel Paul, Fred D. Miller, Jeffrey Paul, and John Ahrens, Cambridge, Mass: Basil Blackwell, p. 64.

② [英]洛克:《政府论》下篇,叶启芳、瞿菊农译,商务印书馆1986年版,第19页。

③ Hillel Steiner, "Capitalism, Justice and Equal Starts", in *Equal Opportunity*, edited by Ellen Frankel Paul, Fred D. Miller, Jeffrey Paul, and John Ahrens, Cambridge, Mass: Basil Blackwell, 1987, p. 65.

第九章 资格

即使我们知道"除数"是什么，我们还面临另外一个更困难的问题，即"被除数"是什么。所谓"被除数"是指自然资源。自然资源具有不可分性，我们没有办法把它们分成平等的一份，无论"除数"是多少。另外，自然资源是异质的，或者说它们的性质是各种各样的，把这些异质的资源分成平等的一份，这是难以做到的。平等地分配自然资源意味着把这两个困难合二为一：这种分配要求每个权利持有者得到异质资源的平等一份。这是无法完成的任务。

如果自然资源的平等分配面临这个巨大的困难，那么资格理论家如何来解决？一种可能的方式是按照自然资源的市场价值来分配。这种方式具有明显的优点，它能够用单一的金钱价值来衡量各种性质的资源。而且，用金钱来代表资源，这对所有资源都是公平的。但是，在某些资格理论家看来，把市场价值用作各种异质资源的共同标准，这对于原始的自然资源是有困难的。因为在把某种自然资源拿到市场之前，这种资源的所有权的清晰界定是一个前提条件。反过来说，在分配原始自然资源的时候，这种以市场价值来进行衡量的条件还不可能具备。① 即使这些困难都能够克服，可以用市场价值来评估所有的自然资源，人们还会面临一个无法克服的困难——"除数"问题。把未来的人们排除于自然资源的平等分配是没有道理的。因此，即使我们知道自然资源的市场价值，但是我们也不知道其权利持有者的确切人数，从而我们也没有办法平等地分配资源。这意味着，作为衡量异质资源的共同标准，市场价值是不合适的。

如果市场价值是不合适的，那么什么东西是合适的？一些资格理论家提出，自然资源的租金是一个合适的衡量标准，而这里所谓的"租金"（rents）是指由自然资源的利用所产生的净收入。② 说每个人都有权利获得一份平等的自然资源，或者说每个人都有资格得到自然资源价值的一份平等，这意味着把自然资源的租金平等地支付给每个权利持有者。这种支付可以是一次性的，即在每个人成年后成为权利

---

① Hillel Steiner, "Capitalism, Justice and Equal Starts", in *Equal Opportunity*, edited by Ellen Frankel Paul, Fred D. Miller, Jeffrey Paul, and John Ahrens, Cambridge, Mass: Basil Blackwell, 1987, p. 66.

② Ibid., pp. 68–69.

第二部分　平等与正义

持有者时获得一笔总的支付。这种支付也可以是周期性的，在其一生期间不断地得到单笔支付。① 从这些资格理论家的观点看，自然资源的平等分配实现了。

让我们对上面讨论的资格理论总结一下。这种资格理论现在有了两个支点。一个是自我的所有权，这是从诺奇克那里接受的。虽然这种左翼的资格理论反对以诺奇克为代表的右翼资格理论，但是他们对自我所有权的观念不持异议。另外一个是自然资源的平等份额，这是从对自然资源的平等权利到自然资源价值的平等权利推论出来的，而后者的代表是资源的租金。如果说左翼极端自由主义试图用平等主义来矫正诺奇克式的极端自由主义，那么这种矫正就体现在自然资源的平等分配。这样，我们所一直讨论的这种资格理论就拥有了两种东西，即自我的所有权和自然资源价值的平等份额，这意味着每个人在生活中拥有了"社会的和经济的平等起点"。②

二　福利平等

起点平等的资格理论试图使每个人都拥有一种平等的出发点，任何人都不能在人生的道路上"抢跑"，因此这种资格理论看起来对所有人都是公平的。但是，正如我们知道的那样，即使人们同时从出发点起跑，还是有一些人落在后面。同样，起点平等的资格理论使每个人都对自然资源拥有了平等的份额，但是由于人们之间在天赋方面存在的差异，有些人比其他人需要更多的资源（如残障者），有些人比其他人能够更有效地利用资源（如天赋更高者），即使人们的起点是平等的，但最终还是会导致不平等的结果。也就是说，从平等主义者的观点看，起点平等还不够平等。因此，一些资格理论家提出了福利主义的资格理论。

福利主义的资格理论也是从批评诺奇克开始的。我们说过，所有的极端自由主义者（既包括右翼也包括左翼）都对诺奇克所说的"自

---

① Hillel Steiner, "Capitalism, Justice and Equal Starts", in *Equal Opportunity*, edited by Ellen Frankel Paul, Fred D. Miller, Jeffrey Paul, and John Ahrens, Cambridge, Mass: Basil Blackwell, 1987, p. 70.

② Ibid., p. 69.

第九章　资格

我所有权"拥有一种承诺。按照一些福利主义资格理论家的分析，这种极端自由主义的自我所有权包括两种权利：首先是控制和利用自己身心的权利，这种权利禁止其他人伤害他的人身以及强制性地把他的人身用作工具；其次是对收入的权利，这种收入或者是产生于自己的身心，或者来自与其他人的自愿交换。① 前者是严格意义上的自我所有权，而后者是从前者产生出来的。也就是说，从我的东西中生出来的东西也是我的。

然而，对于以罗尔斯为代表的平等主义者，他们只承认严格意义上的自我所有权，并且只是在人身自由的意义上承认这种所有权，即人身不能受到侵犯，不能把人身或者其中的一部分用作为其他人服务的手段。比如说，不能强迫人们把他们的器官（眼睛、心脏或肾脏）捐献给其他人。但是，罗尔斯式的平等主义者不承认第二种权利，不认为人们对自己的收入拥有严格意义上的所有权。因此，平等主义者主张通过税收进行收入的再分配，以帮助那些处境更差的人们。相反，诺奇克式的极端自由主义者认为，我的劳动是我的，从而我的劳动所生产的东西也是我的，如果政府为了再分配而征税，那么"对劳动所得征税等于是强迫劳动"。② 如果人们对劳动产生的收入的权利与对自我的所有权是一样的，那么诺奇克关于为再分配而征税的抱怨就是正确的。

问题在于，对收入的权利与对人身的权利是一样的吗？我们需要对劳动的性质以及收入的来源做一些分析。首先，我们可以把劳动分为需要使用自然资源的与不需要使用自然资源的，如农业劳动需要自然资源（土地和水），而文体劳动（如演唱和舞蹈）则不需要自然资源。其次，我们还可以把劳动分为交易的与非交易的，比如说，如果农业劳动所收获的玉米是卖给了别人，那么它是交易的，如果玉米是

---

① Michael Otsuka, "Self–Ownership and Equality: A Lockean Reconciliation", *Philosophy and Public Affairs* 27 (1998), pp. 69–70.
② ［美］诺奇克：《无政府、国家和乌托邦》，姚大志译，中国社会科学出版社 2008 年版，第 202 页。

第二部分　平等与正义

给自己用的，则是非交易的。① 用于交易的劳动产品包含有交易成本，并且需要国家来强制契约的履行，这些支出通常会以税收的方式来征集。因此，为了使事情简化，我们只考虑非交易的劳动。

　　非交易的劳动分为需要自然资源的和不需要自然资源的。我们先看后者。一种非交易的劳动不需要自然资源然而又能够产生收入（产品），这种事情似乎不太可能。因此，福利主义的资格理论家只好举了一个非常古怪的例子：在一个由两个陌生人组成的社会里，一个人是秃子，另一个人拥有浓密的头发，他能够用自己的头发来编织衣物。② 现在假设"国家"强迫这个有头发的人把他所编织的东西的一半给予头秃者，即对他征收百分之五十的收入税。诺奇克主义者有理由为此抱怨吗？如果这个头秃者没有编织者送给他的衣物会导致冻死，那么对编织者的强制征税看起来是有道理的。但是，并非所有的再分配征税都涉及人的生死。在通常情况下，征税是为了改善处境更差者的福利水平。比如说，如果向编织者征税不是为了防止头秃者冻死，而是为了给他衣柜增加一件华丽的衣服，那么这种征税就没有什么道理了。从福利主义资格理论家的观点看，在这种情况下，如果罗尔斯主义者与诺奇克主义者发生了争议，那么有理者在诺奇克主义者一方。在这里，诺奇克所抱怨的东西与其说是"强迫劳动"，不如说是"财产权的侵犯"。

　　上面的讨论表明，如果一种劳动（及其收入）不使用自然资源，那么诺奇克主义者反对为再分配而征税，这是有理由的。起码从福利主义资格理论家的观点看是这样的。问题在于，在绝大多数情况下，人们的劳动（及其收入）都必须使用自然资源。比如说，对于从古至今在人类生活中一直占有重要地位的农业劳动，它必须使用土地。如果农民的劳动必须使用土地资源，那么国家是否有权利为了再分配而对他们征税？从资格理论家的观点看，这取决于农民对所耕种的土地是否拥有所有权，是否拥有完全的财产权。对于诺奇克式的资格理论，

---

① Michael Otsuka, "Self-Ownership and Equality: A Lockean Reconciliation", *Philosophy and Public Affairs* 27 (1998), p. 71.
② Ibid., pp. 72-73.

第九章 资格

如果一个人对其所拥有的自然资源（如土地）符合他的"获取原则"或"转让原则"，那么他对于这种自然资源就拥有财产权。但是对于平等主义者，这种对自然资源的占有以及所有权都是有问题的，即使它们满足了诺奇克的限制条款。

这样我们就回到了自然资源的所有权问题。福利主义资格理论家对诺奇克为自然资源的私人占有所规定的限制条款感到不满，从而提出了自己的平等主义限制条款："你可以获取先前无主的自然资源，只要你留下足够的东西，以使其他人能够获取同样好的份额的无主自然资源。"① 从平等主义者的观点看，这种平等主义的限制条款显然是合理的和公平的，因为一个人获取了某种无主的自然资源，这不会使其他任何人处于不利地位，而这里的不利是指其他人所得到的自然资源没有那么多了或者那么好了。与此不同，诺奇克的限制条款则是不公平的，因为它允许在获取自然资源方面"先来先得"，从而使先来的某些人占有相对于其他人的优势。

在这个平等主义的限制条款中，关键的句子是"同样好的份额的无主自然资源"，而在这个关键的句子中，关键词是"同样好的份额"。对于这个关键词，不同的平等主义者会有不同的理解，而福利主义的资格理论家把它理解为"获得福利的平等"。② 这种理解与"资源平等"是不同的，按照后者，人们应该得到同等数量的资源（自然资源与人力资源的总和）。它与严格意义上的"福利平等"也是不同的，因为它实质上要求的是获得福利的机会的平等，而非获得福利本身的平等。

在对"同样好的份额的无主自然资源"做了福利主义的理解之后，这种平等主义的限制条款所表达的意思是这样的：某个人的份额同其他人相比是同样好的，当且仅当后者能够以与前者相同的程度使自己的处境变得更好，而这里的"更好"是按照福利的增加来衡量的。"相同的程度"可以被解释为"福利增加的份额是相同的"，也可

---

① Michael Otsuka, "Self-Ownership and Equality: A Lockean Reconciliation", *Philosophy and Public Affairs* 27 (1998), p. 79.

② Ibid., p. 80.

第二部分 平等与正义

以被解释为"福利达到的绝对水平是相同的"。① 福利主义的资格理论家主张,自然资源的正义分配是应该使所有人都得到平等的福利。

从平等主义的观点看,"福利的平等"与"资源的平等"的区别是什么?区别在于,由于人们是不同的,在身心方面存在着巨大的差异,所以即使他们拥有相同的自然资源,所达到的福利水平也是不同的。比如说,残障者要达到同强健者同样的福利水平,他们通常需要更多的资源。这意味着,按照福利主义来理解的平等主义限制条款,残障者比普通人应该得到更多的自然资源,以补偿他们的能力缺陷。因此,福利主义的资格理论家主张,社会中那些状况更差的人们应该得到足够多的自然资源,以至"这些自然资源能产生出稳定的、充足的、终生的持续收入,而这些收入来自这些资源的投资、租金或出售"。② 依靠这些更多的自然资源,天赋较差者能够有机会达到同其他人一样的福利水平。

福利主义的资格理论显然是平等主义的,它的主要目的是试图帮助那些处境更差者,以使他们能够达到同其他人相同的福利水平。如果这样,那么这种平等主义的资格理论同其他的平等主义(比如说罗尔斯式的平等主义)有什么区别?区别在于,首先,这种福利主义的资格理论承认自我所有权的概念,这一点与诺奇克式的极端自由主义是一样的;其次,这种资格理论主张状况更差者(如残障者)应该得到比其他人更多的自然资源,这一点与罗尔斯主义者或诺奇克主义者都是不同的。对于福利主义的资格理论,每个人都拥有平等的福利权。基于这种平等的福利权,残障者有权利得到一份足够的自然资源,以使他们能够有机会达到与其他人相同的福利水平。与此不同,罗尔斯式的平等主义依靠的是收入的再分配,即国家通过税收的方式来实行富人帮助穷人。从资格理论的观点看,这种再分配侵犯了人们的财产权。这里需要强调一下,福利主义的资格理论之所以主张自然资源的公平分配,而非收入的再分配,其目的就是为了避免这种嫌疑——侵

---

① Michael Otsuka, "Self-Ownership and Equality: A Lockean Reconciliation", *Philosophy and Public Affairs* 27 (1998), p. 81.

② Ibid., p. 85.

第九章 资格

犯人们的财产权。

问题在于,状况较差者所应得到的更大份额的自然资源从哪里来?在当代社会中,有价值的自然资源几乎都有主了,无主的自然资源几乎没有了。在这种情况下,要满足福利主义资格理论的限制条款,使状况更差者得到更大份额的资源,那么只有实行自然资源的再分配。如果可供再分配的自然资源是有主的,那么这种再分配就会侵犯这些权利持有人的财产所有权。如果这样,那么福利主义的资格理论家所面临的困难比罗尔斯式平等主义者更为严重:这不仅是收入的再分配,而且是资产的再分配,即把处境更好者所拥有的一部分自然资源转移给处境更差者。从诺奇克式极端自由主义的观点看,这会比罗尔斯的平等主义更为严重地侵犯人们的财产权。

三 自然资源的共同所有

平等主义者对待诺奇克式资格理论的态度大体上可以分为两派,一派是左翼自由主义(left – liberalism),另一派是左翼极端自由主义(left – libertarianism)。作为当代西方马克思主义最著名的代表,柯亨(G. A. Cohen)对这两派的理论回应都有理由感到不满。

柯亨对左翼自由主义感到不满的地方是自我所有权问题。左翼自由主义否认诺奇克的自我所有权观念,认为自然天赋是人们的共同资产,从而主张由国家进行强制性的收入和财富的再分配。对于柯亨式的马克思主义者,资本主义的不正义归根结底在于剥削,而剥削源于对生产资料(自然资源)的不公平占有,因此,揭露资本主义的不正义根本就不需要否认自我所有权的观念。① 我们应该注意,柯亨不是赞同"自我所有权"是一个自明的真理,而是认为这个观念具有不可反驳的清晰性,而且它与马克思主义也是相容的。

柯亨对左翼极端自由主义感到不满的地方是自然资源的所有权问题。正如我们上面所讨论的那样,这些左翼资格理论家或者主张起点平等的观点,对所有自然资源进行平等的分配,或者主张福利平等的

---

① G. A. Cohen, "Self – Ownership, World – Ownership, and Equality", in *Justice and Equality Here and Now*, edited by Frank Lucash (Tthaca: Cornell University Press, 1986), p. 115.

第二部分 平等与正义

观点，在自然资源的分配中对处于不利地位的人们（如残障者）给予额外的补偿。从马克思主义的观点看，在上述资格理论中，虽然自然资源得到了平等或公平的分配，但是由于人们之间在利用资源的能力方面存在差异，经过一段时期以后，还会出现占有自然资源的不平等，从而出现一部分人雇佣另外一部分人，即出现马克思意义上的资本主义剥削。① 也就是说，这些自然资源的平等分配或公平分配导向的是资本主义，而不是社会主义。

由于在基本立场上的不同，所以与其他左翼资格理论相比，柯亨的资格理论在两方面都表现出不同，一个方面是他对诺奇克的批评，另外一个方面是他自己关于自然资源所有权的理论。

我们先讨论他对诺奇克的批评。诺奇克对自然资源之私人占有的态度基于洛克的观点，而洛克为这种占有规定了一个限制条款，即只有给其他人留下了"足够的和同样好的"，对自然资源的私人占有才是被允许的。关键在于如何解释"足够的和同样好的"。诺奇克的解释是"不使其他人的处境变坏"，从而形成了诺奇克式的限制条款：只要不使其他人的处境变坏，对自然资源的私人占有就是可允许的。在柯亨看来，一方面，诺奇克的限制条款比洛克的更弱，对自然资源之私人占有的约束过于宽松了；另一方面，即使诺奇克的限制条款得到了满足，人们也有可能比他们本来可能有的处境更差。

为了反驳诺奇克式的私人占有，柯亨提出了这样一个假设：在一个只有两个人并且对数量有限的土地实行公有制的世界里，A 和 B 都靠土地谋生，而每一方都不影响另一方的生活；并且假设，A 从土地上获取的小麦数量为 m，B 从土地上获取的小麦数量为 n。② 现在柯亨要求我们一起做下面几个思想实验。③

实验一：假设 A 占有了所有的土地。A 为了使其对土地的占有获得合法性，他为 B 提供了作为补偿的工资，而这份工资的价值等于 n+p，即 B 的处境比在土地公有制下变得更好了。A 在自己独自占有土

---

① G. A. Cohen, "Self–Ownership, World–Ownership, and Equality", in *Justice and Equality Here and Now*, edited by Frank Lucash (Tthaca: Cornell University Press, 1986), p. 116.
② Ibid., p. 126.
③ Ibid., pp. 126–129.

地的情况下得到的收入为 m+q，并且 q 大于 p，即 A 从土地的私人占有中得到的好处比 B 更多。当土地由公有制变为私有制后，由于 A 是一个优秀的组织者，他设计的分工使劳动变得更有效率，从而使小麦的产量增加了，这个增加额就是 q+p，这种由 A 实行的土地私人占有满足了诺奇克的限制条款。

实验二：假设 B 占有了所有的土地。因为在这个例子中实际上是 A 占有了土地，所以这是一个反事实的假设。我们先假设 B 是一个具有同 A 一样能力的优秀组织者，如果他占有了土地，那么他也能够通过设计劳动分工来增加小麦的产量，而且其增加额也为 q+p，区别在于现在 B 得到的是增加额 q，A 得到的是 p，而 q 大于 p。如果这样，那么为什么 B 会接受"先来先得"而承认 A 对土地的占有呢？而且，我们还可以假设 B 是一个比 A 更为优秀的组织者，通过他设计的劳动分工，所获得的小麦增加额比 q+p 还大得多。与这种反事实的假设相比，事实中 A 和 B 的处境反倒更坏了。也就是说，如果从"好或坏"来评价自然资源的私人占有，那么诺奇克式的占有不是帕雷多最优的，只能是次优的。

实验三：假设 A 是土地的占有者，但只有 B 是优秀的组织者。在这种情况下，A 向 B 建议，由 B 来设计出最合理的劳动分工，为此他可以得到收入 n+p，而 A 得到的是 m+q。这里的关键在于，土地私人占有后所增加的收入（q+p）都是 B 创造出来的，尽管 A 是土地的私人所有者并且得到了受益增加额的大部分。这种自然资源的私人占有也符合诺奇克的限制条款，但是与实验一的情况相比，它变得更不正义了。实验三试图表明，即使当自然资源的私有化创造出了额外价值的时候，这个额外价值的创造者也不一定是资源的私人所有者。

柯亨试图通过上述假设和思想实验表明，诺奇克式自然资源的私人占有是没有道理的，也是不正义的，从而没有右翼极端自由主义者所说的合法性。如果作为马克思主义者的柯亨既反对诺奇克式右翼资格理论家对待自然资源的"先来先得"原则，也反对其他左翼资格理论家的平等分配或公平分配，那么他如何处理自然资源的所有权？柯亨提出的主张是自然资源的共同所有。

为了更好地理解柯亨的观点，我们需要弄清他在自然资源的所有

第二部分　平等与正义

权问题上的真正关切是什么。从平等主义者的观点看，诺奇克式自然资源的私人占有的问题在于它的"先来先得"，并且因这种资源的不平等造成其他的不平等，为此，他们提出了自然资源的平等分配或公平分配。从马克思主义者的观点看，诺奇克式自然资源的"先来先得"与其他左翼资格理论的平等分配或公平分配本质上是一样的，即它们都属于资源的私人占有。在柯亨看来，即使自然资源的私人占有在开始时是平等的甚至是公平的（对残障者给予了补偿），但是，一方面，在市场经济的环境中这种平等或公平也会被打破，自然资源的流通和交易会导致新的不平等；另一方面，人们利用自然资源的能力是不同的，这种能力的差异会产生出更大的和更多的不平等。

那么如何解决这些问题？柯亨认为，实行自然资源的共同所有就会解决这些问题，就会确保每个人都在生活中拥有平等的条件，并且这种自然资源的共同所有与个人的自我所有也是相容的。什么是自然资源的共同所有？柯亨所说的"共同所有"（joint ownership）与"公有"（common ownership）是不同的。在洛克之前的英国，土地是公有的，每个人都可以利用它们，只要他没有影响到其他人的利用。在土地实行公有制的场合，任何人对任何土地都没有个人的所有权。与此不同，在柯亨所说的"共同所有"的场合，土地是属于所有人的，而每个人对土地都拥有相应的权利。① 在这种所有制下，如何使用土地取决于所有人的共同决定，而任何一个人对此都拥有否决权。

为了说明共同所有的性质，柯亨举了这样一个例子：一个由两个人构成的社会里，一个人天赋更高，被称为强健者，另外一个人天赋很差，被称为羸弱者。② 他们每个人既是他们自身的所有者，又是其他一切东西的共同所有者。强健者能够生产出足够的东西，羸弱者不能通过劳动来养活自己，但他们都是理性的、自利的和互不关切的

---

① G. A. Cohen, "Self–Ownership, World–Ownership, and Equality", in *Justice and Equality Here and Now*, edited by Frank Lucash (Tthaca: Cornell University Press, 1986), p. 129.

② G. A. Cohen, "Self–Ownership, World–Ownership, and Equality: Part II", *Social Philosophy and Policy* 3 (1986), pp. 80 – 81.

人。① 现在如果我们假设他们所拥有的自然资源能够维持两者的生存，那么他们之间就会达成一个协议，而这个协议规定，羸弱者同意强健者利用他们共同所有的自然资源，而强健者同意羸弱者有权利得到产品的一部分。这里的关键在于，从事生产的是强健者而非羸弱者，但是这并不能使前者获得额外的回报，因为后者拥有使用土地的否决权。柯亨用这个例子试图表明，在实行自然资源的共同所有权的地方，即使每个人都拥有自我所有权，但是天赋较高者也不会得到额外的回报，不会产生地位和利益的不平等。

柯亨的核心观点是，自我所有权（自由）与自然资源的共同所有（平等）是相容的，而后者有利于防止产生经济和社会的不平等。自然资源的共同所有为天赋较差者提供了使用资源的否决权，而这种否决权能够确保天赋较差者获得平等的地位和利益。但是，柯亨的观点面临这样一种反驳："自然资源的共同所有"与"自我所有"是不相容的。如果我在没有别人同意的情况下做不了任何事情，那么如何能够说我拥有自我所有权？在柯亨的例子中，强健者和羸弱者不仅共同拥有自然资源，而且也实际上共同拥有彼此。这意味着，如果实行自然资源的共同所有，那么人的自我所有就是形式的。

那么柯亨如何来回答这种反驳？柯亨的回答是策略性的，即他的回答完全出于论战的目的，完全为了反击诺奇克式的资格理论。他的思路是：如果能够证明诺奇克所捍卫的自我所有权也是形式的，那么这不仅反驳了诺奇克，而且也证明平等与自由是相容的。

柯亨认为，在诺奇克那里工人与资本家的关系，在他所举的例子里强健者与羸弱者的关系，两者是一样的。诺奇克认为，一个工人只能在挨饿与为资本家工作之间选择，这并不表明这个工人没有自由选择。② 在柯亨看来，如果这个工人在不得不为了生存而出卖劳动力时拥有诺奇克所说的自我所有权，那么强健者在不得不为了羸弱者同意他使用土地而给予其回报时也拥有一样的自我所有权。起码从柯亨的

---

① 这个关于人的心理假定与罗尔斯在《正义论》中的心理假定是一样的，两者都是为了有利于人们之间达成互利的协议。

② [美]诺奇克：《无政府、国家和乌托邦》，姚大志译，中国社会科学出版社 2008 年版，第 315 页。

第二部分　平等与正义

观点看,强健者所拥有的自我所有权不少于这个工人的自我所有权。①

如果强健者与诺奇克的工人的自我所有权是一样的,那么这种自我所有权是什么性质的?有两种可能:(1)形式的自我所有权;(2)更具有实质性的自我所有权。柯亨认为,如果(1)是正确的答案,即自我所有权是形式的,那么这意味着平等(自然资源的共同所有)与自由(自我所有)是相容的,而且也意味着诺奇克主义者不能基于自由来反对平等。如果(2)是正确的答案,即自我所有权是实质性的,那么这意味着诺奇克式的资格理论是不正确的,因为它没有为人的自我所有提供所必需的物质条件。② 对于柯亨来说,无论哪一种答案是正确的,诺奇克的资格理论都会陷入麻烦。

问题在于,柯亨的观点是策略性的,是出于与诺奇克式资格理论进行论战的目的。如果考虑理论本身的可欲性和可行性,柯亨的观点就很难立得住脚了。在一个现代国家中,要实行自然资源的共同所有,其中任何一个人对资源的使用都拥有否决权,这既是没有道理的,也是不可行的。这是没有道理的,因为这种任何人在与利用自然资源相关的任何事情上都有否决权将会导致任何一个决定都无法做出。这也是不可行的,因为这会使所有人在某种意义上都成为"钉子户",只要他们对某件事情不满意,他们就有可能动用否决权。

让我们最后把上面的讨论总结一下。左翼极端自由主义产生于对诺奇克的不满,对右翼极端自由主义的不满。虽然左翼极端自由主义者接受了诺奇克对权利和自由的强调,但是他们试图用平等主义来改造他的资格理论。质言之,他们想达成自由与平等的和解。这个目的达到了吗?对于我们所讨论的三个派别来说,这个目的似乎都没有达到。起点平等的资格理论有两方面的问题,一方面,它把自由与平等的和解理解得太简单了,以为平等地分配自然资源就能达到这一目的;另一方面,起点平等还不够平等,因为从平等的起点还会不断产生出新的不平等。福利主义的资格理论既想矫正起点平等的问题,又想避

---

① G. A. Cohen, "Self – Ownership, World – Ownership, and Equality: Part II", *Social Philosophy and Policy* 3 (1986), pp. 84 – 85.

② Ibid., p. 86.

免罗尔斯式平等主义的再分配，为此它主张自然资源的再分配，其中包括对不利者给予额外的补偿。但是，这种自然资源的再分配会比罗尔斯式的收入再分配更为严重地侵犯人们的财产权，也就是说，它会导致更严重的自由与平等的冲突。从柯亨的马克思主义观点看，要想达成自由与平等的真正和解，我们就必须把自然资源的私人占有改造为共同所有，以确保每个人在现实生活中都不拥有相对于其他人的优势。但是，由于这种自然资源的共同所有实际上赋予了任何人在任何涉及资源的事情上都拥有否决权，所以这种主张既是没有道理的，也是不可行的。

第十章
责任与运气

　　无论是平等主义，还是应得理论或资格理论，最终都会导致对责任的追问。正如运气平等主义所表明的那样，如果平等主义者不考虑责任问题，不设法使自己的理论与其相容，那么这种平等主义是很难在反驳面前站住脚的。平等主义要对不利者给予补偿，在通常情况下，这要求不利者对自己的不利地位是没有责任的。同样，应得理论家（或者资格理论家）都不得不回答"谁应得什么"（"谁拥有资格"）的问题，而这个问题的回答归根结底也取决于关于责任的判断。也就是说，一个人对自己的收入（或奖惩）是不是应得的（或有资格的），这要看他对其收入（或奖惩）相对应的行为是否负有责任。

　　因为人们负有责任的事情是各种各样的，所以也存在各种不同的责任，如法律责任、行政责任、政治责任和道德责任，等等。我们在这里所说的责任，是指道德责任。从道德哲学的观点看，道德责任与自由是密切联系在一起的：如果人们是不自由的，那么他们对自己的行为或相关事件就是没有责任的。在通常情况下，人们都会同意，道德责任以自由为前提。从主观的观点看，人们做出某种行为，这是他们自由选择的结果。他们可以这样做，也可以不这样做，因此他们才对自己的行为负有责任。在这种意义上，人们是自由的。但是，从客观的观点看，人们做出某种行为，总有一个决定他们这样做的原因，或者说总有一个先在动机，而这个原因或动机与该行为之间具有一种因果关系。如果追溯下去，这个原因或动机还会有一个在先的原因或动机，也就是说，这个原因或动机是被其他原因或动机决定的。这种客观的观点就是决定论。从决定论的观点看，人们不是自由的。如果人们不是自由的，那么他们对自己的行为就不应该负有个人责任。

由此便产生了一个重大问题：自由（以及道德责任）与决定论是不是相容的？虽然这是一个古老的问题，可以追溯到古希腊并且几乎贯穿整个西方哲学的历史，但是近30年来它却成为当代道德哲学的焦点，围绕它产生了大量的争论。首先，关于自由与决定论的相容性问题，对此有两种基本的观点，即相容论（compatibilism）和不相容论（incompatibilism）。其次，在不相容论者之间存在一个次级的问题，即"决定论是不是真的"，否认这点的通常被称为"自由论"（libertarianism），而承认这点的则被称为"强决定论"（hard determinism）。在通常情况下，人们所说的"不相容论"主要是指"自由论"。这样，我们下面将分别讨论这三种理论，即自由论、相容论以及强决定论。

第一节 自由论

人们通常认为，自由有两个特征[①]，或者由两个部分构成[②]，或者说体现为两个原则[③]。尽管名称不同，但是它们的所指是一样的：第一，当我们面对一系列选择（或行为）的时候，我们选择哪一个（或者做什么），这取决于我们自己，也就是说，我们本来也可以有其他的选择；第二，我们的选择或行动产生于我们自己之内，而不是产生于我们无法控制的外部因素（其他人或事物），也就是说，我们是自己行为的起源。前者意味着，如果我们是自由的，那么我们也许会选择其他的东西而非这一个，即存在"其他选择的可能性"。后者意味着，如果我们是自由的，那么我们做什么的最终起源在我们自己本身。

[①] Robert Kane, "Introduction: the Contours of Contemporary Free Will Debates", in *Oxford Handbook of Free Will*, edited by Robert Kane, Oxford UK: Oxford University Press, 2002, p. 5.

[②] John Martin Fisher, *Deep Control: Essays on Free Will and Value*, Oxford, UK: Oxford University Press, 2012, p. 86.

[③] Susan L. Hurley, *Justice, Luck, and Knowledge*, Cambridge Massachusetts: Harvard University Press, 2003, pp. 2–3.

第二部分　平等与正义

但是，现代科学（特别是物理学）告诉我们，世界（而人是世界的一个部分）是由自然规律（如物理学规律）支配的，一个事件（或行为）与其他事件之间存在着因果关系。新兴科学（生物学、心理学、神经科学以及行为科学）也告诉我们，人们的行为是受某些未知原因支配的，而对于这些原因，我们不仅无法控制，甚至也无法意识到它们。如果我们相信这些科学，那么我们就应该按照决定论来理解我们自己以及我们的行为。如果我们按照决定论来理解我们自己，那么我们就很难相信自己是自由的。

这样，不相容论者就面临两个需要解决的问题。首先，自由与决定论是不是相容的？这个"相容性问题"是所有关心道德责任的研究者所共有的，但是作为自由论者的不相容论者需要给出自己独特的回答。其次，自由论者还面临一个更为棘手的问题，即如果自由与决定论是不相容的，那么这种自由能够为我们所理解吗？这种与决定论不相容的自由不是神秘的吗？这就是所谓的"可理解性问题"（the Intelligibility Question）。让我们来看自由论者是如何解决这两个问题的。

一　后果论证

从传统上说，哲学家们在讨论自由与决定论的相容性时使用的词不是"自由"而是"自由意志"，也就是说，这是"自由意志与决定论"的相容性问题。自霍布斯以来，近代哲学家大都持一种相容论的观点。这种观点承认我们应该按照决定论来理解世界和人类自己，但是认为决定论对自由意志的存在并不构成威胁，两者可以和谐共处。在现代哲学中，拒斥形而上学成为一种潮流，因此对于现代哲学家特别是对于逻辑实证主义者，"自由意志"的问题不仅是被解决了，而且也是作为形而上学问题被消解了。这样，传统的自由意志问题变成了"伪问题"或"死问题"。[①] 在这种情况下，相容论实际上变得更为流行了。

无论"自由意志"作为形而上学问题是否被现代哲学消解了，我

---

① Robert Kane, "Introduction: the Contours of Contemporary Free Will Debates", in *Oxford Handbook of Free Will*, edited by Robert Kane, Oxford UK: Oxford University Press, 2002, p. 10.

第十章 责任与运气

们应该指出，在道德哲学中，"自由意志"（free will）的关键不是"意志"，而是"自由"。正如洛克所说的那样，不是意志是否有自由的问题，而是人是否有自由的问题。① 因此，在讨论自由与道德责任问题时，我们仅使用"自由"一词，即使很多现代哲学家和当代哲学家仍然使用"自由意志"的传统说法。

如果自霍布斯以来相容论在西方哲学中处于支配地位，那么当代的自由论者就不得不提出一种论证，而这种论证应该一身二任，它既是对相容论的反驳，也是对不相容论的证明。当代的自由论者提出了各种各样的论证，其中最有影响的是英瓦根所提出的"后果论证"：

> 如果决定论是真的，那么我们的行为就是自然法则与遥远过去所发生的事件的后果。但是，在我们出生之前发生了什么事件，这不取决于我们；自然法则具有什么样的性质，这也不取决于我们。因此，这些东西的后果（其中包括我们现在的行为）并不取决于我们。②

让我们来分析一下这个"后果论证"。我们说过，自由有两个特征，一个是"其他选择的可能性"或"能够做别的事情"，另外一个是我们是自己行为的"起源"。因此，"我们是自由的"意味着，我们选择什么或者做什么事情，这取决于我们自己。英瓦根的"后果论证"之前提就是自由的这两个特征，而它们与决定论是冲突的。具体来说，这种后果论证分为三步。

首先，如果决定论是真的，那么我们现在的行为就是被决定的，即它们是被过去事件与自然法则所决定的。我们来看一个简单的例子：我看见一位老人摔倒在马路上，但是我没有把他扶起来并送到附近的医院。我的这种行为可能是由两方面的原因引起的。一方面，我之所以没有"救人"的行为，是因为我先前听说了很多这样的案例，即被救者清醒过来之后指认救人者是肇事者，而这些案例对我产生了巨大

---

① ［英］洛克：《人类理解论》，关文运译，商务印书馆1983年版，"上册"第215页。
② Peter van Inwagen, *An Essay on Free Will*, Oxford, UK: Clarendon Press, 1983, p. 56.

第二部分　平等与正义

影响，以至变成了我的一个信念。在这种意义上，这种没有"救人"的行为是先前一系列事件的后果。另一方面，当我看见老人跌倒在地满脸是血时，我的大脑里发生了某种我自己无法确切知道的生物化学过程，而这种生物化学过程最终表现为这样的结果，即我没有"救人"。从决定论的观点看，现在的行为只是过去事件与自然法则的合取。

其次，如果我现在的行为是由过去事件和自然法则决定的，而过去事件和自然法则都是固定不变的，那么我就没有可能做其他的事情，或者说不存在其他选择的可能性。自然法则是固定不变的，我们既不能影响支配外部世界的自然法则（如物理学），也不能影响支配我们身体和大脑的自然法则（如生物学和生理学），这是毫无疑问的。虽然我的行为是由我的信念决定的，而我的信念也是"我的"，但是我有什么样的信念则是由一系列先前事件决定的，而这个事件系列可以一直追溯到我出生之前。对于我出生之前所发生的事情，显然其原因不可能是我。从决定论的观点看，在这种场合，除了无动于衷之外，我没有可能做别的事情。

最后，我们可以得出这样的结论：如果决定论是真的，那么我就没有可能做别的事情；如果我没有可能做别的事情，而自由以能够做别的事情为前提，那么自由（以及道德责任）与决定论就是不相容的。

按照这种后果论证，如果决定论是真的，那么我们对自己所做的任何事情都是没有责任的。在上面所说的"救人"场合，因为我听说过很多救人者被讹诈为肇事者的案例，而随着案例的增多，这种担心讹诈而不施以援手就变成了我的信念；虽然我也知道在这种场合我应该帮助他人，但是对讹诈的担心压倒了救人的愿望；在这种情况下，我不可能冒着被讹诈的巨大风险（道德风险和经济风险）而救人，即我没有其他的选择。如果我没有救人的行为是由一系列先前事件（讹诈的案例）决定的，而我没有其他选择的可能性，那么我对自己的这种行为就是没有责任的。

虽然自由论者主张自由（以及道德责任）与决定论是不相容的，但是他们的目的不是否认道德责任，而是否定决定论。在他们看来，

第十章 责任与运气

道德以道德责任的存在为前提,对于任何一个文明社会,没有道德责任是不可想象的。从自由论者的观点看,如果道德责任以自由为前提条件,而自由与决定论是不相容的,那么我们显然只能得出这样的结论,即决定论是虚假的,即使我们所知道的所有科学知识都支持决定论是真的。

在上面的后果论证中,以及更广泛地在当代道德责任的讨论中,"其他选择的可能性"或者"能够做别的事情"是一个关键问题。后果论证实质上由两个基本观点构成:第一,"能够做别的事情"是自由(以及道德责任)的前提条件;第二,决定论与"能够做别的事情"是不相容的。

如果我们的这种分析是正确的,那么相容论者可以从两个方向来反驳后果论证。他们可以反驳后果论证的第一种观点,来证明道德责任并不以"能够做别的事情"为前提条件;他们也可以反驳后果论证的第二种观点,来证明决定论可以与"能够做别的事情"是相容的。老相容论者通常反驳后果论证的第二种观点,而这种反驳一般被称为"条件分析";新相容论者则主要是反驳后果论证的第一种观点,而这类反驳往往是通过一些"案例"展开的。

让我们先讨论"条件分析"。从奥斯丁(J. L. Austin)到戴维森(Donald Davidson),很多相容论者都提出了"条件分析"或"假设分析"。[①] 虽然版本不同,但核心思想是一致的。这些相容论者接受了自由论者的一个基本观点,即自由意味着"能够做别的事情",但是反对其另外一个基本观点,即决定论与"能够做别的事情"是不相容的。在他们看来,如果我们能够证明"能够做别的事情"与决定论是相容的,那么后果论证以及自由论就失败了。

这些相容论者认为,在日常语言的使用中,"自由"意味着:(1)我们有能力做我们想做的事情。(2)没有任何障碍来阻止我们做我们想做的事情。如果我们承认自由具有这样两个特征,那么我们就会同意它还有第三个特征,即相容论者所谓的"条件分析"。(3)一个主

[①] Bernard Berofsky, "Ifs, Cans, and Free Will: the Issues", in *Oxford Handbook of Free Will*, edited by Robert Kane, Oxford UK: Oxford University Press, 2002, pp. 183–187.

第二部分　平等与正义

体能够做某种事情，这意味着，如果他想做这种事情，那么他就会做它。[①] 在这里，"想做"（选择做它或意欲做它）是自由行为的条件，而这个条件作为假设意味着我们"能够做别的事情"。按照条件分析，虽然我出于某种原因而做了某种事情（这是被决定的），但是我确实有能力做别的事情，如果我想做的话。也就是说，虽然自由意味着"能够做别的事情"，但是"能够做别的事情"与决定论可以是相容的。

在上面我们曾举过这样一个例子：我看见一位老人摔倒在马路上，但是我没有把他扶起来并送到附近的医院。按照后果论证，先前所发生的一系列事件（很多救人者被讹诈为肇事者）决定了我不可能有其他的选择，从而我对自己的不当行为是没有责任的。但是，按照条件分析，我有其他的选择，我能够做别的事情，我能够把他扶起来并送到附近的医院。比如说，在这个场合，我想到了先前发生的很多救人者被讹诈为肇事者的案例，但是我也想到了家庭和社会给予我们的道德教育，而这种道德教育告诉我们，当其他人遇到麻烦的时候，施以援手是我们的道德义务。我的内心这时候发生了一种道德冲突：我有救人的愿望，也有撒手不管的愿望。在这种情况下，我做出什么样的选择，这取决于我。也就是说，如果我想救人的话，那么我就会救他，尽管我的这种选择也是由先前的事件（家庭和社会的道德教育）决定的。因为我"能够做别的事情"，所以当我没有做它时，我对此是负有道德责任的。

很多研究者（其中特别是相容论者）都相信"条件分析"对"后果论证"构成了有力的反驳，尽管在具体问题上存在一些争议。如果"条件分析"证明"后果论证"是有问题的，那么自由论就很难站住脚了。但是，"条件分析"本身存在一个严重问题，即它会产生原因的无限后退。条件分析的思想实质是这样的：虽然我出于某种原因而做了某种事情（这是被决定的），但是我确实有能力做别的事情，如

[①] Robert Kane, "Introduction: the Contours of Contemporary Free Will Debates", in *Oxford Handbook of Free Will*, edited by Robert Kane, Oxford UK: Oxford University Press, 2002, pp. 12-13.

第十章 责任与运气

果我想做的话。这里的因果关系有两个序列：一个是实际的序列，我没有救人，这是由先前的一系列事件决定的；一个是假设的或反事实的序列，我会救人，如果我想救的话，而我的"想救"则是由先前的另外一系列事件决定的。对于所发生的事情（没有救人），从实际序列的因果关系来看，这是被决定的，根本没有"其他选择的可能性"，不"能够做别的事情"；然而从假设的或反事实的序列来看，则有"其他选择的可能性"或"能够做别的事情"。但是，如果决定论是真的，那么"我能够做别的事情"，这也是由先前的一系列事件决定的，而从这些事件的因果关系锁链来看，"我能够做别的事情"也是被决定的，从而导致因果关系的无限后退。

另外，在"条件分析"中，相容论者把自由理解为（等同为）"能够做别的事情"，并基于这一观点来论证自由（以及道德责任）与决定论是相容的。因此，"条件分析"的论证似乎带有乞题的嫌疑。如果相容论者要想证明自由论是错误的，那么他们不仅应该抛弃"能够做别的事情"这个观点，而且还应该证明，即使没有"能够做别的事情"，自由（以及道德责任）也能够与决定论是相容的。这样我们就进入对后果论证的另外一类反驳，即由新相容论者提出的"案例论证"，而这些"案例论证"表明，即使我们不"能够做别的事情"，我们也应该对所做的事情负有责任。所谓"案例论证"主要有两种，一种是"性格案例"，另外一种是"法兰克福式案例"。在这些"案例论证"中，"能够做别的事情"被称为"其他选择的可能性"原则（principle of alternate possibilities）或"能够做别的事情"原则（"could have done otherwise" principle），通常简称为PAP。

最著名的"性格案例"论证是丹奈特（Daniel Dennett）提出来的。为了证明"能够做别的事情"原则是虚假的，他举了近代历史中马丁·路德反抗罗马教廷的例子。在丹奈特看来，当路德与教廷决裂而说出"我的立场就是这样，我没有其他的选择"时，他所表达的意思是，他的良心使他不能放弃自己的信仰而屈从教廷。[①] 在这里，路德的选择是由他的性格决定的。因为他具有这样的性格以及相应的信

---

① Daniel Dennett, *Elbow Room*, Oxford, UK: Clarendon Press, 1984, p.133.

念,所以他不可能有其他的选择。一方面,路德的这种公开宣示表明,即使他没有其他的选择,他不会因此而免除于(我们的)赞扬或(教廷的)谴责,他也不会因此而被免除于与教廷决裂所负的责任;另一方面,路德的这种公开宣示也表明,无论他的行为(与教廷决裂)是对是错,他都会为此担负起自己应负的责任。通过这样的例证,丹奈特试图表明,"能够做别的事情"原则是虚假的,无论是自由还是道德责任,都无须以它为前提。在这种意义上,后果论证是错误的,也就是说,决定论与自由(以及道德责任)是相容的。

  显然,这种"性格案例"具有直觉的吸引力。路德同教廷决裂,这出于他自己的自由意志并负有相应的责任;同样,基于他的性格和信念,他也没有其他的选择。即使这些东西都是真的,但是对于反驳"后果论证",这种"性格案例"的论证还不具有决定性的力量。当路德说"我没有其他的选择"时,这确实意味着他的选择(与教廷决裂)与他的性格之间具有一种决定论意义上的关系。问题在于,路德的性格必然就是这样的吗?他不可能有不同的性格吗?路德的人格经过了一个从童年开始的漫长发展过程,这个过程的每一步都是注定的吗?显然不是。在这个漫长的人格发展过程中,在某个时间点上,他肯定"能够做别的事情",从而使他具有不同的性格和信念。也就是说,这种"性格案例"并不能完全否定存在"其他选择的可能性"。另外,我们需要指出,同"条件分析"一样,"性格案例"的论证也存在一个反事实的因果序列,而从这个反事实的因果序列来看,路德完全"能够做别的事情"。

  与"性格案例"相比,"法兰克福式案例"是一种更强的论证,因为它完全排除了"其他选择的可能性"原则。所谓的"法兰克福式案例"(Frankfurt–type examples)是法兰克福 1969 年在一篇标题为"其他选择的可能性与道德责任"的文章中提出来的。这个案例的典型特征是,除了行为主体以外,还存在一个无人知晓的操控者。行为主体琼斯打算做某件事情,而操控者布莱克在暗中监视,并且以某种方式能够操控他,比如说控制他的大脑,以使其按照操控者的意愿行事。如果琼斯按照原来的想法行事(这件事情也是布莱克想要琼斯做的),那么布莱克就会按兵不动。如果琼斯改变想法,准备去做别的

第十章 责任与运气

事情,那么布莱克就会进行干预,以确保他一定做操控者想要他做的事情。这个案例的要点在于,假定琼斯做了自己想做的(当然也是布莱克想要他做的)事情,那么布莱克就会按兵不动,什么事情都不会做;但是,由于布莱克的存在,琼斯实际上没有其他选择的可能性,他不可能做别的事情。法兰克福认为,在这种情况下,琼斯是按照自己的愿望行事的,并且也为此负有相应的道德责任,即使他没有可能做别的事情。[1] 在法兰克福看来,无论是在有布莱克还是没有他的场合,琼斯都是基于自己的愿望行事的,所以他在两种情况下都应该负有相同的道德责任,尽管在有布莱克的情况下,他失去了其他选择的可能性。也就是说,道德责任(以及自由)与决定论是相容的。

法兰克福的这篇文章引起了剧烈的反响,出现了一大批文献来讨论这个问题。另外,由于这篇文章中的案例还比较粗糙,很多研究者提出了更为精致的新"法兰克福式案例"。一些研究者支持"法兰克福式案例",认为它对后果论证以及自由论构成了决定性的反驳。另外一些研究者则质疑这类案例的力量,批评它并没有证明道德责任(以及自由)与决定论是相容的。

二 因果解释

即使我们假定自由论者的后果论证是正确的,即自由(以及道德责任)与决定论是不相容的,但是他们还面临一个更棘手的问题:自由(以及道德责任)与非决定论是相容的吗?如果自由与决定论是不相容的,那么看来它与非决定论也是不相容的。如果自由与决定论和非决定论都是不相容的,那么我们如何来理解自由的意义?在涉及道德责任的问题上,自由还有意义吗?这就是自由的可理解性问题。

自由看起来确实与非决定论也是不相容的。非决定论意味着人的行为是不被决定的,比如说,不是被先前事件和自然法则所决定的。但正如英瓦根归纳的那样,"如果一个主体的行为是不被决定的,那

---

[1] Harry Frankfurt, "Alternate Possibilities and Moral Responsibility", in *Moral Responsibility and Alternate Possibilities*, edited by David Widerke and Michael McKenna, Hants, England: Ashgate Publishing Limited, 2003, pp. 21–22.

第二部分 平等与正义

么他在某个给定场合如何行动就是一件或然的事情。如果一个主体如何行动是一件或然的事情,那么这个主体就很难说拥有自由意志。"①一个行为或事件是不被决定的,这意味着它可能发生,也可能不发生。无论它实际上发生了还是没有发生,都是或然的。如果一个行为或事件是或然的,这产生出两个问题。首先,它的发生是一个概率事件,而无论它是否发生,都属于运气的事情。其次,它的发生似乎是不受行为主体控制的,而如果它是不受控制的,那么这个主体既没有自由,也没有相关的责任。如果这样,那么自由就是难以理解的。

自由论者有两个基本的承诺:首先,他们相信自由的存在,相信自己是自己行为的根源;其次,他们相信非决定论,也就是说,人及其行为是不被决定的,是不由先前的事件和自然法则决定的。上述分析表明,自由论者的这两个承诺似乎是相互冲突的,即存在这样一种可能性——自由与非决定论也是不相容的。因此,自由论者不仅需要证明自由与决定论是不相容的,而且也需要证明自由与非决定论是相容的。

这种证明的关键是给予自由行动以一种合理的解释。这种解释应该满足两个条件:首先,它能够说明一个行为或事件是如何产生出来的(为此提供一个充分的理由);其次,这个行为或事件不是以决定论的方式产生出来的(其发生是非决定论的)。自由论者提供了两种主要的解释,一种被称为"主体因果(agent-causation)"理论,另外一种被称为"事件因果(event-causation)"理论。② 我们先讨论前者。

在当代关于自由与道德责任的论辩中,一般来说,大多数参与者都是用理由(reasons)来解释行为的,无论是相容论者还是不相容论者。所谓理由是指人做事情时所具有的意图,而意图由他的欲望和信念构成。在因果论者看来,一个人的理由与其行为之间具有因果关系。

---

① Peter van Inwagen, "Free Will Remains a Mystery", in *Oxford Handbook of Free Will*, edited by Robert Kane, Oxford UK: Oxford University Press, 2002, p. 168.

② 这两种理论都主张,借以解释行为的理由具有一种因果作用,即理由与行为之间具有一种因果关系。但是也有一些不相容论者认为,理由与行为之间没有因果关系,而这些人被称为"非因果论者"(noncaualist)。限于篇幅,我们这里不能讨论他们的观点。

但是，对于相容论者，这种因果关系是决定论的；而对于自由论者，这种因果关系则可以是非决定论的。与相容论者不同，自由论者认为，虽然某个人的某个理由引发了某种行为，但是它不一定如此。因为在同样情况下，这个人也许还有其他的欲望（以及信念），而这些欲望（以及信念）会引起其他的行为。

我们说过，大多数人都赞同对行为的"理由解释"。区分开相容论与自由论的是决定论，相容论者主张理由与行为之间的关系是决定论的，而自由论者则持非决定论的观点。如果这样，那么在自由论者之间，区分开"主体因果"理论与"事件因果"理论的东西是什么？两者区分的关键在于，在"主体因果"理论的支持者看来，除了"理由解释"之外，还需要另外一种解释——"最终解释"，而这种"最终解释"要求行为最终应该溯源于人本身；"事件因果"理论的倡导者则认为，这种溯源到人本身的要求是没有必要的。

"主体因果"理论的最重要代表是奥康纳（Timothy O'Connor）。奥康纳认为，行动的主体具有这样一种性质，即它具有"主动的能力"（active powers），以产生出某种意图以及带有意图的行为。[①] 在这里，"意图"（intention）意味着，某个人具有做某件事情的欲望，并且相信，如果他做了这件事情，将会满足他的欲望。这个意图为其行为提供了理由，而他出于这个理由做了这件事情。"主动的能力"意味着这个主体是自由的：首先，他做某件事情，这完全处于他本人的控制之下；其次，他也有可能做其他的事情，如果他有其他欲望的话。用我们上面所举的"救人"例子来说，我有避免被讹诈为"肇事者"的强烈欲望，并且相信，如果我帮助这个倒地的老人，就会被指认为"肇事者"，从而导致我没有"救人"的行为。

这里我们需要强调指出，自由论者的理由解释有两个特征：第一，理由与行为之间具有一种因果关系，而这种因果关系是理由引起了行为；第二，这种行为在本质上是非决定论的，行为主体也有可能做别的事情，如果他有与之相关的理由。按照这种"理由解释"，"避免讹

---

① Timothy O'Connor, *Persons and Causes: The Metaphysics of Free Will*, New York: Oxford University Press, 2000, p. 72.

第二部分　平等与正义

诈"的理由与"不予施救"的行为之间确实存在一种因果关系，但是我的"不予施救"行为不是必然的（决定论的），因为我也可能出于其他的理由（如道德）而"救人"。

这种"理由解释"会面临这样一种反驳：它的两个特征之间存在矛盾。如果第一个特征是真的，即理由为行为提供了充分的解释，那么这种行为就是必然的，而不能是非决定论的。如果第二个特征是真的，即任何行为都是非决定论的，都存在行为主体做其他事情的可能性，那么理由作为"原因"就失去了它的意义。比如说，在"救人"的例子中，出于私利的考虑（避免被讹诈的理由），我不会提供帮助；而出于公德的考虑（道德的理由），我则会提供帮助。如果我提供帮助或不提供帮助都是非决定论的，那么无论我的选择是什么，这种选择看起来都是任意的。也就是说，无论是哪一种情况，相关的理由都不足以引发相关的行为。①

为了应对这种反驳（以及其他一些反驳），奥康纳提出，一个行为的理由解释需要满足以下四个条件：

1. 在这个行为发生之前，这个主体具有做该行为的欲望，并且相信，通过做该行为，她会满足这个欲望；
2. 这个主体更偏好把这个行为用作满足该欲望的手段，也更偏好满足这个欲望而非其他的欲望；
3. 这个主体的这种行为（部分地）是由她自己的自我决定的因果活动引发的；
4. 在这个行为发生的时候，a. 这个主体继续拥有该欲望，并且意图通过做该行为来满足这个欲望，b. 这个主体继续更偏好这个行为而非其他的行为，而她相信这些其他的行为对她也是开

---

① 这就是戴维森对理由解释提出的著名挑战。为此，他区分了两种"理由"，一种是"一个主体有某种理由去做某件事情"，另外一种是"他出于这个理由做这件事情"。前者属于非因果论的理由解释，而后者属于因果论的理由解释。见 Donald Davidson, "Actions, Reasons, and Causes", in his *Essays on Actions and Evens*, Oxford, UK: Clarendon Press, 1980, pp. 3-20。

第十章　责任与运气

放的。①

让我们来解释这些条件。第一个条件规定，这个对行为的解释本质上是一种理由解释。理由解释是用主体的意图来解释行为，而主体的意图是由其欲望和信念构成的。我先有做某件事情（比如说讲真话）的欲望，而且我也持有这样的信念，如果我做了这件事情（讲真话），就会满足我的欲望。在这里，意图就是行为的理由，我们通常都是出于某种理由而做某件事情的。

但是，我们行事的时候，可能有不止一条理由。比如说，我有吸烟的不良习惯，但现在我有很多理由来戒掉它（吸烟损害健康，家人反对，香烟变得更加昂贵，等等），也有很多理由不戒掉它（已经形成了习惯，带来欣快感，还没有感受到损害健康，等等）。这样就需要第二个条件来规定，与其他理由相比，行为主体更偏好这个理由（如身体健康的欲望），并且相信，如果我做了这件事情（戒烟），那么就会满足我的欲望（改善我的健康状况）。也就是说，第二个条件把其他的选项（理由）排除了。

理由解释为行为提供了一个先在的理由，在这种意义上，这个行为是由先在的理由决定的。但是，这个理由本身也应该有其理由，而这个理由的理由还应该有其理由。如果这样，就会出现理由的无限后退。另外，我们应该注意，理由解释的核心问题是自由与道德责任。我们为行为提供理由，是想以此表明，我们的行为是自由的并且对此是负有责任的，从而应得其赞扬或责备。但是，如果我对某种行为是负有责任的，这不仅要求我对其理由是负有责任的，而且也要求我对理由的理由也是负有责任的，以此类推，可以一直追溯到我的出生之前。但是，要我对自己出生之前的事情负责，这是没有理由的。因此，"主体因果"的拥护者就必须切断这个无限后退的因果锁链。第三个条件的目的就是切断这个因果链条，它规定行为是由主体的自我活动

---

① Timothy O'Connor, "Agent Causation", in *Agents, Causes and Events: Essays on Free Will and Indeterminism*, edited by Timothy O'Connor, Oxford, UK: Oxford University Press, 1995, pp. 173-200.

第二部分　平等与正义

引发的，从而把行为与主体直接联系在一起。这个条件把"主体因果"与"事件因果"区分了开来。

理由解释存在这样一个问题：在很多时候，我们有很好的理由做（或不做）某件事情，但是我们还是没有做（或做了）这件事情。比如说，大多数吸烟者都知道并且也相信吸烟有害健康，但是没有几个吸烟者能够戒掉。这意味着某个理由可能是某种行为的原因，也可能不是该行为的原因。或者说，理由解释可能是因果解释，也可能不是因果解释。如果一个理由解释不是因果解释，那么它就没有为该行为提供一个真正的解释。第四个条件的目的就是保证行为与其理由之间具有一种因果关系，从而确保这个理由解释也是因果解释。

在当代自由论的理论中，"主体因果"理论处于主流地位，大多数自由论者都属于主体因果论者。但是，我们应该看到，这种"主体因果"理论存在着一系列的困难，不仅受到相容论者和强决定论者的攻击，也面临"事件因果"论者的反驳。概括地说，"主体因果"理论具有以下一些问题。

首先，主体是什么？主体因果论者大都承认"自由意志"的存在，都主张这种"自由意志"引发了行为，从而也都面临如何解释"主体"或"自我"的本体论问题。一个行为（如"我举起了这个茶杯"）可以用物理事件的因果锁链来加以解释（如"我渴了"），而这些物理事件可以是身体内部的生理过程和神经过程。用"主体"、"自我"或"自由意志"来引发行动，这意味着用某种非物理的实体来解释行为。如果这样，那么"主体因果"理论需要以实体二元论为基础。但是，当代哲学家大都相信科学（特别是现代物理学）对世界的解释，相信物质一元论，从而在道德理论中没有二元论存在的空间。为了避免二元论，奥康纳把传统上的"自由意志"称为"主体因果力"（agent causal powers），而这种力是在生物有机体的层面上突现出来的。[1] 这种观点通常被称为"突现论"，它在实体层面是一元论的，在属性层面是二元论的。对于"突现论"是否能够解释人类的意识

---

[1] Timothy O'Connor, "Libertarian Views: Dualist and Agent-causal Theories", in *Oxford Handbook of Free Will*, edited by Robert Kane, Oxford UK: Oxford University Press, 2002, p. 342.

(以及意志)现象,无论是在科学家还是哲学家中间,都是有争议的。

其次,主体引发了什么?齐硕姆(R. M. Chisholm)主张,主体引发的是事态,而他所说的事态在性质上是神经生理的;而泰勒(Richard Taylor)认为,主体引发的是行为。他们两人都拒绝用精神范畴来解释行为。其他一些主体因果论者则主张,主体引发的是意志或意愿。而奥康纳认为,主体直接引发的是意向状态,意向状态产生出行为。[①] 在这个问题上,"主体因果"拥护者们的观点既是模糊不清的,又是充满争议的。

最后,主体与其行为之间的关系是什么样的?"主体因果"理论既是一种理由解释,即用理由来解释行为的原因,也是一种最终解释,即主体是行为的终极起源。但是,这两种解释是冲突的。理由解释假定,任何行为都服从于因果关系,都是由先前的事件引起的,从而形成了一个因果序列,在这种意义上,作为原因的理由必然引起该结果。但是,最终解释假定(这也是自由论的要求),主体与其行为之间的关系是非决定论的。如果两者之间的关系是非决定论的,而这种非决定论意味着主体可能选择 A 行为,也可能选择 B 行为,那么就会导致两个结论:第一,主体的选择是任意的,无论是选择 A 还是 B,都是一件运气的事情;第二,如果主体选择什么是任意的,那么解释该选择的理由与其选择之间就不存在因果关系,即理由作为原因并非必然地引起该结果。

如果说"主体因果"理论最有影响的代表是奥康纳,那么"事件因果"理论最有影响的代表则是凯恩(Robert Kane)。凯恩阐发了一种系统的、精致的自由理论,以对抗更为流行的"主体因果"解释。虽然这两种理论都属于自由论,但是两者在对行为的因果解释方面存在分歧。"主体因果"理论主张,在关于行为的因果解释中,主体是最终的原因。而"事件因果"理论拒绝非事件(主体)的因果解释,它认为这种解释所依赖的"额外因素"(即主体)使自由意志观念成

[①] Timothy O'Connor, "Libertarian Views: Dualist and Agent-causal Theories", in *Oxford Handbook of Free Will*, edited by Robert Kane, Oxford UK: Oxford University Press, 2002, p.348.

第二部分 平等与正义

为"神秘的",并且它在现代科学的世界图景中没有任何位置。[①]

无论是对于"主体因果"理论还是"事件因果"理论,自由论在"可理解性"问题上有两个基本要求。一个要求是,对行为的解释应该是一种理由解释,而且这种理由解释同时也是因果解释;另外一个要求是,行为应该发源于人的自由(意志),而出于自由(意志)的行动应该是非决定论的。但是,这两个要求之间存在某种张力:前者要求行为应该有一种合理的解释,而如果一种解释是合理的,那么它在某种意义上是因果决定的;后者要求用来解释行为的因果锁链不能是无限后退的,即一个发源于自由的行为应该是非决定论的。对于自由论者,如何调和这两个要求是一个非常困难的工作。为了解决这个问题,凯恩提出了他的"事件因果"理论,在这种理论解释中,发挥了最重要作用的是两个观念,即"最终责任"和"意志形成"。

道德哲学家在对行为进行解释的时候,他们不仅要说明行为是如何发生的,而且还要表明人们是否对自己的行为负有责任。鉴于他们通常给予的解释是因果解释,在这种情况下,人们不仅要对自己的行为负责,而且也要对引发行为的原因负责。比如说,一名公交司机在开车时与一位顾客发生了争执(顾客要求司机中途停车),在相互撕扯中,公交车撞倒了一位路人。虽然在撞人的一刹那司机确实坐在驾驶的位置,但是要他为撞人负责,这显然是不公平的。由于某个行为是由先前一系列事件的因果锁链决定的,在确定行为者是否对行为负有责任时,我们不仅面对原因的无限后退,也面临着责任的无限后退。而且,与行为的原因相比,道德哲学家更关心责任。

原因和责任的双重后退必须停止在某个地方。为了解决这个问题,凯恩提出了"最终责任"(ultimate responsibility)的观念。所谓"最终责任"是指,一个行为者要对某个行为负有最终责任,他必须对使该行为得以发生的任何充足理由(条件、原因或动机)都负有责任。[②]比如说,当某个人的行为产生于他的性格或动机(即我们可以用他的

[①] Robert Kane, "Some Neglected Pathways in the Free Will Labyrinth", in *Oxford Handbook of Free Will*, edited by Robert Kane, Oxford UK: Oxford University Press, 2002, p. 415.

[②] Ibid., p. 407.

第十章 责任与运气

性格或动机为其行为提供理由解释和因果解释）的时候，如果我们认为他应该为该行为负有最终责任，那么他必须至少部分地对自己形成这样的性格或动机也负有责任。

使用因果解释的道德哲学家必须使责任的后退在某个地方停下来。在什么地方停下来？凯恩主张，在人们负有"最终责任"的地方停下来。他认为，要使某个人为某个行为负有最终责任，必须满足两个条件。第一个是"责任条件"：某个人对某个事件（或行为）的发生是负有个人责任的，这意味着他自愿地（有意地）去做或不做某件事情，而且他本来也能够自愿地做其他的事情。第二个是"终极性条件"：如果某个人对做 X 是负有个人责任的，而 Y 是 X 得以发生的充足原因，那么他必须对 Y 也负有个人责任。①

对于当代的道德哲学家，责任与自由是联系在一起的。没有自由，也就没有责任。对于自由论者，自由与非决定论是联系在一起的。换言之，自由与决定论是不相容的。但是，如果自由论者试图对行为给予理由解释，而这种理由解释同时又是因果解释，那么他们就必须说明非决定论的因素如何能够插入解释行为的因果锁链之中。主张行为因果锁链中的每一环都是非决定论的，这是没有道理的。一方面，这种主张与我们现有的知识背景（如物理学、生物学、社会学、心理学和行为科学，等等）是矛盾的；另一方面，如果与行为相关的所有东西都是非决定论的，那么这样的行为就是任意的、非理性的和神秘的。

一般来说，自由论者主张，具有非决定论性质的东西不是行为，而是"意志"，无论这里的"意志"是指什么。对于"主体因果"理论的拥护者，"意志"是某种形而上的实体。对于"事件因果"理论的拥护者，"意志"是人们做出自由选择或决定的能力。在自由论者看来，意志引发了行为，而且，由于意志的本性是非决定论的，从而它使行为具有了不确定性。如果"事件因果"理论的倡导者认为"意志"不是形而上的实体，而是一种特殊的能力，那么这种特殊的能力是如何产生的？

---

① Robert Kane, *The Significance of Free Will*, Oxford, UK: Oxford University Press, 1996, p. 35.

第二部分　平等与正义

凯恩认为，我们的行为发源于我们的意志，而我们的意志又是由我们的行为塑造的。这意味着我们是我们自己意志的创造者，他把这种创造意志的行为称为"意志塑造"（will‑setting）或"自我形成"（self‑forming）的行为。① 凯恩主张，这种意志塑造或自我形成的行为通常发生在人生的困难时刻，而在这样的时刻，在面对我们应该做什么或我们应该成为什么样的人的问题时，我们处于分裂状态。这种分裂可能源自我们是按道德行事还是按利益行事，也可能源于我们是按眼前欲望行事还是按长远目标行事。在这样的场合，我们面对相互竞争的动机，从而不得不努力克服也想做另外一件事情的愿望。在这样的时刻，我们的思想为相互竞争的动机所驱动，而我们会做什么，这是不确定的。而且，凯恩认为，这种思想内部的张力以及不确定性反映了大脑中神经层面的微观的非决定性。②

凯恩为了说明这种意志的努力以及我们为相互冲突的动机所驱动，举了一个女商人的例子。她在去参加一个重要会议的途中，目睹了小巷中正在发生一件强暴案。这时她的内心发生了斗争：是按照自己的道德良心行事，停下来呼叫帮助来制止强暴事件，还是按照自己的个人利益行事，为此就不能错过这个会议。她不得不做出意志的努力来克服想去参加会议的愿望。如果她克服了这种愿望，这是她意志努力的结果；如果她失败了，这也是因为她没有使她的努力成功。在这样的时刻，她做出了意志的努力来达到某种结果，但是事情的结果则是不确定的。③ 这种意志的努力就是凯恩所谓的"意志塑造"。

在这种意志塑造或自我形成中，存在双重的目的以及双重的合理性。还是以这个女商人为例，按照道德原则行事是她的目的，实现个人利益也是她的目的。需要意志做出努力的原因在于，这两个目的是相互冲突的，而她只能实现其中之一。在这种场合，她不仅仅是选择做什么的问题。她选择做什么，这意味着她想成为什么样的人。正是

---

① Robert Kane, "Some Neglected Pathways in the Free Will Labyrinth", in *Oxford Handbook of Free Will*, edited by Robert Kane, Oxford UK: Oxford University Press, 2002, pp. 412, 416.

② Ibid., p. 417.

③ Robert Kane, *The Significance of Free Will*, Oxford, UK: Oxford University Press, 1996, p. 126.

因为这一点，凯恩才把这样的选择称为"意志塑造"或"自我形成"。麻烦不仅在于人们在这样的场合具有双重的目的，而且更在于双重的合理性。无论人们在这样的场合选择什么，他们的选择都具有合理性。如果这位女商人选择呼叫帮助来制止强暴，这是合理的，因为这种选择符合她的道德良心。如果她选择继续赶路以参加会议，这也是合理的，因为这种选择符合她的个人利益。由于人们拥有双重的目的以及相应的双重合理性，所以他们在选择时是自由的，他们选择什么是不确定的，从而他们的选择在性质上是非决定论的。

"事件因果"理论的拥护者试图避免"主体因果"理论所面临的一些困难，然而他们自己的理论也存在很多难题。虽然他们能够通过事件之间的因果解释避免形而上的"主体"给自由论带来的论证负担，但是他们无法避免非决定论给所有自由论者带来的麻烦。自由论者对非决定论具有坚定的承诺，然而非决定论看来与自由也是不相容的。

首先，"事件因果"理论无法避免运气反驳。凯恩主张，自由表现为"意志塑造"的行为中，而在这样的时刻，人们具有两种不同的目的以及相应的双重合理性，但是他们选择哪一个目的来实现，这是非决定论的。也就是说，人们可能做 A 行为，也可能做 B 行为，正如女商人的例子所表达的那样，她可能帮助受害者，也可能扬长而去。问题在于，如果"人们做什么"是不确定的，那么"他们实际上做了什么"就是一件运气的事情。让我们假设，这位女商人实际上听从了道德的召唤，选择了帮助受害者，并且制止了强暴事件。但是，假如历史可以回放（或者假设存在反事实的另外一个世界），我们也有理由认为，她这次可能会按照自己的利益行事，选择去参加会议。关键在于，在这样的场合，她有理由做其中任何一件事情，同时，她又没有充分的理由只做一件而不做另外一件事情。如果这样，那么无论她做什么，都是一件运气的事情。

其次，非决定论与道德责任是不是相容的。自由与道德责任是密切相关的，自由论者强调自由的意义，其中一个重要目的是为了证明，如果人的行为是自由的，那么他们就应该为自己的行为负有道德责任。问题在于，如果人们的行为是不确定的，他们做什么是一件运气的事

第二部分 平等与正义

情,那么他们能为自己的行为负有个人责任吗?为了证明人们确实负有个人责任,凯恩举了两个例子。一个是奥斯丁曾经举过的例子,一个杀手试图暗杀总理,但是失败了。另外一个例子是,丈夫与妻子吵架,出于愤怒把她心爱的花瓶推倒了。凯恩认为,尽管暗杀是否成功以及花瓶是否碎了,这是一件运气的事情,但是杀手和丈夫都应该对自己的行为负有个人责任。① 但是,这里的例子与凯恩为证明自由意志所举的例子是不同的,而责任与自由是连在一起的。我们假设,凯恩所说的女商人最终帮助了受害者,她为此也受到了赞扬。但是,如果她帮助受害者是一件运气的事情(她本来也有可能不提供帮助),那么她还值得我们赞扬吗?同样,如果她没有帮助受害者也是一件运气的事情,那么她应该受到谴责吗?在这样的场合,运气(非决定论)破坏了个人应负的道德责任。

最后,"事件因果"理论的拥护者面临一种两难的困境。任何一种对行为的因果解释都面临无限后退的问题,为此因果论者必须让这种后退在某个地方停下来。"主体因果"理论的拥护者主张这个停止点是主体,而主体是不动的推动者,它是所有行为或事件的原因,而自己则没有原因。"事件因果"理论的拥护者(如凯恩)主张这个停止点是意志的努力,它引发了行为或事件,但自身是自由的。但是,这种理论面临这样一个问题:这种意志努力本身是从哪里来的?它是否产生于先前的意志努力?一方面,如果"事件因果"理论主张这种意志努力产生于先前的意志努力,那么这就会导向无限后退的问题;另一方面,如果"事件因果"理论主张意志努力不需要诉诸先前的意志努力,那么这种作为停止点的意志努力本身看来也没有存在的必要了。② 无论是哪一种情况,"事件因果"理论都处境困难。

让我们对上面的分析和批评做一个总结。在自由与道德责任的问题上,自由论者要想证明自由论是一种合理的道德理论,他们需要提

---

① Robert Kane, "Some Neglected Pathways in the Free Will Labyrinth", in *Oxford Handbook of Free Will*, edited by Robert Kane, Oxford UK: Oxford University Press, 2002, p. 418.

② Randolph Clarke, "Libertarian Views: Critical Survey of Noncausal and Event - Causal Accounts of Free Agency", in *Oxford Handbook of Free Will*, edited by Robert Kane, Oxford UK: Oxford University Press, 2002, p. 373.

供两个论证。第一，他们需要证明自由（以及道德责任）与决定论是不相容的，为此提出了"后果论证"。后果论证由两个基本观点构成：第一，"能够做别的事情"是自由（以及道德责任）的前提条件；第二，决定论与"能够做别的事情"是不相容的。但是，这两个基本观点都是成问题的，因为很多例子表明，一方面，自由在某些情况下不以"能够做别的事情"为前提；另一方面，决定论也可以与"能够做别的事情"是相容的。其次，自由论者需要证明自由（以及道德责任）与非决定论是相容的，为此他们提出了关于行为的"因果解释"。因果解释的问题在于它会面临因果锁链的无限后退，因此自由论者必须让这种后退在某个地方停下来。如果他们选择的停止点是主体，那么这种自由主体与其行为之间就不存在因果关系。如果他们选择的停止点是意志的努力，那么这会导致这种努力从何而来的问题，即努力本身也会出现无限后退。因此，自由论者为其主张所提供的两个论证都有难以克服的困难。

第二节　相容论

对于如何从道德的观点解释人的行为，我们通常持有两种直觉。首先，人的行为服从于因果解释。基于现有的知识体系（其中特别是生物学、心理学、社会学和行为科学），我们能够给予人的行为以科学解释，而这种科学解释归根结底是一种因果解释。对于大多数人们来说，这种因果解释在性质上是决定论的。其次，人应该为自己的行为负责。基于我们存在于其中的社会生活和道德生活，我们认为人们应对自己所做的事情负有道德上的责任，而且也要求人们为自己的行为负责。道德责任是稳定的社会生活和道德生活所必需的，而没有道德责任的生活是我们无法想象的。

但是，这两种直觉之间存在紧张：如果决定论是真的，那么一个人的行为在因果上就是被决定的；如果一个人的行为是被决定的，那么我们如何能够要求他为自己的行为负责？因此，一些道德哲学家主张，决定论与自由是不相容的，从而与道德责任也是不相容的。另外一些道德哲学家则认为，两者是相容的，并且其观点因此被称为"相

第二部分 平等与正义

容论"。这样，相容论者便面对一个根本的难题：如果决定论是真的，那么人如何能够对自己的行为负有道德责任？不同的相容论者对这个问题给予了不同的回答。我们可以把这些回答归纳为三种主要的观点，即反应理论、等级理论和价值理论。

一 反应理论

斯特劳森1962年发表了他的经典文章"自由与忿恨"，这篇文章不仅提出了关于道德责任的反应理论，而且它也是当代自由与道德责任争论的思想根源之一。斯特劳森试图为人的道德责任规定条件，即在什么条件下一个人对自己的行为是负有道德责任的，并且主张，基于这些条件，我们也能够有理由认为某人对自己的行为是负有道德责任的。这些条件的解释依赖于斯特劳森所说的"反应性态度"（reactive attitudes）。

所谓"反应性态度"是指人们对其他人针对自己的态度和行为所做出的自然反应，而其他人针对自己的态度和行为可能是善意的，也可能是恶意的，还可能是中性的。[①] 比如说，我们对其他人的善意的自然反应通常是感激或称赞，对其他人的恶意的自然反应通常是忿恨或谴责。按照斯特劳森的观点，所谓道德责任就是我们相互接受这样的反应性态度，而道德上的赞扬或责备实质上表达的就是我们的反应性态度。这种理论是以群体实践的观点来理解和解释道德责任：在我们的社会生活和道德生活中，这样的反应性态度表达了我们的关切以及如何相互对待的要求。

问题在于，如果决定论是真的，那么我们还能够继续坚持这种反应性态度吗？决定论是真的，这意味着一个人的行为是由某些先在的原因决定的，这些先在的原因或者源于外在的环境，或者源于内在的基因，而它们都不是行为者本人能够控制的。如果导致某种行为的原因是不受行为者本人控制的，那么我们很难要求行为者对该行为负责。比如说，某个人在 A 女士经济困难时给她一笔钱，而他之所以给她钱

---

① Peter F. Strawson, "Freedom and Resentment", in *Free Will*, edited by Gary Watson, Oxford, UK: Oxford University Press, 1982, p. 67.

第十章　责任与运气

是把她误认为 B 女士。在这种情况下，我们还能够认为这个行为者对自己的行为是负有道德责任的并因此而得到赞扬吗？恐怕大多数人的回答都是否定的。另外，按照斯特劳森的观点，一个人在道德上是负有责任的，是因为我们认为他在道德上是负有责任的。与"他是负有责任的"相比，"认为他是负有责任的"具有优先的地位，而这种优先性内在于反应性态度之中。但是，我们在"认为"的事情上可能出错。比如说，我因某个人做了某件错事而感到义愤，但我不知道实际上这件错事是另外一个人做的。如果基于我认为他做了这件错事而断定他对此是负有责任的并谴责他，这是没有道理的。

鉴于这样一些问题，以瓦莱斯为代表的一些道德哲学家在 20 世纪 90 年代阐发出更精致的反应理论。瓦莱斯赞同斯特劳森的这种观点，即一个人在道德上是负有责任的，这意味着我们认为他在道德上是负有责任的。但是，他对这种观点增加了一个规范性条件：一个人对某种行为在道德上是负有责任的，当且仅当我们认为他对这种行为在道德上是负有责任的，这是公平的。① 这个规范性条件包含两个方面。一方面是认识的，在确认道德责任的时候，我们对相关事实的了解是正确的，没有发生错误；另一方面是评价的，关于一个人对所做事情所负有的责任，我们给予的评价是公平的和适当的。

瓦莱斯与斯特劳森另外一个不同的地方涉及对反应性态度之性质的看法。对于斯特劳森，反应性态度本质上是情感的和心理的，它们内在于人类的本性之中。对于瓦莱斯，反应性态度基于实践的理由，而这些理由表达了我们所承诺的道德义务。这里的关键是道德义务，而道德责任与道德义务相关。那么什么是道德义务？瓦莱斯认为，我们有义务去做的事情是那些我们所把握的理由推动我们去做的事情，而这些理由表达了我们所信奉的道德原则。② 一个人对某种行为是否在道德上负有责任，这取决于他是否违反了道德义务，而道德义务则是由表达了道德原则的理由规定的。这样，只有我们基于相关的理由

---

① R. Jay Wallace, *Responsibility and the Moral Sentiments*, Cambridge, MA: Harvard University Press, 1994, p. 91.
② Ibid., p. 131.

第二部分　平等与正义

认为某个人对某种行为在道德上是负有责任的，我们的评价才是公平的。

我们都有这样的直觉，在某些情况下，某些人确实做了某些错事，但是我们却不能认为他们在道德上是负有责任的。比如说，受到强迫、心理疾病、神智不健全、被操控，等等。在这些场合，行为者被免除了责任。公平意味着，一个人因其所作所为而得到赞扬或者责备，这必须是他们应得的。比如说，一个人受到另外一个人的强迫而做了某件错事（偷了商店的东西），在这种情况下，我们就不能认为他对此在道德上是负有责任的。基于这种应得的观念，瓦莱斯提出了一种公平的原则——"没有错误不应责备"（no blameworthiness without fault）的原则。① 这个原则有两种可能的应用。首先，当一个人没有违反道德义务（"没有错误"）的时候，如果我们责备他，那么这是不公平的。例如，我们误以为某个人做了某件事情而责备他，这是不公平的。其次，当一个人违反了道德义务但是他没有能力来理解道德义务并且也没有能力按照道德义务行事的时候，如果我们责备他，那么这是不公平的。比如说，因受到强迫、心理疾病、神智不健全或被操控的人，这样的人被免除了道德责任。

瓦莱斯的观点以及广义上的反应理论面临一些理论上的困难，其中主要有两种，一种来自相容论的内部批评，另外一种来自自由论的外部反驳。

从相容论的观点看，虽然反应理论对道德责任给予了解释，但是在这种解释中自由不仅没有发挥任何作用，甚至也没有任何地位。反应理论的意图是为道德责任确认条件，而这些条件或者是文化的和心理的（如斯特劳森），或者是道德理由和道德义务的（如瓦莱斯）。只要行为者的行为符合这些条件，那么他们对自己的行为在道德上就是负有责任的。但是，人们通常认为，其中也包括相容论者，责任以自由为前提。没有自由，就没有责任。如果这样，那么相容论者需要解释的不仅是道德责任与决定论是相容的，而且也包括自由与决定论是

---

① R. Jay Wallace, *Responsibility and the Moral Sentiments*, Cambridge, MA: Harvard University Press, 1994, p.135.

相容的。

从自由论的观点看，如果决定论是真的，那么我们认为一个人对其行为在道德上负有责任，这就是不公平的。决定论是真的，这意味着一个人的行为是被决定的。按照决定论的观点，在给定的外部环境条件和内部生理条件下，他只能做他所做的事情，他没有其他选择的可能性。如果一个人没有其他选择的可能性，那么我们就很难认为他对自己所做的事情是负有责任的。这样，相容论者就需要提供这样的论证：在决定论是真的情况下，我们认为一个人对其行为在道德上是负有责任的，并且这种判断也是公平的，即使他没有其他选择的可能性。

这意味着，相容论要想站得住脚，就必须回应这两个批评，一个是如何解释自由的问题，另外一个涉及其他选择的可能性。在这种意义上，法兰克福提出的等级理论就是对上述两种困难的回答。

二 等级理论

法兰克福1971年发表了一篇经典文章《意志自由与人的概念》。这篇文章提出，人与其他动物的区别既不在于人有理性，也不在于人是政治动物，而在于人有意志，并且对人的意志结构给予了分析和界定。这篇文章也对相容论的观点给予了坚定的辩护，并为此提出了等级理论。如果我们说这篇文章是迄今为止对意志自由与道德责任辩论产生了最大影响的文献，恐怕也不为过。

就我们关心的问题来说，法兰克福等级理论的意义在于它回应了古典相容论（反应理论）所面对的难题。这些难题主要有两个：一个是古典相容论缺乏对自由的解释，特别是没有关于意志自由的解释；另一个是古典相容论只解释了为什么人要负有责任，而没有论证责任与决定论是相容的。在古典相容论的框架下，前者是"意志自由"的问题，后者是"其他选择的可能性"的问题。

我们首先讨论"意志自由"，为此，我们需要澄清什么是"意志"（will）。法兰克福提出，意志就是某种特殊的欲望。我们有很多欲望，但是只有一些能够实现出来；我们也可能有相互冲突的不同欲望，而只有其中一些是真正驱动我们行动的力量。特别是我们经常会遇到这

第二部分　平等与正义

样的现象，某个人决心做某件事情，结果却做了另外一件事情。因此，虽然法兰克福主张意志就是某种欲望，但是他强调意志与欲望的范围不是一样的，欲望的范围比意志更大。在这种意义上，他把意志看作一种"有效的欲望"，一种始终驱动人们行动的力量。① 这种直接驱动人们行动的欲望或意志也被法兰克福称为一阶的欲望或意志。

法兰克福对意志的规定与传统哲学明显不同。在西方传统哲学中，意志是一种形而上学的实体。特别是对于自由论者，意志是某种精神实体，是不动的推动者，从而才能够成为行为因果链条的最终原因。但是在20世纪，一方面科学主义大行其道，另一方面拒斥形而上学已成为潮流。在这种情况下，即使相容论者需要某种意志概念，他们也必须使其免除其形而上学的精神实体的含义。因此，法兰克福所说的意志是人的一种欲望，而不是神秘的精神实体。

法兰克福的相容论被称为"等级理论"，这是因为它主张，人不仅具有一阶欲望，而且还有二阶欲望。所谓二阶欲望是指，一个人不仅拥有某种欲望，而且他在反思中也想要拥有这种欲望。② 比如说，我想喝茶，便去烧一壶开水。在这里，"喝茶"是我的一阶欲望，同时作为驱动我去烧水的力量，它也是我的一阶意志。假设当我想喝茶的时候，也有其他饮料供我选择，如咖啡、果汁和水，等等，经过考虑之后，我还是觉得自己想喝茶。这个时候的"喝茶"欲望就是我的二阶欲望，它表现为"我想我要喝茶"。在反思中，在考虑是喝茶还是喝其他饮料的时候，如果我不仅想喝茶，而且决定要喝茶，这时"我想我要喝茶"不仅是我的二阶欲望，而且也是我的二阶意志（second-order volition）。"我想做某事"，这是我的一阶欲望；"我想做某事"成为驱动我去做某事的原因，这是我的一阶意志。"我想我要做某事"，这是我的二阶欲望；"我想我要做某事"驱动我把"我想做某事"确认为我的意志时，这种二阶欲望同时也是我的二阶意志。

一阶欲望表达的是人的本能，二阶欲望是对一阶欲望的确认。因

---

① Harry Frankfurt, "Freedom of the Will and the Concept of a Person", in *Free Will*, edited by Gary Watson, Oxford: Oxford University Press, 1982, p. 84.
② Ibid., p. 86.

第十章 责任与运气

为人有各种各样的一阶欲望,而人在具体的时间和地点只能做一件满足欲望的事情,所以需要一阶意志来驱动满足某一种欲望的行动。因为人们所拥有的一阶欲望可能是相互矛盾或相互冲突的,所以需要二阶欲望来确认某一种欲望是自己的真正欲望,也需要二阶意志来驱动自己确认的某种欲望。法兰克福认为,拥有二阶意志,这是人的本质所在。① 当然,一个人也可能有各种不同的二阶欲望,而这些二阶欲望之间可能是相互冲突的,在这种情况下,他也可能具有三阶欲望或更高阶的欲望。正是这种意义上,法兰克福的理论被称为"等级理论"。

对于相容论者来说,问题的关键不在于人拥有意志,而在于人的意志是否是自由的,因为他们主张的是自由与决定论的相容性,而他们反对的是自由论。那么自由意味着什么?自霍布斯以来,这样一种自由观念便广为流传并且深入人心:一个人是自由的,这是指他能够做他想做的事情。法兰克福反对这种传统的自由观念。在他看来,自由地做想做的事情,既不是自由的充分条件,也不是其必要条件。它不是充分条件,因为一个动物也能够自由地做它想做的事情(如奔跑),但是我们不认为动物具有意志自由;它也不是必要条件,因为即使一个人的行动自由被剥夺了(锁在一个房间内而不能自由行动),他仍然拥有意志自由。法兰克福认为,人的自由存在于他的一阶意志与二阶意志的一致之中。② 我们可以把两者的一致理解为二阶意志对一阶欲望和意志的认同。也就是说,一个人在认同自己的一阶欲望和意志时,他行使的是意志的自由。

法兰克福的等级理论有些复杂,起码涉及四个因素(一阶的欲望和意志以及二阶的欲望和意志),以及相互关系。让我们举一个毒瘾的例子来加以解释。一些人具有强烈的毒瘾,他的这种欲望如此强烈以至根本就没有考虑是否应该戒掉的问题。另外一些人也有毒瘾,在反思中认为它是有害的,但是他们的意志还不足以使他们戒掉它。还有一些人也受到毒品的诱惑,但是知道它是有害的,并且能够坚定地

---

① Harry Frankfurt, "Freedom of the Will and the Concept of a Person", in *Free Will*, edited by Gary Watson, Oxford: Oxford University Press, 1982, p. 86.

② Ibid., pp. 90–91.

第二部分　平等与正义

抵制它。第一种人属于法兰克福所说的"放荡者",他们只有一阶的欲望(或许还有意志),但是没有二阶的意志。第二种人是所谓"不情愿的有毒瘾者",他们有二阶意志,但是他们的二阶意志与一阶的欲望和意志是不一致的,在这种意义上,他们没有意志自由。第三种人是正常的人,他们不仅具有二阶意志,而且他们的意志是自由的。

我们再来看"其他选择的可能性问题"(alternate possibilities)。在当代关于自由与道德责任的讨论中,"其他选择的可能性"通常被看作是一个原则:只有当一个人能够做其他事情的时候,他才能对自己的行为负有道德责任。比如说,一个人经常酗酒,但是他本来也可以不酗酒的,因此,他要为自己的酗酒负责。如果一个人只能做他所做的事情,而没有其他选择的可能性,那么他就不应对自己的行为负责。对于很多道德哲学家,"其他选择的可能性"不仅对责任来说是一个原则,而且对自由也是一个原则。一个人是自由的,这意味着他有"其他选择的可能性"。如果他没有"其他选择的可能性",那么他就不能是自由的。

问题在于,"其他选择的可能性"与决定论是不相容的。按照决定论,在外部社会环境和内在生理构造已定的条件下,一个人只能做他所做的事情(如酗酒),而不可能做其他的事情。也就是说,决定论意味着只会有一种行为(他所做的事情),不会有其他的行为(其他选择的可能性)。如果"其他选择的可能性"与决定论是不相容的,并且决定论是真的,那么人就没有"其他选择的可能性"。按照通常的理解,如果人没有"其他选择的可能性",那么他就不应对自己的行为负责。因为相容论者一般都接受了"决定论是真的",所以"其他选择的可能性"对相容论构成了一个挑战。

法兰克福认为,其他选择的可能性原则是虚假的。为了证明这个原则是虚假的,他在1969年发表了一篇著名文章《其他选择的可能性与道德责任》。在这篇文章中,法兰克福提出了一个假设的例子来表明,一个人即使没有其他选择的可能性,他也应该对自己的行为负责。后来,其他道德哲学家也提出了各种各样与其相似但更为精致的例子来证明自己的观点。这类例子如此之多,但又与法兰克福提出的例子相似,以至所有这类例子都被称为"法兰克福式案例"。

第十章 责任与运气

法兰克福提出的例子是这样的①。一个叫琼斯的人打算做某件事情（比如说去法国旅游），但是也存在做其他事情的可能性（比如说去夏威夷旅游）。这时有一个叫布莱克的人在暗中监视琼斯，而这个人具有操纵琼斯的能力（比如说他已经在琼斯的大脑中安装了一个芯片）。他的意愿是要琼斯去法国，并且为此密切监视琼斯。如果琼斯决定去法国，布莱克就会按兵不动，不做任何事情。如果琼斯决定去夏威夷，那么他就会出手干预，通过琼斯大脑中的芯片来操纵他改变主意。这个暗中操纵者的存在决定了琼斯只能去法国，排除了他去夏威夷的可能性。

现在我们假设，琼斯最终决定去法国，而布莱克则按兵不动，没有进行任何干预。在法兰克福看来，琼斯是自己决定去法国的，他应该为此承担道德责任。但是，由于操纵者布莱克的存在，琼斯没有"其他选择的可能性"，即没有去夏威夷的可能性。在去哪里的问题上，琼斯没有选择，只能按照布莱克的意愿行事，无论其行为是由自己决定的，还是在别人的操纵下决定的。但是，如果琼斯最终决定去法国，那么他就应该为这个行为负责，即使他没有做其他事情的可能性。换言之，一个人是否对自己的行为负有道德责任，这与"其他选择的可能性"是无关的。

对于法兰克福，自由和道德责任与决定论都是相容的。② 自由与决定论是相容的，因为即使人的行为在因果上是被决定的，人仍然拥有自由。所谓自由无非是人的一阶欲望与二阶意志的一致性，即他认可自己的欲望并按照自己的欲望行事，而这与决定论并不冲突。道德责任与决定论也是相容的，因为人即使没有"其他选择的可能性"，他仍然要为自己的行为负责。只要一个人所做的事情是出于自己的意志，那么他就应该为自己的行为负责，无论他是否有可能做其他的事情。

---

① Harry Frankfurt, "Alternate Possibilities and Moral Responsibility", in *Moral Responsibility and Alternative Possibilities*, edited by David Widerker and Michael McKenna, Burlington, Vermont: Ashgate Publishing Company, 2003, pp. 21-22.

② Harry Frankfurt, "Freedom of the Will and the Concept of a Person", in *Free Will*, edited by Gary Watson, Oxford: Oxford University Press, 1982, p. 95.

第二部分　平等与正义

　　法兰克福提出的等级理论以及法兰克福式案例引起了大量的讨论和争论，产生了广泛和重要的影响。但是，他的理论也面临一些严重的困难，而正是这些困难引起了批评者的质疑和反驳。

　　首先，法兰克福在其等级理论中把人的欲望分为一阶的和二阶的，他的目的是想表明，二阶欲望是人的真正欲望，而一阶欲望则有可能不是。问题在于，所谓二阶欲望无非是人在反思中确认的欲望，而反思中确认的欲望并不能保证它必然是自我的真正欲望。[1] 在这个方面，一阶欲望与二阶欲望之间没有法兰克福所想象的那种重大差别。比如说，一个吸毒者有吸毒的一阶欲望，他也可能有吸毒的二阶欲望，即在反思中他仍然认可自己吸毒。也就是说，没有什么东西能够确保二阶欲望属于真正的自我。

　　其次，法兰克福的等级理论主张，一个人只要认同自己的欲望并控制自己的行为，他就应该为自己的行为负责，但是这种主张会产生某些反直觉的结果。比如说，某个人认为自己不应该吃含有大量食糖和脂肪的蛋糕，并且也在反思中认同自己这种不吃蛋糕的欲望。然而出于意志薄弱，他每次在面对美味的蛋糕时都禁不住大快朵颐。按照法兰克福的理论，既然他不认同吃蛋糕的欲望并且不能控制自己的行为，那么他就无须为此负责。但是我们的直觉告诉我们，这个人应该为吃蛋糕负责。

　　最后，法兰克福认为，他提出的案例（法兰克福式案例）能够证明，一个人即使没有其他选择的可能性，他仍然要对自己的行为负责。对此，道德哲学家们之间存在大量的争议。一些道德哲学赞同法兰克福的观点，但是更多的道德哲学家则反对他的观点。即使是赞同法兰克福主张的人，也认为他的例子过于粗糙。关于法兰克福案例产生了大量的讨论和争论，以至它几乎变成了当代道德哲学争论的一个单独主题。

三　价值理论

　　等级理论是一种内在的理论，它关注的东西是一个人内部不同层

---

[1] Gary Watson, "Free Agency", in *Free Will*, edited by Gary Watson, Oxford: Oxford University Press, 1982, p. 108.

面之间的欲望一致性，比如说一阶欲望与二阶欲望的一致性。这种理论主张，如果一个人的一阶欲望与二阶欲望是一致的，那么这种欲望就是他自己的真正欲望。从道德的观点看，这种等级理论存在一个重要缺欠，即它没有考虑价值问题。人们追求实现的欲望不仅应该是自己真正的欲望，而且也应该是值得追求的欲望。问题在于，一个真正属于自我的欲望有可能不是一个值得追求的欲望，譬如一个无可救药的瘾君子的欲望。正是出于这种考虑，一些相容论者提出了价值理论，其影响较大的代表有沃森和沃尔夫。

沃森的理论思路基于柏拉图的灵魂三分说。柏拉图主张人的灵魂由三个要素构成，即欲望、理性和精神。与这里所讨论的问题相关的主要是欲望和理性。欲望是人的本能，它表达了人直接想要的东西。但是，人直接想要的东西并不一定是好的或有价值的。什么东西是好的或有价值的，这要由理性来判断。正是在这种意义上，柏拉图主张理性支配欲望。理性对人们想要的东西做出价值判断，这种判断表明它们是不是好的或有价值的。重要的地方在于，这种价值判断为人的行为提供了理由：如果这些人们想要的东西是好的或有价值的，那么人们就应该追求它们。

基于柏拉图这种欲望与理性的区分，沃森提出了欲望与价值的区分。这种区分可能以这样两种方式产生：首先，一个人所欲望的东西不是他赋予重要价值的东西，也就是说，他不认为这些东西是好的或有价值的；其次，虽然他认为他所欲望的东西是有价值的，但是这种东西的价值与他欲望它的强度不相称，即他的欲望超过了所欲望对象的价值。虽然欲望与价值是有区别的，但是两者可以是一致的。我们欲望的东西可以是我们赋予重要价值的东西，同样，我们赋予重要价值的东西也可以是我们欲望的东西，比如说健康和职业成就等。在这种情况下，一个人的行为就是自由的；相反，如果一个人所欲望的东西（如吸烟）不是他赋予重要价值的东西，或者一个人赋予重要价值的东西（如读书）不是他所欲望的东西，那么他的行动就是不自由的。[1]

---

[1] Gary Watson, "Free Agency", in *Free Will*, edited by Gary Watson, Oxford: Oxford University Press, 1982, p.100.

第二部分 平等与正义

按照沃森的观点，人作为自由的主体由两套系统构成，一套是动机系统（motivational system），另一套是评价系统（valuation system）。[①] 动机系统的功能是引发行为，它作为本能直接驱动我们去做某件事情。我们通过辨认驱动一个人的东西是什么，来辨认他的动机系统。与此不同，评价系统的功能是产生这种形式的判断：在给定的环境下，所有的情况都被考虑后，我应该做的是这件事情。这种评价系统是自由之源。当我们把"自由"这种性质归之于某个人的时候，我们假定，他是一个做出了这种价值判断的人。为了成为这种类型的人，他必须给各种不同的事态赋值，并按照它们的价值加以排序。沃森也意识到，对于大多数人而言，他们不可能有清晰、系统的"善观念"、融贯的生活计划或目的系统。但是，他认为，我们或多或少都有自己的长远目标以及愿意维护的规范原则，而这些东西实质上就是我们所认同的价值。

沃森的这套理论有三个要点。第一，人的评价系统应该支配动机系统，也就是说，理性应该支配欲望。这一点明显带有柏拉图主义的色彩。第二，人是不自由的，产生于他的动机系统与评价系统的不一致，产生于他所欲望的东西与他赋予价值的东西之间的不一致。比如说，一个不自愿的瘾君子是不自由的，因为他所欲望的东西（吸毒）不是他赋予重要价值的东西。第三，一个自由的人有能力把他的价值转化为行动，也就是说，他的行动产生于他的评价系统。因此，对于一个自由的人，他所欲望的东西与他赋予重要价值东西是一致的，他的动机系统与评价系统是一致的。

即使对于相容论者，甚至是从价值的观点看，沃森的价值理论也存在一些明显的问题。首先，按照沃森的理论，与欲望和动机系统相比，理性和评价系统代表了真正的自我。但正如弗洛伊德的心理分析所表明的那样，起码对某些人，他们的欲望和动机系统所表现的是真正的自我。其次，沃森主张，如果一个人的欲望与价值是一致的，那么他就是自由的，从而应该对其行为负责。问题在于，一个人在评价自己的欲望这件事情上不能被看作权威：这个人的判断有可能出错，

---

① Ibid., pp. 105–106.

第十章 责任与运气

他可能被不明的因素所影响（如酒精或毒品）。也就是说，一个人有可能在什么是自己的真正欲望问题上出现判断错误。最后，对于沃森，如果一个人的行为源自其真正的自我，那么他对自己的行为就是负有责任的。但问题在于，这个人对于自己的真正自我，对于自己目前具有的评价系统，他可能是没有责任的。也就是说，一个人在自己的理性或评价系统的形成过程中，外部环境可能发挥了决定性的作用。

沃尔夫看到了沃森的理论存在着上述问题，她提出了自己的价值理论。沃尔夫把自己的价值理论称为"理性观点"（the Reason View），而这种观点有两个鲜明特征：首先，她主张，自由意味着一个人能够出于正当的理由去做正确的事情；其次，在她的理论中，对正确行为与错误行为的解释是不对称的。

从沃尔夫的观点看，沃森基于价值来解释自由和道德责任是正确的，但是问题在于，在沃森的理论中，价值是主观的。沃尔夫主张，只有当一个人有能力在其价值的基础上行事的时候，他对自己的行为才是负有责任的；而只有当一个人在客观的"真和善"（"the True and the Good"）的基础上形成其价值的时候，他的价值才是客观的。[①] 一个人出于自己的价值信念行事，他才对自己的行为负责，在这点上，沃尔夫与沃森是一致的。两者的差别在于，沃尔夫要求人们的价值信念建立在客观价值（大写的"真和善"）的基础上。在她看来，在一个人的价值形成过程中，如果没有正常的和有利的条件，那么他就有可能形成虚假的甚至错误的价值信念。

人们通常认为，自由是道德责任的前提条件：一个人只有是自由的，他才能对其行为负有道德责任。但是，自由意味着什么？在沃尔夫看来，自由是人们认识善、理解善、追求善的能力，是一种出于正当理由去做正确事情的能力。[②] 那么什么样的理由是正当的以及什么样的事情是正确的？符合客观的"真和善"的理由和事情是正当的或正确的。在涉及道德责任的问题上，自由的意思肯定不是任意行事。因此，一些道德哲学家主张自由的行为应该建立在价值的基础上，而

[①] Susan Wolf, *Freedom within Reason*, New York: Oxford University Press, 1990, p. 75.
[②] Susan Wolf, *Freedom within Reason*, New York: Oxford University Press, 1990, p. 77.

第二部分 平等与正义

沃尔夫更进一步,要求行为建立在客观价值的基础上。一个人只有具备评价客观的"真和善"的规范能力,他才能出于正当的理由去做正确的事情。对于沃尔夫,自由和道德责任都基于客观的价值。

按照沃尔夫的"理性观点",道德责任依赖于一个人出于正当理由做正确事情的能力。假如决定论是真的,这意味着一个人在心理上被决定去做某件事情。如果一个人在心理上被决定出于正当理由去做正确事情,那么这意味着他有这种必要的能力,并且与决定论是相容的。但是,如果一个人在心理上被决定出于某种理由去做错误的事情,那么这意味着他没有这种必要的能力。一个人不得不做错误的事情,或者没有能力去做正确的事情,这意味着他缺少按照"真和善"行事的能力。基于以上观点,沃尔夫提出了一个自己也认为"古怪的"主张:如果一个人在心理上被决定出于正当的理由做了正确的事情,那么这是值得赞扬的,而且行为者对此也是负有道德责任的;如果一个人在心理上被决定做了错误的事情,那么他对此是没有道德责任的,并且也不应受到责备。①

这种解释在正确事情与错误事情上是不对称的。它们之所以是不对称的,在于一种假定,即决定论是真的。如果决定论是真的,那么人们都是必定做某种事情的,无论这些事情是正确的还是错误的。在这种情况下,人们没有其他选择的可能性。如果人们没有其他选择的可能性,那么人们即使做了错误的事情,他们也不应该受到责备,并且也对此不应负有个人的责任。与此不同,即使人们没有其他选择的可能性,如果他们做了正确的事情,那么他们也应该受到赞扬,并且对此也应负有个人的责任,因为他们是出于正当理由去做正确事情的。

沃尔夫价值理论的这两个特别观点都存在明显的问题。首先,沃尔夫主张,自由和道德责任依赖于一个人能够出于正当的理由去做正确的事情。这意味着,如果一个人不能出于正当的理由去做正确的事情,那么他对自己的行为就是没有责任的。这种观点明显违反了我们的道德直觉。比如说,某个人在首饰店趁人不备偷了一件珍贵的首饰。他知道偷首饰是不对的,但是利益的考虑压倒了道德的考虑,使他铤

---

① Ibid., p. 79.

而走险。在这个场合,他不能出于正当的理由做正确的事情,但是,我们都会认为他对此是负有责任的。如果这样,那么沃尔夫的理论为什么会出现这样明显的错误?价值理论和等级理论通常也被称为"契合理论"(mesh theories)。等级理论要求一阶欲望与高阶欲望之间的契合,价值理论要求行为与价值信念的契合。对于价值理论,这意味着"正当的理由"与"正确的事情"之间的契合,只有两者的一致,人对其行为才是负有责任的。问题在于,沃尔夫没有看到,还存在另外一种契合,即"错误信念"与"错误行为"之间的一致,在这种情况下,人对于其行为也是负有责任的。

其次,沃尔夫提出,在没有其他选择的可能性的条件下,道德解释在正确事情与错误事情上是不对称的。道德解释是不对称的,这是因为做了正确的事情是基于正当的理由,所以它是值得赞扬的,而在做了错误事情的场合,由于不存在其他选择的可能性,所以它是不应得到责备的。这种不对称性会面临强烈的质疑。一方面,如果决定论是真的,那么人们对自己所做的任何事情都是没有责任的,无论它是正确的事情还是错误的事情,就像决定论者所主张的那样;另一方面,如果一个人做了正确的事情是值得赞扬的,那么他做了错误的事情也是值得责备的,即使在没有其他选择的可能性的条件下。比如说,我们可以设想一个法兰克福式案例:某个人在首饰店里思考是否趁人不备偷走一件珍贵的首饰,这时有一个暗中的操纵者在监视他;如果这个人决定偷走首饰,那么他就按兵不动;如果这个人决定不偷,那么他就会出手干预(启动早已安装在该人大脑中的芯片);最终这个人决定偷走首饰,而操纵者没有做任何事情。在这个例子中,虽然这个盗窃者没有其他选择的可能性,但是我们仍然会认为他对偷盗是负有责任的。

现在让我们对上述三种版本的相容论给予总的分析和批评。

首先,相容论主张人们应该对自己的行为负有道德责任,而这种主张能够成立,就需要以另外一个主张为前提,即人是自由的。人是自由的,这包含两方面的含义:一方面,一个人做什么,这取决于他自己的选择;另一方面,一个人行为的最终根源在他自己本身。但是,在所有三种版本的相容论中,自由的观念都是太弱了:在等级理论中,自由意味着一阶意志与二阶意志的一致；在价值理论中，自由意味着行为与理由的一致；而在反应理论中，自由干脆被忽视了。几乎所有的道德哲学家都承认（无论是相容论者还是不相容论者），道德责任依赖于人的自由。由于所有三种版本相容论的自由观念都太弱了，所以无法支持这种主张，即人们应该对自己的行为负有道德责任。

其次，在缺乏强健的自由观念条件下，一个人做什么，这或者是决定论的，或者是非决定论的。所谓决定论的，这意味着行为是由行为者所不能控制的外部环境或生理构造决定的；所谓非决定论的，这意味着行为是或然的，即一个人做什么，这纯属一件运气的事情。如果是前者，即人的行为是由他不能控制的外部环境或生理构造决定的，那么相容论要求他为自己的行为负责就是不正义的；如果是后者，即一个人做什么是一件运气的事情，那么相容论要求他为自己的行为负责就是不公平的。无论是哪一种情况，相容论都不能要求人们对自己的行为负道德责任。

最后，相容论承认决定论是真的，并且在这个前提下主张自由以及道德责任与决定论是相容的。但是，相容论无法证明两者是相容的。按照决定论，一个人的选择或行为是由先前的事件决定的，这个事件的因果锁链可以一直追溯到他的出生之前，而一个人出生之前的事情不是他能够控制的。这意味着，相容论者所说的选择或行为：或者服从这种因果关系的后退追溯，从而与决定论是相容的，但是它们在这种意义上根本就不是自由的，以至行为者不能为其行为负有道德责任；或者不服从这种后退的追溯，其因果锁链能够在某个地方停下来，即其选择或行为的最终"起源"在行为者本身，但是这种自由与决定论又是不相容的。在这个问题上，相容论者很难摆脱这种两难的处境。

第三节　强决定论

在自由与道德责任的问题上有三种基本的观点，即自由论、相容论与强决定论。这三种观点之间的关系是非常复杂的。在道德责任与决定论是否相容的问题上，强决定论与自由论是一致的，它们都主张

第十章 责任与运气

不相容论，从而与相容论是对立的。在对待决定论的问题上，强决定论与相容论是一致的，它们大体上都接受决定论对世界的解释，从而与自由论是对立的。虽然强决定论与自由论同为不相容论，但是两者的基本立场是截然相反的：自由论之所以主张不相容论，这是为了否定决定论，为自由和道德责任提供论证；而强决定论之所以主张不相容论，这是为了否定自由论，为没有自由和道德责任提供论证。

因此，强决定论的道德理论分为两个方面，一方面是对自由论和相容论的批判，以表明为什么这两种道德理论都是错误的；另一方面是阐述自己的道德理论，以论证为什么自由和道德责任都是不存在的。

一 为什么自由论是错误的？

自由论（libertarianism）的基石是"自由意志"。这是一种很强的意志概念，而为了与日常生活中的意志概念相区别，甚至与其他道德哲学家（如法兰克福）所使用的意志概念相区别，它也被称为"自由论的自由意志"（libertarian free will）。[①] 从这块基石出发，自由论者论证自由与决定论是不相容的，从而决定论是错误的。现在强决定论者的工作是反向的，他们从否定自由意志概念开始，来论证自由与决定论是不相容的，从而自由论是错误的。

自由论的"自由意志"概念代表了某种精神实体，具有强烈的形而上学含义，并且因此受到了批评。但是，强决定论者要反驳自由论，则不能纠缠于这个问题。因为自由问题一旦陷入形而上学的领域，就会陷入没完没了的争论，就会成为一个无法解决的问题。强决定论者正确地认识到，他们所讨论的自由不是一个形而上学问题，而是一个道德问题，从而问题的关键不是自由意志本身的性质，而是它无法满足道德责任所需要的条件。简言之，从强决定论者的观点看，不是自由意志是不存在的，而是自由意志是不可能的。因此，很多强决定论

---

① Saul Smilansky, "Free Will, Fundamental Dualism, and the Centrality of Illusion", in *Oxford Handbook of Free Will*, edited by Robert Kane, Oxford UK: Oxford University Press, 2002, p. 490.

第二部分　平等与正义

者都指出，自由意志是不可能的，这与决定论的真假无关。①

如果自由意志是不可能的，并且这是因为它无法满足道德责任所需要的条件，那么道德责任需要满足的条件是什么？按照自由论的观点，这些条件有两个，而它们也是自由意志的两个特征：首先，在面对各种选择时，你选择什么，这在你的控制之下，而且你也可能选择做其他的事情；其次，你选择什么或者做什么，这完全取决于你，也就是说，你自己是你的行为的起源。② 强决定论者认为，自由意志的这两个条件都是无法满足的。而且，他们认为，即使决定论是假的，非决定论是真的，自由意志也是不可能的。也就是说，在强决定论者看来，自由意志是不可能的，这是因为使其成立并支持道德责任的三个构成要素是不可能的。

首先，自由意志的第一个条件实际上包含两个方面。一方面，你选择什么或者做什么，这在你自己的控制之下；另一方面，你是自由的，这意味着除了你选择的东西或所做的事情之外，你还有其他的选择或者能够做其他的事情。强决定论者认为，这两个方面的要求都是成问题的。

我们先看第一个方面。自由论者主张，一个人只有是自由的，他才能为其行为负责；而一个人只有其行为是在自己控制之下的，他才能够是自由的。比如说，一个人在面对某人的询问时，他可以选择讲真话，也可以选择撒谎；只有在哪一种选择都处于他的控制之下，他才应该为自己的行为负有道德责任。问题在于，一个人选择什么或者做什么，在某种程度上这是由事件的因果关系决定的。我们假设，这个人在面对询问时撒了谎。按照自由论，他撒谎是在他本人控制之下的，从而他对此负有责任。但是，在强决定论者看来，这个人选择了撒谎，这是由他本人的品质（他的思维方式和行为方式）决定的，而

---

① Galen Strawson, "The Bounds of Freedom", in *Oxford Handbook of Free Will*, edited by Robert Kane, Oxford UK: Oxford University Press, 2002, p. 444; Saul Smilansky, "Free Will, Fundamental Dualism, and the Centrality of Illusion", in *Oxford Handbook of Free Will*, edited by Robert Kane, Oxford UK: Oxford University Press, 2002, p. 491.

② Robert Kane, "Introduction: the Contours of Contemporary Free Will Debates", in *Oxford Handbook of Free Will*, edited by Robert Kane, Oxford UK: Oxford University Press, 2002, p. 5.

他本人的品质则是由外部环境和内在基因塑造的。因此,公平地说,要求这个人对自己的撒谎负责,他不仅需要能够控制自己的行为(撒谎),也需要能够控制导致该行为的自己的品质(自己的思维方式和行为方式),而且还需要控制塑造自己品质的外部环境和内在基因。我们知道,一个人控制自己的品质以及成长环境和生理基因,这是不可能的。①

第一个条件的另外一面是"其他选择的可能性"。自由论者主张,只有存在其他选择的可能性,一个人才能够是自由的,并因此才对自己的行为负有道德责任。强决定论者在对待这个问题时通常会援引法兰克福式案例来反驳自由论。② 让我们对原来的法兰克福案例做些修改以适合我们这里的讨论。③ 假设一个叫琼斯的人现在面对是撒谎还是讲真话的选择,而这时有一个叫布莱克的人在暗中监视他,并具有操纵他的能力(比如说已经在琼斯的大脑中安装了一个芯片),而且想要他撒谎。如果琼斯撒谎,布莱克就会按兵不动。如果琼斯决定讲真话,那么布莱克就会出手干预。由于布莱克的存在,琼斯没有"其他选择的可能性"。现在我们假设,琼斯最终决定撒谎,而布莱克则没有进行任何干预。在这种情况下,琼斯是自己决定撒谎的,因此他是自由的并应该为此承担道德责任。从强决定论的观点看,法兰克福式案例表明,一个人是否是自由的并且是否应该对自己的行为负有道德责任,这与"其他选择的可能性"是无关的。

其次,自由意志的第二个条件涉及行为的起源。自由论者认为,如果一个人是自由的,其行为处于自己的控制之下,那么他做什么事情的最终起源必须是他自己本身。我们通常用因果关系来解释人的行为,在因果的意义上,引起一个人做出某种选择或某种行为的原因在他之内,而不是产生于他无法控制的外部因素(其他人或事物)。只

---

① Galen Strawson, "The Bounds of Freedom", in *Oxford Handbook of Free Will*, edited by Robert Kane, Oxford UK: Oxford University Press, 2002, p. 456.

② Derk Pereboom, "Living without Free Will: the Case for Hard Incompatibilism", in *Oxford Handbook of Free Will*, edited by Robert Kane, Oxford UK: Oxford University Press, 2002, p. 478.

③ Harry Frankfurt, "Alternate Possibilities and Moral Responsibility", in *Moral Responsibility and Alternative Possibilities*, edited by David Widerker and Michael McKenna, Burlington, Vermont: Ashgate Publishing Company, 2003, pp. 21–22.

第二部分 平等与正义

有符合起源性这个条件,一个人才能是自由的,并对自己的行为负责。用传统哲学的语言说,在自由论者看来,如果人是自由的,那么他就必须是"自因"(causa sui)。但是,从强决定论者的观点看,人的选择和行为都可以用因果关系来解释。如果非决定论是真的,那么由因果关系所产生的行为是一个随机或运气的问题。如果决定论是真的,那么因果关系中的行为则可以由先前的事件或行为加以解释。我们把非决定论的问题放在后面来讨论,现在假定决定论是真的。

如果决定论是真的,那么一个人的行为就是由先前所发生的相关事件决定的。这些先前的事件构成了一个因果锁链,沿着这条锁链,我们可以一直追溯到行为者出生之前。对于一个人出生之前的事情,他显然无法成为其原因。具体来说,一个人选择什么或做什么事情,这通常是由这个人的思想方式和行为方式决定的,而他的思想方式和行为方式构成了他的本性。在这种意义上,我们可以说他的本性是其行为的原因。问题的关键在于,一个人有什么样的本性,这不是他自己能够决定的。一个人不可能是自己本性的原因,这也意味着,一个人不能是"自因"。[①] 也就是说,虽然自由论者要求一个人应该是自己行为的起源,但是上述分析表明,这是不可能的。

最后,我们上面所做的讨论和分析基本上是在决定论的背景下进行的,即使我们没有承诺决定论一定是真的。这样就留下一个问题:如果决定论是假的,而非决定论是真的,那么会导致什么样的情况?如果非决定论是真的,那么自由论就会更有道理吗?我们现在来探讨这个问题。

从强决定论者的观点看,即使非决定论是真的,自由论也是错误的。在这个问题上,他们大体上接受了英瓦根的论证。[②] 英瓦根认为,自由意志不仅与决定论是不相容的,而且与非决定论也是不相容的。他的论证是这样的:假设某个人(比如说爱丽丝)面临这样一种选择,是讲真话,还是撒谎;如果非决定论是真的,这意味着她可能讲

---

① Galen Strawson, "The Bounds of Freedom", in *Oxford Handbook of Free Will*, edited by Robert Kane, Oxford UK: Oxford University Press, 2002, p. 457.

② Derk Pereboom, "Living without Free Will: the Case for Hard Incompatibilism", in *Oxford Handbook of Free Will*, edited by Robert Kane, Oxford UK: Oxford University Press, 2002, p. 478.

真话，也可能撒谎；为了论证的原因，我们先假设爱丽丝是讲真话了；但是如果上帝使事态重新回到出发点，那么爱丽丝下一次则可能会撒谎；随着这种"重放"次数的增加（比如说一千次），"讲真话"与"撒谎"的比率会收敛到某个值（比如说50%）；这意味着，如果非决定论是真的，那么一个人选择什么或者做什么，这是一件随机的事情；这也意味着，如果一个人讲了真话，那么这对我们是一件运气的事情。① 这里的关键在于，如果非决定论是真的，那么一个人做什么事情就是一件随机的或运气的事情。如果一个人做什么事情是随机的，那么他既不能说是自由的，更不能说对其行为是负有责任的。这种论证表明，即使非决定论是真的，自由意志也是不可能的。

把上述三种论证——关于控制、其他选择的可能性以及非决定论——集合在一起，强决定论者认为，无论决定论是真的还是非决定论是真的，自由意志都是不可能的，从而自由论都是错误的。

二 为什么相容论是错误的？

相容论的优点是它符合人们通常具有的两种直觉。一种直觉是，按照现有的知识体系，我们能够给予人的行为以科学解释，而这种科学解释归根结底是一种因果解释。对于大多数人们来说，这种因果解释在性质上是决定论的。另外一种直觉是，基于我们存在于其中的社会生活和道德生活，我们认为人们应对自己所做的事情负有道德上的责任，而且也要求人们为自己的行为负责。我们无法想象没有道德责任的生活是什么样的。问题在于，这两种直觉是冲突的：如果决定论的因果解释是真的，那么人就不能为自己的行为负责。这种冲突给相容论带来了麻烦。

相容论的另外一个麻烦来自它采取的中庸立场。这种中庸立场能够使它兼收并蓄，吸取自由论和决定论的长处，这是有利的地方。不利的地方在于这种中庸立场使相容论在理论上具有一种调和的性质，而其理论的调和性质使它缺乏彻底性和深度，并受到两个对手的夹击。

---

① Peter van Inwagen, "Free Will Remains a Mystery", in *Oxford Handbook of Free Will*, edited by Robert Kane, Oxford UK: Oxford University Press, 2002, pp. 171 – 173.

第二部分 平等与正义

对于自由论，相容论的问题在于它的决定论，它无法证明人是自由的并对自己的行为负有责任。对于强决定论，相容论的问题在于它的自由理论，在于它无法证明自由与决定论是相容的。我们这里关心的是强决定论对相容论的批评。概括地说，强决定论对相容论的批评主要有以下三个方面。

首先，相容论的自由观念是成色不足的。相容论和自由论都主张人是自由的和自主的，具有自我决定的能力。从强决定论的观点看，这种主张要立得住脚，依赖于一个前提条件，即自由论的自由意志。由于相容论没有这样的自由意志，所以在相容论的层面上人们不能在最终的意义上控制自我以及自我的行为，从而也不能对自我以及自我的行为负有责任。为什么会这样？强决定论者认为，在相容论层面上"发生"的一切事情在强决定论的层面上都变成了"被发生"，因为这些事情最终都产生于行为主体所无法控制的原因。如果人们没有自由论的自由意志，那么他们的身体和行为都源自他们无法控制的环境。在这种情况下，即使承认人们能够"自我创造"，但是一个人最终成为什么样的人，这也不是他自己能够控制的，而是一件运气的事情。①强决定论者喜欢赫拉克利特的名言："性格即命运：你的性格决定了你的命运。"② 在这里，性格是"给定的"，而人的一生以及他所做的所有事情都不过是其性格的展示。

其次，相容论的道德评价可能是不公平的。自由与道德责任是连在一起的，而道德哲学家关心的东西与其说是自由，不如说是道德责任。道德责任是道德评价的基础。一个人做了一件好事并对此负有个人责任，那么我们就会赞扬他。反之，一个人做了一件坏事并对此负有个人责任，那么我们就会谴责他。问题在于，在什么情况下我们能够说一个人对其行为是负有道德责任的？一个人做了某件事情，这并不意味着他对此负有道德责任，因为导致其行为的力量有可能超出了

---

① Saul Smilansky, "Free Will, Fundamental Dualism, and the Centrality of Illusion", in *Oxford Handbook of Free Will*, edited by Robert Kane, Oxford UK: Oxford University Press, 2002, pp. 492–493.

② Galen Strawson, "The Bounds of Freedom", in *Oxford Handbook of Free Will*, edited by Robert Kane, Oxford UK: Oxford University Press, 2002, p. 449.

第十章 责任与运气

他的控制。要求一个人对其行为负责，这意味着不仅要求他对做某件事情负责，而且要求他对导致他做此事的原因也负责，对原因的原因也负责。这就是所谓的"无限后退"问题。为了不陷入"无限后退"的陷阱，道德哲学家必须在某个地方停下来。自由论主张，这个停止点是自由意志，即自由意志是行为的最终原因。相容论不接受自由论的自由意志，从而也必须放弃对行为之最终原因负责的要求。在这种情况下，相容论只能直接要求人们对自己的行为负责，没有"后退"的问题。但是，从强决定论的观点看，在没有自由论的自由意志的条件下，一个人做什么，这是一件运气的事情，在这种情况下，如果相容论直接要求人们对自己的行为负责，那么这就是不公平的和不正义的。①

在没有自由论的自由意志（从而没有对行为的最终控制）的情况下，如果决定论是真的，即人的行为是由他不能控制的其他因素决定的，那么要求他对自己的行为负责就是不正义的；如果非决定论是真的，即一个人做什么是一件运气的事情，那么要求他对自己的行为负责就是不公平的。无论决定论还是非决定论是真的，相容论都不能要求人们对自己的行为负责；无论一个人是做了好事还是坏事，相容论都不能对其给予道德评价。因此，强决定论认为相容论是错误的。

最后，相容论不能证明自由以及道德责任与决定论是相容的。我们先来看自由。相容论与自由论都主张人是自由的，但是两者的自由概念是不同的。对于自由论者，自由起码有两层意思。第一，自由意味着一个人的行为取决于他的选择，而他选择什么则处于他自己的控制之下。第二，自由也意味着一个人的选择或行为来源于他自己，他是自己行为的起源。相容论的自由概念则比自由论要弱很多。对于相容论者，一方面，自由意味着人的选择或行为来自自己的欲望，能够做自己想做的事情；另一方面，自由意味着人在做出选择或行动时没有受到强迫或操纵，比如说没有被监禁在某个房间中。例如，法兰克福的

---

① Saul Smilansky, "Free Will, Fundamental Dualism, and the Centrality of Illusion", in *Oxford Handbook of Free Will*, edited by Robert Kane, Oxford UK: Oxford University Press, 2002, p. 493.

第二部分　平等与正义

"等级理论"主张，自由就是一阶欲望与二阶欲望的一致。简言之，自由论的自由的关键是"起源"，而相容论的自由的关键是"自愿"。

从强决定论的观点看，相容论的自由有两个问题。一个问题来自自由概念本身。按照相容论的解释，自由就是按照自己的欲望（或真正欲望）行事，或者一阶欲望与二阶欲望的一致。当一个具有偷盗癖的人从商店里拿了一件衣服而没有付钱时，他是按照自己的欲望行事，或者说他在做他想做的事情。按照相容论，他是自由的，但是我们通常不会认为这个患有偷盗癖的人是自由的。① 另外一个问题更重要。按照决定论，一个人的选择或行为是由先前的事件决定的，这个事件的因果锁链可以一直追溯到他的出生之前，而一个人出生之前的事情不是他能够控制的。这意味着，相容论者所说的选择或行为：或者服从这种因果关系的后退追溯，从而与决定论是相容的，但是它们在这种意义上根本就不是自由的；或者不服从这种后退的追溯，其因果锁链能够在某个地方停下来，即其选择或行为的最终"起源"在行为者本身，但是这种自由与决定论又是不相容的。在这个问题上，相容论者很难摆脱这种两难的处境。

我们再来看道德责任的问题。责任以自由为前提，没有自由也就没有所谓的道德责任。自由的观念使我们对自己的未来生活抱有希望：一方面，我们希望在未来，我们的行为是自愿的，是不受强迫的和限制的；另一方面，我们希望在未来，我们的行为不是我们本性与环境两者的必然产物。前者代表了自愿意义上的自由，后者代表了起源意义上的自由。当我们认为某个人对自己所做的某种事情负有道德责任时，并且对这种行为表达赞扬或谴责时，我们都假定，这种行为是自愿的，或者，这种行为不仅是自愿的而且其起源在行为者本身。但是，强决定论者认为，自愿的自由最终依赖于作为起源的自由，而作为起源的自由与决定论是不相容的。这样，或者自由论是对的，人拥有作为"起源"的自由，从而对自己的行为负有道德责任；或者强决定论

---

① Ted Honderich, "Determinism as True, both Compatibilism and Incompatibilism as False, and the Real Problem", in *Oxford Handbook of Free Will*, edited by Robert Kane, Oxford UK: Oxford University Press, 2002, pp. 471–472.

是对的，人没有这种意义上的自由，从而不能对自己的行为负有道德责任。无论是哪一种情况，相容论都是错误的。而且在强决定论者看来，就像说一个事物引起了它本身，"起源"的观念基本上是一种胡说。自由作为"起源"的观念与决定论本质上就是冲突的，因此，它与决定论本身的真假无关。也就是说，无论决定论是真的还是虚假的，自由和道德责任都是与决定论不相容的。

我们把强决定论的上述批评总结一下：相容论的自由观念过于薄弱，所以它所说的道德责任是不可能的；相容论不能证明自由（以及道德责任）与决定论是相容的，所以只有不相容论是正确的；作为不相容论的自由论是错误的，因为它所依赖的自由意志是不可能的。

三　道德责任

强决定论认为自由论和相容论都是错误的，并且对它们给予了批评。这种批评是否足以驳倒这两种道德理论，这不是我们在这里关心的问题。我们现在关心的问题是，强决定论是不是一种比自由论和相容论都更合理的道德理论。为此，我们不仅要讨论强决定论对其他理论的批评，而且更要分析和批评这种理论本身。

在关于自由和道德责任的三种理论中，在是否接受决定论对人类行为的解释的问题上，强决定论与相容论是一致的，它们对此的回答都是肯定的。在决定论与自由以及道德责任是否相容的问题上，强决定论与自由论是一致的，它们对此的回答都是否定的。与自由论和相容论都不同的地方在于，强决定论认为，人对于其行为是没有道德责任的。

强决定论者否定道德责任的基本论证如下：

前提1：当你做某件事情的时候，由于你具有如此这样的行为方式和思想方式，你做了你所做的事情。

前提2：如果你因你的行为方式和思想方式而做了你所做的事情，那么为了对你所做的事情负有最终责任，你必须对你的行为方式和思想方式负有最终责任。

前提3：但是你不能对你的行为方式和思想方式负有最终

第二部分 平等与正义

责任。

由此可以得出结论：你不能对你所做的事情负有最终责任。①

这个基本论证有三个前提，强决定论者从这三个前提推论出了最后的结论。从逻辑的角度看，如果三个前提是正确的，那么结论也会是正确的。问题在于，这三个前提是正确的吗？很多道德哲学家都会对这些前提提出质疑，特别是第二个前提和第三个前提。第一，在通常情况下，人们只需要对所做的某件事情负责，而不是对它负有"最终责任"。我们为什么要关心最终责任？第二，这个基本论证的逻辑是，人的行为是由他的思想方式和行为方式决定的，而人不能对自己的思想方式和行为方式负责。但是，人为什么不能对其思想方式和行为方式负责？第三，即使人们应该关心最终责任，但是人们只需要关心自己行为的最终责任，而无须关心自己本性的最终责任。行为的最终责任与本性的最终责任有什么关系呢？让我们依次讨论和分析这些问题。

首先是"最终责任"的问题。在日常生活中，人们在谈论责任时，通常都是针对某个具体行为或某件事情的。比如说，张三对自己下河救人是负有责任的，从而应该得到表扬；而李四对自己的偷盗行为是负有责任的，从而应该受到惩罚。但是，道德哲学家在谈论责任的时候，他们谈论的是一般的和抽象的责任，或者说"未加限定的责任"（unqualified responsibility）。在强决定论者看来，这种"未加限定的责任"依赖于最终责任。那么为什么这种"未加限定的责任"要依赖于最终责任？

强决定论者给出的论证是这样的。第一，一个人不能是自因的，即他不能是他自己的原因。第二，如果一个人要对自己的思想方式和行为方式负有最终责任，那么起码在某些关键的精神方面，他应是自因的。但是，第三，一个人不能对自己的思想方式和行为方式负有最终责任，他对于自己的思想方式和行为方式也不能是应得的，无论这些方式是值得赞扬的还是应受责备的。第四，未加限定的责任和应得

---

① Galen Strawson, "The Bounds of Freedom", in *Oxford Handbook of Free Will*, edited by Robert Kane, Oxford UK: Oxford University Press, 2002, p. 443.

第十章 责任与运气

依赖于最终的责任和应得。因此，第五，一个人对自己的行为不能是负有责任的，因为他对于自己的思想方式、行为方式以及性格，无论其是值得赞扬还是责备，都不是应得的。① 这种论证的关键是：一个人的行为是由他的思想方式和行为方式决定的，而他不能对自己的思想方式和行为方式是负有最终责任的；因为他不能对自己的思想方式和行为方式负有最终责任，所以他不能对自己的行为负有责任。

如果这样，那么什么样的责任是"最终的"？在强决定论者看来，只有当一个人因其行为所得到的赞扬或责备是公平的或正义的，这样的责任和应得就是最终的责任和应得。② 比如说，一个人在商店里偷了某个东西，如果为了预防类似的事情而惩罚他，或者为了报复他的行为而惩罚他，这样的惩罚就是不公平的，从而也不是他最终应得的。

其次是人的性格问题。强决定论者的论证逻辑是：人的行为是由他的性格以及思想方式和行为方式决定的；如果一个人不能对自己的性格以及思想方式和行为方式负责，那么他也不能对自己的行为负责；而人不能对自己的性格以及思想方式和行为方式负责。但是，人为什么不能对其性格以及思想方式和行为方式负责？我们通常认为，人的性格、思想方式和行为方式都是可以改变的。如果我们能够改变我们的性格、思想方式和行为方式，那么我们就能够对它们负责。

强决定论者认为，一个人具有什么样的性格（以及什么样的思想方式和行为方式），这是其遗传因素和早期生活经验的共同结果。而对于自己的遗传和早期生活经验，一个人不能被认为是负有责任的或者负有最终责任的。强决定论者承认，一些人可能在成年阶段试图改变自己的性格（以及思想方式和行为方式），而且他们也可能成功。但是，强决定论者认为，即使这些试图改变自己性格的人们成功了，他们也不能说对自己的性格是负有责任的。因为他们改变自己性格并且得到了成功只有在这样的条件下才能够实现：他们所做的一切都是其遗传和早期经验的结果。人们可能反驳说，只有决定论是真的，这

---

① Galen Strawson, "The Bounds of Freedom", in *Oxford Handbook of Free Will*, edited by Robert Kane, Oxford UK: Oxford University Press, 2002, pp. 443–444.

② Ibid., p. 452.

第二部分 平等与正义

种论证才能够成立。强决定论者认为，如果决定论是虚假的，而非决定论是真的，那么一个人成功地改变自己的性格并且具有了一种新性格，这就是偶然的或随机的。如果他们的成功以及具有的性格是偶然的或随机的，那么他们就不能对其性格是负有责任的。① 强决定论不是主张人们不能改变自己的性格，而是主张他们不能以对自己性格负有最终责任的方式改变它们。如果决定论是真的，那么无论人们具有（或重新拥有）什么样的性格，它们都是遗传和早期经验的结果。如果非决定论是真的，那么无论人们具有（或重新拥有）什么样的性格，它们都是偶然的或随机的。无论是哪一种情况，人们对自己的性格（以及思想方式和行为方式）都是没有责任的。

最后是人的行为与其性格之间的关系，而这个问题实质上是人是否拥有自由以及是否对自己的行为负有道德责任。当一个人做某件事情的时候，他能够进行审慎地思考，能够意识到自己面对一系列选择，能够并做出自己的合理选择。在这种情况下，我们通常认为，这个人是有自由的，并且应该对自己的行为负责。比如说，一个人在街上捡到一个钱包，里面有一些现金，他可能会把这个钱包交给警察，也可能自己私自把钱留下来；他清楚知道自己的处境，也知道私自把钱留下来不符合自己从小就接受的道德规范；如果他把钱私自留下来，那么他在这样做时是自由的，从而他应该对自己的行为负有责任，因为他本来能够把它交给警察。如果这是一个明显的事实，那么强决定论的这种主张就是没有道理的：只有一个人对自己的性格负责，他才能对自己的行为负责。很明显，一个人即使不能对自己的性格（以及思想方式与行为方式）负责，但是他也能够对自己的行为负责。也就是说，人对自己行为的责任与他对自己性格的责任是不相关的。

强决定论者认为，两者是相关的。在强决定论者看来，对于任何一个行为，我们都可以问这样一个问题：当一个人做了某件事情的时候，他为什么做了这样的选择？我们可以有两种回答。如果决定论是真的，那么无论一个人做出了什么样的选择，这种选择都是由他的本

---

① Galen Strawson, "The Bounds of Freedom", in *Oxford Handbook of Free Will*, edited by Robert Kane, Oxford UK: Oxford University Press, 2002, pp. 447–448.

性决定，即他的性格、思想方式和行为方式决定的。在这种情况下，一个人只有对自己的本性是负有责任的，他才能对自己的行为是负有责任的。但是，要求一个人对自己的本性负有责任，这是不可能的，因为人不能是自因的，没有人能够是自己的原因。如果非决定论是真的，那么一个人所做出的任何选择都是由选择过程中偶然发生的事件造成的。当一个人的行为是由偶然发生的事件造成的时候，我们就不能说他应该对自己的行为负责。因为在这种情况下，一个人选择什么或者做什么事，这是一件随机的事情，或者说一件运气的事情。也就是说，非决定对自由和道德责任的问题也没有什么帮助。

综上所述，强决定论主张，人们对他们的行为不能负有毫无限定的道德责任，起码不能在这种意义上负有道德责任，即他们对他们所得到的赞扬或责备、奖励或惩罚是应得的。强决定论者把这看作是一个事实，尽管它是一个令人难以接受的事实：我们是我们现在所是的这副样子，但是我们不能认为是自己把自己造成这样的，在这种意义上，我们不能认为自己的行为是自由的，也不能认为我们对自己的行为是负有道德责任的，更不能认为我们所得到的赞扬或责备、奖励或惩罚是我们应得的。虽然人类社会的各种奖惩制度对人类是有益的并且对社会生活来说是必不可少的，而且奖励或惩罚似乎也适合于具有各种局限性的人类本身，但是在强决定论者看来，如果我们有正义观念的话，那么上述论证具有这样一种基本含义，即任何惩罚或奖励都不能够是正义的。从强决定论的观点看，基于人们的行为对他们给予惩罚或奖励，与基于人们的头发颜色或天生面容对他们给予惩罚或奖励，两者本质上是一样的。①

四 自由是一个幻想？

强决定论之于现代道德，与尼采哲学之于基督教道德，两者具有某种相似的含义。上帝的观念为基督教道德提供了基础，而基督教的道德观念为欧洲传统社会提供了稳定的道德秩序。当尼采大声疾呼"上帝死了"时，当他揭示上帝不过是人类的一种虚构时，当他断言

---

① Galen Strawson, "The Bounds of Freedom", in *Oxford Handbook of Free Will*, edited by Robert Kane, Oxford UK: Oxford University Press, 2002, pp. 457–458.

第二部分　平等与正义

是"我们"一起杀死了上帝时，他的思想对传统的基督教道德构成了一种致命的威胁。与其相似，自由和责任的观念为现代道德提供了基础，而以自由和责任为基础的现代道德为当代西方社会提供了稳定的道德秩序。当强决定论者提出，人们的行为不是自由的，不能对自己的行为负有道德责任，对自己所得到的赞扬或责备、奖励或惩罚也不是应得的，他们的思想对当代道德构成了一种巨大威胁，即使这种威胁目前仅仅是理论上的。我们应该指出，尼采与强决定论对道德的威胁本质上是同质的，即道德虚无主义。

而且，我们应该看到，与尼采不同，强决定论的道德虚无主义隐藏在道德实在论的外衣下面。强决定论者否认自由的存在，否认人们对自己的行为负有道德责任，当他们这样做时，他们认为自己不是在提出一种理论主张，而是在陈述一种事实，一种真理，起码是道德的事实或真理。在强决定论者看来，只有他们陈述的东西是事实或真理，而人们通常所拥有的自由和责任观念则是幻想。在这种意义上，当代的道德观念和道德秩序建立在幻想的基础上，而人们一旦明白了决定论的真理，现有的道德秩序就会崩溃。因为强决定论的虚无主义隐藏在道德实在论的外衣下面，所以它表现为道德悲观主义，即自由和道德责任不过是人类的幻想，而建立在幻想基础上的道德秩序终将毁灭。

从强决定论者的观点看，自由和道德责任确实是人类的幻想。但是，为了不至于陷入绝望，一些强决定论者主张，虽然自由和道德责任是幻想，然而这种幻想在社会生活中所发挥的作用是积极的。[①] 人们认为自己拥有自由并且应该对自己的行为负有道德责任，尽管这实际上是自欺欺人，但这些幻想是道德文明和个人价值存在的条件。也就是说，这种幻想是有益的，是一种现实，也应该继续存在下去。

这样，强决定论者的道德观点就分为两个部分。从理论的观点看，自由以及道德责任是人类的幻想。从实践的观点看，虽然自由和道德

---

① Saul Smilansky, "Free Will, Fundamental Dualism, and the Centrality of Illusion", in *Oxford Handbook of Free Will*, edited by Robert Kane, Oxford UK: Oxford University Press, 2002, p. 500.

第十章 责任与运气

责任是人类的幻想,但是如果这种观点大行其道,那么就会使人类的正常生活以及道德秩序陷入危险之中。因此,一些强决定论者认为,虽然在理论上强决定论表达的是事实或真理,然而在实践上我们却不能从这种观点来看待和对待人们,否则我们就失去了正常的社会生活和道德生活的必要条件,如对责任的承认和接受,尊重其他人的努力和成就,深刻的道德评价和赞赏,自尊,原谅无辜者,等等。我们需要自由和道德责任的幻想,因为我们需要这些道德生活和个人价值的必要条件。① 这意味着,强决定论者的道德观点是分裂的。

道德哲学是一种实践哲学,而实践哲学具有很强的实践取向。强决定论者认为自由的幻想具有积极的意义,就反映了道德哲学的这种实践取向。但是,道德哲学本质上是一种道德理论,强决定论归根结底是一种关于自由和道德责任的理论。从道德理论的方面看,强决定论具有一些明显的缺点。

首先,强决定论把决定论意义上的因果关系看作对行为的唯一合理解释,排除了所有其他的解释。用因果关系来解释人的行为,这是合理的。但是,把因果解释当作唯一的解释,这是不合理的。只用决定论意义上的因果关系来解释人的行为,从而否认人的自由以及相关的道德责任,这是非常不合理的。当一个人面临 A 和 B 两种选择的时候,他可以选择 A,也可以选择 B,这是事实,而且这种事实是强决定论者无法否认的。但是,强决定论者认为,无论这个人选择什么,比如说他选择了 A,他的这种选择都是由他的本性决定的,而他本性归根结底是外部环境和内在基因共同作用的结果。问题的关键在于,强决定论者在这里是不是能够否认这个人也可以选择 B。强决定论者没有理由否认这一点,而是会提出,如果他选择了 B,他的这种选择也是由他的本性决定的,而他本性归根结底还是外部环境和内在基因共同作用的结果。这样的观点会给强决定论带来两个问题:一方面,按照决定论,在其先前条件给定的情况下,这个人只可能有一种选择,

---

① Saul Smilansky, "Free Will, Fundamental Dualism, and the Centrality of Illusion", in *Oxford Handbook of Free Will*, edited by Robert Kane, Oxford UK: Oxford University Press, 2002, p. 501.

第二部分　平等与正义

不能既可能选择 A 也可能选择 B；另一方面，如果这个人实际上选择了 A，而强决定论不能否认他也有可能选择 B，那么这就说明这个人的选择和行动是自由的。

其次，强决定论主张人是没有自由的，并且对自己的行为也是没有责任的。这种主张是反直觉的。让我们看这样一个例子：一个人在大学毕业了，面临去向选择问题；他面临两种选择，A 是去一个城市的高校当教师，B 是去另外一个城市去做公务员；他考虑了各种因素（如职业前景、收入、所在城市的环境、父母的期望、自己的兴趣和优势等），其中一些因素支持 A 选择，另外一些支持 B 选择，但他最终选择了 A，尽管他本来也可能选择 B。这样的例子我们都非常熟悉，或者我们本身就经历过，或者我们的朋友或学生经历过。在这种典型处境中，我们的选择有自由吗？绝大多数人的回答都会是肯定的。在这样的场合，要否认人的选择或行动是自由的，这是非常困难的。因为一个人在这样的场合有选择的自由，所以他应该为自己的选择负责。是做教师还是当公务员？是去这个城市还是另外一个城市？不同的选择会导致不同的人生道路，不同的人生道路会带来不同的结果。无论结果最终是什么，他都应该为自己的选择负责。

强决定论否认自由和道德责任的基本论证是，人做什么是由其本性决定的，而一个人对自己的本性是没有责任的。强决定论所说的本性是指人的性格、思想方式和行为方式，并且认为这些东西决定了一个人选择什么或做什么事情，但它们本身则不是这个人选择的结果。人的本性与其行为之间似乎具有一种必然的联系。问题在于，强决定论把人的行为决定过程简单化了。决定一个人选择什么或者做什么的是他的心理动力系统。这个心理动力系统是极其复杂的，由各种不同性质的因素构成，其中最重要的有三种次系统，即欲望系统、价值系统和行为规范系统。欲望系统代表了人的本能，这个系统与人的遗传基因密切相关。价值系统表达了人的高阶愿望，那些与基因没有关系或者没有直接关系的愿望。行为规范系统代表了社会对个人提出的要求，而这些要求大体上可以分为积极的和消极的。所谓积极的行为规范是要求人们应该去做的事情，如行善、履行义务或追求美德和正义，等等。所谓消极的行为规范是要求人们不应该去做的事情，如不伤人、不说谎或不作恶,等等。把这三个次系统整合在一起的是理性。理性是非常重要的,但是,决定一个人选择什么或者做什么的东西,不是理性,而是整个心理动力系统。

  我们最终不得不面对一个困难的问题,即就自由论、相容论或强决定论三种道德理论而言,哪一种理论是正确的或者是更有道理的。从哲学的观点看,最容易得出的结论是,相容论是最没有道理的,它不过是自由论与强决定论的一种调和,而真理或者在自由论一方,或者在强决定论一方。我的观点相反:相容论是更有道理的道德理论。我认为,所有的道德理论都立足于某种道德直觉,尽管它们不是由相关的道德直觉决定的。在自由和道德责任的问题上,我们通常有两种直觉。一方面,基于我们存在于其中的社会生活和道德生活,基于我们自己最深刻的生活体验,我们坚信自己在很多情况下具有选择和行动的自由,并且也应该为自己的选择和行为负责;另一方面,基于现有的知识体系(其中特别是生物学、心理学、社会学和行为科学),我们相信能够给予人的行为以科学解释,而这种科学解释归根结底是一种决定论意义上的因果解释。相容论建立在这两种直觉上面。人们可能会说,建立在这两种直觉上面的相容论是肤浅的,因为这两种直觉之间存在一种张力甚至矛盾。我则认为相容论是深刻的,因为它如实地反映了人内部的张力或矛盾。一个人可能按照自己的内在欲望行事,也可能按照外部的行为规范行事,还可能按照自己的价值信念行事。如果是前两者,那么它们服从于决定论的解释。如果是后者,那么它服从于自由论的解释。对于前两者,自由论是错误的,对于后者,决定论是错误的。对于这三者(以及其他的情况),相容论都是正确的,尽管现有的各种相容论理论都存在某些缺点。相容论之所以是一种更合理的道德理论,这是因为人是一种非常复杂的(甚至矛盾的)存在。

第三部分　平等的规范性

平等是一个规范的概念，它对现代的政治、法律、经济和社会制度提出了要求。正如法国大革命高举"自由、平等、博爱"的大旗，平等的观念鼓励各国人民从事反对各种不平等的斗争，打破旧制度，建立新国家，争取普遍的政治、法律、社会和经济的平等。在这种意义上，近两百多年的现代史就是各国人民争取平等权利的历史。

像自由一样，作为规范概念的平等是一种重要的政治价值。这意味着：一方面，现代的政治法律制度和社会经济制度应该体现出平等的价值，使之贯穿于从宪法到各种具体法律的规章制度之中；另一方面，现代的政治法律制度和社会经济制度应该保证平等的价值，使之成为由宪法和各种具体法律确立的权利和要求。但是，作为规范概念的平等还没有像自由那样深入人心，作为道德哲学和政治哲学的平等理论也没有像自由理论那样得到充分的阐述和论证。从而导致这样的结果，无论是作为政治理论还是作为社会政策，平等主义在当代社会中都充满了争论。一部分人赞同平等主义，另一部分人则反对平等主义。

无论是赞同还是反对平等主义，就政治哲学而言，它关心的东西是论证。所谓论证，就是给出理由。支持平等，就要给出支持的理由。反对平等，也要给出反对的理由。如果既不赞成平等主义，也不赞同反平等主义，那么就要给出其他的理由。对关于平等观念的各种讨论和争论进行分析，我们可以区分出三种基本的观点，即平等主义、反平等主义和消极平等主义。让我们依次加以讨论。

第十一章
平等主义

平等是一个非常复杂的观念。它不是对某一个领域提出了道德要求，而是对社会的很多重要方面提出了各种要求。比如说，通常的平等观念包含了5个方面的平等，即法律的平等、政治的平等、社会的平等、经济的平等、道德的平等。[①] 在这些平等中，有些平等争议不大，如法律和政治平等。有些则存在很大争议，如经济平等。即使是争议不大的平等，如政治平等，人们也对其含义存在分歧。

在关于平等的讨论中，不仅平等主义者与反平等主义者之间存在争论，而且平等主义者之间也存在争论。不仅不同的平等主义者强调的重点不同，而且他们的平等主义立场也有强弱之分。有些平等主义者只要求形式的平等，有些平等主义者除此之外还要求实质的平等。有些平等主义者只要求机会平等，有些平等主义者则要求结果平等。有些平等主义者要求严格的平等，有些平等主义者则允许在某些方面存在不平等。

在下面的讨论中，我们将不考虑平等观念的这些差别，也不考虑平等主义立场的这些差别。[②] 这里所说的"平等主义"是一个宽泛的观念，大体上包含各种性质不同和强弱不同的立场在内，比如说，它既包括福利平等也包括资源平等或能力平等，既包括结果平等也包括

[①] Stuart White, *Equality*, Cambridge, UK: Polity Press, 2007, pp. 4–10.
[②] 本书第一部分"什么的平等"中已经讨论了这些差别。

第三部分　平等的规范性

机会平等。在这里，我们关心的东西是平等观念的基础，是平等主义者支持其主张的理由，是政治哲学家对平等观念给予的论证。按照性质的不同，我们可以把这种对平等主义的论证分为两种，即否定的论证和肯定的论证。

第一节　否定的论证

平等的观念通常产生于人们的直觉，而且，平等主义者在坚持自己的信念时往往也诉诸直觉。就直觉来说，人们不是直接确认平等是好的，而是认为现实生活中的不平等是不好的。任何一个现实社会都会存在各种各样的不平等现象，而其中的一些是人们深恶痛绝的。从理论上把这些反对不平等的直觉表达出来，就是关于平等主义的否定的论证。

从理论上反对不平等，就是给出反对的理由。由于现实社会中存在各种各样的不平等现象，所以也存在着反对不平等的各种各样的理由，如政治的、法律的、经济的或效率的理由。就政治哲学而言，它主要关心的是道德的理由。平等主义者反对不平等的道德理由，可以分为三种路线：基于原因的理由，基于结果的理由，以及义务论的理由。

一　不平等的原因

对于一些平等主义者，不平等之所以是无法接受的，在于一些导致不平等的原因是无法接受的。人们从直觉上反对不平等，在很大程度上是反对造成不平等的这些原因，特别是其中某些原因通常被看作不正义的。因为我们觉得造成不平等的这些原因是不正义的，所以我们认为不平等是不正义的。在不同的社会和不同的历史时期，造成不平等的主要原因也是不同的。比如说，在古代的希腊社会，奴隶制是不平等的主要原因，而在传统的印度社会，种姓制度则是不平等的主要原因。

如果说现代化的历史进程消灭了各种各样的等级制，那么当代社会中造成不平等的主要原因是什么？对于不同的平等主义者，这个问题的答案是不同的。归纳起来，人们认为，在当代社会，造成不平等的原因主要有五种，它们分别是社会环境、家庭、个人的自然天赋、努力和运气。

在这五种原因中，社会环境、家庭和天赋得到了更多的注意，通常也被认为是不平等的重要根源，从而有很多政治哲学家试图通过消除这些原因来减少或根除不平等。比如说，罗尔斯认为迄今为止存在三种平等观念，即"自然的自由""自由主义的平等"和"民主的平等"。在这三种平等观念中，"自然的自由"试图消除社会环境造成的后果，"自由主义的平等"试图消除社会环境和家庭两者的影响，而罗尔斯自己的"民主的平等"则试图消除社会环境、家庭和自然天赋三者所造成的影响。① 与上述三个原因相比，一方面，努力和运气不是那么重要，或者说不是那么难以让人接受，从而得到了更少的讨论；另一方面，如何看待它们作为不平等的原因，也存在很多争议。让我们首先处理努力和运气的问题，然后再更深入地探讨其他三个原因。

人们通常承认，努力是导致人们之间收入差别的一个原因。一般而言，那些更努力、更勤奋和更有抱负的人们通常也会收入更高，在社会上占有更重要的地位。这是可以观察到的社会事实，要否认它们是非常困难的。如果努力是造成不平等的原因，那么由此导致的不平等就是无法反驳的，而人们接受这种不平等也不是一件难事。问题在于，我们如何解释"努力"。我们可以给"努力"一种主观的解释，它是个人的自主选择，体现了个人的意志自由。在这种意义上，由努力导致的不平等确实没有什么值得指责的。但是，我们也可以给"努力"一种客观的解释，努力与社会环境、家庭和自然天赋密切相关，也就是说，那些出生和成长于更好的社会环境和家庭中并且具有更高天赋的人们通常也更努力。在这种意义上，努力所导致的不平等归根结底是社会环境、家庭和自然天赋造成的，从而这种不平等是应该加以反对的。鉴于这个问题在政治哲学家中存在非常大的争议，我们可以采取一种权宜之计：或者我们对努力给予一种主观的解释，从而由

---

① John Rawls, *A Theory of Justice*, Cambridge, Mass: The Belknap Press of Harvard University Press, 1999, pp. 62–65.

第三部分　平等的规范性

此产生的不平等是难以反驳的，这样我们需要对付其他原因造成的不平等；或者我们对努力给予一种客观的解释，这样我们可以把它所导致的不平等还原为社会环境、家庭和自然天赋造成的不平等。无论是哪一种情况，目前我们都可以把它放下了。

运气是造成不平等的另外一个原因。比如说，某些人一出生就具有某种疾病或残疾，这种疾病或残疾使他们处于不利的地位，并且给其一生的福利带来有害的影响。再比如，一个人在公路上行走，山坡上滚落的一块石头砸中了其后背，导致终生瘫痪。这是坏的运气，而这些坏运使他们处于不利者的地位。当然也有好的运气，诸如一个人中了彩票大奖。作为导致不平等的原因，运气与努力是对立的。努力一般被看作个人自由选择的结果，一个人对自己是否努力是有责任的；相反，一个人对自己的运气是没有责任的，人不能决定自己拥有的是好运还是坏运。因为努力和运气与人们的处境具有性质不同的关联，所以人们对它们的关注也具有不同的目的。一些人更关注努力，其目的是通过它来反对平等主义。另外一些人更关注运气，其目的则是通过它支持平等主义。

关于运气，我们可以澄清以下几点。首先，无论是什么样的社会，也无论这样的社会具有什么样的制度，总会存在运气，而且人们的运气是不一样的。一方面，运气是无法消除的，从而我们也无法通过消除运气的方式来消除不平等；另一方面，虽然运气是无法消除的，但是我们可以采取行动来减少坏运给人们带来的不利影响，来改善这些不利者的处境。其次，坏运是所有人都面临的一种风险，尽管一些人的风险较小，另外一些人的风险较大。如果我们能够建立一种社会制度，使所有人都面临平等的风险，或者使所有人的风险减少到同样低的程度，那么这种运气平等主义是不是更好？不好。风险与机会是并存的，消除风险也会消除社会的活力。我们还应该考虑到一些人愿意冒险：明知买彩票输钱的机会比赢钱的机会大得多，人们还是去买；明知危险的登山活动给自己的生命带来了极大威胁，一些人还是不断地去登山。也就是说，消除运气不仅是不可行的，而且也是不可欲的。这样，像对待努力一样，我们仍然可以对运气采取一种权宜之计：或者我们认为运气是"自然的"，任何他人或社会对一个人的坏运是没有责任的，从而运气及其所导致的不平等可以排除于我们的考虑之外；或者我们认为，出生于什么样的社会环境和家庭以及具有什么样的自然天赋是运气的一部分，这些运气构成了不平等的主要原因，从而我们必须通过消除这些因素的影响来消除不平等。无论是哪一种情况，我们现在都可以转向社会环境、家庭和自然天赋了。

社会环境是导致不平等的一个重要原因。在这里，社会环境的消极影响主要是指歧视，而歧视使某些人处于不利的地位，甚至使某些人生来就低人一等。我们可以把歧视分为制度性的和非制度性的。制度性的歧视由来已久，如远古的奴隶制度，以及在漫长历史中盛行的封建等级制度。制度性的歧视不仅存在于前现代，而且也存在于现代社会中，如20世纪中期美国和南非实行的种族歧视政策。目前中国社会中存在的户口制度也是一种歧视，它使城市中的外来人口在教育、医疗和住房等方面处于不利的地位，无法享有他们作为公民应有的福利。非制度性的歧视则更为微妙，它不见诸明文规定，但确实对某些人具有重大影响，如种族和性别歧视。比如说，美国社会关于有色人种和妇女有一种"玻璃天花板"的说法，它指在政治和经济领域，这些人按照职业阶梯只能上升到某种职务，然后就被某种看不见的东西挡住了。在中国，女性也面临各种歧视，特别是女大学生在就业方面遇到的严重性别歧视。

由歧视造成的不平等是毫无道理的，因此人们有充分的理由加以反对。而且，历史的发展过程也呈现出逐渐消除歧视的过程，无论是制度性的还是非制度性的。但是，我们应该看到，虽然封建的等级制度被消除了，但是它的某些影响依然存在，如中国的户口制度。更难以消除的是非制度性的歧视，如对女生就业的歧视。尽管如此，反对歧视造成的不平等，这是没有什么争议的。

造成不平等的第二个重要原因是家庭。人们出生于不同的家庭，这些家庭在社会上处于不同的阶层，如富裕阶层、中产阶级阶层或者贫困阶层，而出身于富裕家庭的孩子在成年后更有可能属于富裕阶层。由家庭导致的不平等主要体现在两个方面：首先，富裕家庭能够为其孩子提供更好的教育，而这种更好的教育为后来的收入不平等提供了基础；其次，富裕家庭可以利用自己的资源为其孩子安排更好的

第三部分　平等的规范性

工作以及职业的发展，这些资源包括人脉和财富，而前者的实质是裙带主义，后者的实质是贿赂。在中国，目前盛行所谓"富二代"和"官二代"的说法，这表明了普通民众对由家庭或阶层造成的不平等的不满。

家庭的差别造成了不平等，这没有多少争议。争议在于如何对待由此形成的不平等。就平等主义者而言，他们可以采取两种不同的立场。极端的平等主义者会主张废除家庭，所有儿童一律由国家抚养和教育。但是在今天很少有人持有这种极端的立场。温和的平等主义者会主张：建立一些规则，来禁止裙带主义和贿赂；限制私立学校和私人教育，为所有儿童提供平等的教育。反平等主义者则认为，限制私立学校和私人教育是没有道理的，人们有权利按照自己的意愿来使用自己的财富，比如说为孩子提供更好的教育。关于这个问题，我们可以得出以下结论：首先，如果家庭是无法废除的，那么家庭总会对儿童产生明显的或潜移默化的影响，而这些影响会导致人们之间的不平等；其次，就家庭导致不平等的方式来说，裙带主义和贿赂是无法接受的，但是家长为自己孩子提供更好的教育，这不是不可接受的；最后，平等主义者应该做的事情或许不是消除家庭的影响，而是增加社会的流动性，使处于底层的群体成员有可能上升为其他群体的成员。也就是说，用开放的社会制度来抵消家庭的消极影响。

造成不平等的第三个重要原因是自然天赋。在我们关注的三个原因中，社会歧视是最没有争议的，而自然天赋是最有争议的。天赋对平等的影响是显而易见的，那些更有天赋的人通常收入更高，在社会上也占有更高的地位。对自然天赋造成的不平等，最有力的反驳是罗尔斯提出来的。罗尔斯认为，人们拥有什么样的自然天赋，这完全是偶然的。没有人能够合理地声称自己应该拥有比别人更高的自然天赋。从道德上讲，更好的自然天赋不是他们应得的，正如更差的自然天赋也不是另外一些人应得的。如果实际上造成不平等的自然天赋是偶然的，在道德上不是应得的，那么这些拥有更好自然天赋的人们就不应该利用它们为自己谋利。也就是说，社会经济方面的不平等应该得到纠正，而差别原则就起这种纠正的作用。① 用内格尔的话说就是："试图割断天赋与钦佩之间的联系，这是错误的；但是，割断天赋与收入之间的联系，如果能做到的话，那么好极了。"②

如果自然天赋是造成不平等的原因，那么如何消除这样的不平等？我们可以采取两种办法，但是它们都有问题。首先，我们可以限制自然天赋发挥作用。例如，目前大学选择教师，是按照申请者的才能录用的。为了消除自然天赋的影响，我们可以采用抽签的方法录用。但是没有什么人真正拥护这种方法。在竞争性的市场环境中，我们应该鼓励人们发挥其天赋，而不是阻止他们发挥天赋。其次，我们可以设法让所有人都拥有平等的天赋。随着科学技术的发展，基因工程有可能对所有胎儿进行基因"改造"，使他们具有同样的能力。但是，一方面，实行这种"改造"的国家（或任何机构）具有操控所有人的力量，这起码在道德上是无法让人接受的；另一方面，这种基因工程的后果是一个没有差别的社会，一个所有人都像一个模子出来的社会，一个单调乏味的社会。也就是说，从原因的方面来消除自然天赋所造成的不平等，这是不可能的。

在我们上面所讨论的不平等的原因中，它们或者是有争议的（如努力、运气和自然天赋），或者是无法消除的（社会环境、家庭和自然天赋），因此基于原因的理由来反对不平等，存在着一些无法克服的困难。现在我们从另外一个角度看这个问题：即使上述各种困难都克服了，基于原因来反对不平等仍然存在问题。让我们来考虑这样一个假设。③ 在一个实行市场经济的社会中，人们的福利受各种各样的因素所影响，如我们上面所说的社会环境、家庭、自然天赋、运气和努力，等等。现在让我们假设，虽然人们在这些方面存在差别，但是出于某种偶然的原因，这些因素最终被相互抵消了，从而导致一种平等的结果。人们在家庭、天赋和运气等方面仍然是不平等的，他们仍

---

① John Rawls, *A Theory of Justice*, Cambridge, Mass: The Belknap Press of Harvard University Press, 1999, p. 89.

② Thomas Nagel, *Equality and Partiality*, New York: Oxford University Press, 1991, p. 113.

③ Dennis McKerlie, "Equality", *Ethics* 106 (January 1996), p. 279.

第三部分　平等的规范性

然受到这些因素的不平等的影响，但是他们的最终结果是平等的。在这种情况下，尽管导致不平等的各种原因并没有被消除，但是一位平等主义者对平等的结果不会有什么异议。这意味着，平等主义者关心的东西不仅是不平等的原因，而且更关心不平等的结果。

二　不平等的结果

我们可以把结果的不平等分为两类，即政治的不平等和经济的不平等。所谓政治的不平等是指：人们没有平等的权利，某些人的某些权利没有得到承认；人们具有不平等的地位，一些人能够支配其他人；在法律面前并非人人平等，某些人缺乏法律的保护；人们没有平等的政治权力，一些人对政治过程和政治决定无法施加自己的影响。所谓经济的不平等是指：人们具有不平等的财富和收入，有时候甚至两极分化；人们具有不平等的处境和福利，某些人生活状况比其他人更差；人们所拥有的资源是不平等的，一些人生活困难，而另外一些人则能够把自己的资源变成资本。虽然政治平等非常重要，并且当代社会仍然存在各种各样的政治不平等，但是人们更为关注的是经济不平等，关于平等问题的争论也主要集中于经济的不平等。简单地说，经济的不平等就是人们生活状况有差别，比如说一些人处境极好，一些人情况一般，另外一些人处境很差。

基于原因反对不平等，是说导致不平等的这些原因（社会环境、家庭和自然天赋等）是没有道理的，从而由此造成的不平等是应该加以反对的。但是，如果导致不平等的原因（如努力）是有道理的，那么由此产生的不平等则是无法反驳的。与此不同，如果一位平等主义者基于结果反对不平等，那么他会对所有的不平等都持反对态度，无论导致不平等的原因是什么，也无论这些原因是有道理的还是没有道理的。这种反对不平等的理由是：不平等本身是坏的。这样，基于结果的理由反对不平等，既不同于基于原因的理由，也不同于义务论的理由。

为了澄清基于原因的理由、结果的理由以及义务论的理由之间的区别，我们需要引入帕菲特的一种区分。帕菲特把平等主义分为目的论的和义务论的：对于目的论的平等主义，平等是好的，不平等是坏的，所以我们应该致力于使结果更为平等；对于义务论的平等主义，平等是正义的，不平等是不正义的，我们之所以致力于平等，是因为我们相信人们有得到平等份额的权利。① 目的论的平等主义者反对不平等，是因为不平等的事态本身就是坏的。义务论的平等主义者反对不平等，不是因为不平等的事态本身是坏的，而是因为产生这种事态的方式是不正义的，某些人受到了不公平的对待。这样，三种反对不平等的理由之间的区别就更为清晰了，一些平等主义者反对的是不平等的原因，一些平等主义者反对的是不平等的结果，还有一些平等主义者反对的则是对待人们的方式。

按照帕菲特的区分，基于结果的理由反对不平等，这种反对是目的论的。从目的论的平等主义的观点看，如果一个社会里某些人比其他一些人的生活状况更差，这种事态本身就是坏的，是必须加以反对的。不平等的结果本身就是反对不平等的充足理由，而无须其他的理由。此外，对于目的论的平等主义者，平等本身就是一种价值，甚至是最高的价值，因此他们把平等当作一种目的来加以追求。

基于原因的理由和义务论的理由而反对不平等，这样的理论（如义务论的平等主义和优先论等）通常都属于温和的平等主义。与其相比，基于结果的理由反对不平等的理论（目的论的平等主义）是立场更强的平等主义。因为目的论的平等主义持有更强的立场，所以它也更容易遭到反驳。下面让我们考虑对这种平等主义的三个主要反驳。

我们可以把第一个反驳称为功利主义的。对于任何不平等，目的论的平等主义都持有坚决的反对态度。让我们假设有这样三个社会：第一个社会一半人的处境为10（数字代表人们的福利水平），另外一半人的处境为20；第二个社会所有人的处境为10；第三个社会所有人的处境为20。对于目的论的平等主义者，不仅第三个社会要比第一个更好，而且第二个社会也比第一个更好，因为第二个社会是平等的，而第一个社会是不平等的。但是，如果我们问第二个与第三个相比，哪一个社会更好，那么目的论的平等主义会认为两者一样好。要主张

---

① Derek Parfit, "Equality or Priority?", in *The Ideal of Equality*, edited by Matthew Clayton and Andrew Williams, New York: St. Martin's Press, 2000, p. 84.

第三部分 平等的规范性

第三个社会比第二个更好,需要在平等原则后面再附加功利原则。当然,这个反驳只对极端目的论的平等主义者有效,而大多数温和目的论的平等主义者都能够在坚持平等原则的同时接受功利的考虑。因此,虽然这种功利主义的反驳是有启示作用的,但它不是决定性的。

第二个反驳是诺奇克提出来的。罗尔斯在《正义论》中提出了平等主义的差别原则,而差别原则要求,我们应该最大程度地改善那些处境最差者的生活状况。要实行罗尔斯的差别原则,国家就要进行强制性的收入再分配。诺奇克对于由国家实行的这种强制性的收入再分配提出了反对,因为它会侵犯人们对自己财产的所有权。为了说明差别原则是错误的,诺奇克举了这样一个例子:社会上有很多盲人,而你一直拥有视力;为了帮助这些处境最差者(盲人),现在你应该把一只(或两只)眼睛移植给别人。①

尽管这个例子有些耸人听闻,但其中包含的理由是明显的:我的眼睛是我的,我的收入也是我的;如果收入可以再分配,那么眼睛也可以再分配。诺奇克的意思是说,如果我们同意眼睛是不能再分配的,那么我们必须也逻辑一致地同意收入也是不能再分配的。或者反过来说,如果平等主义要证明平等主义的再分配是正义的,那么他们应该首先证明这种眼睛的再分配是正义的。平等主义者能证明这种眼睛的再分配是正义的吗?

我们首先来看柯亨对诺奇克做出的回应。他让我们想象这样一个假设的世界:任何人在出生时都没有眼睛,因此国家为所有新生婴儿移植了两只人造的眼睛;其中一些人长到成年时失明了,而这并非因为他们自己的过错;而且,没有办法给一个成人移植新眼睛,而只能给他移植取自其他成人的眼睛;这样,国家为失明者举行了一种眼球摸彩,中彩者必须把自己的一只眼睛捐给别人;这种眼睛的再分配是可以得到辩护的,尽管它有些令人反感。②如果说柯亨的回应对眼睛的再分配还显得有所保留,那么帕菲特的回应则更理直气壮。他提出

---

① [美]诺奇克:《无政府、国家和乌托邦》,姚大志译,中国社会科学出版社 2008 年版,第 246—247 页。

② G. A. Cohen, *Self-Ownership, Freedom, and Equality*, Cambridge, UK: Cambridge University Press, 1995, pp. 243–244.

第十一章 平等主义

了另外一种假设：人们的基因发生了某种变化，所有人都是作为双胞胎出生的，而其中的一个婴儿没有视力；国家实行了一种普遍的政策，即在婴儿出生后不久就进行手术，把有视力的双生子的一只眼睛移植给另外没有视力的双生子；因为新生的婴儿无法对此表示同意，这种眼睛的再分配是强制性的，但这种再分配的政策是正当的。①

第三个反驳通常被称为"拉平反驳"（levelling down objection）。实际上，这种反驳可以从我们讨论过的上述两种反驳中引申出来。让我们把第一个反驳中的第一个和第二个社会变成这样一个社会的两种状态：在第一种状态中，一半人的处境为10，另外一半人的处境为20；在第二种状态中，所有人的处境为10。现在我们假设，为了达到平等的目标，我们没有办法把一半人的处境从10提升为20，只能把另外一半人的处境从20拉回到10。通过这样的拉平，目的论的平等主义的目标达到了。为了凸显这种反驳的力量，我们还可以从第二个反驳中引申出拉平反驳：我们假设在所有新出生的婴儿中，有一半人是没有视力的，而且也没有任何方法能够使他们重获视力；为了达到平等，只有通过手术把有视力的一半人的眼睛摘除掉。

拉平反驳揭示出这样几个问题。首先，拉平减少了社会的总体福利水平。因为拉平是通过降低处境更好者、而非提高处境最差者的方式达到平等的，所以它降低了人们的平均福利。在上述例子中，人们的平均福利从第一种状态的15变成了第二种状态的10。其次，对于目的论的平等主义，任何平等都比任何不平等更好，而这是没有道理的。比如，让我们把社会的状态倒过来：第一种状态是所有人的处境为10，现在变成了第二种状态，即一半人的处境仍旧为10，另外一半人的处境则提高到20。对于这种变化，假定其他事情一样，极端平等主义者认为社会变坏了，而我们有理由认为，社会变好了。实际上，第一种状态大体上相当于改革开放之前的中国，第二种状态相当于改革开放之后的中国。最后，同时也最重要的是，通过拉平产生的平等损害了处境更好者的利益，但却没有使任何人受益。这与罗尔斯式的

---

① Derek Parfit, "Equality or Priority?", in *The Ideal of Equality*, edited by Matthew Clayton and Andrew Williams, New York: St. Martin's Press, 2000, p.98.

平等主义形成了鲜明的对照。按照罗尔斯的差别原则，我们应该改善社会中处境最差者的状况，而拉平则没有改善任何人的处境，其中包括处境最差者。人们很难接受一种没有使任何人受益的平等。

在上述所有三种反驳中，拉平反驳是最有力量的，无论是平等主义者还是反平等主义者都认为如此。而且，对于目的论的平等主义，拉平反驳通常被认为是决定性的。在面临这个反驳的时候，平等主义者要反对不平等，只能寻找其他的理由。

三　义务论的理由

按照义务论的理由，不是不平等本身是坏的，而是不正义本身是坏的。不平等之所以是应该加以反对的，不是因为它所导致的结果，而是因为这种结果表明某些人受到了不公正的对待。比如说某种资源的分配，如果在同等条件下一些人没有得到某种份额的资源，但其他人都得到了，那么这些人就受到了不同的对待，而这种不同的对待是不正义的。在这种情况下，说不平等是不正义的，这不是反对不平等本身。因为不正义的东西不是事态本身，而是事态产生出来的方式。

为了说明这种反对不平等的论证的性质，让我们假设：一个小镇上有两个人都以理发为生，但是生活状况差别很大，一个人的福利水平为20，另一个人的为10，而后者是一位残疾人。如果义务论的平等主义认为这位残疾理发师受到了不公平的对待，那么他受到了谁的不公平对待？这位理发师的生活处境更差，有两个可能的原因：或者他因为天生残疾，身体很差，每天只能工作半天时间，从而收入更少；或者出于某种原因，这个镇上的多数人更愿意到那个健康的理发师那里理发，所以他的顾客相对较少。如果是前者的原因导致了不平等，那么他就受到了自然的"不公平的"对待。如果是后者造成了不平等，那么他则受到了其他人的"不公平的"对待。但是，一方面，把这两种对待都称为"不公平的"，这有些牵强；另一方面，也是更重要的问题在于，平等主义者在这里需要确认谁应该为这样的"不公平的"对待负责，来解决这样的不平等。

让我们首先考虑第一种情况，即自然的原因导致了不平等。由于这位残疾理发师无法像健康人那样工作，所以他的生活状况更差。因

第十一章 平等主义

为这种更差的处境是自然造成的，所以他只能抱怨自然界的不公平，而不能抱怨自己受到了其他人的不公平对待。如果是这种情况，那么按照义务论的平等主义，这种不平等不是不正义的，从而也不需要国家采取什么措施来加以解决。如果这种不平等是可以接受的，那么大部分不平等可能都是可以接受的，因为很多不平等都是人们之间自然天赋的差别造成的。在对待自然原因导致的不平等时，义务论的平等主义面临很大的困难。义务论的平等主义者如何能够回答这个难题？

义务论的平等主义者可能会这样来回答这个问题。第一，自然天赋的分配是自然的事实，其本身无所谓正义或不正义。正义或不正义是社会制度处理这些自然事实的方式。自然天赋的分配是偶然的，人们拥有健康或病弱的身体，这也是偶然的，但是我们没有必要听命于这些偶然因素的支配，从而可以设计出正义的制度来纠正这些不平等。第二，在社会生活中，每一个人的福利都依赖于某种合作体系，而没有这种合作体系，所有的人都不会拥有令人满意的生活。因此，在设计人类社会的合作制度时，我们应该考虑到自然天赋给人们带来的各种不平等，注意使社会经济利益的分配有利于参与社会合作的每一个人，特别是改善那些处境更差者的生活状况。①

反平等主义者可能不会接受这个回答。在他们看来，这个处境更差的理发师由于身体残疾的原因每天只能工作半天，从而收入更少，这意味着他的更差处境是自然产生的，而不是其他人、镇政府或社会对他的不公平对待造成的。如果是这样，那么即使从义务论的平等主义观点看，这种不平等也不是不正义的。因为这种不平等不是不正义的，所以这种不平等没有什么是可以反对的。针对罗尔斯引入"社会合作"来反对这样的不平等，反平等主义者提出了这样一个假设：两个人各自生活在隔开的两个荒岛上，其中一个岛物产丰富，另外一个则极其贫瘠，从而他们的生活差别很大；由于处境更差者的更差处境不是处境更好者造成的，所以这种不平等是没有什么值得反驳的。②

---

① 这实际上就是罗尔斯的观点。见 John Rawls, *A Theory of Justice*, Cambridge, Mass: The Belknap Press of Harvard University Press, 1999, pp. 87–88。

② Dennis McKerlie, *Ethics* 106 (January 1996), pp. 280–281.

第三部分　平等的规范性

对于反平等主义者，如果这种不平等是没有什么值得反驳的，那么引入"社会合作"也不能改变这一点，而只是把水搅浑了，因为处境更差者的更差处境仍然是自然产生的。①

由于义务论的平等主义在处理由自然原因导致的不平等时确实面临很大的困难，所以，一些平等主义者承认，某些人因其拥有更健康的身体或更阳光的性格而生活得更好，而另外一些人因其天生具有的疾病或阴郁的性格而生活得更差，这没有什么可以反对的，更不能说后者受到了不公平的对待。② 至此我们可以得出结论，对于自然原因导致的不平等，义务论的平等主义是无能为力的。但是，这个结论并不意味着我们可以不去帮助那个处境更差的理发师。如果这位残疾的理发师生活困难，我们当然应该帮助他，只不过不是出于义务论的理由，而是出于其他平等主义的理由，或者人道主义的理由。

现在我们再来看第二种情况，即这个镇上的多数人更愿意到那个健康的理发师那里理发，所以这位残疾理发师的顾客较少，处境更差。如果这位残疾理发师由于身体原因只能工作半天，那么这种不平等是自然的原因导致的。与此不同，如果这位理发师整天都工作，只是大多数顾客都到另外一位理发师那里去了，那么这种不平等是其他人造成的。对此，义务论的平等主义者可以这样批评这个镇上的人们：他们没有做到一视同仁，对残疾理发师给予了不公平的对待。这个镇上的人们在面对这种批评时如何为自己辩护？一些人可能说，我更愿意到另外一个理发师那里理发，是因为他的手艺更好；另外一些人可能说，我更愿意到另外一个理发师那里理发，是因为他那里的环境更好；还有一些人可能说，我到那里是因为他的理发店里人多，我喜欢人多聊天。每个人都有自己特殊的理由来选择理发师，而这些理由本身没有什么可以指责的。也就是说，如果这位残疾理发师事实上受到了镇上人们"不公平的"对待，那么也找不到任何人为此而负责。

实际上，在竞争性的市场环境中，社会上的很多不平等通常都是

---

① 这种反平等主义的观点实际上是诺奇克的。见〔美〕诺奇克《无政府、国家和乌托邦》，姚大志译，中国社会科学出版社 2008 年版，第 221 页。

② Thomas Nagel, *Equality and Partiality*, New York: Oxford University Press, 1991, p. 107.

第十一章 平等主义

由这样的个人选择造成的，比如说，一个人失业了，是由于雇主选择了另外一个人，但是失业者很难把自己的更差处境归罪于某个雇主。对于这样的不平等，如果我们不能指责任何特殊的个人，那么我们是否应该指责国家？平等主义者确实为此而指责国家，要求国家对不平等负责。他们不是批评镇上的人们对这位理发师不公平，没有轮流到两位理发师那里理发，而是指责政府对这位理发师不公平，没有通过再分配的方式来改善他的较差处境。但是，反平等主义者不认为这种不平等应该由国家来负责。在他们看来，在竞争性的市场环境中，资源的分配都是分散进行的，一个人得到了多少份额的资源，这是无数个人选择导致的结果，在这里，没有一个统一的过程，而大部分分配也都不是通过国家进行的。① 反平等主义者的逻辑是：因为国家对于这些不平等没有做什么，所以不能让国家为此负责。

出于立场的不同，对于平等主义者，总得有谁来为不平等负责。如果不能让自然为社会上的不平等负责，也无法让任何具体的个人来负责，那么就不得不由国家来负责。平等主义者面临这样一个难题：一方面，他们不得不承认，国家对于不平等的状况没有做任何事情；另一方面，他们又不得不找出一个对此负责的责任者，而它只能是国家。那么平等主义者如何能够让什么也没有做的国家为不平等负责呢？

内格尔为此提出了"消极责任"（negative responsibility）的观念。在竞争性的自由市场环境中，人们的收入与其自然天赋、教育程度和社会背景是密切相关的。在内格尔看来，对于这种自由制度，无论是进行干预还是不干预，都需要加以证明，而国家在这个问题上的不作为并没有得到证明。内格尔认为，虽然国家对于市场的不平等分配没有做什么，但是它允许按照天赋、教育和背景给予人们以经济上的回报，否则在另外一种制度安排中，人们得到回报将会是不同的。国家允许按照现行安排进行分配，这意味着阻止了按照另外一种安排进行分配，而后者可能是平等主义的。在这种意义上，目前社会安排中的

---

① ［美］诺奇克：《无政府、国家和乌托邦》，姚大志译，中国社会科学出版社 2008 年版，第 268 页。

第三部分　平等的规范性

处境更差者受到了不公正的对待。对此，国家负有一种消极的责任。①

作为义务论的平等主义者，内格尔的"消极责任"论证是有问题的。按照他的论证，目前社会的不平等是应该加以反对的，现行制度安排中的处境更差者受到了不公平的对待，因为国家允许这种制度安排意味着其他的制度安排被排除了，而在另外一种制度安排中，这些目前处境更差者本来会生活得更好。但是，目前的处境更好者会抱怨说，在另外一种制度安排中，他们会受到不公平的对待，因为他们的处境会变得更差。义务论的平等主义者无法回答这种抱怨，因为他们没有办法证明目前处境更好者的状况变差是正义的。他们要证明这一点，只能诉诸目的论的平等主义，即不平等本身是坏的。或许这意味着，归根结底，义务论的平等主义应该以目的论的平等主义为基础。

现在我们能够对上述讨论作一个总结了。首先，基于原因的论证的优点在于它符合人们的直觉，但是，它的论证面临一些难以克服的困难，而且平等主义内部对此也存在大量争议。目的论的平等主义的优点在于它直接确认了平等的价值，主张平等本身就是好的，不平等本身就是坏的，而它的主要缺点在于无法回答"拉平反驳"。义务论的平等主义的优点在于能够避免"拉平反驳"的批评，因为它不是说不平等是坏的，而是说不正义是坏的，不平等的问题在于没有公平地对待每个人。但是对于平等主义者，公平成为问题归根结底在于不平等，也就是说义务论的平等主义最终以目的论的平等主义为基础。其次，虽然基于原因的理由、目的论的理由和义务论的理由对不平等的批评都有各自的道理，但是通过以上进行的具体分析，我们也了解每一种论证都有自己的缺点和问题。而且，我们也没有办法把三种理由的优点结合起来形成一种统一的论证，因为这三种理由在某些方面是相互冲突的。但是，通过分析反对不平等的这三种论证，我们可以思考一种更好的论证是什么样的。最后，虽然对平等主义的证明通常都是从否定的论证开始的，即从批评不平等开始的，但是，我们应该看

---

① Thomas Nagel, *Equality and Partiality*, New York: Oxford University Press, 1991, pp. 100 – 101.

到，即使这些否定的论证都能够成立（显然目前还不是这样的），它们也都具有相当大的局限性，因为它们证明的东西是我们有理由反对不平等，而不是我们有理由赞成平等。要说服人们赞成平等，还需要平等主义者给出肯定的论证。

第二节　肯定的论证

平等主义不是一种新东西，它的出现已经有几个世纪了，起码自启蒙以来，平等的观念就已经开始深入人心。但是，传统的平等主义建立在"自然权利"概念上面：在自然状态中，所有人都拥有自然权利，如自由和平等的权利；基于平等的自然权利，所有人都是平等的，应该得到平等的对待。但是，从作为自然权利的平等来证明平等，一方面，这是一种循环论证，难以使人信服；另一方面，自然权利是具有形而上学性质的观念，而当代的政治哲学家已经很少有人相信这样的观念了。在这种意义上，传统的平等主义是一种没有基础的平等主义，它没有为自己提供有说服力的证明。

从直觉上信奉平等主义，这很容易。在理论上证明平等主义，这很困难。要为平等主义提供证明，平等主义者必须把平等建立在其他的基础之上。平等如何能够加以证明？有什么东西能够充当平等的基础？平等主义者能够为平等提供使人信服的论证吗？当代的平等主义者为平等提供了四种主要的论证，即基于尊严的论证、程序的论证、公平的论证和契约主义的论证。但是这些平等主义的论证各自都面临一些难以克服的问题。

一　基于尊严的论证

很多平等主义者都把平等主义建立在人类尊严的基础上，比如说当代平等主义的重要代表罗尔斯、威廉姆斯（Bernard Williams）和德沃金（Ronald Dworkin）等人。[①] 虽然他们各自的平等观念不尽一致，

[①] 一些哲学家为平等提供了不只一种的论证，如罗尔斯既提出了基于尊严的论证，也提出了公平的论证和契约主义的论证。

第三部分 平等的规范性

罗尔斯主张"民主的平等",威廉姆斯倾向于"机会平等",而德沃金致力于"资源平等",但是他们都把自己的平等观念建立在尊严上面,而且,他们也都是从康德的道德哲学中引申出尊严观念的。

康德把道德领域看作一个由实践理性支配的目的王国。在这个目的王国中,人是自由、平等和理性的主体,并具有自主性。人的这种自主性不仅能够使自己按照普遍必然的道德法则行事,而且还能自愿地服从道德法则的约束,因为人们把这些法则看作自己同意的法则。按照康德的道德哲学,每个人作为人类的一员都具有尊严,而且人们也应该相互尊重。正是在这种意义上,康德提出了这样的道德律令:把每个人本身当作目的来对待,而绝不仅仅当作手段。

对于这种尊严,人们会提出一些疑问:为什么人类拥有尊严?其他动物(甚至生物)没有尊严吗?如果只有人类具有尊严,这是不是一种人类中心主义?这是不是人类自封为王?这是人类的自大狂吗?假如其他星球上有更高级的生物在注视我们地球,并且了解人类的进化过程,那么他们看我们是不是就像我们看猴子?如果平等主义的哲学家主张人类具有尊严,并且把平等建立在它的上面,那么他们必须出示支持自己观点的理由。

人们通常认为,只有人类具有尊严,而动物则没有。因此,在寻找支持这种观点的理由时,哲学家有两种基本的思路。第一,支持尊严的这种东西必须是人类具有而动物不具有的,否则动物也应该具有尊严;第二,这种东西必须是共同的人性,是每个人在正常情况下都应该具有的特征,否则尊严就是某些人具有的而其他人则不具有的。对于这种所有人都具有而所有动物都不具有的东西是什么,哲学家之间存在争议。传统的道德理论通常认为,这种共同的人性是人的理性(rationality)。理性是一种计算、分析和推理的能力,是人类独有而动物没有的。当代的主流道德理论则主张,这种共同的人性是人的道德能力(moral capacity)。也就是说,使人类具有尊严的东西是他们的道德能力。但是,对于这种道德能力是指什么,当代的道德哲学家之间存在分歧。一些道德哲学家主张,这种道德能力是追求美德、实现最高道德价值的能力。① 另外一些道德哲学家则认为,这种道德能力包括两个方面:一方面是获得善观念的能力,它表现为一种合理的生活计划;另一方面是获得正义感的能力,它表现为按照正义原则行事的欲望。②

假如人类拥有尊严,那么尊严与平等有什么关系?我们可以从两个方面来看两者的关系。从抽象的方面看,因为每个人作为人类的成员都拥有尊严,所以人们之间是平等的,应该得到平等的对待。在这种意义上,尊严是平等的基础,正如理性(或道德能力)是尊严的基础。③ 从具体的方面看,如果我们从自然天赋或社会地位看人,那么人们是不平等的,因为有的人天资聪颖,有的人愚昧无知,有些人在社会上处于更高的地位,有些人则在地位的阶梯上位于底层。但是如果我们从道德的观点看人,那么人们就是平等的,因为他们作为人类的一员都具有平等的尊严,应该得到平等的对待。在平等的问题上,人的尊严要求我们应该从道德的观点来看待人,而不应该从自然天赋或社会地位的观点看人。

基于尊严的论证本质上是形而上学的。因此,即使我们承认上述推论,这种论证还必须考虑下述四个问题:第一,尊严是个人的还是人类的?第二,它是经验的还是先验的?第三,它是主观的还是客观的?第四,尊严意味着自尊还是尊重他人?让我们依次来讨论这些问题。

首先,尊严是属于个人的还是人类的?一般而言,人们显然认为尊严是人类的特征,而不是个人的特征。就某个人而言,他可能具有很多特征(其中包括尊严),然而如果这些特征不是普遍的,那么它们就不具有道德意义。由于这种论证的目的是从尊严推论出平等,而平等是一个比较性的概念,它总要涉及个人之间的关系,所以尊严必

---

① Bernard Williams, "The Idea of Equality", in *Philosophy, Politics, and Society*, Series II (Basil Blackwell, 1962), p. 115.
② John Rawls, *A Theory of Justice*, Cambridge, Mass: The Belknap Press of Harvard University Press, 1999, p. 442, p. 491.
③ Nicholas Mark Smith, *Basic Equality and Discrimination*, Surrey, UK: Ashgate, 2011, pp. 122–123.

第三部分 平等的规范性

须是个人所具有的。按照基于尊严的论证，只有一个人拥有道德能力，从而拥有尊严，他才能得到平等的对待。然而，一旦涉及个人，那么总会出现这样的情况：他可能拥有尊严，他也可能不拥有尊严。比如说，某个人是一个十恶不赦的坏蛋。这一点是非常清楚的：如果一个人是十恶不赦的坏蛋，那么他既没有尊严，也不能得到平等的对待。这样，我们可以从中得出三个结论：第一，一般而言，尊严是属于人类的，而非属于个人的；第二，因为尊严涉及平等，而平等总要落实到个人之间的关系，所以当我们说到个人拥有尊严的时候，这是指一个人作为人而拥有的尊严，而不是基于其他个人特征（如非凡的成就或极高的社会地位）拥有的，尽管基于这些个人特质他确实得到了尊重；第三，基于人作为人而拥有的尊严，除非有充分的理由，否则每个人都应该得到平等的对待。但是这也意味着，一个人也可以得到不平等的对待，如果有充分的理由的话。

其次，尊严是经验的还是先验的？要回答这个问题，我们必须从更深的层面开始。按照基于尊严的论证，尊严是平等的基础，而理性或道德能力是尊严的基础。人类拥有理性或道德能力（动物没有），所以人类拥有尊严（从而动物也没有）；每个人作为人类一员具有尊严，所以他应该得到平等的对待。但是，从经验层面来看，一个人可能有理性，也可能没有理性，同样，他可能有道德能力，也可能没有道德能力。对于那些没有理性或没有道德能力的人，按照这种平等主义的论证，我们不会认为他们拥有尊严。在这种意义上，一个人拥有尊严，不是因为他是某个现实生活共同体的成员，而是因为他是先验的"目的王国"的成员。在康德的道德形而上学中，人是自由、平等和理性的主体，具有实践理性的道德能力，从而拥有尊严。这是一个先验的真理，而非一种经验的事实。因为就经验事实而言，就个人具有的各种经验特征而言，他可能值得尊重，也可能不值得尊重；即使他值得尊重，这也不是基于尊严。从与尊严相关的平等方面来看也是如此。就经验事实而言，由于人们在现实生活或工作中有不同的表现，所以他们应该得到的不是平等的对待，而是不平等的对待，正如常言所说的"有奖有罚"。例如，在物理学研究者中，一些人得到了诺贝尔奖，其他大多数人则终生没有得到任何头衔。作为从事实际物理学

第十一章 平等主义

研究的物理学家,他们在荣誉问题上应该基于成就而得到不平等的对待。但是,作为自由和平等的先验主体,他们在道德问题上则应该得到平等的对待。在这种意义上,尊严是先验的,而不是经验的。

第三,尊严是主观的还是客观的?当我们说,尊严是先验的,它基于人的理性或者道德能力,属于作为"目的王国"成员的人,在这种意义上,尊严是客观的。但是,在"尊严"一词的用法中,它有时也指人的自我价值感,指人因其自己具有的某些特征而感到的自尊,在这种意义上,尊严是主观的。如果尊严是主观的,那么它能够被"侵犯"或"损害",也就是说,一个人可以失去其尊严。如果尊严是客观的,那么它就既不能被侵犯也不能失去,而只能被否认。对于个人和人类,否认尊严的含义是不同的甚至相反的。如果一个人的尊严被否认了,那么这意味着他受到了歧视。如果人类的尊严被否认了,那么这也许意味着人类中心主义的消解。那么尊严究竟是客观的还是主观的?出于以下三个理由,人的尊严只能是客观的,不能是个人的主观感觉。第一,如果某些人具有非常强烈的自尊心,那么即使在他得到了平等对待的场合,他也会有自己的尊严受到侵犯的感觉。第二,相反,即使某个人受到了歧视,但是通过现代的心理操纵技术,他也可能产生这样的主观感觉,即他所受到的不平等对待是他应得的。第三,如果尊严是主观的,那么即使在奴隶社会中,奴隶也可以有尊严,这样的话,尊严就可以与不平等是相容的了。

最后,尊严是自尊还是尊重他人?如果人有尊严,那么它首先表现为自尊。自尊是人对自己的一种评价:一方面,我们对自己的形象有一种看法,对自己是什么样的人持有一种观点;另一方面,我们对自己在相关方面的实际表现也持有一种看法。如果两者存在落差,那么我们的自尊就会受到伤害。[①] 使我们的实际表现落后于我们的自我形象的原因,可能是主观的,我们没有尽到自己的力量,但也可能是客观的,超出了我们的努力之外。无论是哪一种情况,我们的自尊都

---

① David Miller, "Arguments of Equality", in *Midwest Studies in Philosophy*: Ⅶ. *Social and Political Philosophy*, edited by Peter French et al, Minneapolis: University of Minnesota Press, 1982, p. 79.

第三部分 平等的规范性

会受到影响。自尊不仅是拿自己的实际表现同自己的自我形象进行比较，而且也拿自己的实际表现同其他人进行比较，正是在这种比较中，平等的问题产生了。比如说，如果在同样的条件下其他人都有某种权利，而我没有，那么我的自尊就会受到严重伤害。收入的平等则更为复杂。如果一个人的收入很低，生活处境非常艰难，那么他的自尊可能会受到损害。但是，如果一个人只是收入比其他人低，没有达到平均收入的水平，那么他的自尊可能不会受到影响。基于自尊来论证平等，这种论证的主要问题在于自尊是主观的，从而它与平等之间的联系是偶然的。一方面，自尊可能与不平等是相容的，不平等并不一定会伤害到人的自尊；另一方面，即使在平等的情况下，某些人也有可能会感到自尊受到了伤害。

如果人有尊严，那么我们应该对他人的尊严表现出尊重。而且，只有尊重他人，我们才能够维护自己的自尊。在这种意义上，我们可以把自尊和尊重他人看作尊严的两个方面：自尊是尊严的主观表现，而尊重他人是尊严的客观体现。那么我们如何表现出对他人的尊重？对他人的尊重可以分为两个方面。一方面是消极的，我们无须做任何事情，即不干涉他人。人之所以有尊严，这是因为人具有理性或道德能力，能够拥有某种合理的生活计划，能够追求某种道德理想，在这些方面，人是自由的和自主的，有选择生活计划和道德理想的能力。尊重他人，就是对他人的生活计划和道德理想不加干预，尊重他们作为道德主体的选择。另一方面是积极的，我们需要做某些事情来帮助他人。人们在实现自己的生活计划和道德理想的过程中，需要某些条件来发展自己的能力，如教育和正常的生活水平。正是在这里，平等与尊重他人产生了联系。要尊重他人，就要为他们提供平等的教育和起码的生活条件。但是，我们应该看到，尊重他人与平等之间的这种联系是非常微弱的。比如就收入分配来说，尊重他人并不意味着给予所有人以平等的收入；反过来也是一样，收入的不平等分配也不意味着对他人的不尊重。

自康德以来，这种基于尊严的论证就成为政治哲学的主流，并且在当代的平等主义中更加流行。但是这种论证存在着严重的困难。

第一，这种人类尊严的观念本质上是先验的和形而上学的，它无

第十一章 平等主义

法为平等观念提供一种坚实的基础。① 因为平等总会涉及人与人之间的比较，总会追问人们是否对不平等负有个人责任，而这种比较和个人责任的追问都建立在经验的基础之上。在这些涉及利益分配的场合，仅仅说人们应该得到平等的对待，这不过是一种空话。

第二，正如我们上面所谈到的那样，尊严与平等之间的联系不仅是微弱的，而且也是偶然的。两者之间的联系是微弱的，因为无论是作为自尊还是作为尊重他人，从平等的尊严能够推论出平等的对待，但是无法推论出平等的分配，而政治哲学家关注的核心问题是平等的分配。尊严与平等之间的联系也是偶然的，因为无论是作为自尊还是作为尊重他人，一方面，尊严并不意味着给予所有人以平等的收入；另一方面，收入的不平等分配也不意味着人们就失去了尊严。

第三，不仅尊严与平等之间的联系是微弱的和偶然的，而且尊严与极端不平等也是相容的。等级制是一种极端的不平等，是政治的、法律的和社会地位的不平等，但是正如一些政治哲学家注意到的那样，尊严与等级制是相容的。② 也就是说，人们可以持有人类尊严的信念，同时也接受某种等级制的社会。对于平等主义的论证来说，这个问题是最严重的，因为它意味着平等主义者需要拿出其他的理由来支持平等。

二 程序的论证

由于上述原因，其中特别是其形而上学的性质，这种基于尊严的论证在今天确实很难让人们相信了，平等主义者不得不为平等另寻"自然的"理由。最"自然的"理由就是不需要理由的理由，而这种不需要理由的论证就是程序的论证。

按照这种论证，如果规则不允许人们做某件事情，而某个人却要

---

① Bernard Williams, "The Idea of Equality", in *Philosophy, Politics, and Society*, Series II (Basil Blackwell, 1962), p. 116.

② David Miller, "Arguments of Equality", in *Midwest Studies in Philosophy*: VII. *Social and Political Philosophy*, edited by Peter French et al, Minneapolis: University of Minnesota Press, 1982, p. 80; Bernard Williams, "The Idea of Equality", in *Philosophy, Politics, and Society*, Series II (Basil Blackwell, 1962), p. 119.

第三部分 平等的规范性

做这件事情,那么他应该为此提供一个充足的理由。但是,如果他不想做这件事情,那么他则无须为此提供任何理由,因为在这种情况下他与其他人同样服从了规则的约束。利益的分配也是这样。如果我有一块蛋糕并且我想把它分给十个人,而且如果我想分给每个人以这块蛋糕的十分之一,那么这不需要理由;但是如果我想偏离这种平等分配的原则,给所偏爱的某个人以更大的一份,那么我就需要向他们出示一个相关的理由。也就是说,平等不需要理由,而不平等则需要理由。①

程序的论证实质上主张,在平等的论证与不平等的论证之间,存在着不对称性。主张平等,这不需要理由。平等是以同样的方式对待每一个人,所以任何人都没有理由抱怨自己受到了不公平的对待。这实际上是在最高价值的领域实行"类似情况,类似对待"的规则。相反,主张不平等,或者反对平等,则需要理由,因为不平等意味着以一种方式对待某些人,以另外一种方式对待另一些人。这种区别对待可能包含了对某些人的歧视,而受到歧视的人则有理由抱怨自己受到了不公平的对待。

按照这种程序的论证,不平等需要理由,平等则不需要理由。如果这样,那么我们需要知道平等在这里是指什么。因为"平等"一词可以用于很多方面,而很难设想,在所有这些方面实行平等的原则都不需要理由。比如说,在一个大学招聘教师时,如果不是基于申请者的学历和才能(这是不平等的),而是通过所有申请者的抽签来决定(这是平等的),这样的平等确实需要理由。那么这种程序论证所支持的平等是指什么?在这个问题上主要有两种观点,一种是对人的平等对待(equal treatment)或平等尊重(equal respect),另一种是对利益的平等考虑(equal consideration of interests)。

按照第一种观点,所有人都应该得到平等的对待或者尊重。在这种平等原则的支配下,政府不仅必须关心和尊重所有人,而且必须平等地关心和尊重所有人。政府不可以不平等地限制某些人而不同时限制其他人的自由和权利,也不可以不平等地分配机会和利益。这就是

---

① Isaiah Berlin, "Equality", in *Equality and Justice*, Volume 2, edited by Peter Vallentyne, New York: Routledge, 2003, pp. 44 – 45.

第十一章 平等主义

某些政治哲学家所说的"自由主义的平等观念"。① 在这些平等主义者看来,平等是人的一种权利,一种人作为平等者受到平等对待的权利,而这种平等对待的权利要求每个人都应该受到平等的关切和尊重。虽然这种关切和尊重的平等权利不等于机会和利益的平等分配,但是它构成了这些东西平等分配的基础。

我们需要注意,平等主义者把平等称为"权利",这里实际上是指两种权利,一种是人作为平等者得到平等对待的权利,另外一种是人们得到机会和利益之平等分配的权利,而且后者建立在前者的基础上。如果平等分配的权利以平等对待的权利为基础,那么平等对待的权利以什么为基础?即使平等对待来自程序的论证,而程序的论证是一种无须理由的论证,但是如果把平等对待看作一种权利,那么总应该有点根据吧?一些平等主义者也觉得平等对待的权利需要某种根据,而这种根据就是"自然权利"。② 换言之,平等归根结底是一种自然权利。在这种平等主义中,平等意味着三个层面上的权利:首先,它是一种自然权利;其次,基于自然权利,平等是一种每个人都应该得到平等对待的权利;最后,基于平等对待的权利,每个人都应该得到一种平等分配机会和利益的权利。

这种平等对待或平等尊重的观点有两个问题。首先,这种观点是纯粹形式的。因为这种观点主张的是,如果两个人受到了不同的对待,那么他们之间应该存在相关的差别;如果没有相关的差别,那么他们应该得到平等的对待。由于它是形式的,而没有涉及内容,所以它与任何不平等的结果都可能是相容的。其次,这种观点是多余的。这种观点强调的东西是"尊重",而一个人只要是"人",那么他就应该得到尊重,而平等没有为这种尊重增添任何东西。因为"平等"没有给这种人道主义的尊重增加任何东西,所以它是多余的。③

为了回应这种批评,某些平等主义者提出了程序论证的第二种观点,即对利益的平等考虑。按照第二种观点,平等对待或者平等尊重

---

① Donald Dworkin, *Taking Rights Seriously*, Cambridge, Mass: Harvard University Press, 1977, p. 273.
② Ibid., p. 177.
③ J. R. Lucas, "Against Equality", *Philosophy* 40 (1965), pp. 297–298.

第三部分 平等的规范性

的实质是把人当作目的而非手段,而把一个人当作目的而非手段,就要考虑他的利益。一方面,这种对利益的平等考虑是从"平等对待"推论出来的,而后者要求,在两者之间没有相关差别的场合,他们应该得到平等的对待。在这种意义上,它是程序性的,确实没有包含实质性的内容。另一方面,这种对利益的平等考虑要求考虑相关者的利益,因此它为什么东西是相关的设定了标准。在这种意义上,它是具体的,而非抽象的。① 但是,鉴于对程序论证的上述批评,这种"对利益的平等考虑"必须表明它既不是形式的,也不是多余的。

首先,"对利益的平等考虑"不是形式的,因为它关注的东西是人的利益。为了表明这一点,这种观点的拥护者把人与动物加以对比。假如在饥饿的儿童和饥饿的狗之间只能选择喂其中的一个,那么不会有人认为两者的食物要求是平等的,应该加以平等的考虑。但是对于两个儿童,其中一个是弱智的,另一个是智力健康的,我们则会平等对待他们的利益,对他们成长所必需的条件给予同样的考虑。②

其次,"对利益的平等考虑"也不是多余的,因为它不仅要求考虑人们的利益,而且还要求平等地考虑人们的利益。可以把这种观点与精英主义的观点加以对比。虽然精英主义可以考虑所有相关者的利益,但是它没有给予所有相关者的利益以平等的考虑,而是对某些人(上等人、上等阶级或上等种族)给予了更多的考虑,赋予他们的利益以优先性,并且认为这种对利益的不平等考虑是他们应得的。相反,平等主义则要求对所有人的利益加以平等考虑,任何人的利益都没有特权,都没有比他人更重的分量,都不具有优先性。③

虽然这种"对利益的平等考虑"试图克服"平等对待"引起的批评,但是两种论证本质上是一样的,即它们都是程序的论证。对于这种程序的论证,无论以什么形式出现,都存在以下一些问题。

首先,程序论证有两个前提假设,一个是平等不需要理由,另外

---

① Stanley I. Benn, "Egalitarianism and the Equal Consideration of Interests", in *Nomos* Ⅸ: *Equality*, edited by J. Roland Pennock and John W. Chapman, New York: New York University Press, 1967, pp. 67 – 68.

② Ibid., pp. 69 – 70.

③ Ibid., p. 68.

一个是不平等需要理由。这两个假设对举证责任的要求是不对称的，对不平等的要求比平等更为严格，而这是没有道理的。如果不平等需要理由，那么平等也需要理由。实际上，无论是平等还是不平等，作为一种制度性规范，都需要出示理由。

其次，如果不是作为制度性规范，而是作为个人行为的规范，无论是平等还是不平等，也许都不需要理由。或者更准确地说，如果平等作为行为规范不需要理由，那么不平等也不一定需要理由。①

最后，这种论证是程序的，它只是要求给予人们以平等的对待，但是它没有任何东西来保证人们能够得到实际上的平等对待，因此它不仅能够与不平等是相容的，而且也能够与等级制甚至奴隶制是相容的。② 能够证明平等的东西不是这些程序性的假设，而是具有实质性内容的正义原则。归根结底，平等应该是一种实质性的价值。

三 公平的论证

基于尊严的论证过强了，它依赖于形而上学的基础。程序的论证又过弱了，它没有为平等提供任何使人信服的理由。除此之外，两者还有一个共同的缺点，即它们与平等的联系太弱了。也就是说，这两种论证都没有提供充足的理由来支持平等，正是在这种意义上，它们都与等级制是相容的。

平等主义者要证明平等是一种值得我们追求的理想，他们必须拿出更能说服人的理由。即使对于当代的平等主义者，这两种传统的论证也是无法令人满意的。作为当代平等主义的主要代表，罗尔斯提出了一种基于公平观念的论证。

罗尔斯在其漫长的学术生涯中从始至终都把自己的正义观称为"作为公平的正义"，而且他自己也认为，"公平"是区分开他自己的正义观与其他正义观的东西。罗尔斯接受了康德主义的"道德人"观

---

① 正如诺奇克所质疑的那样，"如果我去了一家电影院而没有去紧挨着它的另一家，那么我还需要来证明对这两家电影院老板的区别对待吗？"见［美］诺奇克《无政府、国家和乌托邦》，姚大志译，中国社会科学出版社 2008 年版，第 268 页。

② John Rawls, *A Theory of Justice*, Cambridge, Mass: The Belknap Press of Harvard University Press, 1999, pp. 442, 444.

第三部分 平等的规范性

念,主张人是自由和平等的,具有一种正义感。① 这种正义感能够使人们公平地对待自己和他人,使他们主张所有人都具有得到平等考虑的权利,这不仅体现在政治领域和法律领域,而且也包括社会领域和经济领域。

如果一个人是罗尔斯意义上的道德人,那么他就会具有正义感。如果一个人具有正义感,那么他就会不仅在观念上接受平等,公平地看待所有人,而且也会按照这种正义感行事,平等地对待所有人。但是,问题在于,人们并非总是按照自己的正义感行事。对于罗尔斯来说,人在本质上是自利的,人们行事的基本心理动机是追求自己的利益。这样,正义感与个人利益可能是一致的,也可能是冲突的。如果两者是冲突的,那么人们的个人利益就有可能占上风,从而压倒正义感。在个人利益等不利因素占上风的场合,人们就无法公平地对待所有人。

为了克服各种不利因素的影响,罗尔斯提出了"原初状态"的观念。所谓原初状态是一种假设的理想状态,这种状态对所有当事人都是公平的。为了达到这种公平,需要设置一些条件来限制现实处境中的不公平,这些条件包括正义环境、基本善和形式条件,等等,其中最重要的是无知之幕。原初状态中的当事人必须处于无知之幕的背后,不知道有关自己及其社会的任何特殊事实。人们不应该知道的东西包括:每个人的社会地位、阶级出身、天生资质、理智能力,等等;每个人关于他自己的善观念、合理生活计划和特殊心理特征,等等;每个人存在于其中的社会之经济和政治状况,或者这一社会所能达到的文明和文化水平,等等。②

设立原初状态的目的是保证公平。罗尔斯曾给原初状态下过这样一个定义:"它是一种其间所达成的任何契约都会是公平的状态,是一种各方都是作为道德人的平等代表,其选择结果不受偶然因素和社

---

① John Rawls, "A Kantian Conception of Equality", in *Collected Papers*, edited by Samuel Freeman, Cambridge, Mass: The Belknap Press of Harvard University Press, 1999, p. 255.

② John Rawls, *A Theory of Justice*, Cambridge, Mass: The Belknap Press of Harvard University Press, 1999, p. 118.

第十一章 平等主义

会力量的相互平衡所影响的状态。"① 无知之幕的功能把一些偶然的、道德上不相关的东西排除出去，建立一种公平的原始处境，以利于人们支持平等。我们知道，影响人们之间不平等的因素主要有两种，一种是家庭社会条件，一种是自然天赋。一些人因其家庭社会条件较好和自然天赋较高，从而在社会处于优势地位。另外一些人则相反，因其家庭社会条件和自然天赋较差而处于不利地位。从道德的观点看，谁具有什么样的家庭条件和自然天赋，这完全是偶然的。在"无知之幕"后面，原初状态中的当事人不知道自己的家庭社会条件和自然天赋，所有人的处境都是同样的，任何人都不能因其家庭条件和自然天赋而受益或受害，更不能支持只对他自己有利的正义观念。罗尔斯所说的公平，在最直接的意义上就是指这种原始处境的公平。

罗尔斯的论证逻辑是：如果人们的处境是公平的，那么他们的正义感就会占上风；如果人们的正义感占了上风，那么他们就会选择平等，并且按照平等的观念来对待自己和他人。也就是说，保证平等的东西是公平，而保证公平的东西是原初状态。这种公平的论证绕了一个大圈子，最终诉诸原初状态的假设。很多平等主义者认为这种建立在原初状态之假设的论证是不可靠的，能否从中推论出平等观念也是有疑问的，这样他们试图抛开原初状态这样的假设，直接来证明平等。在这种背景下，内格尔提出了他自己的公正论证。

所谓"公正"（impartiality），就是采取一种非个人的观点，一种超越了个人自己利益并且同样看待所有人的利益的观点。公正是这样一种动机或能力：它能够使我们把自己的脚放进每个人的鞋子里面，不偏不倚地评价和关心每个人的生活价值和福利，并且充分地考虑每个人自己的观点。公正要求重视每个人的福利，而且从这种非个人的观点看，所有人的福利都具有同样的重要性。②

在内格尔看来，这种公正的动机是平等主义的，它给予了平等以

---

① John Rawls, *A Theory of Justice*, Cambridge, Mass: The Belknap Press of Harvard University Press, 1999, p. 104.

② Thomas Nagel, *Equality and Partiality*, New York: Oxford University Press, 1991, pp. 64–65.

第三部分 平等的规范性

充分的理由。① 不过,公正的动机本身只要求从非个人的观点来看待每个人,只要求对所有人的观点持有一种不偏不倚的立场,只要求给予每个人的利益以同样的重要性,但是它本身并没有要求平等,特别是它没有表明这种公正的动机能够导致平等的结果。也就是说,公正并不一定意味着平等。特别是当人们之间的利益是冲突的场合,公正甚至都无法导致确定的结果,无论这种结果是不是平等的。要基于公正来证明平等,还需要拿出更有说服力的论证。

内格尔实际上是使用两套语言来论证平等,一套是功利主义的,另一套是平等主义的。② 功利主义语言的论证路线是这样的:基于边际功利递减的事实,同样的资源用于穷人与富人是不一样的,它会使前者得到更大的受益,而这意味着资源的平等分配会产生更大的受益;如果每个人的利益都是同样重要的,如果我们希望得到更大的受益而非更小的受益,那么我们会倾向于赞成更平等的分配。以此为基础,平等主义者可以再把这种功利主义的语言变换为平等主义的语言:如果边际功利的递减是一个事实,那么它意味着同样的资源能够使处境更差者得到更大的受益;虽然公正要求对所有人的利益都给予同样的考虑,但是由于处境更差者所得到的额外受益,所以处境更差者对同样份额资源的要求具有更重的分量;因此,公正要求对处境更差者的利益给予优先的考虑,要求改善他们的处境,也就是说要求更平等的分配。

虽然罗尔斯的论证与内格尔的论证在本质上都是公平的论证,但是两者在很多方面是不同的。第一,罗尔斯的论证基于一种个人的观点,而内格尔的论证基于一种非个人的观点。前者中的个人采取"参与者"的观点,他不仅追求自己的利益,而且甚至试图使自己的利益最大化,只不过在追求自己的利益时要接受正义原则的约束。后者中的个人则采取一种类似于"旁观者"的观点,他尝试穿上每个人的"鞋子",考虑每个人的利益,起码能够在自己的利益与他人的利益之

---

① Thomas Nagel, *Equality and Partiality*, New York: Oxford University Press, 1991, pp. 63-64.
② Ibid., pp. 65-66.

间采取一种不偏不倚的立场。

第二，罗尔斯的论证依赖于原初状态的假设，内格尔的论证依赖于公正的动机。原初状态是保证公平的客观条件，对于罗尔斯，没有"无知之幕"就没有公平，尽管它是一种假设的理想处境。公正是保证公平的心理动机，对于内格尔，没有公正的动机就没有公平，尽管它本质上是一种主观的心理状态。

第三，罗尔斯的论证关注的东西是平等的可欲性，内格尔的论证关注的东西则是平等的可行性。在原初状态的假设条件下推论出平等，其目的在于证明平等是一种值得我们追求的理想，无论这种理想在我们的现实社会中是否有可能实现。在主观的心理条件下推论出平等，这试图表明，只有存在公正的动机，人们才有可能按照平等的价值来设计制度并且把它实现出来，否则平等就是一个乌托邦。

现在我们再来看内格尔论证的问题。首先，虽然内格尔试图阐发出一种不同于罗尔斯的论证，但是在本质上两种论证是一样的。内格尔的"公正"等于罗尔斯的"正义感"，正是出于这个原因，我们把两者都称为公平的论证。其次，内格尔的论证推论出来的东西与其说是平等的观念和"平等主义"（egalitarianism），不如说是优先性和"优先论"（prioritarianism）。虽然"优先论"也是一种平等主义，但是在理论上它与传统的平等主义还是有区别的。最后，罗尔斯的论证建立在原初状态上面，内格尔的论证以公正的动机为基础，这两种类型的公平论证都依赖一个很强的前提条件，而这种条件未必是其他平等主义者能够接受的。换言之，不依赖这样的前提条件，平等主义者能够证明平等吗？

四 契约主义的论证

社会契约论在西方政治思想中具有长远的传统，起码自霍布斯以来，它在西方政治哲学中就占据了统治地位。虽然从19世纪初开始功利主义成为主流，但是1971年罗尔斯《正义论》的出版又恢复了契约主义在政治哲学中的传统地位。契约主义几百年来在西方一直长盛不衰，它的优点是什么？

契约主义的优点体现在它所包含的三个观念之中。首先是"同

第三部分　平等的规范性

意"的观念。契约主义的合法性既不诉诸外在的客观权威（如上帝或自然法），也不求助于主观的心理动机，而在于所有当事人的一致同意。同意赋予了契约以合法性，为各种政治决定提供了解释。其次是"选择"的观念。契约主义包含了关于人的观念，人是自由的和平等的，具有自主性，从而也具有在各种制度中进行选择的能力。无论契约主义的程序达成了什么结果，它都是所有当事人自己选择的。最后是"互惠"的观念。缔结契约是一种交易，如果交易是公平的，那么它就应该使所有当事人都受益，起码不应该使任何人受害。社会契约的目的是建立一种公平的社会合作制度，人们通过参与社会合作而达到互惠。

政治哲学中存在两种契约主义。第一种是霍布斯式的契约主义，它在当代的代表是高西尔（David Gauthier），这种契约主义通常被称为 contractarianism。第二种是康德式的契约主义，它在当代有两个主要代表，一个是罗尔斯，另一个是斯坎伦（T. M. Scanlon），而这种契约主义通常被称为 contractualism。第一种契约主义以合理性（rationality）为基础，这意味着每个人都是自利的，以自我利益的最大化为目标，但是在追求自己的利益时能够接受审慎的合理性的约束。第二种契约主义以理性（reason）为基础，这意味着虽然每个人也都追求自己的利益，但是同时也尊重他人的利益，并且接受正义原则的约束。特别是在达成契约的过程中，这种契约主义主张用理由来支持自己和说服别人，在正当理由的基础上达成一致。

我们首先讨论第一种契约主义的论证。这种契约主义认为，每个人都受自己欲望和偏好的驱使而追求自己的利益，但是人们具有的欲望和偏好可能是相互冲突的，这样就需要把它们加以排序，从而能够在各种行动方案中进行选择，以达到自己的利益最大化。但是，一个人是否能够使自己利益达到最大化，不仅取决于自己的选择，也取决于他人的选择。在其他人的选择已经确定的情况下，如果一个人把自己原先选择的最大化方案与其他可选方案加以对比，那么有可能发现原先的最大化方案将导致不利的结果。在人们之间的利益是冲突的时候，任何人都无法在不使别人利益受损的情况下让自己获益。在这种情况下，审慎的合理性使人们认识到，如果所有人都各退一步，约束

第十一章 平等主义

自己的最大化欲望，那么所有人都会从这种约束中受益。在这种情况下，审慎的合理性要求人们就约束自己最大化欲望的条款达成一致同意，而这就是道德的基础。①

那么如何用这套道德论证来证明平等的观念呢？平等是相对于不平等而言的。如果某些人在现实社会中处于不平等的地位，或者处于更差的状况，那么他们就会希望通过谈判达成新的协议来改善自己的前景。由于这种谈判和达成协议的过程受现实条件和处境的影响，人们实际达成的协议都是武断的和任意的。受这种任意协议影响而处于不利地位的人们就会提出重新谈判的要求，以改善自己的不利处境。在这种情况下，现存社会秩序就是不稳定的，因为总会有人提出重新谈判的要求。要避免达成任意的契约，契约就不应该是实际的，而应该是假设的。这个假设的契约给予每个当事人以平等的考虑，重视每个人的利益。在这种情况下，虽然每个人仍然会试图使契约对自己更为有利，但是没有人会接受对自己不利的不平等契约。审慎的合理性使人们愿意接受一个平等的契约，只要他们发现这个平等契约对每个人都同样有利。②

从平等主义的观点看，这种契约主义论证主要有两个困难。首先，它认为所有人都是自利的，都以利益的最大化为目标，而这种自利的人如何能够接受平等的观念，这既是不清楚的，也是很难令人信服的。其次，这种契约主义论证的实质是在合理性的约束下来追求自己的利益，这样，所达成的契约内容可能是平等的，也可能是不平等的。也就是说，这种论证并不一定能够导致平等主义的结论。

而从契约主义的观点看，第一种契约主义的论证存在两个问题。第一个问题是这种契约主义所达成的契约可能是不公平的，因为它允许当事人在缔结契约的过程中利用自己的优势来进行讨价还价，争取对自己有利的契约。所达成的契约是不公平的，原因在于当事人的地位是不公平的，有些人处于有利地位，有些人则处于不利地位，这样

---

① David Gauthier, "Why Contractarianism?", in *Contractarianism and Rational Choice*, edited by Peter Vallentyne, Cambridge, UK: Cambridge University Press, 1991, pp. 22–23.
② Ibid., pp. 27–28.

第三部分　平等的规范性

处于有利地位的人就会利用自己的优势操纵讨价还价的过程，按照自己的利益剪裁契约的内容，以使契约对自己更为有利。

因此，第二种以罗尔斯为代表的契约主义首先强调契约的公平性，而公平指契约是在一种公平的条件下达成的。这些条件必须使自由和平等的人们处于公平的地位，必须不允许某些人不公平地占有比其他人优越的讨价还价地位。而且，以武力和强制来威胁、欺骗和欺诈以及诸如此类的东西都必须被排除在外。① 为了把这些在现实社会中无法排除的东西排除在外，罗尔斯提出了原初状态的观念，要求人们在缔结契约时接受无知之幕的约束，不允许人们知道任何关于自己的特殊信息，而"这些条件的目的是要展示人们之间的平等"。②

第一种契约主义的第二个问题是，使人们达成契约的东西是个人的利益，而不是正当的理由。对于每个人来说，他唯一的目的是使自己利益最大化，而当无法使自己利益最大化的时候，审慎的合理性告诉他，自己应该退一步，与其他人达成合理的契约，这样才最符合自己的利益。

对于第二种契约主义，这种基于利益的讨价还价而达成的契约是错误的，因为它没有正当的理由。什么是正当的理由？正当的理由是所有人都接受的理由，而所有人都接受某种理由，这是因为理由的可接受性。按照这种契约主义，缔结契约的当事人是自由的和平等的，具有推理的能力，他们能够通过可接受的理由提出某种主张，而其他人能够基于这些理由的可接受性而赞同这种主张。③ 也就是说，他们能够达成契约，不是由于这份契约对自己有利，而是因为他们接受了支持契约的理由，他们被这种理由所说服。

第二种契约主义主张：契约应该是公平的，它不应该使任何人处于不利的地位；促使达成契约的东西是理由，而理由是所有当事人都

---

① ［美］罗尔斯：《作为公平的正义——正义新论》，姚大志译，中国社会科学出版社2011年版，第23—24页。
② John Rawls, *A Theory of Justice*, Cambridge, Mass: The Belknap Press of Harvard University Press, 1999, p. 17.
③ ［美］罗尔斯：《作为公平的正义——正义新论》，姚大志译，中国社会科学出版社2011年版，第152页。

第十一章 平等主义

能够接受的。那么如何能够从这种契约主义来证明平等？这种契约主义提出了两种论证。

首先是基于公平的论证。在原初状态的条件下，公平的观念要求利益的分配应该是平等的。如果一个人在社会利益的分配中期望比平等的份额更多，那么这显然是没有道理的；相反，如果一个人在利益分配中同意接受更少的一份，这也是没有道理的。在公平的条件下，任何人都没有理由主张自己应该得到比其他人有利的地位，同样任何人也都没有理由让他人接受不利的地位。因此，所有当事人都会接受平等的原则。①

其次是使用"最大最小化规则"（maximin rule）来进行的论证。所谓"最大最小化规则"要求：我们应该首先在各种可能的选择中确认出每一种可能选择的最坏结果，然后接受这样的选择，即这种选择的最坏结果比所有其他选择的最坏结果都更好。最好的结果意味着在社会上处于有利的地位，最坏的结果意味着在社会上处于最不利的地位。如果一个人在选择契约时按照"最大最小化规则"来推理，那么他就应该假设自己是最不利者。如果一个人假设自己是最不利者，那么他会赞成以平等为原则的契约，因为平等对不利者更为有利。②

第二种契约主义有两种形式，一种是以罗尔斯为代表的，也是我们上面所讨论的，另一种是斯坎伦提出来的。如果说罗尔斯式契约主义的原则是"有理由的接受"，那么斯坎伦式契约主义的原则是"有理由的拒绝"。从斯坎伦的观点看，罗尔斯式契约主义有三个问题。

首先，罗尔斯式契约主义依靠"无知之幕"的假设。这种契约主义主张正义原则是所有人都同意的原则，而要做到所有人的同意，这只有在"无知之幕"的后面才能实现。这个假设受到了来自各方的批评，其中既有反契约主义者，也有契约主义者。对于斯坎伦来说，契约主义是一种道德论证的方式，它可以像罗尔斯那样用于支配社会合作的正义原则，也可以用于个人的行为，这样，它不能依赖"无知之

---

① John Rawls, *A Theory of Justice*, Cambridge, Mass: The Belknap Press of Harvard University Press, 1999, p. 130.

② Ibid., p. 133.

第三部分　平等的规范性

幕"的假设，因为在个人做出行为决定的时候，他通常需要各种各样的信息，而且是越全面、越多，也就越好。① 罗尔斯和斯坎伦在道德论证中都强调理由，而在后者看来，只有对相关事实或信息完全知情，人们才能够知道接受或拒绝的理由是什么。

其次，罗尔斯式契约主义以人的自利为动机。罗尔斯式契约主义与霍布斯式契约主义的区别在于公平。为了使所有缔约者都处于公平的地位，罗尔斯提出了原初状态的观念，而在公平的原初状态中，所有人都会依据正当的理由来接受正义原则。但是，在使用"最大最小化规则"推理时，人们关心的东西不是正当的理由，而是个人的利益。② 当事人之所以赞同平等的原则，这是因为他们意识到，如果他们在现实社会中是最不利者，那么平等的原则能够给他们带来更大的好处。这意味着这种推理及其所达到的结论与罗尔斯所设想的公平是相悖的。在斯坎伦看来，道德论证依赖的东西不应该是个人的自利动机，而应该是正当的理由，这也就是所谓的"可辩护性"（justifiability）。③

最后，罗尔斯式契约主义奉行的原则是所有人"有理由的接受"，而这个原则是有问题的。让我们假设，某个社会是一个不平等的等级制社会，某些社会成员比其他成员处于更低级的社会地位。而且我们假设，对于这些处于更低社会地位的人们，他们有两种选择，一种是继续实行这种等级制度，另一种是选择平等的制度。如果这些人选择了前者，或者因为他们确实认为自己天生就不如其他人，或者因为他们认为这种制度能够给所有人带来最大的好处，那么我们很难说这些人的选择是没有理由的。尽管从我们的观点看，他们的选择是错误的。这也意味着事情还有另外的一面：如果他们拒绝接受这种等级制度，那么这也不是没有理由的。基于"有理由的接受"，我们有可能接受

---

① T. M. Scanlon, "Contractualism and Utilitarianism", in *Utilitarianism and Beyond*, edited by Amartya Sen and Bernard Williams, Cambridge, UK: Cambridge University Press, 1982, p. 127.

② Ibid., p. 124.

③ T. M. Scanlon, *What We Owe to Each Other*, Cambridge, Mass: The Belknap Press of Harvard University Press, 1998, p. 189.

等级制。但是基于"有理由的拒绝",我们则不能接受这种不平等的制度。①

在斯坎伦看来,罗尔斯式契约主义所需要的条件——无知之幕的假设、自利的动机以及所有人的有理由的同意——不仅太强了,而且是没有必要的。他主张一种更弱的契约主义,而这种契约主义只有一个条件:有理由的拒绝。比如说,在一种不平等的分配中,所得更少者认为这是不公平的,从而有理由拒绝这种分配。相反,如果一种平等的分配是任何一个人都没有理由拒绝的,那么这种平等的分配就是我们应该加以接受的。也就是说,"有理由的拒绝"表达了道德主张的"可辩护性"。

那样什么样的理由才是不可拒绝的?对此有一个简单的检验:如果你处在另外一个人的位置,那么你是会接受还是拒绝这个理由。无论你是接受还是拒绝某种理由,你必须考虑别人是如何看待它的,这里的实质是相互性,就像"金规则"要求的那样。② 具体来说,道德论证所需要的理由应该具有两个特征。首先,理由应该是一般的。这是指,理由不应该与某种特殊的社会位置或处境相关,而应该是处于任何位置或处境的人们都应该接受的。比如说,罗尔斯的差别原则的问题在于它只与最不利者的位置相关。其次,理由应该是正当的。这是指,理由应该具有相互的"可辩护性",它不仅是理由的提出者接受的,而且也是其他人能够承认的。在这种意义上,理由应该具有公共性。③

斯坎伦式契约主义的问题在于"理由"本身的模糊性和"拒绝"的否定性。什么样的理由是人们能够接受的,这是模糊不清的。斯坎伦要求理由应该是一般的和正当的。按照通常的理解,非个人的理由(如所有人的福利或者正义)是一般的和正当的,而个人的理由(个

---

① 这里所举的例子与斯坎伦的有所不同。见 T. M. Scanlon, "Contractualism and Utilitarianism", in *Utilitarianism and Beyond*, edited by Amartya Sen and Bernard Williams, Cambridge, UK: Cambridge University Press, 1982, pp. 111 – 112。

② Ibid., pp. 116 – 117.

③ T. M. Scanlon, *What We Owe to Each Other*, Cambridge, Mass: The Belknap Press of Harvard University Press, 1998, p. 215.

第三部分　平等的规范性

人的利益和动机）则不是。但是，斯坎伦却认为，他的契约主义所依赖的是"个人的理由"，而不是"非个人的理由"。① 另一方面，"拒绝"是一种否定，而"同意"是一种肯定。没有人"拒绝"是否等于契约主义所要求的所有人的"同意"，这也是有疑问的。与"同意"相比，"拒绝"起码是一种较弱的要求。

我们在这里关心的问题是平等主义的证明，而"有理由的拒绝"为平等提供了一种契约主义的论证。为了检验这种论证是否成功，我们提出一个反向的问题：平等是否能够抵抗"有理由的拒绝"？我们假设所有当事人分为两个群体，一个是处境更好者，另外一个是处境更差者。而且我们假设现在所有当事人面临两种选择：不平等的安排与平等的安排。对于不平等的安排，处境更差者显然是有理由加以拒绝的。但是对于平等的安排，处境更好者是不是也有理由拒绝？如果人们认为他们没有理由拒绝平等的安排，那么这实际上等于说，不平等需要理由，而平等不需要理由。这样，我们又回到了程序的论证。

我们说过，"拒绝"是一种否定。这不仅意味着它对证明来说是一种更弱的要求，而且也意味着它可能达到的东西是否证什么，而非证明什么。对于平等或不平等，人们都可能基于某种理由加以拒绝，比如说，处境更差者基于自己得到的更少份额有理由拒绝不平等，而处境更好者基于应得（或自由、权利、资格，等等）也有理由拒绝平等。对于任何一种可行的选择，某个人总会有某种理由加以拒绝，在这种情况下，契约主义者只能够得到否定的结果，而得不到肯定的结果。对于政治哲学家来说，这种情况是司空见惯的：极端自由主义者基于权利的理由，功利主义者基于所有人的福利的理由，亚里士多德主义者基于应得的理由，社群主义者基于共同利益的理由。这些理由是相互冲突的，而没有一种标准能够裁断它们之间的分歧。就此而言，这种契约主义能够得到的东西只是有理由的拒绝（否定某种原则），而不是没有理由的拒绝（证明某种原则）。

通过上面的讨论，我们可以得出如下结论。首先，基于尊严的论

---

① T. M. Scanlon, *What We Owe to Each Other*, Cambridge, Mass: The Belknap Press of Harvard University Press, 1998, p.219.

证和程序的论证有两个共同的缺点，从而它们在这四种论证中是最难以抵抗反驳的。第一，它们本身的性质（形而上学和程序性）使其论证与平等的联系太弱了，以至无法提供充足的理由来支持平等。第二，它们都与等级制是相容的，因此它们无法为平等提供明确的支持。其次，公平的论证依赖于很强的前提假设，其中罗尔斯的论证依赖于原初状态的假设，内格尔的论证依赖于公正动机的假设，但是，这些假设不仅无法得到非平等主义者的认可，而且也很难得到其他平等主义者的接受。最后，与上述三种论证相比，契约主义的论证显然更有道理。但是，正如上面讨论所揭示的那样，无论是霍布斯式的契约主义还是罗尔斯或斯坎伦式的契约主义都存在一些难以克服的问题。恰如本文开始时所言：从直觉上接受平等主义，这很容易；在理论上证明平等主义，这很困难。

另外，我们特别需要指出，平等主义很难证明，这既不意味着平等主义是错误的，也不意味着我们不应该接受平等主义。它只意味着，如果我们是平等主义者，那么我们应该努力为平等提供更有力、更有理的论证。

第十二章
反对平等主义

抽象地说，当代社会中真正反对平等的人很少。在这种意义上，我们可以说几乎所有的当代政治哲学家都是平等主义者。但是，平等是一个复杂的观念，它包括法律的、政治的、道德的、社会的和经济的，等等。我们说反对平等的人很少，这只是说反对法律平等和政治平等的人很少。至于经济平等，就不能这样说了。实际上有很多人反对经济平等和再分配，而且当代政治哲学和正义理论中关于平等的争论也主要集中于经济平等的问题上。在本章关于反对平等主义的讨论中，虽然反对平等的论证主要针对的是经济平等，但是其主张通常也适用于一般意义上的平等。

在反对平等主义的论证中，我们可以区分开两种主张，一种是"反平等主义"（anti-egalitarianism），另外一种是"不平等主义"（inegalitarianism）。对于反平等主义者，平等既是不可欲的也是不可行的，但是他们并不一定赞同不平等。对于不平等主义者，他们不仅要提出反对平等的论证，而且也要提出支持不平等的论证。在这种意义上，不平等主义者是立场更强的反平等主义者。基于这种区别，本章的第一节讨论反平等主义，第二节讨论不平等主义。

第一节 反平等主义

几个世纪以来平等的观念已经深入人心，近几十年来平等主义在

第十二章　反对平等主义

当代社会中大行其道，大多数人对各种不平等现象具有一种直觉的反感，而且他们相信通过国家和整个社会的努力能够克服各种特别令人憎恶的不平等。然而，从反平等主义者的观点看，"平等是我们时代的首要迷信"。① 平等是一种迷信，因为它从来没有受到仔细的审查；这种迷信是首要的，因为有如此多的人们把它当作一种事业加以追求，而从没有考虑到它的后果。

按照反平等主义者的分析，平等主义建立在如下三个观念上：第一，所有人都应该是平等的；第二，通过政府行为或者政府的革命性变化，所有现存的不平等都是可以减少的，如果不能加以完全消除的话；第三，如果所有其他的政治目标与平等发生了冲突，那么它们都必须给平等让路。② 简言之，对于平等主义，平等是一种可欲的目的，也是一种可行的目的，而且还是一种至上的政治目的。

但是，在反平等主义者看来，所有这些观念都是可疑的。反平等主义认为：作为一种理论，平等是没有基础的；作为一种对待人们的方式，平等是不公平的；作为一种后果，平等是反生产的；作为一种政策，平等是不可行的。

以下讨论的目的是澄清反平等主义的理由是什么，这种讨论既不表示反平等主义的理由是能够成立的，也不表示反平等主义本身是正确的。而且，面对反平等主义的这些批评，平等主义者也有理由为自己辩护。

一　平等是没有基础的

在康德的道德形而上学中，人被看作是自由的、平等的和理性的，并且具有尊严；因此，作为目的王国成员，每个人都应该被当作目的来对待，而绝不应仅仅当作手段。在平等主义者看来，康德的这种观点为平等主义提供了先验的基础。③

---

① William Letwin, "The Case against Equality", in *Against Equality*, edited by William Letwin, London: The Macmillan Press, 1983, p. 1.
② Ibid., p. 3.
③ Bernard Williams, "The Idea of Equality", in *Philosophy, Politics, and Society*, Series II (Basil Blackwell, 1962), p. 116.

第三部分　平等的规范性

平等主义建立在这样一种观念的基础之上，即人是平等的。从具体的特征来说，人们千差万别，每个人与其他人相比都是不同的，比如说在性别、种族、年龄和天赋等方面存在很大的差别。但是这些差别只涉及人的特征，无关人的本性。人的本性在于人拥有道德能力。就所有人都具有这种道德能力而言，人是平等的。由于只有人类具有道德能力，而其他动物都没有，所以人类具有尊严。因为每个人作为人类的成员都具有这种道德能力，所以人们具有平等的尊严。

自康德以来，很多平等主义者确实把这两个观念当作平等主义的基础：第一，所有人都是平等的；第二，所有人都应该得到平等的尊重。因为所有人都是平等的，并具有平等的尊严，所以每个人都应该得到平等的尊重和平等的对待。然而，在反平等主义者看来，不仅无法从这两个观念推论出平等主义的结论，而且这两个观念本身就是有问题的。通过对这两个观念的分析和批评，反平等主义者试图证明平等主义是没有基础的。

我们首先来讨论第一个观念。反平等主义者认为，"所有人都是平等的"，这只不过是"普遍性原则"的副产品。所谓"普遍性原则"意味着，如果人们之间不存在相关的差别，那么他们就应该得到平等的对待。因此，反平等主义者也把这种通过"普遍性原则"所产生的平等称为"形式平等"（formal equality）。①

在反平等主义者看来，从"形式平等"不能推论出什么明确的东西。按照形式平等的原则，如果人们之间存在相关的差别，那么他们应该得到不同的对待；如果人们之间不存在相关的差别，那么他们应该得到平等的对待。从经验事实出发，我们知道人们之间存在各种各样的差别，没有两个人（即使是双胞胎）是完全一样的，从而我们有理由给予他们以不同的对待。但是，平等主义只考虑人们之间相同的方面，不考虑人们之间的差别，只强调人们的共同性，忽视了人们之间的不同。然而，既然形式平等的原则没有为"相关性"提供标准，没有说明什么是相关的以及什么是不相关的，那么它就很难推论出明确的结论。用反平等主义者的话说："它给出了论证的线索，但是没

---

① J. R. Lucas, "Against Equality", *Philosophy* 40 (1965), p.296.

第十二章 反对平等主义

有得出任何确切的结论。"①

反平等主义者认为,平等主义者关于平等的论证实质上依赖于一种从"人"到"平等"的推理,而这种推理是这样的:

　　大前提:所有人都是人;
　　小前提:所有人都平等地是人;
　　因此结论为:所有人都是平等的。

在他们看来,平等主义者从"所有人都是人"推论出了"所有人都是平等的",但这种推论是错误的。为了揭示这种推理的谬误,反平等主义者用"数"代替了"人":

　　大前提:所有数都是数;
　　小前提:所有数都平等地(同样地)是数;
　　因此结论为:所有数都是平等的(同样的)。②

这两个推理是一样的,差别只在于后者的主词是"数",而前者是"人"。关于"数"的推理所得出的结论显然是错误的。在反平等主义看来,既然这两种推理是完全一样的,而且后者所得出的结论明显是错误的,那么前者的结论也必然同样是错误的。也就是说,从"所有人都是人",甚至从"所有人都是平等的",很难推论出平等的原则。

平等主义者的论证逻辑是:人是平等的并具有平等的尊严,所以他们应该得到平等的尊重或对待。现在我们来考虑第二种观念,即平等的尊重。从反平等主义者的观点看,形式平等与平等的尊重是对称的,前者依赖于"普遍性",后者依赖于"人性"。按照普遍性的原则,所有人都是人,因此人是平等的;按照人性的原则,所有人都具有人性,因此每个人都应该得到平等的尊重。如果说前者的问题在于

---

① J. R. Lucas, "Against Equality", *Philosophy* 40 (1965), p. 297.

② Ibid., p. 297.

它只是一种形式平等,而这种形式平等来自一种谬误推理,那么后者的问题在于它只是意味着一种人道主义,而这种人道主义可能与平等毫无关系。按照反平等主义者的分析,"平等的尊重"的重点是尊重,而人之所以值得尊重,这是因为他们具有人性。就此而言,"平等"一词没有为这种论证增加任何东西,它完全是多余的。[①]

"平等的尊重"观念存在两种思想的交叉,一种是平等主义的,一种是人道主义的。比如说,假设一个社会存在严重的不平等,一些人处于非常贫困的处境,在这种情况下,人道主义者和平等主义者都会对此表示反对,都会要求改善这些处境更差者的生活条件。也就是说,出于对人性的尊重,他们都会对所存在的不平等表达关切。关键在于两种关切的理由是不同的。平等主义者的理由是平等,而人道主义者的理由是人道。因此,有一个检验可以区分开平等主义者与人道主义者:平等主义者反对任何不平等而主张平等,尽管这种平等可能不会使任何人受益;人道主义者关心的东西不是人们是否平等,而是某些人是否处于艰难的处境。只要存在不平等,平等主义者就不会感到满意。只要没有人处于艰难的处境,人道主义者就不会提出平等的要求,即使存在各种各样的不平等。在反平等主义者看来,从"平等的尊重"不能得出平等的原则,因为它表达的东西可能是人道主义,而不是平等主义。

二 平等是不公平的

平等主义者拥有一种基本的直觉:不平等是不公平的。在他们看来,如果人们的处境是公平的,那么他们就会接受平等的观念。人们之间处境的不公平表现在哪些方面?处境的不公平主要体现在两个方面,一种是家庭社会条件,一种是自然天赋。一些人因其家庭社会条件较好和自然天赋较高,从而在社会上处于优势地位。另外一些人则相反,因其家庭社会条件和自然天赋较差而处于不利地位。

平等主义者主张,为了达到公平,需要把这些偶然的、道德上不相关的自然和社会因素排除出去,建立一种公平的原始处境,以利于

---

① J. R. Lucas, "Against Equality", *Philosophy* 40 (1965), p. 298.

第十二章 反对平等主义

人们支持平等。这种公平的原始处境就是罗尔斯所假设的原初状态:"它是一种其间所达成的任何契约都会是公平的状态,是一种各方都是作为道德人的平等代表,其选择结果不受偶然因素和社会力量的相互平衡所影响的状态"。① 平等主义者所说的公平,在最直接的意义上就是指这种处境的公平。罗尔斯认为,由于原初状态对所有人都是公平的,所以原初状态中的所有人都会赞同差别原则。差别原则是指导人们从事社会合作的原则,它要求社会安排应该有利于处境更差者,比如说,它会要求社会实行再分配,而这种再分配是以税收的方式使财富从处境更好者转移给处境更差者。因此,差别原则通常被认为是平等主义的。

反平等主义者认为,如果社会合作的原则是公平的,那么它应该对所有人都有利。但是在这种意义上,平等的原则是不公平的,因为它只对处境更差者有利,而对处境更好者不利。更有一些反平等主义者认为,平等是不公平的,因为它偏向没有生产能力的人(贫困者和病人),而不利于具有生产能力的人(健康者、机灵者和精力充沛者),而这种偏向是没有道理的。② 总而言之,在反平等主义者看来,平等的原则只考虑处境更差者的利益,而没有考虑处境更好者的利益,只关心财富往哪里去,而不关心财富从哪里来,只维护天赋较低者的权益,而没有维护天赋较高者的权益,从而只把处境更差者当作目的,而把处境更好者当作手段。

从契约主义的观点看,一个原则只要得到了所有当事人的一致同意,它就是正义的。如果这样,那么罗尔斯如何说服处境更好者和处境更差者都赞同差别原则?如何使这两个群体的人们对差别原则都没有理由抱怨?对于处境更差者,所需要的解释工作不是很难:差别原则对他们更为有利,他们在这种制度中比在其他制度中都获益更多,所以他们不应该对此抱怨。相比之下,如何向处境更好者解释是一件更困难的工作,因为差别原则对他们不利。罗尔斯是这样解释的:首

---

① John Rawls, *A Theory of Justice*, Cambridge, Mass: The Belknap Press of Harvard University Press, 1999, p. 104.

② Jan Narveson, "Egalitarianism: Partial, Counterproductive, and Baseless", in *Ideals of Equality*, edited by Andrew Mason, Oxford, UK: Blackwell Publishers, 1998, pp. 87–88.

第三部分　平等的规范性

先，每个人的幸福都依赖于一种社会合作体制，没有这种社会合作体制，任何人都不能拥有一种满意的生活；其次，只有这种体制的条件是合理的，我们才能要求每一个人的自愿合作。因此，差别原则看起来就是一种公平的基础，在这种基础上，这些处境更好者才能期望别人与之合作。①

但是，对于反平等主义者，这套向处境更好者进行解释的说辞是没有说服力的。在反平等主义者看来，差别原则作为社会合作的协议是不公平的。首先，这些处境更好者（天赋更高者）在社会合作中是贡献更大的人，比如说，他们做出新的发明，创造出新的观念或制造产品的新方式或新技术，等等。因此，参加合作对处境更差者更为有利，使他们受益更多。而对于处境更好者，他们本来可以从事更小范围的合作，从而把处境更差者排除在外。其次，在这种社会合作中，如果对合作的收益按照差别原则来分配，那么处境更差者会得到比本来他们能够得到的东西更多。也就是说，处境更差者已经从社会合作中受益了，而按照差别原则的分配会使他们更加受益。相比之下，处境更好者则变得更加不利了，从而差别原则作为合作协议越加显得不公平了。②

我们应该注意到，罗尔斯对差别原则的辩护以及反平等主义者对此的反驳都是在正常状况下进行的，而差别原则却是在原初状态中和无知之幕的后面达成的。这样就产生出两个问题：第一，罗尔斯的解释以及反平等主义者的反驳是否也适用于原初状态？第二，在原初状态中，反平等主义者能够代表处境更好者提出什么样的抱怨？

在原初状态中，罗尔斯对差别原则的辩护只对处境更差者有效。由于当事人在原初状态中都处于无知之幕的后面，所以他们不知道自己是处境更好者还是处境更差者。罗尔斯提出，在原初状态中人们按照"最大最小化规则"来进行推理，而按照这种规则来推理，人们在

---

① John Rawls, *A Theory of Justice*, Cambridge, Mass: The Belknap Press of Harvard University Press, 1971, p. 103. 1999 年修订版的《正义论》对此的论证稍有不同，见 John Rawls, *A Theory of Justice*, Cambridge, Mass: The Belknap Press of Harvard University Press, 1999, p. 88.

② ［美］诺奇克：《无政府、国家和乌托邦》，姚大志译，中国社会科学出版社 2008 年版，第 232—233 页。

不知道自己处境如何的情况下应该假定自己是处境更差者，而不应该假定自己是处境更好者，这样，他们就会接受罗尔斯对处境更差者的解释，并且选择差别原则。更确切地说，在原初状态中根本就不需要向处境更好者进行解释。

那么处境更好者在原初状态中有理由对差别原则表示抱怨吗？首先，这些处境更好者在原初状态中不会抱怨，一方面，由于无知之幕的遮蔽，他们并不知道自己的处境如何；另一方面，按照"最大最小化规则"来推理，他们应该假定自己是处境更差者。也就是说，如果他们要抱怨的话，他们只能在原初状态的外面进行抱怨。其次，当无知之幕打开之后，即使他们发现自己在社会上属于处境更好者，他们也没有理由抱怨。因为，如果他们现在抱怨差别原则是不公平的，那么平等主义者会给予这样的回应："你们在原初状态中不是已经赞同差别原则了吗？"换言之，处境更好者现在没有理由来反悔。这也正是罗尔斯设计原初状态的原因之一：在公平的原初状态中，所有人（包括处境更好者）都一致同意了差别原则；在无知之幕打开之后（在不公平的处境中），人们就没有正当的理由表示不同意了。

反平等主义者还可以提出其他的抱怨。比如说，基于资格，更富裕的人们抱怨平等主义的再分配是不公平的，因为他们对自己的财产是有权利的，而政府却通过税收的方式把它拿去了。再比如说，基于应得，更富裕的人们也会抱怨平等主义的再分配是不公平的，因为他们认为其财产是自己通过劳动挣来的。

这里的关键在于平等主义者与反平等主义者对公平的理解是不同的。反平等主义者关注的东西是再分配：如果我的财产是属于我的（基于权利、资格或应得），那么政府通过强制的方式把它分给处境更差者是不公平的。平等主义者关注的东西是导致不平等的原因：如果处境更好者使自己处境更好的东西是偶然的优势（更好的家庭环境或者更高的天赋），那么这种优势是不公平的。

三　平等是反生产力的

虽然平等主义与功利主义是两种不同的理论，但两者往往是纠缠在一起的。在平等主义者中间，有些同时也是功利主义者，有些则不

第三部分 平等的规范性

是。同样，在功利主义者中间，有些是平等主义者，有些则不是。功利主义可以表现出明显的平等主义倾向，其中平均功利主义就更是如此，而平等主义则可能诉诸功利来为自己辩护。

比如说，功利主义者可以这样来支持平等：基于边际功利递减的事实，同样的资源用于穷人与富人是不一样的，它会使前者得到更大的受益，而这意味着资源的平等分配会产生更大的利益；如果每个人的利益都是同样重要的，如果我们希望得到更大的受益而非更小的受益，那么我们会倾向于赞成更平等的分配。与其类似，平等主义者也可以使用功利的语言来为平等辩护：如果边际功利的递减是一个事实，那么它意味着同样的资源能够使处境更差者得到更大的受益；虽然公正要求对所有人的利益都给予同样的考虑，但是由于处境更差者所得到的额外受益，而这意味着处境更差者对同样份额资源的要求具有更重的分量；因此，公正要求对处境更差者的利益给予优先的考虑，要求改善他们的处境，也就是说要求更平等的分配。

实事求是地说，功利主义的语言为平等主义提供了非常重要的支持。因为人们通常对平等主义有一种担心，即它会降低生产的效率，降低人们的福利水平。边际功利递减的事实表明，平等不仅不会降低人们的福利水平，而且会增加人们的总体福利水平。对于平等主义的论证来说，这种功利的理由为平等增加了额外的力量。因此，即使是内格尔这样通常被看作义务论者的平等主义者，也会在平等的论证中求助功利的语言。①

如果功利主义的语言为平等主义提供了重要的支持，那么反平等主义就需要对此给予反驳。如果边际功利递减表明平等是具有生产力的，那么反平等主义就需要证明平等是反生产力的。反平等主义在生产力方面的反驳主要有以下三点。

首先，人们并不关心一般的功利总额。边际功利递减的平等主义含义依赖于"加总"（aggregation）的观念：某一份额的财富（比如说金钱）从富人转移到穷人，在后者身上增加的福利（功利）大于前者所减少的福利（功利），即通过财富的再分配，所有人的功利加在一起的

---

① Thomas Nagel, *Equality and Partiality*, New York: Oxford University Press, 1991, p. 65.

总额变大了。反平等主义者认为,人们最关心的东西是促进某些个人的福利,如他们自己、朋友或同胞,等等,而不会关心加总的功利总额。因此,在平等主义的论证中求助于功利总额,这是没有意义的。①

其次,平等主义的论证是近视的。平等主义者在使用功利的语言论证平等时,他们只聚焦于消费,而没有看到生产。所有有价值的东西都来自生产,而生产需要投资。反平等主义者认为,穷人只消费不投资,只有富人才投资。在平等主义者看来,比如说,一元钱用在穷人身上会比用在富人身上产生更大的边际功利。而在反平等主义者看来,如果这一元钱不是通过再分配转移给穷人用于消费,而是富人把它用于投资,那么它在未来产生的利益会大于用于消费的利益。这也意味着,与用于穷人的边际功利相比,金钱用于富人投资的边际功利实际上更大。②

最后,边际功利递减的推论是错误的。反平等主义者认为,平等主义者从消费品的边际功利递减推论出了收入的边际功利递减,从而得出了收入从富人向穷人转移的再分配结论。但是在反平等主义者看来,这种推论是错误的。一方面,收入不仅有用于消费的功能,也有其他方面的功能,比如说某些人把他们的收入看作一种对其工作优异的奖励,看作他们应得之价值的一种象征;另一方面,对大部分人而言,他们并不是把所有收入都用于消费,而是把相当大的一部分用于储蓄,以备不时之需,如患病、失业或者事故,等等,其中最重要的一个储蓄动机是养老。③ 考虑这些消费之外的收入用途,收入的边际功利递减之假定是虚假的。如果收入的边际功利递减是虚假的,那么平等主义就失去了一个重要的理由。

四 平等是不可行的

以上的讨论属于理论层面,在这种意义上,平等是一种值得去追

---

① Jan Narveson, "Egalitarianism: Partial, Counterproductive, and Baseless", in *Ideals of Equality*, edited by Andrew Mason, Oxford, UK: Blackwell Publishers, 1998, pp. 90 – 91.
② Ibid., p. 91.
③ William Letwin, "The Case against Equality", in *Against Equality*, edited by William Letwin, London: The Macmillan Press, 1983, pp. 30 – 31.

第三部分　平等的规范性

求的理想。然而，要实现这种平等的理想，在目前的情况下，就需要政府来进行再分配，使财富实现从富人到穷人的转移。这就是平等的政策层面。目前世界上大部分国家（其中特别是发达国家）都实行某种程度的再分配政策，而这些再分配政策的实际目的大多是改善穷人的处境，而不是实现平等的价值。尽管这样，我们仍然可以把这种再分配看作是平等主义的政策。

反平等主义者对再分配持一种批评的态度。如果说他们反对平等主义是因为他们认为平等是没有理论根据的，那么他们反对再分配是因为他们认为再分配是行不通的。具体来说，反平等主义者对再分配的批评可以分为两种。

一些反平等主义者认为，再分配的资金来自富裕阶层，但是它只是使富人变穷了，而没有使穷人变富。在他们看来，再分配是以富人和穷人为代价，而利益流向了中产阶级。因为政府采取的各种政策措施——如授予工会的特权、官方规定的最低工资、强制实行的房租控制、限制发放营业牌照以及很重的个人和企业的直接税，等等——使中产阶级成为最大的受益者。这些反平等主义者得出了这样的结论：一方面，这些再分配政策更可能降低而不是提高穷人的生活水平；另一方面，解决贫困问题，特别是改善穷人的处境，与追求平等没有什么关系。[①]

另外一些反平等主义者承认再分配使富人的财富流向了穷人，但是他们认为，这种情况只构成了再分配的一小部分，而它的主体则是资金在中产阶级之间的转移。也就是说，再分配的资金来自中产阶级，也流向了中产阶级。所以出现这种状况，这是因为中产阶级具有最大的税收潜力，同时在民主国家也具有最为集中的政治力量。国家把资金从具有税收潜力的人们（中产阶级）那里征收上来了，如何分配这些资金则属于政治事务。谁的政治力量大，谁就可能在再分配中得到更大的份额，而在民主国家，中产阶级的政治力量最大。因此，这些反平等主义者认为，再分配的主要受益者是农民、大专院校的学生、

---

① Peter Bauer, "The Grail of Equality", in *Against Equality*, edited by William Letwin, London: The Macmillan Press, 1983, p. 380.

油井主、私人航空器的所有者、老年人以及知识阶层,尽管这些人并不是穷人。① 从这里可以得出两个要点:第一,再分配的资金主要是在中产阶级之间流动,体现了中产阶级本身的利益再分配;第二,穷人没有从再分配中得到本该得到的好处。

对于平等主义的再分配,反平等主义者有三个主要批评。首先,再分配是一种利益的重新分配,但决定资金流向的是政治博弈。哪个群体具有把自己组织起来的更大能力,从而具有更大的政治力量,哪个群体从再分配中得到的利益就最大。显然穷人缺乏组织自己的能力,所以他们从再分配中得到的很少。其次,平等主义者在政策层面关注贫困问题,但是贫困与平等无关。一方面,如果所有人都处于同样贫困的状况,那么这种平等无助于解决他们的贫困;另一方面,如果一些人的贫困得到了完全的改善,而其他人仍然比他们更富有,这种不平等就不是需要加以关注的社会问题。最后,由于再分配具有明显的政治博弈性质,所以它不能保证资金一定流向穷人。在这种情况下,如果一个社会需要富人拿出一定数额的资金来帮助穷人,那么与政府的再分配相比,让富人对这笔资金具有自由决定权,这会使穷人得到的更多。也就是说,就帮助穷人而言,慈善比政府的再分配更有效率。②

让我们把上面的讨论总结一下:平等是没有基础的,无法从人性推论出平等的观念;平等是不公平的,它没有在富人与穷人之间采取一种中立的态度;平等是反生产力的,它无助于提高人们的福利;平等是行不通的,再分配并没有使穷人得到更多的好处。简言之,一方面,平等是不可欲的,它不是一种值得人们去追求的理想;另一方面,平等是不可行的,在当前的社会条件下它无法实现。

那么平等主义者在面对这些批评时如何能够为平等主义辩护?我认为平等主义者可能会这样来回应反平等主义者的批评。第一,一些平等主义者认为他们能够为平等主义提供正当的辩护,从而为其提供

---

① Gordon Tullock, "The Charity of the Uncharitable", in *Against Equality*, edited by William Letwin, London: The Macmillan Press, 1983, pp. 334–336.

② Ibid., p. 334.

理论基础。而另外一些平等主义者可能会说，平等主义是一种信念，它并不一定需要基础。第二，平等主义者会反驳说，不是平等是不公平的，而是不平等是不公平的，因为不平等偏向富人，不利于穷人，而平等是对这种不公平的纠正。第三，一些（结果主义的）平等主义者会坚持说边际功利递减是一个事实，基于这个事实，平等肯定会增加人们的总体福利。而另外一些（义务论的）平等主义者则会说，平等要求的是公平地对待人们，它与人们的利益或福利无关。也就是说，作为正义的平等优先于效率的考虑。第四，平等主义者认为，平等是一个程度的事情，而不是或有或无的事情。人们对平等理想的追求是一个长期的过程，是一个不平等逐渐减少的过程。在任何一个特定历史阶段，人们对减少不平等总有一些可做的事情。总而言之，平等主义者会回敬反平等主义：平等不仅是可欲的，而且也是可行的。

第二节　不平等主义

反平等主义本质上是一种否定的论证，它试图证明平等主义是错误的：平等本身在理论上是不可欲的（得不到合理的辩护），在实践上是不可行的（会导致有害的后果）。不平等主义则是一种肯定的论证，它不仅反对平等主义，而且还要证明不平等本身就是好的，起码不平等是能够得到合理辩护的。与反平等主义相比，不平等主义是一种更强的立场，因为它要为不平等提供论证。

这里我们需要对论域做出限定。对于不平等主义，无论是反对平等，还是赞同不平等，一般都限于经济领域。也就是说，不平等主义者通常反对的是经济的平等，而不是政治的、法律的或社会的平等。同样，他们赞成的也是经济的不平等，而不是政治的、法律的或社会的不平等。如果说当代政治哲学关注的焦点是平等，那么这是指经济平等。在政治平等和法律平等方面，当代政治哲学家之间的分歧不大，而且也没有多少争议。

由于平等主义在当代政治思想中处于支配地位，平等差不多已经成为一种"默认值"，所以对于不平等主义者而言，他们的任务就是要提供这样一种论证：什么样的不平等是能够得到辩护的。为此，当

第十二章 反对平等主义

代的不平等主义者提供了各种各样的论证,其中最重要的有"足够论""资格论"和"应得论",等等。

一 足够论

平等主义者认为,平等具有最高的甚至至高无上的道德重要性,如果其他的价值与平等发生冲突,那么它们就必须给平等让路。而对于所有的不平等主义者,平等不具有平等主义者所主张的那种道德重要性,但是什么东西在道德上是重要的,他们之间的观点是不一样的。其中有一种观点认为,在资源分配的问题上,重要的东西是足够而不是平等。如果每个人都是足够的,那么即使其中某些人比其他人拥有的更多,这也不会产生什么道德上的后果。这种观点被称为"足够理论"(doctrine of sufficiency)或"足够论"(sufficientarianism)。

从足够论的观点看,平等主义不仅是错误的,而且是有害的。首先,平等会造成与自由的冲突。在不加干涉的情况下,人们之间自然会产生财富和收入方面的不平等,一些人比其他人拥有更多的财富。如果在这种情况下要实现平等的分配,那么就必然要通过政府的强行压制才办得到。这样,自由与平等之间显然会产生冲突,而在这种冲突中,平等会以牺牲自由为代价。其次,平等主义会导致人的异化。每个人都有不同的需要,而这些需要的满足以一定的财富或收入为前提,因此人们的收入只要能够满足自己的需要,它们就是足够的。但是在平等主义的鼓励下,人们实际上关心的东西不是自己的本性和自己的需要,而是别人的收入是多少,是去追求收入的平等。也就是说,平等主义让人关注的不是自己的本性,而是异于自己本性的东西。最后,平等主义使我们的时代迷失了方向。平等主义促使人们把自己的经济地位与其他人进行比较,这样就把注意力分散了,使人们不去考虑那些在道德上比平等更为重要的事情,那些需要我们投入更多精力才能够理解的事情。在这种意义上,平等主义使人们变得更为肤浅。[①]

足够论者也认为,平等主义不仅是有害的,而且是没有正当根据的。在他们看来,通常支持平等的理由有两个:首先,社会成员之间

---

① Harry Frankfurt, "Equality as a Moral Ideal", *Ethics* 98 (1987), pp. 22–23.

第三部分　平等的规范性

的友爱关系是非常重要的，而要维持这种关系，平等是必不可少的；其次，我们应该消除经济不平等，因为经济不平等不可避免地导致政治不平等和社会不平等。虽然足够论者承认这些考虑为平等作为一种社会政策提供了有力的理由，但是认为它们没有为平等本身作为一种内在的道德价值提供理由。足够论者认为，在平等主义的论证中，这些理由是工具性的，平等的价值是从与其他事情的关联中派生出来的。[1] 但是，足够论者的这种批评是片面的。平等主义可以被分为两种类型，一种是目的论的，另外一种是义务论的。所谓目的论的平等主义，就是指它认为平等本身就是一种道德价值。即使是义务论的平等主义，它们为平等提供的论证也不能说是工具性的，无论是对于公平的论证还是契约论的论证。

在支持平等主义的论证中，有一种是非常重要的，即基于边际功利递减的论证。按照这种论证，平等是一种值得人们追求的理想，因为平等主义的分配能够使加总的功利达到最大化。反平等主义者对这种论证的反驳通常是这样的：首先，边际功利递减不是一个事实，这个假定是虚假的；其次，这个推论假设同样数额的收入为所有人提供的功利函数都是相同的，而这种假定也是错误的；最后，即使承认边际功利递减是一个事实，也不能证明平等主义是正确的，因为边际功利递减只涉及用于消费的收入，而并非所有的收入都会用于消费，如用于投资和储蓄，等等。也就是说，在反平等主义者看来，平等主义的分配并不能导致功利的最大化。

在这个问题上，作为一种不平等主义的足够论对平等主义提出了一种特别的反驳：平等主义的分配不仅不能产生功利的最大化，而且在某些特别的情况下，它甚至会导致功利的最小化。这些特别的情况就是匮乏。足够论者举了这样一个例子：假设一个地方有 10 个人，每个人至少需要 5 个单位的资源才能够维持生存，而他们所能够得到的资源一共只有 40 个单位。在这种情况下，如果实行平等主义的分配，即每个人得到 4 个单位的资源，那么会导致最坏的结果，所有人都将

---

[1] Harry Frankfurt, "Equality as a Moral Ideal", *Ethics* 98 (1987), p.24.

第十二章 反对平等主义

死去。也就是说,平等会导致功利的最小化。① 足够论者认为,在匮乏的条件下,分配的原则不应该是平等,而应该是足够,即让最多的人得到足以维持生存的资源。在这里所说的情况下,就是让8个人得到5个单位的资源,即使其余的2个人会死去。

在足够论者看来,平等主义者依据的东西与其说是论证,不如说是直觉:穷人的处境表明,不平等是错误的。改善穷人的处境,给予他们以物质性的帮助,这种直觉没有什么问题。问题在于,就不平等而言,什么东西在道德上是应该加以反对的。是穷人比其他人所得到的收入更少?还是穷人的收入本身太少了?平等主义者反对的东西是前者,但足够论者主张人们有理由反对的只是后者。

足够论者认为,当我们考虑不平等的问题时,我们通常对穷人的处境具有道德上的担忧。但是,在这种场合,直接触动我们的东西不是财富数量上的差别,而是生活条件的性质,不是穷人所拥有的经济资源在数量上比我们更少,而是他们如此贫困的事实。如果不平等存在于小康者与富人之间,虽然我们知道在这种情况下前者的处境不如后者,但是我们一般不会被这种不平等所触动,更不会对此产生道德上的担忧。② 对于足够论者来说,贫困是不好的,但是这不意味着不平等也是不好的。问题的关键不在于人们之间存在经济上的不平等,而在于一些人没有足够的经济资源。同样是帮助穷人,平等主义者的理由是消除不平等,而足够论者的理由是使穷人拥有足够的经济资源。在足够论者看来,改善穷人的经济条件,以及为此而必需的经济资源的再分配,这是没有争议的,但是这种无争议性并不意味着平等作为一种理想是没有争议的。

如果让我们产生道德担忧的问题不是不平等,而是不足够,那么什么是足够?起码我们可以有三种足够(sufficiency)的观念。第一种是最大化的足够观念,即如果一个人达到了这种足够的水平,那么更多的东西就会对他有害了。足够论者所说的足够显然不是这种最大化的,因为这种足够不是所有人都能够达到的。第二种是最小化的足够

---

① Harry Frankfurt, "Equality as a Moral Ideal", *Ethics* 98 (1987), p. 30.
② Ibid., p. 32.

第三部分 平等的规范性

观念,即如果一个人达到了这种足够的水平,那么他能够维持自己的生存。这是自然为人类规定的足够,以确保人们的存活。显然这也不是足够论者所说的足够,因为这种足够观念所规定的门槛太低了,而在这种门槛上方的人们仍然生活在困苦之中。第三种足够观念位于前两者之间,说一个人是足够的,在这种意义上是说他能够过上一种体面的生活。这种足够观念所规定的门槛足够高,以使所有人都能够摆脱贫困的处境。

足够论者所说的足够就是第三种观念。在他们看来,所谓足够,就是人们的"某些需要或标准得到了满足"。① 比如说,一个人拥有足够的钱,这意味着他对自己的经济状况感到满意。按照足够论者的说法,这种足够观念体现为两种情况:某个人没有遭受到物质贫困之苦,对自己的生活感到满意;或者,虽然他觉得自己的生活是不幸的,但是更多的金钱并不能够缓解他的不幸。为了使自己的主张看上去更有道理,足够论者提出,一个人的收入是足够的,这不是说更多的收入就不会给他带来好处了,而是说更多的收入对他的生活而言不具有实质意义了。②

我们对足够论有以下三点批评。首先,足够论是一种门槛理论。说它是一种门槛理论,这是指它只是为社会提出了必须加以满足的最低要求,而没有为社会规定更值得追求的理想。也就是说,作为一种政治哲学,足够论的门槛太低了。其次,足够论只是规定了社会应该加以满足的最低门槛,而对于门槛之上的事情,它没有说任何事情。即使一个社会满足了足够论的门槛,但是在门槛上方的人们之间仍然存在不平等,而且这种不平等仍然可能是不正义的,即它们得不到合理的辩护。然而对于足够论者,只要满足了门槛的要求,任何不平等都是可接受的。最后,有四种理论都涉及门槛,它们相映成趣。对于不平等主义者,门槛表现为足够论;对于平等主义者,门槛体现为优先论;对于社会主义者,门槛体现为需要理论;对于福利主义者,门槛表现为最低保障理论。

---

① Harry Frankfurt, "Equality as a Moral Ideal", *Ethics* 98 (1987), p.37.
② Ibid., pp.38–39.

二 资格论

足够论是一种温和的不平等主义，起码它要求为穷人提供足够的经济条件，而这通常意味着体面的生活水平。与其相比，资格论（entitlement theory）则是一种强硬的不平等主义，它主张权利的神圣不可侵犯性，其中包括财产权。

同其他不平等主义的理论一样，资格论也坚决反对平等主义。资格论者反对平等主义的论据主要有三个。第一，不平等是无法解决的，任何强行的平等最终都将变成不平等。第二，不平等在某些情况下可能是不幸的，但不是不公平的。第三，人们通常认为平等是一个自明的真理，但实际上平等主义缺乏根据。在这里，资格论者抱怨人们对待平等与不平等的态度是不一样的和不公平的：如果一种分配出现了不平等，那么人们坚持要求对这种不平等的分配加以证明；但如果分配是平等的，那么则不需要提供任何证据。

资格论者特别反对"分配正义"的观念。在他们看来，"分配"一词意味着由一种社会制度按照某些原则来集中地提供某些东西，但是，在实行市场经济的社会中，任何资源的分配决定都是分别做出的，生产、交换和资源的控制是由不同的人们分散进行的，没有任何集中的分配，没有任何人或群体有权控制所有的资源，所有人的合力形成了总的结果。这里没有统一意志、统一目的和统一结果，从而也没有所谓的"分配正义"。

资格论的核心是捍卫财产权的不可侵犯性。世界上的资源或者是有主的，或者是无主的。如果资源是无主的，那么资格论关心的问题是对它们的获得是不是正当的。如果资源是有主的，那么资格论关心的问题在于这些资源的转移是不是合法的。对于资格论者，一个人对其持有的一切东西，只要来路是正当的，或者它们的转让是合法的，那么他对其持有就是有权利的。

让我们首先讨论对无主资源的资格是如何产生的。什么东西能够使一个人对所获得的资源拥有合法性？洛克认为，施加在无主物上面的劳动使人产生了对它的所有权。资格论者同意洛克的观点，认为劳动使人们对某种资源具有了财产权。为什么一个人的劳动施加在某种无主物上，就使这个人成为此物的所有者呢？资格论者认为，由于一

第三部分　平等的规范性

个人对自己的劳动拥有所有权，所以现在通过劳动，这种所有权便渗入和扩展到物品中。如果通过劳动能够被占有的资源数量是无限的，那么资格论就可以成立。但是，地球上现在没有什么东西能够说是无限的。在这种意义上，一个人的对某种物品的占有意味着减少了其他人占有的机会，而一个人占有的越多，对其他人的状况的损害就越大。为此，资格论者对资源的占有提出了一个限制条件：只有当对一个无主物的占有没有使他人的状况变得更坏时，这种占有才是被允许的。①

世界上的无主资源已经很少了，绝大部分的资源实际上是在不同的所有者之间转移。因此资源的转让对于资格论来说是更重要的。毋庸赘言，偷窃、行骗、抢劫、强占等都是不正当的转移形式。在资格论者看来，"转让"实质上是一种交换。并非所有的交换都是正当的。只有当交换是自愿的时候，它才是正当的。但什么样的交换是自愿的？"自愿"与"被迫"之间的界限是什么？资格论者认为，一个人的行为是否是自愿的，取决于限制他的选择的是什么东西。如果是自然的事实，这种行为就是自愿的（我可能喜欢乘飞机去某地，没有飞机，我步行去某地就是自愿的）。②

所谓资格，是指人们对财产的权利。资格论的实质是确认财产权的合法性。一方面，财产权的产生是历史的；另一方面，财产权产生的方式是各种各样的。因此，资格具有两个特点。第一，资格是历史的；第二，资格是非模式化的。

资格是历史的，这是强调财产权与人们过去的行为密切相关。在这里资格论与平等主义是对立的。平等主义只注意分配的结果，主张分配的正义取决于分配的结构。例如，一个 A 拿 10 份、B 拿 5 份的分配，同一个 A 拿 5 份、B 拿 10 份的分配，对于平等主义来说，具有同样的不平等结构。在平等主义者看来，两种分配都是不平等的，所以两者之间没有本质的区别。资格论者则不是按照分配的结果来评判分配是否符合正义，而是考虑这种分配是如何演变过来的，考虑与分配

---

① ［美］诺奇克：《无政府、国家和乌托邦》，姚大志译，中国社会科学出版社 2008 年版，第 209—211 页。
② 同上书，第 314 页。

第十二章 反对平等主义

相关的各种信息。人们过去的行为能产生对事物的不同资格。例如，与正常的工人相比，一个在监狱中服刑的犯人应该在分配中得到一个很低的份额，他的所得与其先前的犯罪和目前受到的惩罚是相关的。[①] 对于资格论者，一个罪犯拿 10 份而工人拿 5 份的分配不可能是正义的。

资格是非模式化的，这是强调人们获得财产的方式是各种各样的，没有统一的模式。资格论者认为，整个社会的资源分配不是预先统一设计的，而是一个分散的自然过程，从而任何一种模式都不能解释所有的财产权。在资格论者看来，平等主义就是模式化的。为了说明平等主义的模式必然失败，诺奇克举了一个篮球明星张伯伦的例子。假设某个社会实行一种平等主义的分配 D1，每个人都获得平等的一份。再假设张伯伦是一个众人喜欢的篮球明星，能吸引大量的球迷。这样，张伯伦同一个篮球俱乐部签订了一份契约：在国内的每场比赛中，从每张售出的门票中抽出 25 美分给张伯伦。因为球迷喜欢观看张伯伦高超的球技，纷纷兴高采烈地观看他参加的所有比赛，也乐于为此多付出 25 美分给他。在一个赛季中，有 100 万人观看了他的比赛，结果张伯伦得到了 25 万美元，这是一个比平等收入大得多的数字。于是，原先平等主义的分配 D1 就变成了不平等的分配 D2。[②] 对于资格论者来说，D2 不仅意味着打破了 D1 的单一分配模式，而且意味着 D2 这种不平等的分配是从 D1 的平等分配中自然而然产生出来的。由于球迷自愿将自己的一部分收入转给了张伯伦，所以，D2 作为结果显示了人们收入上的巨大不平等，但它并不是不公正的。

但是，平等主义者可能不承认张伯伦这个例子的论证。在他们看来，这些平等主义社会中的球迷对自己行为的后果产生了一种判断错误。因为这些球迷的行为产生了一种没有预见到的后果，而如果他们能够预见到这种不平等的后果，那么他们就不会愿意付给张伯伦额外的 25 美分了。[③] 也就是说，如果这些球迷是真正的平等主义者，那么

---

① ［美］诺奇克：《无政府、国家和乌托邦》，姚大志译，中国社会科学出版社 2008 年版，第 184—185 页。
② 同上书，第 192—193 页。
③ Kai Nielsen, *Equality and Liberty*: *A Defense of Radical Egalitarianism*, Totowa, New Jersey: Rowman and Allanheld, 1985, p. 244.

他们就会禁止这种张伯伦式的财富转移。

那么社会有什么办法来解决这种自由行动对平等主义分配的搅乱呢？在资格论者看来，可以采取两种办法来维持平等主义，或者不断地进行干预，不准人们随其意愿地转移资源，如不准每个观众给张伯伦25美分，或者不断地从某些人那里夺走某些资源，如没收张伯伦额外得到的25万美元。但无论采取哪一种办法，都会侵犯人们的权利。对于资格论者来说，"张伯伦"这个例子的普遍意义在于：如果没有对人们生活的不断干预，所有平等主义的分配都不能维持下去。

资格论的主要靶子是平等主义。从资格论的观点看，平等主义只确认了穷人的权利，而没有承认富人的权利；平等主义仅仅注意分配问题，只关心谁得到什么东西，而没有注意生产问题，不问这些东西从何而来，似乎可供分配的东西是从天上掉下来的一样。另外，平等主义是通过国家强制实行的再分配实现的。在资格论者看来，这种由税收所支持的平等主义再分配就是从一些人强行夺走某些收入，然后将它们给予另一些人，其实质是强迫一些人为另一些人劳动，所以平等主义的再分配是对人们权利的侵犯。

对于任何一种可供社会分配的东西都可以思考两个问题：一个是它们从哪里来的？另一个是谁将得到它们？平等主义更为重视后一问题，从而倾向于一种平等分配的结果。资格论作为一种不平等主义则主张前者是更为根本性的问题，坚持财产权的不可侵犯性，用资格来对抗平等。任何平等主义的再分配都意味着财富在人们之间的转移，财富来自富人，去向穷人。如果说再分配中富人和穷人的利益和权利是不同的，那么资格论者重视的是富人的利益和权利。资格论者认为，财产的所有者对其所有是拥有权利的。如果所有者对其所有是拥有权利的，那么他就可以随其所愿地处理自己的东西，可以用来交换，可以馈赠他人，别人或国家都无权加以干涉。

资格论面对的主要难题是财产权问题。资格论要求尊重个人的财产权，为它们提供了保护，毫无疑问这是正当的。问题在于，这种对财产权的尊重和保护对于不同的人，其意义和价值是不一样的。也就是说，与处于社会底层的人们相比，它更有利于处于社会顶层的人们。另外，资格论声称自己尊重历史，但是，尊重历史意味着承认既定事

第十二章　反对平等主义

实,而既定事实与某些人的既得利益是连在一起的。这样资格论对财产权的保护也有这样的嫌疑:承认现状,维护既得利益,为现实生活中的不平等提供辩护。

三　应得论

在反对平等主义的斗争中,如果说资格论的武器是权利,那么应得论的武器则是业绩。因为一个人做过某种事情,有某种业绩(merit),所以他对某种东西是应得(desert)的。一般而言,资格依据的东西是规则,而规则使某个人对某种东西具有资格。应得依据的东西是过去所做的事情,某些行为使某人应得某物。虽然在具体的事情上要分清资格与应得有时候是很困难的,但在概念上两者有明确的区别。比如说,某个人在路上捡到了100万元钱并且无人认领,而规则规定,如果他上交这笔无人认领的钱,那么他可以得到其中的一半。对于这50万元钱,我们可以说他是有资格的,但不能说他是应得的。

鉴于平等主义在当代已经深入人心,或者像反平等主义者所说的那样,平等已经成为一种时代的迷信,在这种背景下要反对平等主义,证明不平等主义,这不是一件容易的事情。起码,如果你说平等不是一种价值,或者平等没有意义,那么它很难令人信服。因此,我们下面将考查一种特别的应得理论[①],它的出发点不是应得论,而是多元论。所谓多元论是指,它假定平等和应得都是价值,都具有非常重要的意义。这种理论以这种多元论为出发点,然后再来检验如下三种可能性:(1)平等和应得都是价值,都具有重要意义;(2)只有平等是真正的价值,而应得不是;(3)只有应得是真正的价值,而平等不是。它将论证,这三种可能中只有一种是真的,即最后一种。

首先,应得论者认为,如果人们的应得是同样的,那么平等与应得具有同样的解释力。在与其他理论的竞争中,平等主义处于一种优势地位:它坚决反对不平等。几乎我们所有人都具有这样的直觉,如果 A 比 B 的生活处境更差,并且我们只能帮助其中的一个人,那么我

[①] Shelly Kagan, "Equality and Desert", in *What Do We Deserve?*, edited by Louis P. Pojman and Owen Mcleod, Oxford: Oxford University Press, 1999, pp. 298–314.

第三部分　平等的规范性

们更应该帮助 A，改善他的处境。基于这种直觉，我们看起来应该接受平等主义。从平等主义的观点看，如果 A 和 B 两个人都要求帮助，那么 A 的更差处境给他的要求增加了"砝码"，从而我们应该帮助 A。也就是说，平等主义为这种不平等的处境提供了合理的解释。

问题在于，对于这种处境，平等主义是唯一合理的解释吗？应得理论家认为不是，他们认为应得也能够提供合理的解释。让我们假设，A 和 B 两个人应得的生活水平是同样的，但是他们的实际处境都位于这个应得水平之下，而且 A 比 B 更差。从应得理论家的观点看，因为两个人的应得是同样的，但是与 B 相比，A 的实际生活水平离其应得相差的更远，所以我们更应该帮助 A。① 如果我们帮助 B，这会使应得的情况变得更坏了。如果帮助 A，则会改善不应得的现状。也就是说，对于解决不平等的问题，应得起码具有同平等一样的解释力。

解决不平等的问题可以采取两种方式。假设 A 的处境比 B 更差，为了达到平等，我们可以提高 A 的水平，也可以拉低 B 的水平。假如我们无法通过提高 A 的方式达到平等，那么我们是否可以拉低 B 的水平？这也就是"拉平"（leveling down）的问题。在这个问题上，平等主义者之间产生了争论。一些平等主义者支持"拉平"，因为他们认为平等是最高的价值。另外一些平等主义者反对"拉平"，他们认为这种做法既损害了 B 的利益，也没有使 A 得到好处。从应得理论家的观点看，这个问题的关键在于是否有理由进行"拉平"。如果我们没有理由进行"拉平"，那么无论是平等还是应得在这个问题上都无用武之力。如果我们有理由进行"拉平"，那么就像提高 A 的场合一样，平等与应得都具有同样的解释力。② 这样看来，虽然平等主义看起来在对待不平等的问题上更有优势，但是实际上平等与应得的解释力是同样的。也就是说，在论证的目前阶段，是接受平等还是应得，这还是一个开放的问题。

其次，应得论者认为，如果人们的应得不是同样的，那么应得是

---

① Shelly Kagan, "Equality and Desert", in *What Do We Deserve?*, edited by Louis P. Pojman and Owen Mcleod, Oxford: Oxford University Press, 1999, p. 303.

② Ibid., p. 304.

第十二章 反对平等主义

价值，而平等则可能是，也可能不是。应得理论家继续这个论证：让我们假设，A 是一个罪犯，他比 B 处于更差的处境，尽管与其应得的生活相比，他实际上生活得更好；B 是一个圣人，他比 A 的处境更好，但是与其应得的生活相比，他实际上要差一些。如果我们只能帮助其中的一个人，那么我们应该帮助哪一个？按照平等的原则，应该帮助 A，因为 A 的处境比 B 更差。按照应得的原则，应该帮助 B，因为 B 还没有得到他应该得到的东西，而 A 的所得则超过了他应得的东西。在这种情况下，帮助 A 会使情况变得更坏。从直觉来看，事情是清楚的，我们应该帮助 B：B 是一个圣人，他得到的东西少于他应该得到的东西；而 A 是一个罪犯，他得到的东西已经超过了他应得的东西。[1]

直觉告诉我们，应该帮助 B。同时这种直觉也意味着，应得是真正的价值，而平等不是。但是，理论依靠的东西应该是论证，而不是直觉。如果我们相信在这种场合我们应该帮助 B，那么这可能导致两种主张：（1）应得是价值，而平等不是；（2）平等也是价值，即使在这种场合它可以被应得压倒。要理解后者也是一种理论的可能性，我们需要回过头来重新检视作为出发点的多元论。

虽然这里所谓的多元论意味着承认平等和应得都是价值，但是这可以指以下三种情况：（1）平等永远都非常重要，而且应得也永远都非常重要；（2）两者中只有一种（平等或应得）是永远重要的，另外一种只是在对方的支持下才有意义；（3）两者都重要，但是也都需要对方的支持。第一种情况属于强多元论，平等与应得是相互独立的。后两者都属于温和多元论，平等与应得是相互依赖的。但是区别在于，第二种是非对称的，其中只有一种依赖于另外一种才发挥作用，而第三种是对称的，两者都需要对方的支持。上面的圣人和罪犯的例子表明，对于思考平等与应得来说，强多元论是一种错误的模式，因为在这种场合平等不是一种独立的价值。第三种模式具有这样的含义，即只有在平等的支持下，应得才能够发挥作用。这也意味着，只有在帮助处境更差者的情况下，应得才具有意义。但是，上面的例子表明，我

---

[1] Shelly Kagan, "Equality and Desert", in *What Do We Deserve?*, edited by Louis P. Pojman and Owen Mcleod, Oxford: Oxford University Press, 1999, pp. 304 – 305.

第三部分 平等的规范性

们应该帮助的不是处境更差者（罪犯），而是处境更好者（圣人），这意味着应得独立于平等而发挥作用。因此，第三种模式也是错误的。①

这样，如果我们以多元论为出发点，我们只能采取第二种模式。对于我们目前讨论的问题来说，第二种模式意味着，应得是一种真正的价值，它独立于平等而发挥作用。至于平等，则有两种可能：第一，它不是真正的价值；第二，它是价值，但是它依赖于应得才能够发挥作用。那么到底平等是不是价值？应得理论家认为，要解决这个问题，需要一种特别的检验。

在上面所举帮助处境更差者的例子中，平等与应得是混在一起的，即它们两者都有帮助处境更差者的可能。为了检验平等到底是不是价值，就需要把应得的因素完全排除掉。让我们假设这样一种场合，A 的实际处境比 B 的更差，但是他应得的生活水平也比 B 的更低；A 的实际处境与 B 的差距与他的应得与 B 的差距是一样的。在这种情况下，是帮助 A 还是 B，对于应得是无差别的，从而我们可以检验平等是否能够发挥作用。应得理论家认为，B 要求帮助的理由在所有方面与 A 的都是一样的，即 A 的主张不比 B 的更强。如果 A 的主张不比 B 的更强，那么这意味着平等不能发挥作用。②

应得论论证的最后一步是试图证明应得是真正的价值而平等不是。让我们考虑这样一种情况：A 的实际处境与其应得相比差很多，与 B 的处境相比差的更多；B 的实际处境比 A 的好得多，但他的应得是一个变量，从低到高持续变化。在 B 的应得的持续变化过程中，我们可以确认三个点。第一个是 B 的出发点，即他的应得与其处境相等。在这个点上，平等与应得都会主张帮助 A。第二个"无差别点"，即我们上一例子的情况。在这个点上，平等与应得都没有理由偏向任何一个人。第三个点是 B 的应得超过了"无差别点"，即他的实际处境与应得之间的差距大于 A 的实际处境与其应得之间的差距。在这种情况下，应得主张帮助 B，而平等则变得毫无意义了。③

---

① Shelly Kagan, "Equality and Desert", in *What Do We Deserve?*, edited by Louis P. Pojman and Owen Mcleod, Oxford: Oxford University Press, 1999, pp. 305-306.

② Ibid., p. 308.

③ Ibid., pp. 309-310.

这样，应得理论家得出了他们想要的结论：只有应得是真正的价值，而平等不是；因此，平等主义是错误的，因为它把平等视为首要的价值。

最后让我们做一点评论。首先，这里讨论的是作为一种不平等主义的应得论，但是我们应该指出，并非所有的应得理论都是反对平等主义的。也有一些应得理论家认为，平等主义的"头号公敌"是资格，而不是应得。① 其次，应得理论家在这里是依靠一些例子来展开论证的，但起码其中一些例子的含义并非完全清楚。比如，在"无差别点"上，应得理论家认为平等与应得都没有理由偏向任何人。然而平等主义者可能会提出这样的反驳：尽管 A 与 B 的实际处境与其应得的差距是一样的，但是 A 比 B 的实际处境更差这一事实本身就给他的要求增加了额外的"砝码"，这样，平等就有理由主张帮助 A。最后，我们在这里是从反平等主义的角度来讨论应得理论的，这种讨论没有涉及应得本身，没有涉及作为一种正义原则的应得。

四 平等主义与不平等主义的和解

上述三种理论都是不平等主义的，然而它们之间也存在很多分歧。比如说，应得论可能会认为资格论是错误的，因为资格建立在制度规则上面，而制度规则本身则可能是不正义的。再比如说，资格论和应得论可能都会认为足够论是没有道理的，因为它没有说明"足够"应该如何确定，以及"足够"的基础是什么。现在我们把这些问题放在一边，只考虑一个问题，即平等主义者会如何回应这些不平等主义的理论。

从平等主义的观点看，足够论有一些可取之处。足够论的关注点是穷人，它要求改善他们的生活处境，提供足够高的最低社会保障，在这些方面，它与平等主义是一致的。因此，足够论可以是不平等主义的，也可以是平等主义的，比如说优先论。但是，足够论面临两个难题。首先，与资格论和应得论不同，足够论只表明一种状态，而没

---

① Robert Young, "Egalitarianism and Personal Desert", in *Equality and Justice*, Volume 6, edited by Peter Vallentyne, New York: Routledge, 2003, pp. 185–186.

第三部分 平等的规范性

有理论基础,缺乏对自己的正当性辩护。其次,因为足够论没有理论基础,所以它难以确定"足够"的标准是什么,甚至无法定义足够的含义是什么。

对于平等主义,如果说足够论可以成为敌人也可以成为朋友,那么资格论则显然是"头号公敌"。在所有的不平等主义中,资格论持有最强的立场。资格论批评平等主义只确认穷人的权利,而没有承认富人的权利,只关心谁得到什么东西,而不问这些东西从何而来,只把处境最差者当作目的,而把处境更好者当作手段。现在平等主义者也完全有理由这样批评资格论:只维护富人的权利,而没有承认穷人的权利;只关心财富的持有,而不问财富应该如何分配;只把处境更好者当作目的,而把处境最差者当作手段。从平等主义者的观点看,资格论的要害在于维护现实,而维护现实意味着维护既得利益者。相反,平等主义则批判现实,并试图按照平等主义的理想建立一个正义的社会。

如果说资格论是平等主义的头号敌人,那么应得论则是平等主义最难对付的对手。因为应得论是一种源远流长的思想,它不仅为人们所广泛接受,而且也一直被认为是人们实际生活中的分配原则。此外,应得论确实有某些道理,因为无论"应得"意指什么,说一个人应该得到他应得的东西,这总不会有错。但是,尽管如此,平等主义者也可能会对应得论提出这样一些批评。首先,应得的观念本身是模糊不清的。比如说,应得究竟是前制度的,还是制度的?一个人应得什么,是努力还是贡献?所有应得都是道德应得吗?是否存在非道德的应得?起码从平等主义的观点看,这些问题迄今为止还没有得到明确的回答。其次,平等主义者会认为,即使承认应得论是有道理的,这也是指它与平等主义是相容的;如果它与平等主义是不相容的,那么它就没有道理了。而且我们应该指出,应得论与平等主义是相容的,这种主张也能够得到某些应得理论家的承认。最后,平等主义者对应得论的最有力批评也许是这样的:应得理论家主张,基于应得,富人的更高收入是他们应得的;富人之所以得到更高的收入,这在很大程度上是因为他们比其他人拥有更高的自然天赋;但是,他们对自己的自然天赋不能说是应得的,因为没有人应得其天赋,无论它是高还是低;如果

第十二章 反对平等主义

富人对其更高的天赋不是应得的,那么他们对其因天赋而拥有的更高收入也不是应得的。

总结一下我们迄今为止所进行的讨论:平等主义者和不平等主义者都认为自己有理,对方是错误的,然而双方的立场又是对立的。通过我们的考查,也确实在某种程度上证明了他们的观点,即他们双方各有自己的道理,也有自己的错误,尽管我们所说的道理和错误与他们自己所说的不尽一致。如果这样,那么我们是否能够找到一条使平等主义和不平等主义达成和解的道路?也就是说,我们是否能够阐发出一种观点,而这种观点是平等主义者和不平等主义者都能够接受的?

我们的思路是这样的:首先从平等开始,然后思考什么样的不平等是所有人都能够接受的,其中包括平等主义和不平等主义者。我们假设,现在实行的是一种平等的分配方案,每一个相关者都得到了一份平等的收入。让我们再假设,如果我们现在选择另外一种不平等的分配方案,出于某种机制,这种不平等的分配会大大增加总体收入,从而使每个人的收入都增加了,即使对于收入最少者也是如此。为简便起见,我们把所有相关者分为两个群体,即收入更多者和收入更少者。收入更多者显然会赞成这种方案,因为这种不平等的分配使他们得到了新增收益中的大部分。问题在于,收入更少者会接受这种不平等吗?我们有充分的理由认为:如果这些收入更少者是理性的,而且不平等不是非常严重,那么他们会接受这种不平等,即使另外一些人会比他们的收入更多一些。如果收入更少者接受这种不平等,那么这种不平等就是可辩护的。①

这种分配是不平等的,对总体收益贡献更大者能够得到更多的收入,因此它能够为不平等主义者所接受,无论是资格论者还是应得论者。虽然这种分配是不平等的,但是它禁止严重的不平等,对处境更差者给予更多的关注,并且可能最大限度地改善他们的处境,从而也是平等主义者能够接受的。

这种分配正义的理论就是消极平等主义。

---

① 关于这个问题的论证,详见姚大志《分配正义:从弱势群体的观点看》,《哲学研究》2011年第3期。

第十三章
消极平等主义

无论是平等主义还是不平等主义,逻辑上都存在两种可能性,即积极的和消极的。所谓积极的,是指平等或不平等本身就是重要的甚至唯一重要的事情,它们具有内在的价值,从而应该当作目标加以追求。所谓消极的,则是指平等或不平等本身不是唯一重要的事情,还有其他一些重要的事情值得我们去追求,但是在追求这些重要的事情时会产生出平等或不平等的后果。

虽然逻辑上平等主义与不平等主义都有这两种可能性,但是对于不平等主义,实际上只有一种,即消极的不平等主义。因为在当代的不平等主义者之中,虽然他们都反对平等,赞同不平等主义,但是没有人真正把不平等本身当作价值目标加以追求。几乎没有人认为不平等本身具有内在的价值。他们追求的价值目标可能是资格、应得或者功利,而不平等不过是在实现这些价值目标时所产生的结果。

然而对于平等主义,则存在积极的与消极的之分。积极的平等主义认为平等本身就具有内在的价值,是我们应该追求的最重要目标。而消极的平等主义者则认为最重要的事情是帮助社会上处境最差的人们,是改善他们的处境,提高他们的福利,而平等是改善他们处境所导致的一种后果。这种理论也被称为"优先论"。从理论本身来说,积极的平等主义是一种更传统的平等主义,而自启蒙时代以来,人们通常信奉的就是这种平等主义。但是这种平等主义遇到了很多理论上的困难,特别是很多政治哲学家都认为,它无法克服"拉平反驳"的

第十三章　消极平等主义

难题。在某种意义上说,"拉平反驳"使很多人从积极的平等主义转向了消极的平等主义。因此,本章第一节先讨论"拉平反驳",第二节再讨论消极的平等主义或优先论。

第一节　拉平反驳与平等主义

很多人认为,特别是反平等主义者认为,平等主义面临一种致命的反驳,即"拉平反驳"(levelling down objection)。即使对于那些坚定的平等主义者,由于这种反驳的巨大力量,他们也不得不修改自己的观点,减弱自己的立场,从而主张一种更温和的平等主义,比如说某种形式的"优先论"。

因此,我们需要对"拉平反驳"给予特别的注意:首先,我们将讨论拉平反驳本身,以澄清它的含义;其次,我们将检验一些对拉平反驳的反驳,以测试拉平反驳是否能够对平等主义构成真正的威胁;最后,我们将探讨这种反驳的实质是什么,来帮助我们更好地理解平等主义本身。

一　拉平反驳

归根结底,实现平等的方式有两种。为了简便,我们假设有两个人,一个处境更好,另外一个更差。达到平等的第一种方式是改善处境更差者的状况,使他的福利达到更好者的水平。第二种方式是拉低处境更好者的福利,使之降到更差者的水平。第一种方式有助于支持平等的主张,而第二种方式则给平等主义带来了问题。在关于平等的讨论中,人们通常更关注后者,其中特别是反平等主义者。

平等主义者认为平等具有内在的价值,也就是说,平等是好的,不平等是坏的。如果处境 A 是不平等的,处境 B 是平等的,那么从平等主义的观点看,从 A 变成 B 是一种好事。让我们举例来说明这个问题。假设一个社会有一半人是有视力的,另外一半人则是盲人。这是一个视力不平等的社会。让我们再假设,这个社会的医学水平没有办法使盲人重获视力,而要使目前不平等的现状变成平等的,就要把另

第三部分　平等的规范性

外一半有视力的人们的眼睛挖出来，使他们也变成盲人。①

如果国家强制有视力的人们把自己的一只眼睛捐献出来，移植给盲人，以眼球再分配的方式达到平等（每个人都只有一只眼睛）②，那么这种情况另当别论。对于平等主义者来说，在某些情况下，这种形式的眼球再分配是可以接受的。③ 也就是说，虽然这种眼球的再分配看起来很吓人，但实际上不是一点道理都没有。然而上面的假设不是这种情况，它不是眼球的再分配（每个人都只有一只眼睛），而是使所有人都成为盲人。

关于这个假设的平等，即从不平等的处境 A（一半人有视力，另一半人是盲人）变成平等的处境 B（所有人都是盲人），这是一件好事吗？某些极端的平等主义者可能认为，起码从一个方面来看，即从平等来看，这是一件好事。如果原先这些盲人嫉妒有视力者，那么现在他们的这种嫉妒就会消失了。但是，对于绝大多数人来说，这种达到平等的方式是没有任何道理的：它损害了有视力者的利益，同时也没有使盲人得到好处。如果平等是通过这种把更好者的处境拉平到更差者的处境达到的，那么这种平等是没有意义的。如果平等主义无法避免这种拉平情况的发生，那么它就面临一种难以克服的反驳。这种对平等主义的反驳被称为"拉平反驳"。④

上面的假设（把有视力者的眼睛挖出来）有耸人听闻从而误导判断之嫌，为了更好说明拉平反驳，让我们假设某个社会有一半是富人，另一半是穷人，以拉平方式达到平等，就是使所有富人都变成穷人。显然，这种拉平反驳具有一种直觉的力量：这种形式的平等是"损人不利己"。"拉平"损害了富人的利益，但也没有使穷人得到好处。这

---

① 参见 Larry S. Temkin, *Inequality*, Oxford, UK: Oxford University Press, 1993, p. 247。

② ［美］诺奇克：《无政府、国家和乌托邦》，姚大志译，中国社会科学出版社 2008 年版，第 246—247 页。

③ Derek Parfit, "Equality or Priority?", in *The Ideal of Equality*, edited by Matthew Clayton and Andrew Williams, New York: St. Martin's Press, 2000, pp. 97–98; G. A. Cohen, *Self-Ownership, Freedom, and Equality*, Cambridge, UK: Cambridge University Press, 1995, pp. 243–244.

④ Derek Parfit, "Equality or Priority?", in *The Ideal of Equality*, edited by Matthew Clayton and Andrew Williams, New York: St. Martin's Press, 2000, p. 98.

种拉平反驳促使平等主义者必须认真思考：平等主义者的道德关切到底是什么？一种没有使任何人得到好处的变化如何能够是一种好事？平等是值得人们追求的唯一价值或最高价值吗？是否能够找到一种避免拉平反驳的平等主义？

直觉告诉我们，拉平反驳给平等主义提出了一些难以克服的问题；然而，这些问题的实质是什么，单凭直觉是无法把握的。因此，我们需要对拉平反驳进行更深入的分析，以澄清它的含义。让我们看下面这种假设（1）的情况（福利的数值代表人的处境）：

（1）a. 一半人的福利为20，另一半人的福利为10；b. 所有人的福利都为10。

这是拉平反驳的简单表述。处境a是不平等的，其中一半人的处境比另外一半人好得多。如果平等是最重要的价值，而在这种处境中又没有办法提高处境更差者的福利，那么实现平等的唯一途径就是把处境更好者的福利也降低到10，这样就从处境a变成了处境b。虽然处境b是平等的，但是几乎没有人认为它比a更好。这让我们思考一个问题：平等主义者的真正关切是什么？平等主义者之所以追求平等，在很大程度上是关心社会里的那些处境更差者。他们的贫困处境构成了重大的社会问题，而改善他们的处境就成为平等主义者的重大关切。也就是说，对平等的关切在某种程度上代表了对处境更差者的关切。拉平反驳揭示出，平等的追求也许没有真正表达出平等主义者的关切。

拉平反驳不仅揭示出平等主义者真正关切的对象是处境更差者，而且也表明所有人的福利都是重要的。让我们再看这种假设（2）的情况：

（2）a. 一半人的福利为20，另一半人的福利为10；b. 所有人的福利都为14。

虽然假设（1）和假设（2）都是从不平等变为平等，但是后者的情况好多了，因为它提高了处境更差者的福利。在假设（2）中，从处境a变成了处境b，如果我们问这种变化是变得更好了还是更坏了，那么答案并不清楚。对于严格的功利主义者，情况变坏了，因为人的平均功利从15变成了14。对于严格的平等主义者，情况则变好了，因为处境b是平等的。但是，对于不属于上述两种情况的我们绝大多数人,这个问题很难回答,或者说,这个问题的正确答案是不清楚的。从平等的观点看,一半人的福利从 10 提高到 14,这是一件好事。但是,我们也需要考虑,另外一半人的福利从 20 降为 14。而且,我们也会注意到,提高的幅度(为 4)没有降低的幅度(为 6)大。起码,我们会说,降低带来的坏处抵消了提高带来的好处。我们对这个问题的犹豫不决反映出,不仅处境更差者的福利是重要的,而且所有人(其中包括处境更好者)的福利都是重要的,都应该加以考虑。

拉平反驳要求我们关切处境更差者的福利,同时也考虑其他人的福利,这意味着除了平等之外,其他价值也是重要的。让我们看这种假设(3)的情况:

(3) a. 所有人的福利都为 10;b. 所有人的福利都为 20。

这里有两种处境,a 和 b,而且这两种处境中人们的福利都是平等的,尽管后者的福利比前者高出一倍。处境 b 比处境 a 更好吗?从直觉看,我们会认为处境 b 比处境 a 更好。但是对于平等主义者,处境 a 是一种平等的状态,处境 b 也是一种平等的状态,因此两者是一样的。基于平等原则,平等主义者不能说处境 b 比处境 a 更好。平等主义者要说处境 b 比处境 a 更好,他们除了信奉平等原则之外,还需要信奉功利原则,即更多的福利比更少的福利更好。这意味着平等不是我们追求的唯一价值,还有其他的价值(福利、权利和正义,等等)也值得我们追求。这也意味着,当平等与其他价值发生冲突的时候(假设 2 的情况),我们需要对它们加以平衡。

无论是平等主义者还是反平等主义者,都不得不承认拉平反驳具有相当大的力量。区别在于,基于拉平反驳,反平等主义者认为平等主义是错误的和没有道理的,从而应该加以抛弃。而平等主义者在承认拉平反驳的力量时,他们还必须对此作出积极的回应,以捍卫平等主义。

二 对拉平反驳的反驳(一)

一般而言,当代的政治哲学家对拉平反驳的回应可以分为两类。一类回应承认拉平反驳是有道理的,因此需要对平等主义本身进行反思,对平等施加更严格的条件限制,并进而采取一种更温和的平等主

第十三章 消极平等主义

义立场,而其中一些人甚至由此转向了反平等主义。另外一类回应则指向拉平反驳本身,认为这种反驳是有问题的,即对拉平反驳进行反驳。这种对拉平反驳的反驳也可以分为两种,一种是非平等主义的反驳,另外一种是平等主义的反驳。

特姆金(Larry Temkin)对拉平反驳给予了一种非平等主义的反驳。在特姆金看来,拉平反驳的实质是这样一个命题:"如果一种处境不是对任何一个人更坏(或更好),那么这种处境就不能比另外一种处境更坏(或更好)。"① 这个命题主张一种个人化的原则,即结果应该按照该结果所影响的个人来加以评价。如果一种变化对个人的影响是积极的(受益),那么这种变化的结果就是好的;如果一种变化对个人的影响是消极的(受害),那么这种变化的结果就是坏的。因为拉平没有使任何人(特别是处境更差者)得到好处,所以它不是一件好事;由于拉平使一些人(处境更好者)的利益受到了损害,所以它是一件坏事。

特姆金认为,拉平反驳依赖于这个命题,而这个命题把情况的好坏与个人的受益或受害联系在一起。在他看来,要反驳拉平反驳,就要反驳这个命题。要反驳这个命题,就要证明这个命题是错误的。要证明这个命题是错误的,应该从两个方面来进行:一方面,即使某个人的状况变坏了,但是该处境本身不一定是坏的,而有可能是一件好事;另一方面,即使某个人的状况变好了,但是该处境本身不一定是好的,而有可能是一件坏事。因此,特姆金举了两个例子来反驳拉平反驳。

第一个例子是这样的。让我们假设,一位妇女身体里目前有某种毒素。如果她现在怀孕,那么她的这个孩子将会有某种严重的残疾,其一生都会很痛苦。如果她推迟三个月怀孕(此时这种毒素就会离开

---

① Larry Temkin, "Equality, Priority, and the Levelling Down Objection", in *The Ideal of Equality*, edited by Matthew Clayton and Andrew Williams, New York: St. Martin's Press, 2000, p. 132.

第三部分 平等的规范性

她的身体),那么她将会拥有一个健康快乐的孩子。① 现在的问题是她应该如何选择:A. 现在要孩子;B. 三个月后再要孩子。

答案似乎是非常明确的:她应该推迟三个月要孩子。如果选择 A,那么这个孩子与 B 中的孩子相比将会具有不幸的一生。由于 A 选择使这个孩子受害了,所以它是一件坏事。相反,B 选择将会使孩子受益,从而它是一件好事。但是问题不像看起来那样简单,因为这个例子涉及帕菲特所谓的"非同一性问题"(non-identity problem):A 选择中出生的孩子与 B 选择中出生的孩子不是同一个人。这里的关键问题在于,对于一个从未存在的人(无论是 A 还是 B 选择中的孩子),没有人能够使他们受害或受益。因此,如果这个妇女选择了 A,那么并没有任何人因此而受害:不是父母,因为他们在 A 的处境中与 B 是一样的;不是 A 中的孩子,因为如果选择了 B,这个孩子就不会存在;不是 B 中的孩子,因为如果选择了 A,这个孩子也不会存在。②

拉平反驳所依赖的命题是:如果一种处境不是对任何一个人更坏(或更好),那么这种处境就不能比另外一种处境更坏(或更好)。按照这个命题,与 B 选择相比,A 选择中的任何人都没有变得更坏,因此它不是一个坏的选择。显然这种观点是错误的。我们绝大多数人都会认为 A 选择是一个坏的选择。这意味着,这个命题是错误的,因为虽然 A 选择中的任何人都没有变得更坏,但 A 选择本身则可以是坏的。

让我们再来看另外一个例子。让我们假设:A. G1 群体的处境更好,G2 群体的处境更差;B. G1 群体的处境与 A 是一样的,但是 G2 群体的处境不仅改善了,而且变得比 G1 还好。情况从 A 变成 B,是变得更好了还是更坏了?按照拉平反驳所依赖的那个命题,情况变好了,因为在 B 中,不仅 G2 群体的状况有很大的提高,而且 G1 的处境

---

① 这个例子与特姆金实际所举的例子稍有不同,它来自 Nils Holtug and Kasper Lippert-Rasmussen, "An Introduction to Contemporary Egalitarianism", in *Egalitarianism*, edited by Nils Holtug and Kasper Lippert-Rasmussen, Oxford, UK: Clarendon Press, 2007, p. 25。

② Larry Temkin, "Equality, Priority, and the Levelling Down Objection", in *The Ideal of Equality*, edited by Matthew Clayton and Andrew Williams, New York: St. Martin's Press, 2000, p. 137。

第十三章 消极平等主义

也没有变得更差。但是,我对这个假设的例子做了一点改动,以形成两种观点的鲜明对比。而在特姆金原本所举的例子中,G1 群体是圣人,G2 群体则是罪人,其他一切都完全相同。特姆金认为,按照应得的正义,人们的所作所为与其生活状况应该是一致的。圣人的处境应该比罪人更好,而罪人的处境则应该比圣人更差,这样,如果情况从 A 变成 B,那么情况则变坏了。①

在特姆金看来,这里人们面临选择:或者人们仍然坚持拉平反驳所依赖的这个命题,而拒绝应得的正义;或者人们接受应得的正义,拒绝这个拉平反驳的命题。特姆金认为后者的选择是正确的,因为应得的正义是一种非个人的原则,而拉平反驳的命题是一种个人的原则。作为一种非个人的原则,应得的正义按照人们所应得的东西来评价结果,而不是仅仅按照人们所受的(或好或坏)影响来评价。非个人原则与客观价值是连在一起的。人们接受非个人原则,这是因为他们认为事情具有内在的和客观的价值。如果人们承认某些事情具有内在的和客观的价值,而这些客观价值超出了对人的或好或坏的影响,那么他们在评价事情的结果时就必须应用非个人的原则。在这里,接受非个人原则就意味着拒绝这个命题的个人原则。②

让我们把上述讨论总结一下。特姆金认为,拉平反驳依赖于这样一个命题:如果一种处境不是对任何一个人更坏(或更好),那么这种处境就不能比另外一种处境更坏(或更好)。第一个例子表明,虽然某种处境(处境 A)中的任何人都没有变得更坏,但这种处境本身则可以是坏的。第二个例子表明,虽然某种处境(处境 B)中某个群体变得更好了,但这种处境本身则变得更坏了。这两个例子证明,这个命题是错误的,一个处境本身的评价与其中人们所受的好坏影响并不是直接相关的。如果这个命题是错误的,那么拉平反驳就是有问题的。

现在让我们检查一下这种对拉平反驳的反驳。首先,特姆金用来

---

① Larry Temkin, "Equality, Priority, and the Levelling Down Objection", in *The Ideal of Equality*, edited by Matthew Clayton and Andrew Williams, New York: St. Martin's Press, 2000, p. 139.

② Ibid., pp. 139–140.

第三部分 平等的规范性

反驳拉平反驳的两个例子都存在问题。第一个例子涉及"非同一性问题",一方面,"非同一性问题"是否与拉平问题相关,这是不清楚的;另一方面,即使基于"非同一性",特姆金也不能证明选择 A 是错误的,因为两种选择中的孩子不是同一个人。第二个例子的问题在于"圣人"和"罪人"的假设,而这个假设与拉平反驳的情况不符。拉平反驳有一个前提假设:被拉平的处境更好者本身是没有过错的。如果被拉平的是"圣人",那么这是证明了而非反驳了拉平反驳,即拉平是错误的。如果被拉平的是"罪人",那么这不符合拉平的假设,即被拉平者是没有过错的。

其次,特姆金用来反驳拉平反驳的理论基础是应得的正义,因此我们把这种反驳称为非平等主义的。第一,应得本身作为一种正义原则,这是有争议的。一方面,正像特姆金所举例子中的"圣人"和"罪人"一样,"应得"的观念具有道德含义,如果是这样,那么分配正义应该与道德的应得无关;另一方面,如果应得不是指道德的应得,而是作为一种分配正义原则的应得,那么关于一个人应得什么,这也是有争议的,特别是很多人反对把应得当作分配正义的原则。① 第二,即使我们把应得视为一种分配正义的原则,它与拉平反驳也是相容的:如果处境更好者的更好处境是他应得的,从而拉平就是错误的,那么这表明应得的正义也能够为拉平反驳提供证明;如果处境更好者的更好处境是他不应得的,从而拉平是正确的,那么这违反了前面所说的假设,即被拉平者本身是没有过错的。

三 对拉平反驳的反驳(二)

因为特姆金对拉平反驳的反驳基于应得的正义,我们把它称为非平等主义的。而从平等主义者的观点看,一方面,特姆金的反驳并没有真正驳倒拉平反驳;另一方面,这种反驳也没有为平等主义辩护。因此,他们认为需要对拉平反驳给予平等主义的反驳。克里斯蒂亚诺(Thomas Christiano)提出了一种这样的反驳,而我们可以把它称为平等主义的。

---

① 我在第八章第三节论证了我们为什么不能把应得当作一种分配正义的原则。

第十三章　消极平等主义

在克里斯蒂亚诺看来，拉平反驳的力量来自于这样一种主张，即平等主义者必定认为，如果存在不平等，那么这意味着失去了某种重要的东西。而这种主张来自平等主义的核心观点，即所有不平等都是不正义的。基于这些主张，拉平反驳得出了这样的推论：任何平等主义的状态都比任何非平等主义的状态更好。克里斯蒂亚诺认为，这种推论是错误的，因为从"不平等是不正义"，并不能推论出"任何平等主义的状态都比任何非平等主义的状态更好"，而只能推出"某些平等主义的状态比某些非平等主义的状态更好"。① 如果这样，那么"任何"与"某些"的区别是什么？

与"任何"相比，"某些"中包含了福利的考虑。对于克里斯蒂亚诺这样的平等主义者，平等是重要的，福利也是重要的。在这样的平等主义中，这两个判断是结合在一起的。特别需要强调的是，平等主义者必须承认福利是重要的。正如我们在第一小节假设（3）的情况：a. 所有人的福利都为10；b. 所有人的福利都为20。如果平等主义者只承认平等是重要的，而不承认福利也是重要的，那么他们就无法判断哪一种状态更好。只承认平等是重要的，平等主义者不能说处境b比处境a更好。平等主义者要说处境b比处境a更好，他们除了承认平等的重要性之外，还需要承认，更多的福利比更少的福利更好。

这意味着，为了反驳拉平反驳，平等主义者需要在平等与福利之间建立起内在的联系。没有这样的内在联系，就不能区别不同的福利状态〔假设（3）的情况〕；不能区别不同的福利状态，就无法反驳拉平反驳。那么如何建立平等与福利之间的联系？克里斯蒂亚诺认为，如果平等是重要的，那么它需要一个必要的条件：被平等化的东西应该具有这样的性质，即越多越好。如果不是这样，如果人们对某种东西的多少是无所谓的，那么平等对于这种东西而言就是没有意义的。② 平等主义者对于福利差别不能是无差别的。因为福利的"越多越好"对于平等原则来说是一个必要条件，所以对平等的正确解释必须包括

---

① Thomas Christiano, "A Foundation of Egalitarianism", in *Egalitarianism*, edited by Nils Holtug and Kasper Lippert-Rasmussen, Oxford, UK: Clarendon Press, 2007, p. 75.

② Ibid., p. 73.

第三部分　平等的规范性

这样的观念：如果一种平等是每个人都具有更多的福利，而另外一种平等是每个人都具有更少的福利，那么前一种平等要比后一种平等更好。

在平等与福利之间建立起这种内在联系之后，就可以对拉平反驳进行反驳了。让我们假设有三种处境：

> 处境1：所有人的福利都为10。
> 处境2：一半人的福利为20，另一半人的福利为10。
> 处境3：所有人的福利都为15。①

处境1和处境3都是平等的，处境2和处境3都比处境1具有更高的总体福利。处境2和处境3的福利水平是一样的，但前者是不平等的，而后者是平等的。与处境3相比，处境2中的一半人具有更多的福利，另外一半人则具有更少的福利。平等主义者能够从这些假设中得出什么结论？从平等主义者的观点看，人们从中可以得出这样一些结论：处境2是不好的，因为它是一种不平等的状态；但是，平等主义者可以承认处境2比处境1更好，因为福利也是重要的；处境3比处境2更好，虽然两者的总体福利是一样的，但前者是平等的。②简言之，处境3比处境2更好，处境2比处境1更好。

这种平等主义的反驳基于三个假定：第一，平等比不平等更好；第二，福利多比福利少更好；第三，与任何一种福利水平的不平等（如处境2）相比，都存在一种对应的平等（如处境3）。如果我们把处境2当作初始处境，那么处境1则表达了拉平反驳。在对拉平反驳的反驳中，最后一个假定发挥了最重要的作用。基于以上各项假定，平等主义者的推理是这样的：首先，因为福利多比福利少更好，所以处境2比处境1更好，从而拉平反驳得出的结论是错误的；其次，与不平等的处境2相对应，还存在一个平等的处境3，而两者的福利水

---

① 这个例子与克里斯蒂亚诺所举的稍有不同。见 Thomas Christiano, "A Foundation of Egalitarianism", in *Egalitarianism*, edited by Nils Holtug and Kasper Lippert-Rasmussen, Oxford, UK: Clarendon Press, 2007, p. 75。

② Ibid., p. 75.

第十三章 消极平等主义

平是相同的;最后,因为平等比不平等更好,所以处境 3 比处境 2 更好,从而平等主义是正确的。

基于上述假定,平等主义者不仅试图证明拉平反驳是错误的,而且也试图证明非平等主义对拉平反驳的反驳也是错误的。从平等主义者的观点看,非平等主义的反驳有两个问题:第一,它基于应得;第二,它不承认福利越多越好。让我们假设两种处境:在处境 A 中,所有人的福利水平都很低,但这种更少的福利是他们应得的;在处境 B 中,由于发现了一种新的资源,这些人的福利都得到了很大提高,尽管这种更多的福利不是他们应得的。对于非平等主义者,处境 A 是好的,因为这种福利水平是他们应得的,而处境 B 是坏的,因为它违反了应得的正义。在平等主义者看来,这种评价是错误的,处境 B 肯定比处境 A 更好,即使这种更高的福利水平不是他们应得的。①

我们说过,这种平等主义的反驳依赖三个假定,而第三个假定是最关键的,也是最有问题的。如果我们把处境 2(一半人的福利为 20,另一半人的福利为 10)当作初始处境,那么有两种方法达到平等。一种方法是把前一半人的福利从 20 降低到 10,这就是拉平反驳所指的情况,即处境 1。另外一种方式是把后一半人的福利从 10 提高到 20,这就是平等主义反驳所指的情况,即类似于处境 3(所有人的福利都为 15)。处境 1 是不好的,因此拉平反驳在这种处境中显示出力量。对拉平反驳的平等主义反驳依赖于处境 3 的存在,而处境 3 的存在依赖于这种假定:与任何一种福利水平的不平等相比,都存在一种对应的平等。但是这个假定是极其成问题的,因为福利的提高以创造更多的物质财富为基础,而要创造更多的财富,需要给富有创造力的人们以激励。激励要求分配应该不是平等的,那些创造更多财富的人们应该得到更多的收入。平等的分配不会产生对人们的激励,而没有激励则会减少可供分配的财富。也就是说,平等主义反驳的这种关键假定是没有道理的。如果这种关键假定是没有道理的,那么这种对拉平反驳的反驳也是没有道理的。

---

① Thomas Christiano, "A Foundation of Egalitarianism", in *Egalitarianism*, edited by Nils Holtug and Kasper Lippert-Rasmussen, Oxford, UK: Clarendon Press, 2007, pp.73-74.

第三部分 平等的规范性

四 拉平反驳的实质

虽然平等主义者充分意识到拉平反驳的挑战，但是他们无法完全克服它。无论是非平等主义的反驳还是平等主义的反驳，都没有驳倒拉平反驳，也没有消解掉它的力量。拉平反驳的力量来自这样一种直觉：如果平等不能使任何人受益，那么人们就很难相信它具有内在的价值。如果这种直觉是正确的，那么我们需要弄清支持这种直觉的东西是什么。也就是说，我们需要对拉平反驳的实质进行更深入地分析，以帮助我们更好地理解平等主义。

拉平反驳的力量在于，它揭示出平等有可能违反一条重要的效率标准，即"帕累托改善"（Pareto improvement）。所谓"帕累托改善"要求，一种状态的改变应该使相关的某些人受益，而不应该使其中的任何人受害。否则，这种变化就是没有效率的。让我们假设一个初始处境：一半人的福利为20，另一半人的福利为10。这种处境是不平等的，其中一些人的福利比其他人更好。要达到平等，归根结底有两种方法：

　　方法1：把其中另一半人的福利提高为20，即所有人的福利都是20。

　　方法2：把其中一半人的福利降低为10，即所有人的福利都是10。

当然，也可以两种方法混用，以至产生出很多平等或不平等的状态。但是为了简便，我们假设只用这两种方法来达到平等。第一种方法被称为"帕累托更优"（Pareto superior），即一些人的福利得到了提高，而没有任何人的福利被降低。第二种方法被称为"帕累托更劣"（Pareto inferior），即一些人的福利被降低了，而没有任何人的福利得到提高。第二种方法就是所谓的"拉平"，而"拉平"与"帕累托更优"是正好相反的。拉平反驳揭示出：如果我们能够以"帕累托更优"的方式达到平等，这是一件好事，没有人有理由加以反对；如果我们只能以"帕累托更劣"的方式达到平等，这则不能说是一件好

第十三章 消极平等主义

事,起码某些人有充分的理由加以反对。

"帕累托改善"要求分配的变化不应该使任何人的处境变得更坏。拉平反驳的实质是:"帕累托改善"对实现平等的方式构成了一种有力的约束,而"拉平"则违反了这种约束。但是,我们也应该看到,"帕累托改善"仅仅是一种效率的约束,而不是一种绝对的要求。① 也就是说,它不是在任何条件下都不得违反的。比如说,在第二小节提过的"圣人"和"罪人"的例子中,如果遵守"帕累托改善",那么就不应该降低"罪人"的福利,但是基于应得的正义,则有充分的理由降低他们的福利。

通过"帕累托改善",拉平反驳揭示出两个重要的观点,而这两个观点不仅对于我们理解平等主义是非常关键的,而且也为平等主义者如何避免拉平反驳以及采取什么样的平等主义立场指明了方向。

第一,不仅平等是重要的,而且福利也是重要的。当然,这里的福利(well being)是广义的,是指个人的利益或善(goods)。因此,平等既不是唯一的价值,也不是至上的美德。在这种意义上,平等主义者应该是多元主义的,他们不仅看重平等,而且也重视福利。从政策选择的方面来说,当面临各种相同福利的选项时,平等主义者应该选择平等的;当面临各种平等的选项时,平等主义者也应该选择更大福利的。

第二,平等主义者关注的重心应该不是平等本身,而是处境最差者的处境。我们认同平等的观念,在很大程度上是因为现实社会中很多穷人仍然过着艰难的生活,而我们觉得应该给予他们以帮助,提高他们的福利水平。在这种意义上,我们更为关注的东西不仅是"处境最差者与处境更好者之间的福利之相对差距",而且是"处境最差者的福利之较低的绝对水平"。因此,平等主义者应该把改善处境最差者的最差处境放在优先的位置,而平等不过是这些人改善处境的一种后果。

---

① "帕累托改善"有两个问题:第一,它是保守的;第二,它以经济增长为前提。我在《分配正义:从弱势群体的观点看》一文中比较详细地讨论了这两个问题,见《哲学研究》2011年第3期,第113页。

第三部分 平等的规范性

如果我们的上述观点是正确的,那么我们就会接受一种消极的平等主义,即"优先论"。"优先论"把改善处境最差者的处境放在优先的位置,这样它不仅能够克服拉平反驳,而且也是一种更合理的平等主义。

第二节 优先论

正统的或积极的平等主义主张:平等是好的,不平等是坏的;平等本身具有内在的价值,从而我们应该把它当作道德理想的目标加以追求;不平等具有负面价值,因此我们应该致力于消除不平等。平等是一个关系性的概念,它关注的是人们之间生活水平的差距有多大,而不是个人的生活水平有多高。这样,对于正统的平等主义者,减少人们之间的不平等,缩小他们福利之间的差距,无论如何这都是一件好事。

如果平等具有内在的价值,是我们应该追求的道德理想或至上美德,那么消除不平等或者实现平等无论如何都是一件好事。但是,拉平反驳表明,在某些情况下,平等不会给任何人带来好处,而同时又损害了另外一些人的利益,这样它很难说是一件好事。这种反驳不仅促使平等主义者思考如何为平等主义辩护,而且也让他们修改自己的立场,以提出一种更合理的平等主义。

一 帕菲特的问题

帕菲特认为正统平等主义的核心是这样一种原则:如果一些人的处境比其他人更差,这本身就是坏的。他把这个原则称为"平等原则"。[①] 这种平等原则意味着,在一个共同体(或社会)里,一些人生活得更好,另外一些人生活得更差,而这些生活更差者不是由于他们自己的过错,假如其他条件相同,那么这种状况本身就是坏的。如果不平等本身就是坏的,那么平等以及对平等的追求就具有重要的道德意义。平等主义的吸引力就在于它诉诸这种道德直觉:平等是好的,

---

① 本小节的讨论基于帕菲特的一篇重要文章(Derek Parfit, "Equality or Priority?", in *The Ideal of Equality*, edited by Matthew Clayton and Andrew Williams, New York: St. Martin's Press, 2000),但是所举的例子与该文章稍有差别。

不平等是坏的。对于平等主义者来说，人们应该把平等当作一种至高无上的道德理想加以追求。

帕菲特对这种正统的平等主义提出了两个反驳，一个是功利主义的反驳，另一个是拉平反驳。

我们首先来看功利主义的反驳。让我们假设存在这样一种情况，并且把它称为假设一（数字代表人们的福利，而福利在这里代表人们的生活状况）：A. 在第一个共同体中，所有人的福利都为 100；B. 在第二个共同体中，所有人的福利都为 200。

这里有两个共同体，两者的福利水平是不同的，然而，在每个共同体的内部，人们的福利则是相同的。虽然后者比前者的福利高出一倍，但是我们能认为第二个共同体中人们的处境比第一个共同体中人们的处境更好吗？从直觉看，我们会认为它更好。但是对于平等主义者，处境 A 是一种平等的状态，处境 B 也是一种平等的状态，因此两者是一样的。基于平等原则，平等主义者并不能说处境 B 比处境 A 更好。平等主义者要说处境 B 比处境 A 更好，除了所信奉的平等原则之外，他们还需要信奉功利主义的原则：如果人们具有更高的福利水平，这本身就更好。也就是说，这需要平等主义者持有这样的观点，即平等不是我们追求的唯一价值，还有其他的价值也值得我们追求。

大部分平等主义者实际上都是多元主义者，他们既信奉平等的原则也相信功利的原则。当然，这样的平等主义者可以把平等原则放在第一位，而把功利原则（以及其他的价值）放在平等的后面。这样，只有在承诺了功利原则之后，在面临上述情况时，平等主义才可以有理由说处境 B 比处境 A 更好。但是，遇到稍微复杂一点的情况，平等主义还是无能为力。现在让我们来看假设二：A. 所有人的福利都为 145；B. 一半人的福利为 100，另一半人的福利为 200。

在假设二中，处境 A 是一种平等的状况，处境 B 是一种不平等的状况，其中一半人的福利降低了，而另外一半人的福利则提高了。现在我们假设，一个社会从处境 A 变为处境 B，那么这种变化是变得更好还是更坏了？基于平等的原则，人们会认为处境变得更坏了，因为它从平等的变为不平等的。基于功利的原则，人们则会认为处境变好

第三部分　平等的规范性

了，因为后者的总体功利提高了。虽然一个既信奉平等原则也信奉功利原则的平等主义者能够回答假设一的问题，但是他很难回答假设二的问题。因为在这里，平等原则与功利原则是冲突的，而当两者冲突的时候，平等主义者就不知如何做出决定了。

现在让我们来看帕菲特的第二个反驳。如果说功利主义的反驳揭示了平等原则的问题，即它忽视了功利（以及其他价值）的重要性，那么拉平反驳则是致命的，它给予正统平等主义以沉重打击。

为了说明拉平反驳，让我们来看假设三：A. 一半人的福利为200，另一半人的福利为100；B. 所有人的福利都是100。我们还假设，在处境 A 中，一半人的福利比另外一半人更少，这不是由于他们自己的过错，而其他情况都相同。

在平等主义者看来，处境 A 是不平等的，而不平等是坏的。如果不平等在道德上是一种坏事，那么我们就应该消除这种不平等。我们假设，由于某种原因，福利为 100 的这一半人的处境是无法改善的。这样，平等主义者要想实现自己的平等理想，就需要把另外一半人的福利从 200 降低为 100，从而拉平两者的福利。这样就从处境 A 变成了处境 B。从正统平等主义的观点看，这种拉平是合理的。但是，如果这种拉平没有使处境更差的一半人得到任何好处，而又损害了处境更好的一半人的福利，那么这种拉平的合理性何在？在认真反思这种情况以后，绝大多数人都会认为，这种拉平是不合理的，因为它没有使任何人得到好处。如果这种拉平是不合理的，那么正统的平等主义也是不合理的。

我们可以把平等主义分为积极的与消极的：所谓积极的平等主义主张，平等或不平等本身就是重要的，它们具有内在的价值，从而应该当作目标加以追求；所谓消极的平等主义则主张，平等或不平等本身不是最重要的，还有其他重要的事情值得我们去追求。

这种积极的平等主义被帕菲特称为"目的论的平等主义"。目的论的平等主义者相信，平等是好的，不平等是坏的，从而他们把平等本身当作目标来追求。上述讨论表明，这种目的论的平等主义是不合理的，特别是它无法回应拉平反驳。在帕菲特看来，要想避免拉平

第十三章 消极平等主义

反驳,平等主义者应该求助另外一种平等主义,即义务论的平等主义。① 按照义务论的平等主义,我们应该追求平等,这不是因为平等的结果是好的,不平等的结果是坏的,而是因为不平等是不正义的。如果在资源的分配中,某些人没有得到与其他人相同的份额,而又没有相应的理由,那么这些人就没有得到公平的对待。正义要求,如果某种份额的资源要给予某些人,那么也应该给予所有人。

帕菲特把平等主义分为目的论的和义务论的,这与道德哲学的传统区分是一脉相承的。除此之外,我们还可以把平等主义分为工具主义的和非工具主义的。一种平等主义是工具主义的,这可以从两个方面来理解。一方面,这种平等主义在逻辑的意义上是工具主义的:如果说福利的平等分配比福利的不平等更好,那么这意味着平等在工具的意义上比不平等更好;另一方面,这种平等主义在因果的意义上是工具主义的:虽然这种平等主义关心的东西与其说是平等不如说是改善处境更差者的福利,但是改善处境更差者的福利通常总能带来平等的结果。② 与其相反,说一种平等主义是非工具主义的,这是指它主张平等具有内在的价值,平等的结果本身就是可欲的,平等是一种我们应该追求的道德理想。也就是说,平等是好的,不平等是坏的。

除了目的论的和义务论的以及非工具主义的和工具主义的区分之外,平等主义还有另外一种区分,即关系性的和非关系性的。积极的平等主义是关系性的,它关注的是处境更差者与处境更好者的福利之相对差距,它考虑的是消除两者之间存在的福利不平等,这或者通过提高处境更差者的福利,或者通过降低处境更好者的福利,或者两者兼而有之。与其相比,消极的平等主义通常被认为是非关系性的,它关注的是处境更差者的福利之较低的绝对水平,它赋予处境更差者的福利以更大的道德分量,关心改善他们的处境,提高他们的福利水平。这种消极的平等主义也被帕菲特称为"优先论"(priority view or priori-

---

① Derek Parfit, "Equality or Priority?", in *The Ideal of Equality*, edited by Matthew Clayton and Andrew Williams, New York: St. Martin's Press, 2000, p. 84.
② Nils Holtug, "Prioritarianism", in *Egalitarianism*, edited by Nils Holtug and Kasper Lippert-Rasmussen, Oxford, UK: Clarendon Press, 2007, p. 135.

tarianism)。①

帕菲特的问题实质是：平等主义者是应该选择正统的平等主义还是优先论？正统的平等主义把平等视为一种值得我们追求的道德理想，但是它的问题在于很难克服拉平反驳。优先论能够克服拉平反驳，但是平等失去了内在的价值。帕菲特倾向于认为，优先论是一种更合理的选择。

二 绝对优先论

在当代政治哲学中，罗尔斯的正义理论最先表达了优先论的思想。在罗尔斯的正义理论中，优先论主要体现在他的差别原则之中。差别原则要求，如果一种社会安排是不平等的，那么它应该最大程度地有利于社会中的"最不利者"。这里所谓的"最不利者"是指社会中生活处境最差的人们。我们可以把罗尔斯关于差别原则的论证分为两个部分：第一个部分是从不平等到平等，以证明我们应该接受平等主义；第二个部分是从平等到不平等，以证明我们应该接受优先论。

第一个部分的论证从不平等开始，而罗尔斯试图证明，导致不平等的因素是偶然的，在道德上是不相关的。影响人们生活前景的东西主要有三种：人们出身的社会阶级，人们具有的自然天赋，人们在其生活过程中的幸运与不幸。良好的家庭出身、优越的自然天赋和生活中的幸运通常能够使人们在社会上占有较高的地位和获得较多的收入。但是，人们拥有什么样的家庭出身、自然天赋和幸运与不幸，完全是偶然的。没有人能够合理地声称自己应该出身于比别人更良好的家庭，拥有比别人更高的自然天赋和更大的幸运。从道德上讲，更好的家庭出身、自然天赋和运气不是他们应得的，正如更差的家庭出身、自然天赋和不幸也不是另外一些人应得的。如果实际上造成不平等的家庭出身、自然天赋和幸运与不幸是偶然的，在道德上不是应得的，那么这些拥有更好家庭出身、自然天赋和运气的人们就不应该利用它们为

---

① 值得注意的是，帕菲特并没有把优先论等同于义务论的平等主义。在他看来，同正统的平等主义一样，优先论可以采取目的论的形式，也可以采取义务论的形式。见 Derek Parfit, "Equality or Priority?", in *The Ideal of Equality*, edited by Matthew Clayton and Andrew Williams, New York: St. Martin's Press, 2000, p. 101。

第十三章 消极平等主义

自己谋利。也就是说,社会经济方面的不平等应该得到纠正,而平等主义就起这种纠正的作用。①

第一个部分的论证表明我们应该接受平等主义。虽然平等主义在原则上是正确的,但是就利益的分配而言,平等既是不可欲的,也是不可行的。平等是不可欲的,因为它会使那些更有创造力的人们失去激励,而失去激励将会减少可供分配的财富。平等也是不可行的,因为在市场经济的条件下,政府无法控制所有资源和财富的分配。这样,第二个部分的论证从平等开始,而罗尔斯试图证明,一种不平等的分配在什么情况下能够是正义的。

从平等主义的观点看,平等的分配是正义的。问题在于,不平等的分配如何能够是正义的？我们以平等的分配为初始点。所谓平等的分配是指,每一个相关的人在分配中都得到了平等的一份。现在让我们假设,如果我们选择一种不平等的分配方案,出于某种激励机制,这种不平等的分配会大大增加总体收入,从而使每个人的收入都增加了,尽管某些人的收入比另外一些人增加得更多。因为不平等分配所包含的激励机制能够使经济过程更有效率,能够以更快的速度进行创新,所以这种不平等的分配把"蛋糕"做大了,从而每个人分到的份额也都增加了,尽管他们之间存在不平等。对于罗尔斯而言,如果这种不平等的分配满足了差别原则的要求,那么它就是正义的。②

这种不平等的分配应该满足差别原则的要求,而差别原则要求,不平等的分配应该符合最不利者的最大利益。这意味着差别原则赋予最不利者以分配方案的否决权:一种不平等的分配只有得到了最不利者的同意,它才能够是正义的。也就是说,在罗尔斯的平等主义中,处境最差者的要求在道德上具有更大的分量。不平等的社会安排应该首先满足最不利者的要求,改善他们的处境,提高他们的福利水平。

问题在于如何解释差别原则？对差别原则可以有两种解释:一种解释是,差别原则是正统平等主义的；另外一种解释是,差别原则是

---

① John Rawls, *A Theory of Justice*, Cambridge, Massachusetts: The Belknap Press of Harvard University Press, 1999, p. 87.
② Ibid., pp. 68-69.

第三部分 平等的规范性

优先论的。我们持后一种观点。如果我们认为差别原则是优先论的，那么理由何在？我们有两个理由支持优先论的解释。

第一个理由涉及"效率"。我们知道，在收入和财富的分配中，罗尔斯使用的是"差别原则"而非"平等原则"，这是出于效率的考虑。问题在于，罗尔斯所说的效率是指什么。表面上，效率指的是"使经济过程更有效率，能够以更快的速度进行创新"[①]，而平等的分配则会降低效率。但实际上罗尔斯所说的效率是指"帕累托最佳"（Pareto optimality）。[②] 当改变一种社会结构以使一些人的境况变得更好，而同时又没有使其他人的境况变得更糟，这种社会结构就是有效率的。为了防止出现用降低其他阶层的期望来改善最不利者处境的情况，"帕累托改善"要求，当一种社会安排改善某些人（如最不利者）的处境时，不应该使其他人（如更有利者）的处境变得更糟。这实际上针对的东西正是拉平反驳，而我们知道，促使平等主义者转向优先论的东西就是拉平反驳。

第二个理由涉及最不利者。差别原则要求，如果一种社会安排是不平等的，那么它应该符合最不利者的最大利益。谁是最不利者？按照罗尔斯的说法，"基本善"（primary goods）可以被用作区分最不利者的指标。罗尔斯的"基本善"是指人们无论如何都想要的东西，而且越多越好。在这些每个人都想要并且越多越好的东西中，有些是自然的，如健康、精力、智力和想象力。另外一些则是社会的，如自由和权利、机会和权力、收入和财富，等等。自然的基本善可遇而不可求，它们虽受社会基本结构的影响，但不受它的直接控制。社会的基本善则是由社会制度确立的，它们的分配也是由社会制度来调节的。罗尔斯认为，社会的基本善为区分最不利者提供了衡量的指标，一般而言，最不利者是那些对基本善的期望最低的人。具体来说，按照第一个正义原则，每个人所拥有的自由和权利都是平等的；按照第二个正义原则中的机会平等原则，每个人也都拥有平等的机会。因此，在

---

① John Rawls, *A Theory of Justice*, Cambridge, Massachusetts: The Belknap Press of Harvard University Press, 1999, p.68.
② Ibid., p.58.

第十三章 消极平等主义

确定谁是最不利者时,在基本善的指标中可以把自由和权利、权力和机会排除掉,仅仅考虑收入和财富就可以了。因此,最不利者归根结底就是穷人。也就是说,差别原则的关注点是处境最差者。

第一个理由是效率的考虑,效率在这里意味着"帕累托改善",而差别原则应该满足"帕累托改善"的要求,从而平等主义者不能用拉平的方法来实现平等。第二个理由是关注处境最差者,而差别原则把最不利者的利益放在第一位,从而平等主义者的主要关切是改善处境最差者的处境,而这意味着提高他们的福利水平是实现平等的基本方式。基于这两个理由,我们认为罗尔斯的正义理论是优先论的。

但是,我们应该看到,差别原则要求财富的分配应该符合最不利者的最大利益,这意味着它具有这样一种性质,即赋予最不利者的利益以绝对的优先性。最不利者群体的要求具有绝对重要的道德分量,它能够压倒其他群体的要求。也就是说,当最不利者的利益与其他人的利益发生冲突的时候,首先应该满足最不利者的要求。正是在这种意义上,我们把罗尔斯的平等观称为"绝对优先论"。

给予最不利者的利益以这种绝对的优先性,这不是合理的。为了简便,让我们假设,一个社会有两个群体,一个是更不利者,一个是更有利者,两者的人口数量相等。我们还假设,现在有两种分配方案,一种方案只会使更不利者群体的利益有微小的改善,另一种方案则会使更有利者群体的利益有很大的改善,其他情况相同。那么我们应该选择哪一种方案?按照差别原则,无论第二种方案能够使更有利者获得多大的利益,我们都应该选择第一种方案。这显然是没有道理的。如果我们再考虑人口数量的问题,比如说,我们假设更不利者群体的成员数量较少,更有利者群体的成员数量较多,那么选择第一种方案就更没有道理了。

通过上面的讨论,我们可以得出这样的结论:给予处境更差者的利益以优先性,这是合理的;给予处境更差者的利益以绝对的优先性,这是不合理的。如果"绝对优先论"是不合理的,那么我们需要转向"相对优先论"。

第三部分　平等的规范性

三　相对优先论

如果说"绝对优先论"的代表是罗尔斯，那么"相对优先论"的代表就是内格尔。虽然内格尔在道德哲学和政治哲学方面与罗尔斯是一脉相承的①，但是他也试图在某些方面修正罗尔斯的观点。另外，与罗尔斯一样，他也把功利主义视为最重要的理论对手，力图证明平等主义的自由主义优于功利主义。正是在这种背景下，内格尔提出和论证了他的平等主义理论。

从内格尔的观点看，罗尔斯的优先论有两个问题。首先，罗尔斯赋予处境最差者的要求以绝对的优先性，这是没有道理的。其次，罗尔斯对差别原则的证明是在无知之幕的后面进行的，这种对信息的遮蔽是没有必要的。内格尔认为功利主义在平等的问题上也有两个错误：第一，功利主义把功利而非平等放在优先的地位，而正确的做法是把两者的关系倒过来；第二，功利主义者在利益的计算上使用了加总（aggregation）的方法，这样他们就没有认真对待人们之间的区别性。

内格尔的优先论有两个特征。首先，与处境更好者相比，内格尔赋予处境更差者的利益以优先性。他曾举了这样一个例子来说明这种优先性："假设我有两个孩子，一个正常而且幸福，另外一个则饱受某种痛苦疾病的折磨。"② 在这种处境下，这个家庭可以搬到城市，在那里第二个孩子能够得到特殊的治疗和接受特殊的教育。这个家庭也可以搬到郊区，而那里则对第一个孩子的健康成长有好处。而且内格尔假设，与搬到城市使第二个孩子的受益相比，搬到郊区使第一个孩子的受益则大得多。那么我们应该如何决定呢？内格尔认为，如果我们选择搬到城市，那么这是一个平等主义的决定，因为它给予第二个孩子的利益以优先性，即使搬到郊区会使第一个孩子得到更大的好处。也就是说，由于第二个孩子是处境更差者，所以我们应该把他的利益放在优先的地位。

---

① 跟随罗尔斯，内格尔是一位平等主义的自由主义者：在道德哲学方面是义务论的，在政治哲学方面是契约主义的。

② Thomas Nagel, "Equality", in *The Ideal of Equality*, edited by Matthew Clayton and Andrew Williams, New York: St. Martin's Press, 2000, p. 75.

第十三章　消极平等主义

其次，在这种不同人们的利益比较中，内格尔只考虑人们处境的好坏，而不考虑受益人数的多少。假设我们现在有两种选择，一种选择会使处境更差者的状况有很大改善，但是他们的人数很少，另外一种选择则会对处境更好者的状况有微小的改善，然而他们的人数很多，而且这些微小改善的总和在数量上大于处境更差者的改善。这就是所谓的"加总"问题，而功利主义在决定如何选择时要考虑利益的加总。如果考虑利益的加总，那么人数众多的微小利益就有可能大于少数人的较大利益，从而在选择的排序中可能占有优先的位置。但是，对于内格尔，一方面，加总是没有道理的，另一方面，处境更差者的利益具有优先性，因此他反对在利益的排序中考虑人数。比如说，在上述两个孩子的例子中，如果再加上一个健康的孩子，那么内格尔还是主张搬到城市，因为一个处境更差孩子的利益重于两个健康孩子的利益。①

第一个特征的难题在于如何确定优先性。优先性本质上是一个排序问题：在面临冲突着的各种不同利益时，把哪些利益排在前面；在面对不同人的利益时，把谁的利益排在前面。每个人的要求都是一个利益复合体，它或多或少包括了他所有的需要和利益，并且按照相对的重要性加以排序。在评价一个人的要求时，是否有一种客观的标准？在这个问题上，内格尔采取了契约主义的方法，即优先性的确定应该得到所有相关者的一致同意（unanimity）。也就是说，从每个人的观点来看，这种优先性都应该是可接受的。② 我们应该注意，虽然内格尔的观点渊源于罗尔斯的契约主义，但是它有两点不同：第一，它是关于结果的一致同意，而不是关于原则的一致同意；它代表了人们实际上的一致同意，而不是在假设的条件下会达成的一致。③

如果优先性是由相关者的一致同意确定的，而内格尔所说的一致同意是实际的而非假设的，那么这种一致同意如何能够达成？在人们利益存在冲突的场合，这种一致同意显然是无法达成的。在这种情况

---

① Thomas Nagel, "Equality", in *The Ideal of Equality*, edited by Matthew Clayton and Andrew Williams, New York: St. Martin's Press, 2000, p. 76.
② Ibid., p. 69.
③ Dennis McKerlie, "Equality and Priority", *Utilitas* 6 (1994), p. 34.

第三部分 平等的规范性

下,内格尔不得不退而求其次,他要求的不再是完全的一致同意,而是接近于一致同意的东西,即"最少不可接受的"(least unacceptable)。① 内格尔意识到,在人们的利益存在冲突的场合,任何一个结果要得到所有人的接受,这是不可能的。如果按照契约主义从每个人的观点来评价结果,那么我们有可能发现的东西是最少不可接受的。所谓"最少不可接受的"意味着,任何其他的选择都是更不可接受的。内格尔强调,这种最少不可接受的结果是分别从每一个人的观点达到的。在这种意义上,它是一种共识。但是,它不是关于"可接受的"结果的共识,而是"最少不可接受的"结果的共识。

第二个特征面临更为严重的难题,它涉及"人数"或者功利主义者所说的"加总"。对于内格尔,在确定优先性的时候,我们只应该考虑人们处境的好坏,而不应该考虑受益人数的多少,因为人数的多少是不相关的。但是,在政策选择时完全不考虑人数,不考虑收益的数量,这显然是没有道理的。否则的话,这就是"绝对优先论"了。内格尔试图避免赋予处境更差者以绝对的优先性,这样他就需要修正"绝对优先论",使之变为"相对优先论"。这种修正包括两点。首先,在某些情况下,我们应该帮助处境更好者,如果这种帮助能够使他们有更大的改善,而不是帮助处境更差者,如果这种帮助只能使他们有很小的改善。其次,同样的做法也可以延伸到人数问题,即与较少人数的更大改善相比,我们应该选择较多人口的更小改善。② 内格尔认为,这种修正与优先性的一致同意标准是相容的,即它应该服从一致同意的标准。

在这个问题上,内格尔的优先论处于一种两难的境地:一方面,基于平等主义,他应该只考虑处境的好坏,并且帮助处境更差者,而不应该考虑获益的数量(其中包括人数)问题;另一方面,他意识到,在大多数情况下,要想完全避免获益的数量问题,这是没有道理的,从而数量的因素必须纳入考虑。内格尔担心,如果把获益的数量

---

① Thomas Nagel, "Equality", in *The Ideal of Equality*, edited by Matthew Clayton and Andrew Williams, New York: St. Martin's Press, 2000, p. 74.
② Ibid., p. 76.

第十三章 消极平等主义

视为确定优先性的一个因素,那么在这种获益的数量逐渐增大的情况下,就会导致功利主义的考虑压倒平等主义的考虑。

除了这种两难困境之外,内格尔的优先论还面临另外一个难题。内格尔为他的优先论提供了一种契约主义的论证,即优先性的确定取决于人们的一致同意。但是与罗尔斯的契约主义不同,他所说的一致同意是实际的而非假设的,因此,这种一致同意是无法达到的。即使他弱化了自己的立场,所需要的共识从"可接受的"东西变成了"最少不可接受的"东西,鉴于人们的利益是相互冲突的,这种弱化的共识也很难达到。这样,内格尔需要给予他的优先论以更有力的论证。

在《平等与不公正》中,内格尔为优先论提供了另外一种论证,这种论证建立在两个概念上面,一个是"公正"(impartiality),另外一个是"分别性"(separateness)。

公正为平等主义提供了动机。在内格尔看来,在决定资源应如何分配——优先性与此相关——的时候,如果人们没有公正的动机,如果资源的分配取决于利益团体之间的讨价还价,那么资源的分配就不会是平等主义的。内格尔相信作为动机的公正存在于人们的内心深处。所谓"公正"是指人们的一种能力,即抽身于自己所处位置而形成观点的能力,能够充分考虑每个人的生活和福利的能力。通俗地说,就是把你自己的脚放进别人的鞋子里,放进每个人的鞋子里。① 在评价他人的利益时,我们应该设身处地站在他们的角度考虑问题。公正的动机能够使我们产生出非个人的观点,而从非个人的观点看,每个人的利益都是非常重要的。但是,这种公正的动机与优先论有什么关系?内格尔认为,公正本身就是平等主义的,也就是说,按照公正的要求,与使处境更好者受益相比,使处境更差者受益具有更大的重要性。②

如果说公正的动机要求我们关心每一个人,那么这种关心应该加以个人化和特殊化。也就是说,公正要求我们必须对每一个人的利益给予分别的和平等的关切。这种对每个人的关切不能笼统地说成是对

---

① Thomas Nagel, *Equality and Partiality*, New York: Oxford University Press, 1991, pp. 64–65; Thomas Nagel, "Equality", in *The Ideal of Equality*, edited by Matthew Clayton and Andrew Williams, New York: St. Martin's Press, 2000, p. 77.

② Thomas Nagel, *Equality and Partiality*, New York: Oxford University Press, 1991, p. 66.

第三部分 平等的规范性

所有人的关切。为了防止把所有人的利益聚合为一个整体利益,为了防止功利主义的加总,内格尔提出了"分别性"的观念。① "分别性"是指每个人都是分别存在的实在,过着与别人不同的生活,而公正要求对每个人的不同生活给予平等的关切和尊重。内格尔认为,如果每个人都具有这种分别性,那么在确定优先性时就需要在相关的人们之间进行"成对的比较",即把每个人的处境与每个其他人的处境进行分别地比较。在最简单的这种成对比较中,我们能够得出这样的结论:与处境更好者的任何改善相比,处境更差者的任何改善是更重要的。② 我们应该指出,内格尔分别性的观念来自罗尔斯。在批评功利主义的时候,罗尔斯曾指责功利主义没有认真对待人们之间的分别性。③

内格尔的优先论有两个问题。首先,这种优先论的论证诉诸分别性的观念,但是分别性的观念并不支持优先论。无论是罗尔斯还是内格尔,在他们使用"分别性"这个词时,都是为了强调每个人的重要性,以反对功利主义的整体论。但是,如果每个人都是重要的,每个人的利益都值得我们关切,那么我们就很难说处境更差者的利益比处境更好者更重要,从而很难给予前者的利益以优先性。分别性与优先性是不相容的,起码它不支持优先论。

其次,这种优先论赋予处境更差者以相对的优先性,但是"相对"到什么程度,这是不清楚的。罗尔斯的优先性是绝对的,虽然这种观念是没有道理的,但它本身是清晰的。内格尔修正了罗尔斯的优先论,使处境更差者的优先性变成相对的,这是有理由的,但这种观念本身是不清晰的。优先性是相对的,这是因为需要考虑功利的观念。然而,功利的考虑占有多大的分量,多大的功利能够压倒处境更差者的要求,以及平等主义与功利主义之间是一种什么关系,这些东西都是不清楚的。在这个问题上,内格尔似乎是一位直觉主义者,他没有

---

① Thomas Nagel, *Equality and Partiality*, New York: Oxford University Press, 1991, pp. 66 - 68.

② Thomas Nagel, "Equality", in *The Ideal of Equality*, edited by Matthew Clayton and Andrew Williams, New York: St. Martin's Press, 2000, p. 76; Thomas Nagel, *Equality and Partiality*, New York: Oxford University Press, 1991, pp. 67 - 68.

③ John Rawls, *A Theory of Justice*, Cambridge, Massachusetts: The Belknap Press of Harvard University Press, 1999, p. 24.

一个原则用来处理平等与功利的关系。

四 生活标准

优先论给予处境更差者的利益以更重的分量,其前提是要区分出谁是处境更差者。如果我们不能区分出谁是处境更差者,那么我们也就无法帮助他们。平等是一个关系性的观念,它涉及比较人们的实际处境和生活好坏。这样,无论是优先论者还是平等主义者,都需要某种标准来评价人们生活得怎样,来衡量他们处境的好坏,来比较他们享有的福利份额的平等或不平等。

这就是生活（well-being）的标准问题。在某种意义上,生活标准是平等主义论证的出发点,在此基础上,平等主义者对制度进行批判或辩护,并提出分配的安排。鉴于"生活标准"在平等主义论证中所发挥的重要作用,它应该具有这样一些性质。首先,这种生活标准应该代表人们的某种共识,起码是涉及对制度进行批判或辩护的这些人而言。其次,这种生活标准应该容纳个人之间的差异性,应该允许人们拥有各种各样的偏好和利益。最后,这种生活标准应该是结果取向的,也就是说,它不仅体现为各种各样的利益,而且也为受这些利益所影响的个人提供评价的方式。[1] 对于优先论者来说,有了这样的生活标准之后,我们就能够比较人们的生活水平,以区分出处境更差者,并在此基础上制定帮助他们的分配方案。如果平等主义的论证需要这样一种生活标准,那么它是什么？

我们首先面对的是功利主义的标准。功利主义的标准也被称为"主观的标准"。所谓"主观的标准"是指,一个人在给定物质条件下所享有的生活水平,或者某种既定收益对一个人的重要性,这是从这个人的个人偏好或利益来加以评价的。[2] 在这种意义上,功利主义者所说的"功利"实际上就是这样的生活标准,尽管它有时候是指快乐或幸福,有时候是指偏好的满足。功利可以被用来进行生活水平的人

---

[1] T. M. Scanlon, "Preference and Urgency", *Journal of Philosophy* 72 (1975), pp. 655–656.

[2] Ibid., p. 656.

第三部分 平等的规范性

际比较,可以被用来区分出谁是处境更差者。而且,按照生活标准应该具有的性质加以衡量,这种主观的标准具有这样一些吸引力:它容纳了各种各样的个人偏好和利益,甚至把这些个人的偏好和利益看作是至高无上的;这种标准是结果取向的,它强调资源或收入对个人的影响;这种标准具有理论上的首要性,其他标准看起来只能建立在这种标准之上。

但是,这种功利的标准存在一个根本的问题:它是主观的。假设某个人具有某种昂贵的偏好,比如说每天都要喝某种极其昂贵的葡萄酒,如果不喝这种酒,生活对他来说就是生不如死。再假设某个人具有令人反感的偏好,比如说虐待别人,如果不能虐待他人,生活对他来说就是一种磨难。这些昂贵的偏好或令人反感的偏好应该得到满足吗?由国家实行的分配政策应该考虑这样的个人偏好吗?显然不应该考虑。而且,这些例子在反驳功利主义的论证中是众所周知的。虽然这些例子涉及的是一些极端偏好,但是它们暴露出主观标准的缺点。

如果主观的标准是错误的,那么我们就自然转向客观的标准。所谓客观的标准,是指对一个人生活水平的评价是独立于其个人偏好和利益的。在这种意义上,即使按照客观标准对某个人之生活水平的评价与他自己的评价是冲突的,这种基于客观标准的评价也能够是正确的。如果说主观标准的代表是功利主义,那么客观标准的代表就是罗尔斯的正义理论。罗尔斯以两个正义原则著称于世,而优先论就体现在他提出的第二个正义原则——差别原则——之中。差别原则要求,如果一种分配安排是不平等的,那么它应该最大程度地帮助生活处境最差者。问题在于,我们如何来确定谁是处境最差者?

罗尔斯提出,"基本善"(primary goods)可以被用作区分处境最差者的标准。罗尔斯所说的基本善是指一个理性的人无论如何都想要的东西,而"不管一个人的合理计划的细节是什么,都可以假定,有某些东西对他来说是越多越好的"。[1] 罗尔斯所说的基本善是指自由和权利、机会和权力、收入和财富,等等。这些基本善为区分谁是处境

---

[1] John Rawls, *A Theory of Justice*, Cambridge, Massachusetts: The Belknap Press of Harvard University Press, 1999, p. 79.

最差者提供了衡量的标准,一般而言,处境最差者是那些对基本善的期望最低的人。

但是,还存在一些困难。罗尔斯的基本善可以分为三组:第一组是自由和权利,与其对应的是第一个正义原则;第二组是机会和权力,与其对应的是第二个正义原则中的机会平等原则;第三组是收入和财富,与其对应的是第二个正义原则中的差别原则。如果说基本善被用来区分处境最差者,那么这三组基本善的权重如何来衡量?罗尔斯认为,如果我们假定两个正义原则是有先后次序的,那么这个问题就很容易解决了。罗尔斯提出,第一个正义原则优先于第二个正义原则,第二个正义原则中的机会平等原则优先于差别原则。按照第一个正义原则,每个人所拥有的自由和权利都是平等的;按照第二个正义原则中的机会平等原则,每个人也都拥有平等的机会。因此,在确定谁是处境最差者时,在基本善中可以把自由、权利和机会排除掉,仅仅考虑权力、收入和财富就可以了。因此,按照基本善的客观标准,处境最差者就是那些拥有最少权力和最少收入的人们。更明确地说,就是穷人。

如果穷人是处境最差者,那么按照优先论(差别原则)的要求,我们应该把他们的要求放在优先的位置。但是请看这样一个例子:某个人为了给他所信奉的神建立一座庙宇,节衣缩食,过着极其贫困的生活。① 按照基本善的客观标准,这个人是一个处境最差者,但是我们应该帮助他吗?如果我们要帮助他,是帮助改善他的生活,还是帮助他修建庙宇?罗尔斯的客观标准解决不了这个问题。

为了解决诸如此类的问题,更一般地说,为了给生活水平的人际比较提供一种合适的标准,斯坎伦提出了"急迫性"(urgency)的观念。斯坎伦本人属于罗尔斯式的契约主义者,他的急迫性观念实质上是对罗尔斯的基本善标准的补充。

一个人要过一种更好的生活,这涉及很多事情,如健康、娱乐、舒适、安全和物质利益,等等,这些东西都是人们所需要的,而它们

---

① T. M. Scanlon, "Preference and Urgency", *Journal of Philosophy* 72 (1975), pp. 659–660.

第三部分 平等的规范性

的不同组合代表了不同的生活水平。在这些人们所需要的各种东西中,某一些比另外一些更重要,比如说,健康比娱乐更为重要。所谓"急迫性"就是指这样的重要性。如果我们能够这样理解生活中所需要的每一件事情,那么我们就能够把它放进相对急迫性的等级序列之中。① 也就是说,在为确定谁是处境最差者所进行人际的比较时,我们不仅要考虑人们的需要是什么,而且还要考虑他们的需要是否具有急迫性。如果他们的需要具有急迫性,那么我们就应该把它们放在优先的地位。

对于斯坎伦,功利主义的标准太主观了,完全取决于个人的偏好,而罗尔斯的基本善又太客观了,根本没有考虑到这些善对人们生活的影响,因为对于不同的人,这些善会产生不同的影响。在这种意义上,急迫性位于功利观念和基本善观念之间。相对于功利主义的功利,急迫性是客观的,不以个人的偏好为转移;相对于罗尔斯的基本善,它又是主观的,强调了善在不同人们生活中所发挥的不同作用。鉴于斯坎伦属于罗尔斯式的契约主义者,并且也赞成应用客观标准对生活水平进行评价,所以急迫性观念的主要问题在于如何同主观标准划清界限,同功利主义的功利或福利主义的偏好划清界限。也就是说,斯坎伦必须证明急迫性不是主观的,而是客观的。

为了证明急迫性不是主观的,斯坎伦提出,在对两种冲突着的利益进行比较时,我们应该做的事情不是比较人们对相关利益的渴望程度,而是探究他们为这些利益所提供的理由。② 比如说,对于上面所提到的为神修建庙宇的那个人,与衣食相比,修庙是他更强烈渴望的事情,从而他能够为此节衣缩食。但是按照急迫性的标准,尽管修庙对他来说是一种更强烈的欲望,但这不是一个要求帮助的好理由。与修庙相比,解除某个人的饥饿则是请求帮助的一个好理由,因为饥饿具有急迫性。

为了证明急迫性是客观的,斯坎伦提出,在道德论证中确定哪些事情具有急迫性从而诉诸急迫性时,我们应该诉诸人们的共识。③ 比

---

① T. M. Scanlon, "Preference and Urgency", *Journal of Philosophy* 72 (1975), pp. 660 – 661.
② Ibid., p. 660.
③ Ibid., p. 667.

如说，当我们面临上面所说那个修庙的人的帮助请求时，我们首先要做的事情是确认修庙是不是具有急迫性。诉诸急迫性就是诉诸共识。但是，对于宗教事务，我们没有共识，因为有些人有宗教信仰，有些人则没有。因为在这类事情上没有共识，所以我们不能认为修庙是一件具有急迫性的事情。对于契约主义者，一个标准是客观的，就在于它代表了人们的共识，因为不存在一个外在的权威来决定什么东西是标准。

五 作为平等主义的优先论

按照一些学者特别是优先论者的分析，平等主义与优先论是不同性质的理论，它们之间存在两个基本区别。第一个基本区别是对平等的看法。平等主义认为平等具有内在的价值，或者说平等本身就是好的，不平等本身就是坏的。优先论则认为平等具有工具的价值，而这种工具价值或者是逻辑的，或者是因果的，或者两者兼具。① 第二个基本区别涉及人际比较的问题。平等主义是关系性的，它关心一个人与其他人在生活水平方面的比较。优先论则是非关系性的，它只关心人们的绝对生活水平，而非人们生活水平之间的比较。②

这两个区别实际上赋予了优先论以两个特点：首先，优先论持有一种工具的平等观，它不认为平等具有内在的价值；其次，优先论本质上是非关系性的，它不关心不同人们之间生活水平的比较。优先论之所以被赋予这两个特点，这是为了避免拉平反驳。因为优先论持有一种工具的平等观，不认为平等具有内在的价值，所以它不会为了追求平等而牺牲人们的福利。因为优先论是非关系性的，不关心人际之间的比较，所以不会为了达到平等而拉平人们的福利。

虽然如此界定的优先论能够避免拉平反驳，但是它会面临另外一个问题：优先论还是一种平等主义吗？如果优先论不认为平等具有内在的价值，如果它不关心人们生活水平之间差别，那么它就不能被看

---

① Nils Holtug, "Prioritarianism", in *Egalitarianism*, edited by Nils Holtug and Kasper Lippert-Rasmussen, Oxford, UK: Clarendon Press, 2007, p. 135.

② Derek Parfit, "Equality or Priority?", in *The Ideal of Equality*, edited by Matthew Clayton and Andrew Williams, New York: St. Martin's Press, 2000, p. 104.

第三部分 平等的规范性

作是平等主义的。正是基于这一点，帕菲特提出了"平等还是优先性"的问题。

如果优先论确实具有人们通常归之于它的两个特点（工具的和非关系性的），那么它很难被看作是平等主义的。因为平等主义与这样两个观点是紧紧联系在一起的：首先，平等具有内在的价值，即平等是好的，不平等是坏的；其次，平等是关系性的观念，即它是相对于其他人的处境而言的。这样我们面临一种两难：或者我们坚持认为优先论是合理的，但由于它具有的两个特点（工具的和非关系性的），从而我们不能认为它是平等主义的；或者我们认为平等主义是正确的，但由于它具有的两个特点（内在的和关系性的），所以它与优先论是不相容的。我们是否能够避免这种两难？我们能不能建立起一座沟通优先论与平等主义的桥梁？我们能不能证明优先论也是一种平等主义？

我认为，优先论是一种平等主义。我对此的证明建立在一种区分上面，即积极的平等主义与消极的平等主义之区分。积极的平等主义和消极的平等主义都主张，平等本身具有内在的价值。两者的区别在于：积极的平等主义把追求平等本身视为最重要的目标，甚至视为最高的价值；消极的平等主义主张最重要的事情是帮助处境最差者，改善他们的状况，提高他们的福利，而平等本身则是改善他们处境所导致的一种后果。在我看来，优先论不仅是一种平等主义，而且是一种更合理的平等主义，尽管它不是一种积极的平等主义，而是一种消极的平等主义。但是，如果我们要想坚持优先论是一种平等主义（尽管是消极的），那么我们必须解决这个问题：这种主张与上述所谓两个特点（工具的和非关系性的）是不相容的。也就是说，我们必须证明优先论是非工具性的和关系性的，从而证明优先论是一种更合理的平等主义。

首先，优先论是非工具性的。所谓"非工具性的"是指，优先论能够承认或承诺平等具有一种内在的价值。我们把处境更差者的福利放在优先的地位，这不仅是因为人道主义的扶危济困的考虑，而且还因为我们相信，在其他所有事情相同的情况下，与使处境更好者受益相比，使处境最差者受益内在地是一种更好的事情。对于优先论，处境更差者的福利具有优先的地位，与平等具有内在的价值，这两者是相容的。虽然优先论者不把平等当作追求的唯一目的，但是他们确实非常看重平等的价值。

其次，优先论是关系性的。所谓"关系性的"是指，优先论关心福利的人际比较，起码它以福利的人际比较为前提。优先论要想帮助处境最差者，它必须首先确定谁是处境最差者，就像罗尔斯要想实行差别原则，他必须首先确定谁是最不利者一样。确定谁是处境最差者，这必然涉及生活水平的人际比较，因为"最差""更差"和"更好"这些词都是比较性的。优先论确实关注处境最差者福利的绝对水平，以改善他们的处境，但是它也关注处境最差者与其他人的福利差距，以便决定把前者的福利提高到什么水平。

最后，改善处境最差者的福利与追求平等是一件事情的两面。平等主义面临的主要难题是"拉平反驳"，而拉平反驳的实质是"帕累托改善"：如果我们能够以"帕累托更优"的方式达到平等，这是一件好事，没有人有理由加以反对；如果我们以"帕累托更劣"的方式达到平等，这不能说是一件好事，起码某些人有充分的理由加以反对。也就是说，"帕累托改善"对平等主义构成了一种约束。如果平等主义接受这种约束，那么它只能以提高处境更差者福利水平的方式来达到平等。如果这样，那么帮助处境更差者与追求平等就是同一件事情的两面。在这种意义上，优先论与平等主义也是同一种理论的两面，而这种理论就是消极的平等主义。

附 录

分配正义：从弱势群体的观点看[①]

姚大志

无论对于理论研究还是现实生活，"正义"目前在中国都是一个关键词。从理论方面看，近年来正义一直是国内学术研究的热点，哲学、政治学、法学、经济学和社会学都非常关注社会正义问题。从现实生活看，近年来中国社会所要达到的目标有了明显的变化，从比较单纯的经济发展转变为和谐社会的建立，从强调效率转变为公平和正义。理论和实践之间存在着密切的联系：要建立和谐社会，就必须实现社会正义。

要实现社会正义，关键在于解决分配正义的问题。改革开放以来，中国经济迅速发展，人民生活水平不断提高，但是目前仍然有相当一部分人处于贫困的状态，他们很少甚至没有分享到改革开放的丰硕成果。就分配正义来说，当前急需解决的问题是严重的不平等，贫富差距过大。要解决这些难题，一种分配正义理论必须回答两个关键问题：首先，什么样的分配是正义的？其次，分配正义的原则是什么？本文试图探索一条思路，即从弱势群体的观点来看待和回答它们。

[①] 本文发表于《哲学研究》2011 年第 3 期。

附录 分配正义：从弱势群体的观点看

一 什么样的分配是正义的？

在分配正义问题上，人们抱有两个基本目的，一个是应该得到平等的对待，另外一个是希望自己的福利能够得到不断改善。从道德的观点看，人是平等的，每个人都应该得到平等的对待。因为每个人都应该得到平等的对待，所以人们也希望在财富、机会和资源的分配中得到大体上平等的份额。同时，人们也都关心自己的利益，希望不断改善自己的处境，提高自己的生活水平，过一种更加幸福的生活。

这两个目的都是合理的，然而它们却是相互冲突的。基于平等的对待，一个人希望拥有同其他人大体上相同的财富（其中包括收入）。但是，如果一个人确信自己无论如何都能够得到同其他人一样多的收入，那么他就失去了为更多收入而努力工作的动机。如果很多人都失去了这样的动机，从而不能有效增加社会财富，那么人们的福利也无法得到改善。另外，基于福利的不断改善，每个人都应该努力工作，以增加可供分配的财富、机会和资源。在目前的社会条件下，要增加可供分配的财富、机会和资源，就需要给人们提供物质刺激，以鼓励他们更加努力工作。如果人们的收入与其工作效益是挂钩的，那么他们的收入就会不平等，而且也有可能这种不平等是非常严重的。

分配正义是社会以制度的方式来分配收入、机会和各种资源。虽然分配正义同每个人都有关，但是它既不需要也不可能考虑和跟踪每个人的福利状况。因此，分配正义关注的对象不是个人，而是群体。就当前中国社会来说，分配正义所试图解决的问题是不平等，但不是某个人与另外一个人之间的不平等，而是一个社会群体与另外一个社会群体之间的不平等。

基于生活状况的差别，我们可以把所有社会成员分为不同的群体，如"富裕群体""中间群体"和"弱势群体"等。为了使我们的讨论更加清晰和明确，我们应该给出一个对"弱势群体"的定义。我们是这样来界定弱势群体的：**它的成员对福利持有最少的合理期望**。所谓"福利"是指每一个成员所分享的收入、机会和资源。我们用来界定群体的东西是对福利的"合理期望"。它是对福利的期望，而不是所

附录　分配正义：从弱势群体的观点看

享有的福利，因为同一群体的成员对福利的合理期望应该是一样的，尽管同一群体的不同成员所实际享有的福利则可能是不一样的。这种对福利的期望是"合理的"，而一个成员基于自己的社会地位而拥有的期望是合理的。

分配正义的实质是社会通过正义的制度和政策来分配收入、机会和各种资源，以帮助那些迫切需要社会正义来帮助的人。谁是最需要社会正义来帮助的人？我们凭直觉就确切知道，弱势群体的成员是最需要社会正义帮助的人。他们的收入最低，工作最不稳定，拥有最少的社会保障，生活非常贫困，对福利拥有最低的期望。在各级各类政府机构中，他们缺少自己的代表。在各种媒体和舆论平台上，也很少有人代表他们的利益讲话。也就是说，社会不公平严重地体现在弱势群体身上。

如果社会不公平集中体现在弱势群体身上，那么弱势群体就为我们思考如何解决分配正义的问题提供了一个观察点。我们说过，在分配正义问题上，人们抱有两个基本目的，一个是应该得到平等的对待，另外一个是希望自己的福利能够得到不断改善。一个社会能够同时实现平等和提高福利水平，这是最理想的情况。但是，在通常情况下，平等的要求与福利的要求是冲突的。基于福利的要求，我们应该最大程度地提高人们的福利水平（按照总和或人均计算），即使这会导致不平等。基于平等的要求，我们应该在分配中把平等放在第一位，即使这会妨碍福利水平的提高。如果福利的要求和平等的要求是冲突的，那么我们把哪一种要求置于优先的地位？从弱势群体的观点看，如果两者发生了冲突，那么平等的要求优先于福利的要求。

弱势群体主张平等的优先性，这不成问题。问题在于，主张平等优先的理由是什么？我们认为，这种平等的优先性基于两个主要理由。首先，弱势群体的成员应该得到平等的对待。如果现实社会存在严重的不平等，那么这意味着处于不利地位的人们没有得到平等的对待。如果一个社会有能力使所有人都过上体面的生活，而相当一部分人却没有过上体面的生活，那么这些处境困难的人们就受到了伤害。不平等对弱势群体的成员伤害最大，使他们具有低人一等的感觉。其次，由于弱势群体所享有的福利水平是最低的，通常处于困难的生活境地，所以他们有充分的理由要求改善自己的处境，提高自己的福利水平。

附录 分配正义：从弱势群体的观点看

对于弱势群体，平等的要求往往蕴含了福利的要求，缩小贫富差别包含了穷人福利的提高。弱势群体成员的贫困处境使他们有理由提出平等的要求。也就是说，从弱势群体的观点看，一种正义的分配应该是平等主义的。

迄今为止，我们的推理得出了一个结论，即一种正义的分配应该是平等主义的。但是这个结论存在某些问题：我们从弱势群体的观点推出了这个结论，而这种推理的基础是弱势群体的利益。基于自身的利益，弱势群体的成员赞同平等主义的分配。然而，对于政治哲学的推理来说，群体的利益不是一个好的理由。一个群体基于自己利益提出的主张是无法使其他群体信服的。我们不能说，因为这个分配方案符合"我们"的利益，所以"你们"都应该服从它。如果我们赞成分配的平等主义，那么必须出示更好的道德理由，而这种道德理由是任何群体都能够接受的。

现在我们来思考支持平等主义的道德理由是什么。"一种正义的分配应该是平等主义的"，这种主张所针对的东西是不平等，它意味着"一种不平等的分配是不正义的"。如果我们能够从道德上说明"一种不平等的分配为什么是不正义的"，那么这也就是从否定的方面证明平等主义的道德理由。

让我们提出一个问题：导致不平等的原因是什么？虽然导致不平等的原因很多，但我们可以大体上把它们分为三类。第一类是社会条件或家庭出身，例如在中国，与出生于贫困农村的人们相比，一个出生在大城市的人通常拥有更多的收入和更好的社会处境。第二类是自然天赋，有些人天生聪明或健壮，有些人则天生愚笨或孱弱，前者一般也会比后者拥有更多的收入并处于更好的状况。第三类是抱负和努力程度，在其他条件相同的情况下，更有抱负和更努力的人们通常也会有更多的收入。就前两类原因来说，一个人出身于什么样的家庭或者具有什么样的自然天赋，这完全是偶然的，从道德的观点看，这不是应得的。[1] 正如没有一个人天生就应该是智障者，同样也没有一个

---

[1] John Rawls, *A Theory of Justice*, Cambridge, Massachusetts: The Belknap Press of Harvard University Press, 1971, p. 104.

附录　分配正义：从弱势群体的观点看

人天生就应该是天才。正如没有一个人就应该出生于偏远的贫困农村，同样也没有一个人就应该出生于大城市。如果一个人出生于什么样的家庭和具有什么样的自然天赋是偶然的，并且从道德的观点看不是应得的，而这种家庭出身和自然天赋导致了分配的不平等，使某些人得到了更多的收入，那么这些更多的收入在道德上就不是他们应得的，所产生的不平等也是应该加以纠正的。因此，我们需要正义的（平等主义的）分配来纠正分配中的不平等。

如果说上述道德理由是否定的，即不平等是应该加以纠正的，那么我们还要提出一个肯定的理由，即平等的分配是正义的。一方面，每个人作为人类的一员是平等的，就此而言，平等是人的一种道德权利；另一方面，每一位公民在政治上都是平等的，在社会上都占有平等的地位，就此而言，平等是一种法律权利。无论平等是作为道德权利还是作为法律权利，都要求社会制度平等待人，不应该对某一部分社会成员采取歧视的态度。基于道德权利和法律权利，每一个人也有理由要求得到平等的对待。对于分配正义，平等待人意味着每个人在财富、机会和资源的分配中也都是平等的。这种分配的平等有强弱两种含义之分：在强的意义上，每个人在财富、机会和资源的分配中享有平等的一份；在弱的意义上，每个人在财富、机会和资源的分配中享有平等的资格。无论哪一种含义都意味着正义的分配应该是平等主义的，尽管我们主张温和的平等主义观点。

以上论证表明，正义的分配应该是平等主义的。虽然正义的分配应该是平等主义的，但是平等的分配又是不可能的。说平等不可能，既是指平等的分配是不可取的，也是指它是不可行的。使平等分配不可能的原因有两个，一个是道德上的，一个是动机上的。

道德的原因使平等的分配是不可取的。所谓道德的原因是指人们的抱负或者勤奋。让我们假设，在一个共同体中，每一个人都分到了平等的财富，比如说同等数额的金钱。在接下来的生活中，他们要使用这相同数额的金钱进行生产和交换，从事经济活动。虽然所有人都拥有平等的财富，但是有些人胸有抱负并且勤奋工作，也有些人无所事事，只关心玩乐。一年以后，两者的财富出现了不平等。在这种情况下，财富较少者没有什么理由可以抱怨，所出现的不平等也没有道德理由来加

附录　分配正义：从弱势群体的观点看

以纠正。也就是说，如果每个人都拥有平等的起点，而只是由于抱负和勤奋的差别导致了收入的不平等，那么这种不平等是不需要矫正的。在这种情况下坚持用平等分配来矫正不平等，在道德上是不可取的。

动机的原因使平等的分配是不可行的。分配不仅是谁得到了什么东西，而且也会对将来的分配产生影响。人的行为是由动机驱动的。如果分配的结果对人们产生了激励，人们愿意更勤奋地工作，从而创造出更多的商品和服务，那么下一次他们就会有更多的东西来分配。如果分配是人人平等的，无论他们是勤奋还是懒惰，那么这在某种意义上是鼓励懒惰，从而所生产出来的商品和服务也会更少。另外，有些职业（如医生和飞行员）需要很多的知识和复杂的技能，需要接受更多的教育和长期的培训，为此所消耗的费用应该在其收入中得到补偿。有些职业（如常年在野外工作的地质和测量工作者）是令人不快的、艰苦的或者危险的，也需要给予额外的补偿。也就是说，社会付给这些人更多的报酬，以激励他们选择需要更长时间培训和更加艰苦甚至危险的工作，这是公平的。如果人们需要激励，那么平等分配就是不可行的。

我们目前的推理得到了这样一种结果：不平等的分配是现实的，但它不是正义的；平等的分配是正义的，但它是不可能的。这种推理似乎走向了一条死路，一种政治哲学的二律背反。这种二律背反意味着在现实与理想之间存在一条难以逾越的鸿沟。为了跨越这条鸿沟，我们应该寻找能够摆脱这种二律背反的第三条道路。我们应该寻找另外一种思路，而这种思路能够指示第三条道路在哪里。让我们这样来思考：从正义的平等分配出发，在什么情况下，一种不平等的分配也能够被看作是正义的？

我们知道，平等的分配是正义的。现在让我们假设，按照现有的平等分配方案，每一个相关的人都得到了平等的一份。再假设，如果我们现在选择另外一种不平等的分配方案，出于某种机制，这种不平等的分配会大大增加总体收入，从而使每个人的收入都增加了，即使对于收入最少者也是如此。用流行的语言讲，由于激励的机制，这种不平等的分配把"蛋糕"做大了，所以每个人分到的份额也都增加了，尽管他们之间存在不平等。为简便起见，我们把所有相关者分为两个群体，即收入更多的群体和收入更少的群体。收入更多的群体显

附录　分配正义：从弱势群体的观点看

然会赞成这种方案，因为这种不平等的分配使他们得到了新增收益中的大部分。问题在于，收入更少的群体会同意这种不平等的分配方案吗？我们有充分的理由认为：如果这些收入更少者是理性的，而且不平等不是非常严重，那么他们会同意这种不平等的分配方案，即使另外一个群体的人会比他们的收入更多一些。如果收入更少的群体同意这种不平等的分配，那么这种不平等的分配就是正义的。

把假设变换为现实，改革开放之前的中国就是"原有的平等分配方案"，改革开放之后的中国就是"不平等的分配方案"，而弱势群体就是"收入更少的群体"。改革开放提供了各种激励机制，使"蛋糕"变得比过去大多了，人们的生活状况得到了很大改善，但是也产生了严重的不平等，出现了过大的贫富差距。因此，我们需要分配正义来纠正这些严重的不平等和贫富差距过大。弱势群体为我们思考分配正义问题提供了正确的观察点：对于我们目前努力建立的和谐社会来说，如果社会分配出于各种原因而只能是不平等的，那么这种不平等的分配必须能够被弱势群体所接受。也就是说，一种不平等的分配只有在能够得到弱势群体同意的情况下，它才能被看作是正义的。

二　什么是分配正义的原则？

从上一节我们可以看出，正义的分配应该是平等主义的，但平等的分配是不可能的。这样问题就变成了"一种不平等的分配在什么情况下能够是正义的"。我们提出，如果一种分配是不平等的，那么它只有得到了弱势群体的同意才能够是正义的。我们也认为，如果这种不平等的分配能够使弱势群体的成员受益，**而且不平等不是非常严重**，那么他们作为理性的人会同意这种不平等的分配。理论分析与现实问题是一致的，即分配正义的关键在于解决目前存在的严重不平等——贫富差距过大。

那么我们如何解决不平等的问题？以收入不平等为例，我们可以采取三种方式来解决不平等的问题：第一，降低处境更好群体的收入；第二，提高弱势群体的收入；第三，把以上两种方式结合起来，既降低处境更好群体的收入，同时也提高弱势群体的收入。

附录 分配正义：从弱势群体的观点看

我们先考察第一种方式。解决严重的不平等，缩小贫富差距，最直接的办法就是降低其他处境更好群体的收入。这种降低水平的方式简单易行，效果立竿见影。比如说，我们可以为人们的收入和所保有的财富规定一个限额，对超过限额的部分课以惩罚性的重税。这种方式的实质是把其他群体的收入水平拉下来，以缩小与弱势群体的差距。实际上，反平等主义者就是基于这种"拉平"的方式来反对平等主义的。在他们看来，为了保持平等而不允许人们保有比其他人更多的财富，这不仅从直觉来看就是错误的，而且还会使这些财富闲置无用，即"这种平等主义原则通常导致浪费"。①

我们认为，这种"拉平"的方式是不可取的，但是我们的理由与反平等主义者不同，而且我们的目的与他们也不同。我们的目的不是反对平等主义，而是证明平等主义。我们基于以下三个理由反对"拉平"的方式。

首先，这种"拉平"的方式违反了应得。导致人们收入不平等的原因是各种各样的，有客观条件的差别，也有主观努力的不同。一个人拥有更高的收入，这可能源于客观的条件（如家庭出身和自然天赋），也可能出于主观的努力（如更有抱负和更加勤奋）。客观条件是人们无法选择的，一个人既不能选择自己出身于什么样的家庭，也不能选择自己具有什么样的天赋。如果一个人基于自己无法选择的客观条件而拥有更高的收入，那么他对于自己的收入就不是应得的。如果一个人基于自己的主观努力而拥有更高的收入，那么他对于自己的收入就是应得的。一个人对自己的收入是应得的，这意味着他对自己的收入和财富也拥有相应的权利。我们只知道人们的收入是不平等的，但是我们没有办法区别哪些人的收入基于客观条件，哪些人的收入基于主观努力；我们更没有办法区别一个人的收入中哪些部分源于客观条件，哪些部分源于主观努力。这样，如果我们通过国家权力强行降低这些收入更高者的收入或者剥夺他们的财富，那么就违反了他们的应得，就侵犯了他们的权利。

其次，这种"拉平"的方式是没有效率的。我们所使用的"效

---

① Joseph Raz, *The Morality of Freedom*, Oxford, UK: Clarendon Press, 1986, p. 227.

附录　分配正义：从弱势群体的观点看

率"概念是指"帕累托改善"（Pareto improvement）：假设有两种分配，第一种分配是现状，第二种分配是我们将要实行的，如果我们实行第二种分配以后，某些人的状况得到了改善，而其他人的状况则没有变化，那么我们就说第二种分配是有效率的。为了简便，我们在这里没有把从第一种分配变为第二种分配的成本计算在内。这种效率概念的含义是非常明确的，即"有效率的"意味着人们福利的提高。当然，这种"帕累托改善"对于分配正义的意义是不确定的：它可能是指某一部分人的福利得到了提高，也可能是指另外一部分人的福利得到了提高，或者可能是指所有人的福利都得到了提高。在帕累托的意义上，一种分配只有使某些人的状况得到了改善，而同时又没有使其他人的状况变坏，那么这种分配才能够是有效率的。如果我们采取"拉平"的方式强行降低收入更高者的收入，那么就使这些人的状况变得比过去更坏了。在帕累托的意义上，这意味着效率的降低。效率对分配正义形成了约束：一种没有效率的分配是不可取的，它以某些人的利益为代价；一种没有效率的分配也是不可行的，它没有持续下去的动力。但是我们也需要指出，这种"帕累托改善"的约束是相对的，不是绝对的。在某种情况下，这种约束可以被弱化。

　　最后，也是最重要的，分配正义的目的不是为了平等而平等，而是为了改善弱势群体的处境。如果我们单纯追求平等，那么只要把富人变成穷人就可以了。这不是我们的目的。我们的目的是提高弱势群体的福利水平，让他们过一种更好的生活。我们不仅关注平等——弱势群体成员与其他群体成员相比的福利之相对差距，而且更关心现状——弱势群体成员的福利之较低的绝对水平。[①] 他们需要帮助，是因为他们过着一种贫困的生活。由于他们处于一种不好的状况，所以需要提高他们的福利水平。如果不仅仅是他们处于这种贫困的状况，而是所有人都处于这种状况（像"文化大革命"时期一样），那么所有人的处境也都需要改善。降低其他群体的福利水平，这本身无助于改善弱势群体的处境，从而也不是我们所要达到的目的。

---

　　① ［英］帕菲特：《平等与优先主义》，载于葛四友编《运气均等主义》，江苏人民出版社2006年版，第206页。

附录 分配正义：从弱势群体的观点看

在上述三种理由中，公平要求分配正义不应该侵犯应得，效率要求分配正义不应以某些人的利益为代价，目的要求分配正义应该改善弱势群体的处境。基于公平、效率和目的的三重考虑，第一种方式（"拉平"）是不可取的。如果第一种方式是不可取的，那么第三种方式也是不可取的，因为第三种包含了第一种，其实质也是"拉平"。现在我们只剩下了第二种方式。

第二种方式是通过改善弱势群体的状况来解决严重的不平等。这种方式符合我们的道德直觉：弱势群体的成员是最需要社会帮助的人。也就是说，分配正义要求政府承担改善弱势群体状况的社会责任。虽然正义的分配应该是平等主义的，但是它也受到效率的约束。我们这里所说的效率是帕累托意义上的。问题在于，在处理分配正义问题的时候，我们可能面对着许多分配方案，它们不仅都能够提高弱势群体的福利，而且也都处于"帕累托边界"之内，也就是说，它们都是有效率的。在这种情况下，我们如何选择分配方案？

按照正义的观念，在各种有效率的分配方案中，我们应该选择一种最合乎正义的方案。问题在于，哪一个方案是最合乎正义的？这需要参照分配正义的原则来判断。没有这样的分配正义原则，我们就没有判断的标准。在面对分配正义问题时，实际上我们的困难在于：我们知道选择的关键是保持平等与福利的平衡，但是我们不知道平衡点在哪里。我们需要一种分配正义的原则来确定平等与福利的平衡点。如果我们有了这样的分配正义原则，那么我们就可以用它来指导选择。

通过第一节的论证，我们得出了这样的结论，即一种不平等的分配只有在能够得到弱势群体同意的情况下，它才能被看作是正义的。那么弱势群体能够同意什么样的分配正义原则？按照这种思路，我们认为分配正义的原则应该是这样的：**社会安排应该把弱势群体的利益放在第一位，以最大程度地提高其成员的福利。**① 这个原则意味着，在各种能够改善弱势群体状况的分配方案中，我们应该选择能够最大程度改善其状况的方案。这个分配正义原则是平等主义的，它试图解

---

① 所谓"社会安排"，是指通过法律和政策所形成的分配，而这些分配所导致的结果通常是不平等的。

附录　分配正义：从弱势群体的观点看

决严重的不平等，缩小贫富差距，防止两极分化。但是它也允许收入、机会和资源的不平等分配，只要这种不平等分配对于改善弱势群体的状况是有利的。

这种分配正义原则要发挥作用，需要以一些制度为前提，并且也受到效率的约束。这种分配正义原则所需要的制度性前提是：第一，在健全的法治社会中，每个人都是平等的公民，从而在法律面前是人人平等的；第二，每一个公民都拥有平等的权利，而这些权利是由宪法和各种法律规定的。人们处于法律和权利的保护之下，他们服从法律，同时也拥有基于权利的各种自由。

效率的约束是指"帕累托改善"，它对分配正义原则的约束可以区分为两种情况。第一种是严格意义上的"帕累托改善"，即在不降低任何人的福利的情况下，提高弱势群体成员的福利。这种理想的情况需要两个条件。首先，社会的分配是不平等的，但还不是十分严重。在这种情况下，可以用提高弱势群体成员之福利的方法来减少不平等，而无需降低其他群体成员的福利。其次，该社会的经济是明显增长的。在假设其他条件不变的情况下，社会可以把所增加的财富（或其中一部分）用于提高弱势群体成员的福利。如果一个社会满足了这两个条件，并且按照我们的分配正义原则来规范社会分配，那么这个社会的分配就会达到"帕累托最优"。

第二种情况是较弱意义上的"帕累托改善"。在许多情况下，一个社会所具有的条件是不理想的。这些不理想的条件主要有两种：首先，社会存在严重的不平等，贫富差距十分明显；其次，社会的经济没有明显的增长，从而也就没有额外的大量资源可以用于改善弱势群体的福利。在这种情况下，我们可以追求"帕累托次优"，即社会提高了弱势群体成员的福利，同时也降低了富裕群体成员的福利，但是前者的所得比后者的所失要更大。

人们通常认为，我们应该追求"帕累托最优"，只有在无法达到"帕累托最优"的情况下，我们才追求"帕累托次优"。不是这样的。在某种情况下，我们也会首先考虑"帕累托次优"。这样做基于两个理由。首先，"帕累托最优"以"帕累托改善"为基础，而"帕累托改善"要求分配的变化应该不使任何人的状况变坏。就此而言，"帕累托改善"是非常保守的,以现状为前提。如果现状是不正义的,为什么还要尽力维持它?如果社会中最富裕群体之福利的微小"变坏"能够带来弱势群体之福利的明显改善,那么这种"变坏"就不是不正义的。分配正义就是要改变不正义的现状,在这种情况下,"帕累托次优"就具有充分的道德理由。其次,"帕累托改善"需要社会经济一直保持明显的增长,从而为提高弱势群体成员的福利提供资源。但是,要求经济一直保持明显的增长,这是不合理的。任何一个社会都无法做到一直保持经济的明显增长,而任何一种社会理论也不应该以这样的增长为前提。在经济没有明显增长的情况下,而其他条件不变,要改善弱势群体的福利,就需要富裕群体降低一些他们的富裕程度,但这不是"拉平",而是"帕累托次优"。

我们所阐述的这种分配正义原则是平等主义的,因为它把弱势群体的利益放在第一位,努力解决分配方面的不平等。这种分配正义的原则也是后果主义的,因为它按照行动的后果来评价法律、制度、政策和社会安排,其目的是最大程度地提高弱势群体成员的福利。①

如果我们的分配正义原则把弱势群体的利益放在第一位,以达到其成员之福利的最大化,那么我们就必须有某种方法能够把他们识别出来。我们需要首先把他们识别出来,然后才能制定相应的政策和制度安排来提高其福利。我们给弱势群体下过这样的定义:**它的成员对福利持有最少的合理期望**。所谓福利,是指收入、资源和机会。收入

---

① 这种分配正义原则明显受到了罗尔斯(John Rawls)正义理论的启发,其中特别是他的"差别原则"。但是,我们的分配正义原则与罗尔斯的"差别原则"之间也存在很多不同。首先,从哲学立场看,罗尔斯的正义原则是义务论的,而我们的正义原则是后果主义的。罗尔斯的义务论把权利放在第一位,主张权利优先于福利。我们的后果主义则把弱势群体成员的福利放在第一位,明确主张这种福利的最大化。其次,罗尔斯的"差别原则"关注的是"最不利者"的利益,而我们的分配正义原则关注的是弱势群体成员的利益。确定"最不利者"利益的东西是罗尔斯所说的"基本善",即自由和权利、权力和机会、收入和财富。确定弱势群体成员利益的东西则是福利,即收入、资源和机会。很明显,不同的原则对利益的理解是不同的,而这种对利益的不同理解反映了义务论与后果主义的差别。最后,对分配正义原则的辩护是不同的。罗尔斯对差别原则的论证只考虑了道德理由,而且在道德理由中,他只考虑了社会条件和自然天赋。我们对分配正义原则的论证不仅考虑了道德的理由,而且还考虑了动机的理由,即分配正义应该对人们的行为产生激励。在道德理由中,我们不仅考虑了社会条件和自然天赋,而且也考虑了主观努力和应得。

附录　分配正义：从弱势群体的观点看

一般是用金钱表示的，资源主要是指教育资源、医疗资源以及其他同身份相关的资源，而机会则主要是指受教育的机会和就业的机会。这样，弱势群体的成员就是指那些收入最低、享有最少资源和拥有最少机会的人。在这种意义上，我们也可以说，一个人的福利是他所享有的收入、资源和机会的函数。当然，在涉及识别出弱势群体之个人成员的时候，我们还需要一些可操作的方法，以把收入、机会和资源换算为可以进行人际比较的福利指标。

三　其他群体会同意吗？

可能还有一个疑问：如果我们的分配正义原则把弱势群体的利益放在第一位，那么其他群体的利益怎么办？这种分配正义原则会不会侵犯其他处境更好群体的利益？人们通常认为分配正义应该有利于所有的社会成员，如果这样，那么这种分配正义原则是不是只对弱势群体的成员有利，而对其他群体的成员不利？把这些问题归结为一点：其他群体的成员会同意我们的分配正义原则吗？

我们认为，这种分配正义原则考虑了其他群体成员的利益，尊重他们的权利，而且也受到了效率和应得的约束，因此，如果其他群体的成员是理性的，那么他们就会支持这种分配正义原则。具体地说，基于以下一些理由，其他群体的成员应该赞同或至少不会拒绝这种分配正义的原则。

首先，在中国改革开放的 30 年中，经济得到了极大发展，生活水平迅速提高，同时也产生了分配的不平等。其他处境更好群体是这场社会变革的受益者，其中"富裕群体"是分配不平等的最大受益者。一方面，就现实来说，其他群体的成员已经从改革开放中获得了巨大利益，而弱势群体则没有或很少受益；另一方面，就将来而言，即使实行我们的分配正义原则会改善弱势群体的状况，但其他群体仍将是改革开放的受益者。

其次，即使按照我们的分配正义原则来制定法律制度、社会经济政策和分配方案，也不会侵犯到其他处境更好群体的利益和权利。我们说过，任何社会安排和分配方案的选择通常都会受到两种约束。一种是"帕累托改善"的约束,它要求分配的变化应该不使任何人的状况变坏,这样其他群体成员的利益就不会受到侵犯。另外一种是"应得"的约束,它要求如果其他处境更好群体成员的利益是他们应得的,那么就会得到社会的尊重,也就是说,他们的权利不会受到侵犯。

再次,在通常情况下,各个社会群体的利益是相互关联的,一个群体之利益的提高或降低会影响到其他的群体。假设一个社会存在三个群体,即弱势群体、中间群体和富裕群体,那么这些社会群体之间的利益存在一种"链式连接"。[①] 具体说,这种"链式连接"意味着:如果弱势群体的福利提高了,那么它会推动中间群体的福利也随之提高;如果中间群体的福利提高了,那么它会推动富裕群体的福利也随之提高。

最后,如果其他群体的成员是理性的,那么他们就没有正当的理由拒绝这种分配正义原则。这里的核心观念是"任何人都没有理由加以拒绝":人们就正义原则达成一致,不是因为每个人都有理由接受它,而是因为任何人都没有理由拒绝它。[②] 我们的分配正义原则对弱势群体是有利的,基于这个理由,其他群体的成员可以不赞同它(这个理由不足以说服他们接受它),但是他们也不能拒绝它(他们不能以这个原则不利于自己的利益为理由拒绝它)。因为基于自己利益的理由不是一个好理由,不是一个道德理由,从而不能构成一个正当的反对理由。

[①] John Rawls, *A Theory of Justice*, Cambridge, Massachusetts: The Belknap Press of Harvard University Press, 1971, p. 80.

[②] 这个观念是斯坎伦(T. M. Scanlon)提出来的。见 T. M. Scanlon, "Contractualism and Utilitarianism", in *Utilitarianism and Beyond*, edited by Amartya Sen and Bernard Williams, Cambridge: Cambridge University Press, 1982, pp. 103 – 128。

参考文献

Anderson, Elizabeth S. "What Is the Point of Equality?", *Ethics*, 109 (1999), pp. 287 – 337.

Arneson, Richard J. "Distributive Justice and Basic Capability Equality", in *Capabilities Equality*, edited by Alexander Kaufman, New York: Routledge, 2006, pp. 17 – 43.

Arneson, Richard J. "Equality and Equal Opportunity for Welfare", *Philosophical Studies* 56 (1989), pp. 77 – 93.

Arneson, Richard J. "Liberalism, Distributive Subjectivism, and Equal Opportunity for Welfare", *Philosophy and Public Affairs* 19 (1990), pp. 158 – 194.

Arneson, Richard J. "Primary Goods Revisited", in Chandran Kukathas (edited), *John Rawls*, Volume II, London and New York: Routledge, 2003, pp. 151 – 173.

Arrow, Kenneth, "Some Ordinalist – Utilitarian Notes on Rawls's *Theory of Justice*", in Chandran Kukathas (edited), *John Rawls*, Volume I, London and New York: Routledge, 2003, pp. 289 – 304.

Bauer, Peter, "The Grail of Equality", in *Against Equality*, edited by William Letwin, London: The Macmillan Press, 1983, pp. 360 – 382.

Benn, Stanley I. "Egalitarianism and the Equal Consideration of Interests", in *Nomos* IX: *Equality*, edited by J. Roland Pennock and John W. Chapman, New York: New York University Press, 1967, pp. 61 – 78.

Berlin, Isaiah, "Equality", in *Equality and Justice*, Volume 2, edited by Peter Vallentyne, New York: Routledge, 2003, pp. 41 – 66.

Berofsky, Bernard, "Ifs, Cans, and Free Will: the Issues", in *Oxford Handbook of Free Will*, edited by Robert Kane, Oxford UK: Oxford University Press, 2002, pp. 181 – 201.

Brandt, Richard B. *A Theory of the Good and the Right*, Oxford, UK: Clarendon Press, 1979.

Christiano, Thomas, "A Foundation of Egalitarianism", in *Egalitarianism*, edited by Nils Holtug and Kasper Lippert – Rasmussen, Oxford, UK: Clarendon Press, 2007, pp. 41 – 82.

Clarke, Randolph, "Libertarian Views: Critical Survey of Noncausal and Event – Causal Accounts of Free Agency", in *Oxford Handbook of Free Will*, edited by Robert Kane, Oxford UK: Oxford University Press, 2002, pp. 356 – 385.

Cohen, G. A. *Self – Ownership, Freedom, and Equality*, Cambridge, UK: Cambridge University Press, 1995.

Cohen, G. A. "Equality of What? On Welfare, Goods and Capabilities", *Recherches Economiques de Louvain* 56 (1990), pp. 357 – 382.

Cohen, G. A. "On the Currency of Egalitarian Justice", *Ethics* 99 (1989), pp. 906 – 944.

Cohen, G. A. "Self – Ownership, World – Ownership, and Equality: Part II", *Social Philosophy and Policy* 3 (1986), pp. 77 – 96.

Cohen, G. A. "Self – Ownership, World – Ownership, and Equality", in *Justice and Equality Here and Now*, edited by Frank Lucash (Tthaca: Cornell University Press, 1986), pp. 108 – 135.

Crocker, David A. "Sen and Deliberative Democracy", in *Capabilities Equality*, edited by Alexander Kaufman, New York: Routledge, 2006, pp. 155 – 197.

Davidson, Donald, "Actions, Reasons, and Causes", in his *Essays on Actions and Evens*, Oxford, UK: Clarendon Press, 1980, pp. 3 – 20.

Dennett, Daniel, *Elbow Room*, Oxford, UK: Clarendon Press, 1984.

参考文献

Dennis McKerlie, "Equality and Priority", *Utillitas* 6 (1994), pp. 25–42.

Dworkin, Donald, *Taking Rights Seriously*, Cambridge, Mass: Harvard University Press, 1977.

Dworkin, Ronald, *Sovereign Virtue: the Theory and Practice of Equality*, Cambridge, MA: Harvard University Press, 2000.

Dworkin, Ronald, "What Is Equality? Part 1: Equality of Welfare", *Philosophy and Public Affairs* 10 (1981), pp. 185–245.

Dworkin, Ronald, "What Is Equality? Part 2: Equality of Resources", *Philosophy and Public Affairs* 10 (1981), pp. 283–345.

Feinberg, Joel, "Justice and Personal Desert", in *Nomos VI: Justice*, edited by C. J. Friedrich and John W. Chapman, New York: Atherton, 1963, pp. 69–97.

Fisher, John Martin, *Deep Control: Essays on Free Will and Value*, Oxford UK: Oxford University Press, 2012.

Frankfurt, Harry, "Alternate Possibilities and Moral Responsibility", in *Moral Responsibility and Alternate Possibilities*, edited by David Widerke and Michael McKenna, Hants, England: Ashgate Publishing Limited, 2003, pp. 17–25.

Frankfurt, Harry, "Equality as a Moral Ideal", *Ethics* 98 (1987), pp. 21–43.

Frankfurt, Harry, "Freedom of the Will and the Concept of a Person", in *Free Will*, edited by Gary Watson, Oxford: Oxford University Press, 1982, pp. 81–95.

Gauthier, David, "Why Contractarianism?", in *Contractarianism and Rational Choice*, edited by Peter Vallentyne, Cambridge, UK: Cambridge University Press, 1991, pp. 15–30.

Goodin, Robert E. "Negating Positive Desert Claims", *Political Theory* 13 (1985), pp. 575–598.

Hare, R. M. *Moral Thinking*, Oxford, UK: Clarendon Press, 1981.

Holtug, Nils and Lippert-Rasmussen, Kasper, "An Introduction to Contemporary Egalitarianism", in *Egalitarianism*, edited by Nils Holtug and Kasper Lippert – Rasmussen, Oxford, UK: Clarendon Press, 2007, pp. 1 – 37.

Holtug, Nils, "Prioritarianism", in *Egalitarianism*, edited by Nils Holtug and Kasper Lippert – Rasmussen, Oxford, UK: Clarendon Press, 2007, pp. 125 – 156.

Honderich, Ted, "Determinism as True, both Compatibilism and Incompatibilism as False, and the Real Problem", in *Oxford Handbook of Free Will*, edited by Robert Kane, Oxford UK: Oxford University Press, 2002, pp. 461 – 476.

Hurley, Susan L. *Justice, Luck, and Knowledge*, Cambridge, Massachusetts: Harvard University Press, 2003.

Inwagen, Peter van, *An Essay on Free Will*, Oxford, UK: Clarendon Press, 1983.

Inwagen, Peter van, "Free Will Remains a Mystery", in *Oxford Handbook of Free Will*, edited by Robert Kane, Oxford UK: Oxford University Press, 2002, pp. 158 – 177.

Kagan, Shelly, "Equality and Desert", in *What Do We Deserve?*, edited by Louis P. Pojman and Owen Mcleod, Oxford: Oxford University Press, 1999, pp. 298 – 314.

Kane, Robert, *The Significance of Free Will*, Oxford, UK: Oxford University Press, 1996.

Kane, Robert, "Introduction: the Contours of Contemporary Free Will Debates", in *Oxford Handbook of Free Will*, edited by Robert Kane, Oxford UK: Oxford University Press, 2002, pp. 3 – 45.

Kane, Robert, "Some Neglected Pathways in the Free Will Labyrinth", in *Oxford Handbook of Free Will*, edited by Robert Kane, Oxford UK: Oxford University Press, 2002, pp. 406 – 460.

Knight, Carl, *Luck Egalitarianism*, Edinburgh, UK: Edinburgh University Press, 2009.

Lamont, Julian, "The Concept of Desert in Distributive Justice", *Philo-

sophical Quarterly 44 (1994), pp. 45 – 64.

Letwin, William, "The Case against Equality", in *Against Equality*, edited by William Letwin, London: The Macmillan Press, 1983, pp. 1 – 70.

Lucas, J. R. "Against Equality", *Philosophy* 40 (1965), pp. 296 – 307.

McKerlie, Dennis, "Equality", *Ethics* 106 (January 1996), pp. 274 – 296.

Miller, David, *Principles of Social Justice*, Cambridge, Massachusetts: Harvard University Press, 1999.

Miller, David, "Arguments of Equality", in *Midwest Studies in Philosophy*: Ⅶ. *Social and Political Philosophy*, edited by Peter French et al, Minneapolis: University of Minnesota Press, 1982, pp. 73 – 87.

Nagel, Thomas, *Equality and Partiality*, New York: Oxford University Press, 1991.

Nagel, Thomas, "Equality", in *The Ideal of Equality*, edited by Matthew Clayton and Andrew Williams, New York: St. Martin's Press, 2000, pp. 60 – 80.

Nagel, Thomas, "Rawls on Justice", in Norman Daniels (edited), *Reading Rawls*, Stanford, CA: Stanford University Press, 1989, pp. 1 – 16.

Narveson, Jan, "Egalitarianism: Partial, Counterproductive, and Baseless", in *Ideals of Equality*, edited by Andrew Mason, Oxford, UK: Blackwell Publishers, 1998, pp. 79 – 94.

Nielsen, Kai, *Equality and Liberty: A Defense of Radical Egalitarianism*, Totowa, New Jersey: Rowman and Allanheld, 1985.

Nussbaum, Martha C. "Capabilities as Fundamental Entitlements", in *Capabilities Equality*, edited by Alexander Kaufman, New York: Routledge, 2006, pp. 44 – 70.

Otsuka, Michael, "Self – Ownership and Equality: A Lockean Reconciliation", *Philosophy and Public Affairs* 27 (1998), pp. 65 – 92.

O'Connor, Timothy, *Persons and Causes: The Metaphysics of Free Will*, New York: Oxford University Press, 2000.

O'Connor, Timothy, "Agent Causation", in *Agents, Causes and Events: Essays on Free Will and Indeterminism*, edited by Timothy O'Connor, Oxford, UK: Oxford University Press, 1995, pp. 173 – 200.

O'Connor, Timothy, "Libertarian Views: Dualist and Agent – causal Theories", in *Oxford Handbook of Free Will*, edited by Robert Kane, Oxford UK: Oxford University Press, 2002, pp. 337 – 355.

Parfit, Derek, "Equality or Priority?" in *The Ideal of Equality*, edited by Matthew Clayton and Andrew Williams, New York: St. Martin's Press, 2000, pp. 81 – 125.

Parijs, Phillipe Van, *Real Freedom for All*, Oxford: Clarendon, 1995.

Pereboom, Derk, "Living without Free Will: the Case for Hard Incompatibilism", in *Oxford Handbook of Free Will*, edited by Robert Kane, Oxford UK: Oxford University Press, 2002, pp. 477 – 488.

Rakowski, Eric, *Equal Justice*, Oxford, UK: Oxford University Press, 1991.

Rawls, John, *A Theory of Justice*, Cambridge, Mass: The Belknap Press of Harvard University Press, 1971.

Rawls, John, *A Theory of Justice*, Cambridge, Mass: The Belknap Press of Harvard University Press, 1999.

Rawls, John, "A Kantian Conception of Equality", in *Collected Papers*, edited by Samuel Freeman, Cambridge, Mass: The Belknap Press of Harvard University Press, 1999, pp. 254 – 266.

Rawls, John, "Social Unity and Primary Goods", in *Utilitarianism and beyond*, edited by Amartya Sen and Bernard Williams, Cambridge, UK: Cambridge University Press, 1982, pp. 159 – 185.

Roemer, John, "A Pragmatic Theory of Responsibility for the Egalitarian Planner", *Philosophy and Public Affairs* 22 (1993), pp. 146 – 166.

Scanlon, T. M. *What We Owe to Each Other*, Cambridge, Mass: The Belknap Press of Harvard University Press, 1998.

Scanlon, T. M. "Contractualism and Utilitarianism", in *Utilitarianism and Beyond*, edited by Amartya Sen and Bernard Williams, Cambridge,

UK: Cambridge University Press, 1982, pp. 103 – 128.

Scanlon, T. M. "Preference and Urgency", *Journal of Philosophy* 72 (1975), pp. 655 – 669.

Scheffler, Samuel, *Equality and Tradition*, Oxford: Oxford University Press, 2010.

Scheffler, Samuel, "Responsbility, Reactive Attitudes, and Liberalism in Philosophy and Politics", *Philosophy and Public Affairs* 21 (1992), pp. 299 – 323.

Schwartz, Adina, "Moral Neutrality and Primary Goods", in Chandran Kukathas (edited), *John Rawls*, Volume II, London and New York: Routledge, 2003, pp. 137 – 150.

Sen, Amartya, *The Idea of Justice*, Cambridge, Mass: The Belknap Press of Harvard University Press, 2009.

Sen, Amartya, "Equality of What?", in *The Tanner Lectures on Human Values*, Vol. 1, edited by S. McMurrin, Salt Lake City: University of Utah Press, 1980, pp. 197 – 220.

Sen, Amartya, "Justice: Means versus Freedoms", *Philosophy and Public Affairs* 19 (1990), pp. 111 – 121.

Sher, George, *Desert*, Princeton, New Jersey: Princeton University Press, 1987.

Sher, George, "Effort, Ability, and Personal Desert", *Philosophy and Public Affairs* 8 (1979), pp. 361 – 376.

Smilansky, Saul, "Free Will, Fundamental Dualism, and the Centrality of Illusion", in *Oxford Handbook of Free Will*, edited by Robert Kane, Oxford UK: Oxford University Press, 2002, pp. 489 – 505.

Smith, Nicholas Mark, *Basic Equality and Discrimination*, Surrey, UK: Ashgate, 2011.

Steiner, Hillel, "Capitalism, Justice and Equal Starts", in *Equal Opportunity*, edited by Ellen Frankel Paul, Fred D. Miller, Jeffrey Paul, and John Ahrens, Cambridge, Mass: Basil Blackwell, 1987, pp. 49 – 71.

Strawson, Galen, "The Bounds of Freedom", in *Oxford Handbook of Free Will*, edited by Robert Kane, Oxford UK: Oxford University Press, 2002, pp. 441 – 460.

Strawson, Peter F. "Freedom and Resentment", in *Free Will*, edited by Gary Watson, Oxford, UK: Oxford University Press, 1982, pp. 59 – 80.

Temkin, Larry S., *Inequality*, Oxford, UK: Oxford University Press, 1993.

Temkin, Larry S., "Equality, Priority, and the Levelling Down Objection", in *The Ideal of Equality*, edited by Matthew Clayton and Andrew Williams, New York: St. Martin's Press, 2000, pp. 126 – 161.

Tullock, Gordon, "The Charity of the Uncharitable", in *Against Equality*, edited by William Letwin, London: The Macmillan Press, 1983, pp. 328 – 344.

Vallentyne, Peter, "Volume Introduction", in *Equality and Justice Volume 6: Desert and Entitlement*, edited by Peter Vallentyne, New York: Routledge, 2003, pp. xi – xvi.

Wallace, R. Jay, *Responsibility and the Moral Sentiments*, Cambridge, MA: Harvard University Press, 1994.

Watson, Gary, "Free Agency", in *Free Will*, edited by Gary Watson, Oxford: Oxford University Press, 1982, pp. 96 – 110.

White, Stuart, *Equality*, Cambridge, UK: Polity Press, 2007.

Williams, Bernard, "The Idea of Equality", in *Philosophy, Politics, and Society*, Series II (Basil Blackwell, 1962), pp. 110 – 131.

Wolf, Susan, *Freedom within Reason*, New York: Oxford University Press, 1990.

Young, Robert, "Egalitarianism and Personal Desert", in *Equality and Justice*, Volume 6, edited by Peter Vallentyne, New York: Routledge, 2003, pp. 165 – 187.

Zaitchik, Alan, "On Deserving to Deserve", *Philosophy and Public Affairs*

6 (1977), pp. 370 – 388.

［美］罗尔斯：《作为公平的正义——正义新论》，姚大志译，中国社会科学出版社 2011 年版。

［美］诺奇克：《无政府、国家和乌托邦》，姚大志译，中国社会科学出版社 2008 年版。

［英］洛克：《政府论》下篇，叶启芳、瞿菊农译，商务印书馆 1986 年版。

［英］密尔：《功利主义》，徐大建译，上海人民出版社 2008 年版。

后 记

　　这本书源起于我所承担的教育部重点研究基地重大项目《分配正义研究》（12JJD710011）。虽然分配正义所涉及的范围很广，但是当代的相关讨论和争论实质上主要集中于平等问题。这些讨论和争论可以分为两个层面。一个层面是平等主义内部的争论：这种争论的焦点是"什么的平等"，并由此区分开不同的平等主义派别。另一个层面是平等主义与非平等主义之间的争论：这种争论的焦点是分配正义的原则，而平等主义者坚持以平等为原则，非平等主义者则主张其他的原则，如应得或资格。我所做的工作主要是在这两个层面上澄清这些讨论和争论，对一些相关的理论给予分析和批评，并且也试图表达我自己在分配正义上的观点，而我把自己的观点称为"消极平等主义"。

　　近些年以来，我一直为吉林大学哲学系的博士研究生开设一门以"平等"为主题的课程，因此，这本书的初稿曾经在听课的同学们中间流传过。在我的课堂上，平等问题引起了同学们的浓厚兴趣和热烈讨论，这些兴趣使我感到鼓舞，这些讨论使我不断受益，为此我向所有参加课程的同学表示感谢。最后，我在这里向此项研究的赞助者吉林大学哲学基础理论研究中心表示感谢。

姚大志
2017 年 4 月 13 日